ARANDO EN EL MAR

Fuentes ocultas de la creación de riqueza en los países en desarrollo

ARANDO EN EL MAR

Fuentes ocultas de la creación de riqueza en los países en desarrollo

MICHAEL FAIRBANKS Y STACE LINDSAY

Prólogo de Michael E. Porter

Traducción de
Rosa María Rosas

McGRAW-HILL

MÉXICO • BUENOS AIRES • CARACAS • GUATEMALA • LISBOA • MADRID
NUEVA YORK • SAN JUAN • SANTAFÉ DE BOGOTÁ • SANTIAGO • SÃO PAULO
AUCKLAND • LONDRES • MILÁN • MONTREAL • NUEVA DELHI • SAN FRANCISCO
SINGAPUR • ST. LOUIS • SIDNEY • TORONTO

Gerente de producto: **Iliana Gómez Marín**
Supervisor editorial: **Carmen Paniagua Gómez**
Supervisor de producción: **Juan José García Guzmán**

Fairbanks

ARANDO EN EL MAR

Una división de *The McGraw-Hill Companies, Inc.*
Cedro No. 512, Col. Atlampa
Delegación Cuauhtémoc
06450, México, D.F.
Miembro de la Cámara Nacional de la Industria Editorial Mexicana, Reg. Núm. 736

ISBN 970-10-2144-4

Translated from first English edition of
PLOWING THE SEA. Original Copyright © 1997 by Michael Fairbanks
Stace Lindsay, and Monitor Company Published by arrangement with
Harvard Business School Press

ISBN 0-87584-761-7

2345678901 D.U.-99 09876543210

Se imprimieron 3.600 ejemplares en el mes de junio de 2000
Impreso por Editorial Nomos S. A.
Impreso en Colombia - Printed in Colombia

Los que han servido a la Revolución han arado en el mar.

—*Epitafio de Simón Bolívar*

Contenido

Prólogo de Michael E. Porter, ix

Prefacio: La esperanza de las naciones, xii

Agradecimientos, xxi

Introducción: La aleccionadora historia de las flores colombianas, 1

PARTE 1: ROMPIENDO CON EL PASADO: PATRONES DE COMPORTAMIENTO NO COMPETITIVO

1. Evitar la dependencia excesiva de los factores básicos de ventaja, 21
2. Mejorar el conocimiento de los clientes, 38
3. Conocer su posición competitiva relativa, 38
4. Saber cuándo integrar hacia adelante y cuándo no hacerlo, 61
5. Mejorar la cooperación entre empresas, 76
6. Superar la actitud defensiva, 93
7. Evitar el paternalismo, 103

PARTE 2: CONOCIMIENTO DE LAS CAUSAS FUNDAMENTALES DE LOS SIETE PATRONES

8. Acciones estratégicas —No tomar una decisión es tomarla 121
9. Aprendizaje a nivel de la empresa, 134
10. Mecanismos de dirección, 171

11. Modelos mentales, 188

12. Las fuentes ocultas del crecimiento, 221

PARTE 3: INTEGRAR LAS PIEZAS

13. Un marco para la acción, 241

Notas, 263

Índice, 273

Semblanza de los autores, 287

Prólogo

Michael E. Porter

En mi libro *La ventaja competitiva de las naciones* (1990), me propuse explicar las fuentes de la prosperidad sostenible de un país dentro de la economía moderna global. Sostuve que la riqueza se rige por la productividad o el valor creado por día de trabajo, por dólar de capital invertido y por la unidad de los recursos físicos empleados por una nación. El mejoramiento de la productividad nacional depende de una simultánea promoción en el refinamiento en las estrategias de las empresas y en la calidad del ambiente nacional de negocios. Mis investigaciones en diez naciones industrializadas, y posteriormente en otras, me permitió establecer las condiciones que rigen el proceso de progreso económico a nivel nacional (y regional) y la función que en él desempeñan la empresa y el gobierno. El progreso depende del mejoramiento y especialización de los factores locales de producción, de la sofisticación de la demanda local para ayudar así a los productores locales a anticiparse y responder a las necesidades internacionales, del desencadenamiento de rivalidad local bajo dimensiones competitivas cada vez más avanzadas y, finalmente, de la creación de "clusters" de compañías e industrias relacionadas y de apoyo.

La cálida acogida otorgada a mi obra se debe por lo menos a dos razones. Primero, el libro se publicó en el momento oportuno, cuando las naciones reorientaban sus políticas: estaban dejando atrás la Guerra Fría y concentrándose en mejorar la prosperidad de sus ciudadanos. Sin embargo, afrontar la economía global ha resultado difícil. En muchos lugares del mundo, los ricos se han estado haciendo más ricos y los pobres más pobres, especialmente en Latinoamérica. La calidad de las relaciones entre los gobiernos y el sector privado a menudo ha sido tensa. Los líderes nacionales, todavía propensos a sobrevalorar la importancia de los recursos naturales, se sienten desconcertados ante el hecho de que el petróleo, los minerales y otros recursos de este tipo ya no generen la riqueza del pasado. Mi libro proporcionó un modelo sistemático para abordar estos problemas.

Segundo, a pesar de lo mucho que se ha avanzado en la comprensión del aspecto macroeconómico del desarrollo, se reconoce cada vez más que la reforma macroeconómica es un elemento necesario pero no suficiente. Tienen igual o mayor importancia los fundamentos microeconómicos del desarrollo, basados en la naturaleza de las estrategias de la empresa y en las instituciones, recursos y políticas que constituyen el ambiente en el que compiten las compañías. Mi libro llenó el vacío existente al concentrarse en el aspecto microeconómico de la competitividad.

Michael Fairbanks y Stace Lindsay han experimentado el proceso y los problemas del desarrollo económico de primera mano. A diferencia de muchos especialistas académicos en el tema de desarrollo, ellos dos comenzaron sus respectivas carreras como profesor del Cuerpo de Paz en África y activista de comunidades agrícolas en Centroamérica. Han asesorado a muchas compañías y jefes de estado sobre cómo concebir la competitividad y el desarrollo económico nacional a nivel de empresa en algunos de los ambientes de negocios más desafiantes del mundo. Gran parte de su aprendizaje está condensado en las páginas que siguen a continuación.

Esta obra desarrolla mi trabajo de tres importantes maneras. Primero, mientras que yo soy un académico y me concentro en las ideas, Fairbanks y Lindsay son practicantes. Se han inspirado en mi libro y en otros, como el de James Austin y Chris Argyris, para mostrar cómo llevar nuestras ideas a la práctica. Este libro está lleno de enriquecedores estudios de caso que moldearán, tanto la teoría como la práctica, en los años por venir. Pero lo más importante, sin embargo, es que esta obra no sólo se basa en ideas sino también en los resultados alcanzados por ambos en los proyectos realizados en numerosos países.

Segundo, mientras que en mi trabajo busqué articular un modelo general que se pudiera aplicar a cualquier país, Fairbanks y Lindsay, por su parte, concentran su atención en las naciones en desarrollo que enfrentan ambientes de negocios sumamente difíciles. Ambos han trabajado en naciones como Haití, la Federación Rusa, Perú, Bolivia y Sudáfrica. Adicionalmente, contribuyen a menudo con el diálogo que, sobre las primeras etapas del desarrollo económico, se lleva a cabo en el Banco Mundial, en las Naciones Unidas y en otras instituciones dedicadas a la educación y al desarrollo.

Tercero, mientras que en mi libro traté de proponer un modelo normativo, Fairbanks y Lindsay abren nuevas perspectivas al centrarse en el proceso de cambio. No basta con comprender lo que se debe hacer para que progrese la economía de un país en desarrollo: esto lo he confirmado personalmente una y otra vez a través de mis propias experiencias. Y es que igualmente, e incluso más difícil, es lograr el cambio. Las dificultades residen en las discrepancias existentes respecto al paradigma competitivo adecuado, a recelos profundamente arraigados entre la empresa y el gobierno, a responsabilidades y papeles antagónicos y sobrepuestos dentro del gobierno mismo, para no mencionar otras causas. Fairbanks y Lindsay ofrecen abundante y valiosa comprensión sobre las barreras para el cambio en los países y la manera de superarlas.

El propósito final de este libro es establecer y contribuir, con un diálogo más constructivo sobre la función de las compañías y los gobiernos, en la creación y distribución de la riqueza en los países en desarrollo. Muchos de los ejemplos del libro están tomados de los países de la región andina que han sido el foco del trabajo reciente de Fairbanks y Lindsay. Sin embargo, las lecciones que aquí se exponen son aplicables a muchos otros lugares como África, Asia, e incluso a las regiones menos desarrolladas de países industrializados, incluyendo a Estados Unidos.

Titulé mi libro *La ventaja competitiva de las naciones*, con el fin de resaltar la importante distinción que existe entre la ventaja comparativa y la ventaja competitiva como fuentes de riqueza. Fairbanks y Lindsay demuestran que el no entender esta distinción es una de las causas fundamentales del problema del desarrollo económico. *Arando en el Mar* constituye una exposición vívida y elocuente de por qué las naciones en vías de desarrollo deben acoger el nuevo modelo de competitividad.

Si como afirmo, se comprende cada vez mejor la agenda macroeconómica del mundo en desarrollo, entonces ha llegado el momento de que los líderes, tanto del sector público como privado de estos países, comiencen a trabajar en equipo para fijar una agenda microeconómica común. Este libro representa un importante y oportuno recurso para lograrlo.

Michael E. Porter
Profesor
Escuela de Administración de Negocios de la Universidad de Harvard

Prefacio: La esperanza de las naciones

Puedes dormirte para soñar o puedes soñar para cambiar el mundo.

—Frantz Fanon (1925-1961), psiquiatra, filósofo y activista político nacido en Martinica

En la actualidad muchos países en vías de desarrollo atraviesan por crisis económicas, pero no precisamente porque estén haciendo mal las cosas. Más bien, están haciendo cosas correctas para tiempos ya pasados. Lo anterior puede parecer una distinción sutil que sirve de poco consuelo, en especial en las naciones de los Andes —Colombia, Venezuela, Perú, Bolivia y Ecuador—, cuyas empresas y ciudadanos parecen irse rezagando cada año más respecto de las democracias industriales líderes en el mundo. No obstante, nosotros hemos trabajado mucho tiempo en esa región, hemos aprendido prácticamente de todos sus líderes, los hemos asesorado en el campo de la competitividad y, al hacerlo, hemos encontrado motivos de esperanza.

Esta esperanza existe, no sólo en esas naciones, sino en todos los demás países pobres de América Latina, del Medio Oriente, de la ex Unión Soviética y de África, regiones en las que también hemos tenido oportunidad de trabajar. Esta esperanza se basa en un modelo de cambio que, en nuestra opinión, ha ayudado a nuestros clientes a emprender acciones. Es un modelo en el que las ventajas competitivas del conocimiento superan las ventajas que ofrece la naturaleza. Más aún, la esperanza se mantiene viva gracias a una convicción creciente en el hecho de que los líderes de las naciones en desarrollo están dispuestos a comprometerse con los nuevos principios del desarrollo económico, aunque no hayan alcanzado el éxito con los modelos anteriores. Los países no tienen por qué seguir a ciegas creencias obsoletas hasta tocar un amargo fondo.

Con menos certeza podemos asegurar que los nuevos principios serán puestos en práctica a tiempo para que determinen un cambio entre la gente de nuestra generación. La situación es urgente y, sin embargo, las soluciones no se pueden apresurar. Los líderes de los países andinos habrán de abrirse paso, poco a poco, a través de la maraña de polémicas atávicas, un cinismo arraigado y una gran rigidez burocrática. Los más decididos lucharán para mantener su trabajo y deberán ser conscientes de que durante muchos años no se verán los frutos de su labor. Tampoco podrán hacer mucho por sí solos. Deberán efectuarse experimentos novedosos de alianzas entre el sector público y el privado que preparen a los ciudadanos a invertir como nunca antes —y bajo la premisa del largo plazo— en infraestructura empresarial, desarrollo de mercados y educación pública. Estas inversiones tendrán que realizarse en condiciones cada vez más apremiantes, las cuales tienden a crear actitudes defensivas y de mutuo recelo entre los líderes gubernamentales y empresariales; condiciones que poco favorecen el aprendizaje y la cooperación.

No obstante, hemos escrito este libro con el propósito de mejorar las perspectivas de esas alianzas. Argumentaremos a favor de un nuevo enfoque para lograr el desarrollo económico e intentaremos justificar nuestras afirmaciones mediante algunos estudios en profundidad de las ventajas, actitudes y oportunidades de la industria andina. Hay otro elemento igualmente importante: describiremos lo que a nuestro juicio es un proceso humano en virtud del cual los líderes del gobierno y de la industria, pueden comprometerse con un razonamiento productivo. Las personas que quieren crear la diferencia en los países en desarrollo están obligadas, no sólo a decir lo que debe hacerse, sino también a examinar los métodos más efectivos para expresarlo.

Los Andes: Un laboratorio de desarrollo

Para la mayoría de los habitantes más educados de Estados Unidos y Europa, personas con la suficiente edad para recordar la Alianza para el Progreso de John F. Kennedy, el nombre de "Bolivia" o "Colombia" sigue estando asociado a la dictadura militar y a sacos de café barato. Las personas más jóvenes oyen el nombre "Cali" o "Medellín" y de inmediato piensan en "cartel"; sus imágenes de los Andes están unidas indisolublemente a helicópteros que vuelan a baja altura sobre plantaciones de coca y a Uzis a la entrada de las mansiones de los capos del narcotráfico. En uno y otro caso, los países andinos continúan percibiéndose como sitios exóticos y luchadores, perdidos en una geografía curiosa. Tendemos a imaginar la pobreza extrema de las zonas rurales, las tasas de inflación que superan a las del alfabetismo, la intensa actividad guerrillera encabezada por marxistas bravucones (actualmente bastante agotados). Solemos pensar en algunas transnacionales que corren el riesgo de ser expropiadas, como empresas que trabajan allí para apoderarse del estaño y la madera local o para comprar cosechas enteras a empleados que reciben una parte insignificante de las ganancias. Empresas sobre las que incluso podemos llegar a pensar que tal vez merezcan la suerte de encontrarse en peligro.

Algunos de los estereotipos anteriores se resisten a morir ya que nacen, como todo estereotipo que se respete, de una pequeña verdad. Pero los hechos son mucho más complejos y, en cierto modo, más prometedores. Los países andinos son el hogar de aproximadamente 95 millones de personas, más o menos la mitad de las cuales viven en ciudades construidas en las faldas de montañas de exuberante vegetación, gente que se ha endurecido padeciendo los rigores de un tráfico denso y respirando un aire escaso. El producto nacional bruto colectivo de los países andinos se aproxima a los 200,000 millones de dólares. Si viviéramos en una época industrial más primitiva, diríamos que las economías de estos países presentan muchos aspectos positivos. Poseen recursos naturales famosos por su abundancia: reservas de madera en las selvas lluviosas y enormes depósitos de minerales en las montañas. Guardan los vestigios de una fascinante historia nativa, lo cual constituye un imán potencial para los turistas en busca de aventura. Sus llanuras son generalmente fértiles y gozan de pródigas temporadas de cosecha gracias a su ubicación ecuatorial. Sus ciudades construidas a gran altitud ofrecen un sorprendente clima templado.

La cohesión nacional, y por lo tanto, también la económica, se ha vuelto más factible en los países de la región, en especial durante los últimos veinte años gracias al advenimiento de las telecomunicaciones y de una televisión nacional más avanzada. Para los hombres de negocios, las rutas aéreas con conexiones se han impuesto sobre las serpenteantes carreteras de antaño que más parecían aislar a las ciudades, que conectarlas. También los nexos globales son ahora reales. Las telecomunicaciones internacionales son de buena calidad en Colombia y de calidad aceptable en el resto de los países andinos. El viaje de Miami a Bogotá, ciudad con una población aproximada de 7 millones de habitantes, tarda casi lo mismo que el de Miami a Boston. En todas las grandes ciudades (Lima, La Paz, pero en especial Bogotá y Caracas) existe una creciente clase media alta (a menudo educada en Estados Unidos) de propietarios, gerentes y profesionales que están hambrientos de progreso.

Hoy en día todos estos países son en verdad democráticos. Cuentan con presidentes que asumieron el poder en una elección pacífica, así como con una prensa activa aunque un tanto agresiva, además de un cuerpo legislativo elegido libremente. Sin embargo, las condiciones políticas siguen variando mucho de un país a otro y de una administración a otra. La mayoría de los líderes políticos llegaron al poder prometiendo progreso económico, para luego quedar atrapados entre la presión de una insurgencia violenta —proveniente de los carteles de la droga y de las guerrillas de la vieja izquierda— y la tentación de recurrir al despotismo militar. (Por ejemplo, en 1994 unos 4,000 colombianos fueron secuestrados y en muchos casos, previo pago del rescate, fueron después liberados.) Los líderes políticos se han visto también obligados a presidir burocracias gubernamentales propensas al soborno. Un líder boliviano lo expresó así: "Este país está gobernado por 100 hijos de perra y lo sé, porque todos ellos son mis mejores amigos".

La región de los Andes ha sido un laboratorio fantástico para nosotros, puesto que abarca muchas de las características de tantas otras naciones del mundo en desarrollo. Los países que la constituyen presentan prácticamente toda la gama de los que perciben ingresos medios bajos.[1] El Banco Mundial clasifica a Bolivia, con un ingreso per cápita de 760 dólares (según el valor del dólar en 1996), como el país número cuarenta y nueve entre las naciones más pobres del mundo, muy cerca de algunas de las más ricas de África, como Senegal y Camerún. Venezuela ocupa el sitio ochenta y siete, con un ingreso per cápita de 2,840 dólares. Reside en el mismo barrio per cápita que la República Checa, Turquía, Sudáfrica y Estonia.

Estos países han pasado por todas las experiencias de ajustes macroeconómicos. Bolivia, cuya tasa anual de inflación alcanzó el 20,000% en 1985, fue objeto de especial atención por parte de los organismos multilaterales, lo mismo que muchas naciones de África en la década de 1980. Por su parte, el conservatismo monetario y fiscal de Colombia la convierte en el único país sudamericano que nunca ha tenido, siquiera, que refinanciar su deuda.

El tipo y el tamaño de las empresas varían mucho en los países de la región andina. En Perú y en Bolivia, los estimativos del tamaño de sus respectivos sectores informales (negocios no registrados en las oficinas gubernamentales o en la cámara de comercio) abarcan hasta dos terceras partes de sus economías, con compañías que cuentan apenas con cinco o diez empleados. La situación no difiere de la que hasta hace poco se observaba en Zaire, en algunas partes de la Federación Rusa, en México e incluso en las naciones asiáticas. En los países andinos también hay algunas empresas estatales masivas que emplean a miles de personas. En Bogotá, la mayoría de las personas que cuentan con un empleo formal trabajan para el estado, y el 80% de las exportaciones venezolanas son propiedad del gobierno, una situación similar a la de Europa Oriental y de África.

Todo tipo de estrategia nacional que se haya tratado de aplicar en los países en desarrollo ha sido revisada en la región andina. Durante los últimos treinta años hemos presenciado allí la sustitución de importaciones, el monetarismo, el libre comercio, la redistribución, la orientación a la agricultura e incluso coqueteos con el socialismo. El alcance y profundidad con que se experimentaron estas estrategias —sin mencionar la rapidez de los cambios— nos ha sorprendido, pero este tipo de actividad no se limita a esta parte del mundo.

Cuando Mike Fairbanks trabajó como banquero en África y Stace Lindsay como promotor del desarrollo en Centroamérica y el Caribe, tuvimos oportunidad de observar patrones que se repetían una y otra vez a nivel micro o de la empresa: líderes de países que confiaban demasiado en la abundancia de sus ventajas naturales para competir en los mercados mundiales y crear prosperidad para sus ciudadanos; poco o nulo conocimiento sobre los usuarios finales, los competidores o las estructuras de costos; escasa integración hacia adelante para penetrar en mercados complejos; excesiva dependencia del apoyo gubernamental; y de manera generalizada, relaciones deficientes entre el gobierno y el sector privado. Hemos hecho de la región andina el laboratorio donde podemos estudiar estos patrones de subdesarrollo en el sector empresarial, así como las oportunidades que allí se ocultan.

Una nueva voluntad de cambio

¿Los líderes políticos de la región andina han llegado al poder con una idea clara de cómo mejorar la competitividad de sus economías? La pregunta nos sirve para formular el principio fundamental de nuestra obra y de lo que consideramos su aspecto más original.

En nuestras conversaciones con los líderes, resulta evidente que tienen una idea mucho más clara de lo que deteriora el desarrollo económico que de lo que lo impulsa. En términos generales, casi todos ellos están comprometidos con la estabilidad y la reforma macroeconómica —la apertura de mercados, responsabilidad fiscal— y reconocen francamente que la ausencia de un ambiente macroeconómico sano en el pasado, ha tenido como consecuencia el estancamiento y la hiperinflación.

Por lo tanto, han asumido ese compromiso con toda honestidad. Tomemos el caso de Perú. Entre 1968 y 1990, desde la administración del presidente Velasco hasta la del presidente García, el gobierno modificó al menos cinco veces su postura respecto a la propiedad extranjera de compañías nacionales. El resultado fue devastador. Entre 1968 y 1992, la participación de Perú en las exportaciones mundiales se redujo a cerca del 6 por ciento. La productividad cayó drásticamente entre 1980 y 1990 y el sector "informal" (el mercado negro) creció para dar cabida a los desempleados de empresas cada vez menos competitivas. Los déficits fiscales originaron una enorme deuda externa, aislando cada vez más al país de la ayuda internacional y dejando al gobierno con la única alternativa de acuñar moneda. Cuando Fujimori ocupó la presidencia en 1990, la inflación ya era del 7,000% y el mercado accionario estaba en ruinas.

Por el momento dejemos de lado las políticas que el presidente Fujimori introdujo desde que asumió el gobierno. En el mundo contemporáneo, la estabilidad de la macroeconomía es una presunción elemental. Un ambiente más predecible y propicio para los negocios puede hacer que un país en desarrollo entre en el juego, pero no puede garantizarle el éxito en ese juego, salvo quizás en el caso de algunas compañías élite que saben jugarlo bien. La estabilidad macroeconómica, sin el cambio correspondiente en la forma en que compiten las economías en desarrollo, no pondrá fin a la crisis social heredada por muchos de los líderes actuales de la región andina.

A ellos, y a la mayoría de los líderes del mundo en desarrollo, les ha resultado especialmente difícil entender que, si quieren mejorar las perspectivas de las empresas nacionales, sus gobiernos deben dominar los detalles de cómo las compañías globales exitosas toman decisiones competitivas y estratégicas en una era de mercados globales y tecnologías de redes de información. Los líderes gubernamentales siempre se han regido por las macroteorías de un antiguo modelo de creación de riqueza, según el cual las metas estratégicas de las compañías eran casi evidentes: explotar las economías de escala, obtener mano de obra más barata o reducir las presiones competitivas. Ahora tienen que aprender las teorías complejas de la estrategia y decisión en la empresa, nuevas teorías microeconómicas que encajan en la economía moderna; deben aprender cómo se construyen en verdad las cadenas de creación de valor y cómo las empresas globales deciden participar en ellas.

Los gobiernos que no logren entender estos detalles tampoco podrán crear las condiciones para ayudar a las compañías nacionales a competir en el entorno global. Además, difícilmente lograrán crear las condiciones que motiven a las empresas globales a invertir en su país. Las inversiones de los competidores globales, sean nacionales o extranjeros, son importantes porque crean empleos y riqueza para el país anfitrión. Pero son aún más importantes por el aprendizaje que aportan a los nacientes y pujantes negocios locales.

La organización del libro

La primera parte de este libro es un resumen capítulo a capítulo de los siete patrones de comportamiento no competitivo con los que estamos muy familiarizados —y, tal vez, también algunos lectores—. Los estudiaremos detenidamente porque, a nuestro juicio, representan tanto los problemas en cuanto a la forma en que se han venido haciendo las cosas, como también las oportunidades de impulsar el crecimiento en economías a menudo frágiles.

La segunda parte trata de las causas originarias: las razones sistémicas que, en nuestra opinión, hacen que sea sumamente difícil que los países aprovechen las oportunidades que se les presentan. Esta parte del libro versa sobre estrategia, estructuras institucionales y modelos mentales, así como sobre los retos que les esperan a quienes pretenden superar los viejos patrones a la hora de hacer negocios.

La tercera parte es lo que consideramos la sección de integración del libro. En poco tiempo ya no será suficiente hablar acerca de los cambios que es preciso llevar a cabo. Aquellos líderes que se limiten a pontificar sobre el cambio están condenados a desaparecer. Aunque la realización de una transformación es un proceso misterioso, hemos logrado descubrir algunos patrones muy evidentes en su interior. Proponemos aquí una visión de la realización del cambio que nació fundamental, e irónicamente, de nuestra frustración ante la imposibilidad de lograrlo. Es un modelo inspirado en Paul Krugman, quien escribió: "Si un modelo es bueno, aporta una comprensión más profunda sobre por qué el sistema real complejo, se comporta de la manera en que lo hace".[2]

Lo que exponemos a continuación es una síntesis de la extraordinaria experiencia que tuvimos la oportunidad de vivir en la región andina durante el periodo comprendido entre 1990 y 1997. Sin embargo, no se limita de manera exclusiva a ese lapso de tiempo. Stace ha trabajado en ambientes caóticos desde 1984, incluyendo el tiempo que pasó promoviendo el desarrollo rural en la República Dominicana, trabajando con refugiados y estudiando las políticas de ayuda humanitaria en Centroamérica durante el punto más álgido de la lucha entre sandinistas y contras en Nicaragua y del conflicto entre el gobierno salvadoreño y el FMLN en ese mismo país. Pasó los últimos cinco años en Latinoamérica dirigiendo proyectos nacionales en casi veinte industrias. Desde 1979 Mike ha trabajado en estos lugares inciertos, incluyendo su desempeño como voluntario en el Cuerpo de Paz en Kenia, diplomático en África Occidental y banquero mercantil en Sudáfrica. En los últimos siete años trabajó en el Medio Oriente, en la Federación Rusa, en Latinoamérica y en el Caribe como asesor de líderes gubernamentales y empresariales.

Iniciamos nuestra experiencia trabajando a nivel de las bases del desarrollo y avanzamos con nuestro trabajo de posgrado y nuestra experiencia profesional. A lo largo de nuestro recorrido hemos observado que ciertos patrones se repiten. Se nos ocurrió entonces que podría haber algún tema o temas que unificaran estos patrones y que, por lo tanto, los cohesionara y les diera sentido. Es así como decidimos dejar de lado nuestros prejuicios y emprendimos la búsqueda.

Acerca del libro

El título de *Arando en el Mar* lo tomamos del epitafio de Simón Bolívar, el gran revolucionario de Sudamérica, en el que se citan sus palabras: "La América es ingobernable. Los que han servido a la Revolución, han arado en el mar". Bolívar, quien a principios del siglo XIX encabezó la lucha por la independencia de los países andinos contra España y quien al morir era un personaje desilusionado y controvertido, es hoy en día reverenciado como un héroe por todos los niños de edad escolar en los cinco países de la región andina. Pinturas con su figura se observan en las oficinas y hogares de muchos líderes de la región. Hemos tomado su epitafio como un reto. En él se condensa la misión aparentemente imposible del revolucionario: no detenerse, no rendirse jamás, trabajar en países bajo las condiciones más lamentables, países que se encuentran "en transición". Trabajar y aprender, en cierta forma, con los consumidores más exigentes y críticos de nuestras ideas. Hace algún tiempo decidimos que cambiar la mentalidad de los líderes constituye una revolución, una revolución en la cual trataríamos de desempeñar un papel. Y si la tarea es cambiar la mente de una nación, cambiar nuestra propia mentalidad es el medio para lograrlo. Este libro ha facilitado nuestro propio proceso de aprendizaje y cambio. En último término, se propone reorientar a quienes lo lean y tenemos la esperanza de que, de todas las ideas que, como semillas arrojamos en un mar que las dispersa y las devora, quizás una o dos arriben a un puerto fértil.

Muchas veces la gente nos pregunta qué pensamos haberles ayudado a conseguir a los países donde hemos trabajado. En nuestra opinión, hay tres ámbitos del cambio que permiten juzgar nuestro trabajo.

El primero, que es el más fácil de alcanzar y en el cual hemos tenido mayor éxito, es el cambio de los sistemas de *lenguaje*. Casi todos los líderes de los países donde hemos trabajado hablan hoy de la "competitividad", dominan ya el lenguaje del "mejoramiento" y afirman entender la importancia del capital social en la competencia global. Infinidad de programas de radio y televisión han sido receptivos a este nuevo modelo y transmiten nuestros mensajes a lugares tan remotos como la selva amazónica, los barrios pobres de Bogotá, el altiplano de Bolivia, las aldeas del sur de África y las ciudades más antiguas de Europa Oriental. Un cambio lingüístico está ocurriendo.

El segundo nivel del cambio es la capacidad de las naciones para *poner en práctica* el nuevo aprendizaje. En este punto, hemos obtenido resultados muy heterogéneos. En algunos lugares hemos alcanzado importantes logros. El ejemplo que nos viene a la mente es Christine Ternent de Bogotá. Christine es vicepresidenta de competitividad en la Cámara de Comercio de Bogotá y se ha convertido en una persona clave a la hora de mantener viva la discusión sobre estrategia y competitividad entre los líderes políticos y empresariales de Colombia.

El tercer y más alto nivel del cambio es *generativo.* Es la capacidad de los líderes para crear nuevas tecnologías integradas propias, basándose para ello en los principios de la competitividad y el capital social. En este nivel falta mucho por hacer. Sin embargo, nos sentimos optimistas pues consideramos que los tres cambios son secuenciales: el cambio del lenguaje antecede a la realización del cambio, lo cual a su vez antecede al cambio generativo.

Estamos convencidos de que estos cambios tardarán mucho tiempo en ocurrir, no meses en un país, ni años en una región, sino probablemente décadas en algunos de los lugares más problemáticos del mundo. Habrá que trabajar sin descanso y todos los involucrados deberán realizar un aprendizaje enorme, tanto los que contribuyen a introducir el cambio, como los que lo experimentan.

Confiamos que este libro no sea un testamento para personas que perdieron el tiempo de su vida, sino que se convierta en una herramienta de aprendizaje y reorientación de los procesos. Confiamos en que no sea visto como un fin en sí mismo por las ideas y conocimientos que transmite, sino como el inicio de un estilo de aprendizaje y un tipo de discurso que inspira a cuantos toca. Habremos conseguido más, quizá mucho más de lo que tenemos derecho a esperar, si alienta a la gente para que transforme su sistema de lenguaje y luego ponga en práctica esos cambios para generar después nuevos y mejores procesos de aprendizaje y replanteamiento de los problemas. Con este ánimo de espíritu invitamos al lector a unirse a la comunidad intelectual de los que decidieron "no dormirse para soñar".

Agradecimientos

Mark Fuller, cofundador y director ejecutivo de Monitor Company, ha impulsado y apoyado nuestro grupo de aproximadamente cincuenta consultores e investigadores para que "vayamos a la línea de fuego", pues está convencido de que el aprendizaje y la innovación se realizan principalmente en condiciones altamente exigentes, a menudo lejos de las oficinas corporativas, "en la zona de frontera", como le gusta llamarla. La mayoría de las personas que nos conocen dirán que tomamos muy en serio este postulado. Lo hicimos primero al optar por trabajar en países que atraviesan circunstancias extremadamente difíciles: Colombia, durante el reino del terror de Pablo Escobar, el gran capo de las drogas; el Perú acosado por las guerrillas de Sendero Luminoso durante su transición hacia la estabilidad; Sudáfrica, en el año que culminó con el sufragio universal y la elección de Mandela como presidente; la Federación Rusa, en momentos en que las repúblicas luchaban por su autonomía; la Ribera Occidental y la Franja de Gaza, durante el intermitente proceso de paz. Nuestros consultores han estado presentes durante la explosión de una bomba en Bogotá, han sido apedreados por estudiantes trotskistas y luego atacados con gases lacrimógenos por la policía en La Paz; se han arrastrado buscando cobijo durante una balacera en la ciudad de Cali y se han visto amenazados por delincuentes callejeros en Moscú, Puerto Príncipe y Johannesburgo. En todos esos lugares las economías se hallaban en plena transición, cuyo destino final aún desconocemos. Pero una cosa sí sabemos: tendemos a aprender mucho en medio del caos y la confusión.

Este libro es fruto de los conocimientos acumulados por un grupo extraordinario de personas, comenzando con nuestros colegas de Monitor Company que nos retaron a vivir en la línea de fuego, creando así las condiciones que hicieron posible este libro. Nos referimos a Joe Fuller, Roger Martin, Tom Craig y Alan Kantrow.

Agradecemos el apoyo de Michael Porter, Chris Argyris y James Austin en la Escuela de Administración de Negocios de la Universidad de Harvard, cuyos aportes intelectuales sentaron las bases de nuestra investigación y cuyo estímulo y respaldo fueron sumamente valiosos a todo lo largo del proceso de publicación. También queremos expresar nuestro agradecimiento a Diana Smith, cuyo trabajo sobre la implantación del cambio con los líderes de Monitor sirvió de inspiración para nuestro propio trabajo con los líderes de los países en vías de desarrollo.

Estamos particularmente agradecidos por la gran colaboración y diálogo franco que sostuvimos con los siguientes líderes de Colombia: Luis Alberto Moreno, el exigente y visionario ex ministro de desarrollo, quien inició nuestro trabajo en Colombia; Guillermo Fernández, Fabio Rodríguez, Francisco Piedrahita, Augusto Martínez y Christine Ternent, líderes en sus respectivas cámaras de comercio; Mauricio Rodríguez en la prensa empresarial y de negocios; Jimmy Mayer, nuestro primer abanderado en el sector privado; Orlando Cabrales, líder en los sectores público y privado; Raúl Sanabria en la academia de negocios; Juan Manuel Santos, ex ministro de comercio exterior; los ministros de finanzas Juan Antonio Ocampo y Guillermo Perry; Rafael Pardo, ministro de defensa; Juana Maria Unda en las asociaciones industriales; Luis Jorge Garay, erudito y ex negociador comercial; Gabriel Mesa y Enrique Luque. Merece mención especial César Gaviria, ex presidente de Colombia, por permitirnos entrevistarlo muchas veces sobre sus ideas en torno de la historia de Colombia, la reforma económica y el liderazgo.

En Bolivia agradecemos al presidente Gonzalo Sánchez de Losada por habernos permitido probar nuestras ideas con él; a Douglas Ascarrunz, ministro de industria y comercio, que ha sido el líder más emprendedor del movimiento de la competitividad en su país, y al líder empresarial Marcos Iberclyde, cuya compañía es un ejemplo para todas las que exportan en los países en desarrollo. También manifestamos nuestra gratitud a Bern Abendroth, Peter Weiss, Juan Carlos Cremer, Ricardo Rojas, Juan Luzio, Gerardo Velasco, Carlos Meave y Gonzalo Miranda.

En Perú deseamos agradecer al presidente Alberto Fujimori la magnífica oportunidad de viajar con él y entrar en las aldeas montañosas y en las casas de los barrios más pobres de Lima; a Liliana Canale, nuestra clienta más importante y ex ministra de industria,turismo y comercio, por su gentil liderazgo y apertura al cambio; al ex primer ministro Alfonso Bustamante, que nos llevó a Perú. Gracias también a Pablo de la Flor, Gabriela Ruiz, Luis Chang, Joey Koechlin, Samuel Gleiser, Richard Custer, Patricio Barclay, Andrés Von Viedermeyer, Jan Mulder y Derek Mitchell.

En Venezuela manifestamos nuestra gratitud a Gabriela Febres Cordero, ex ministra de comercio, quien durante muchos años ha sido una abanderada de este tipo de trabajo en toda la región andina; a los ministros Werner Corrales, Freddy Rojas Parra y Teodoro Petkoff. Y a José Luis Cordeiro, uno de los líderes de opinión del país, por su entusiasmo a toda prueba. A Jonathan Coles y Leonardo Vivas de Venezuela Competitiva, a Pedro Carmona y Juan Francisco Mejía de Conindustria, a Enrique Machado de Sivensa, a Elba de Mago de CVG, a Nelson Quintero de FONCREI, al ex viceministro Rafael Pena y a Francisco Peleato, que fue el administrador de nuestro proyecto allí.

Fue durante las innumerables reuniones a altas horas de la noche, seminarios, desayunos, almuerzos y cenas, así como durante los largos viajes en avión, cuando tuvimos la oportunidad de aprender y probar nuestras ideas con estos líderes encargados de la toma de decisiones de nivel mundial. Sus ideas nos obligaron a repensar muchas de nuestras concepciones sobre el desarrollo. A muchos de ellos hemos llegado a considerarlos buenos amigos.

Deseamos manifestar nuestra especial gratitud a la Corporación Andina de Fomento (CAF) por su apoyo en el desarrollo del aprendizaje que se refleja en estas páginas. El libro no hubiera sido escrito sin la gran visión de su director ejecutivo Enrique García y de José Luis Lupo, jefe de estrategia. Son banqueros singulares, el tipo de ejecutivos que con gusto —e incluso con audacia— invierten en el conocimiento, uno de los activos intangibles de un país. Otros líderes de todo el mundo seguramente imitarán las acciones realizadas por ellos dos. Y un agradecimiento especial a Judith Rojas por la habilidad con que administró nuestros proyectos en la Corporación.

Muchas de las historias incluidas en el libro provienen de nuestro trabajo de campo. Los siguientes consultores de Monitor Company hicieron aportes notables a la elaboración del libro y a la profundidad de las ideas en él contenidas: Matthew Eyring en la industria colombiana de las flores, Jeffrey Glueck en el turismo y en la industria de la alpaca de Perú, Joseph Babiec en el análisis de la política y la economía de Bolivia y Perú y, Kaia Miller y Jonathan Donner en los modelos mentales.

Mención especial merece el primer equipo de proyecto que trabajó con nosotros en Colombia. Bautizado con el nombre de "El Equipo Macondo" como recuerdo del mítico pueblo de Gabriel García Márquez, el equipo estaba integrado por Ben Powell, Gabriela Álvarez, Ethan Berg, Amy Birtel, David Coppins, Phil Cooper, Matthew Eyring, Ralph Judah, Jennifer Kelly, Randall Kempner, Claudia Levy, Susan Mayer, Meredith Moss, Moses Multhini, Rob Price y Michael Sagan.

Estos proyectos exigen una enorme cantidad de trabajo. Seríamos ingratos si no aprovecháramos esta oportunidad para agradecer a nuestros colegas de Monitor Company y a los miembros del equipo que durante los últimos cinco años nos han ayudado a crear una comunidad intelectual tan estimulante: Bill McClements y David Kaplan, cuya paciencia e indulgencia crearon las condiciones propicias para el éxito de nuestro proyecto. Y Juan Solé, Phil Cunningham, Ignacio Masias, Ignacio Giraldo, Alejandro Salazar, Laura Reyes, Eduardo Gómez, Josh Green, Jim Vesterman, Heidi Ellemberg, Verónica Gil, Rafael Araque, Andrés Hernández, Anne Lufkin, Carmen Helena Marín, Mauricio Anaya, Joanna Sieh, Wendy Gutiérrez, Neal Donahue, Carlos Díaz, Juan Carlos Pascual, Herman Olade, Alejandra Guerra, Mariana Merech, Carola Blohm, Mellina Del Vechhio, Carlos Segovia, Tony Pérez, Felipe Bedoya, Michael Brennan, Pato Guerra, Cristina Pero, Sandra Martínez, Charlie McMaster, Dawn Sylvester, Carolyn Volpe, John Warner, Brendan Kiernan, Giovanna Sardi, Germán Herrera, Jennifer Jones, Sabine Charpentier, Jackie Cleere, Arlene Guerrera, Denise Oates, Janice Bertwell, James Costa, Romney Resney, Claire Cronin, Karen Buholski, Judy Freeman, Cynthia Mastroianni, Kevin Grund, Paul Grund, Joe Balis, Tim Shaughnessy, Tim Sayers, Wendy Falcigno, Anthony Chiccuarelli y Lizette Figueredo. Whit Porter y también el equipo de Neil Lieberman en Recursos de Información —Rosemarie Alongi, Eric Smith, Gatumba Abu, Freddy Yaitanes, Sean Walter, Jonathan Duce, Michael Moore, Larry Tosi y Pat DeVoe— cuya atención constante nos brindó una ventaja competitiva en ambientes remotos.

Mike desea agradecer a Kirk Lovenbury, Steve Mossholder, Mike Cannon, Melanie May Thompson, Marty Brenner y Tom Millsop, así como al resto de sus amigos del Cuerpo de Paz en Kenia durante el periodo comprendido entre 1979 y 1981, cuyos ideales y apertura al aprendizaje siguen siendo para él motivo de inspiración al cabo de tantos años. Y a su madre Jeanne Fairbanks, a Regis Dale, Peter Henriques, Kelly Fealy, Hannah Blomgren, Zoe Stein, Dan Donahue, Mike Brennan, Ken Buntz, Ray Miller, Amy Davidsen, Lisa Ceremsak, Nigel Jagernauth y Jeanine Bourcier, cuya amistad y entusiasmo por su trabajo le sirvieron de apoyo durante la investigación y redacción de este libro. Y a su padre Matt Fairbanks, a Edward Gannon, Ed Jarvis, Stephan Ryan, Len Gougeon, Jack Earl, Mike Didoha y Tom Garrett, todos ellos autores y profesores que nos dieron importantes lecciones de vida que contribuyeron al desarrollo de nuestra práctica y a la creación de este libro. Y a Zachary Onyonka, ministro de tecnología en Kenia.

Stace desea agradecer a su esposa Lisa por su paciencia y buen humor a lo largo de este proceso, a sus hijos Abigail y Cameron, quienes se sentaron en sus piernas durante las largas horas de edición. Espera que les guste cuando tengan edad para leerlo. Le agradece a su familia, Diane y Tim Jerhoff, Myke y Pat Lindsay, Robbe y Jay Lindsay, cuyo apoyo casi siempre indeclinable le permitió emprender sus primeras travesías a países inciertos. Gracias a Dave Hagstrom y Scott Lynch, quienes lo inspiraron a pensar en Latinoamérica por primera vez, y a César López y César Torres, quienes le enseñaron a apreciar la belleza y complejidad de su cultura. Gracias a Gary Buchanan, que le inculcó la importancia de las sociedades entre el sector público y el privado, y a Bill Kunnath, quien ha sido una constante fuente de inspiración y reto para la mente y el espíritu. Y finalmente al padre Timothy Healy de la Compañía de Jesús, cuya orientación inicial fue esencial para el crecimiento de Stace y cuya partida lamenta mucho.

No habríamos llevado a feliz término este libro sin la ayuda incansable y la amistad de Liz Caldas y Nancy Nichols.

Un testimonio especial de gratitud a nuestros editores: Nich Phillipson de Harvard Business School Press, quien invirtió tiempo en nosotros cuando el libro era apenas una idea y cuyas sugerencias siempre fueron acertadas; y a Lucy McCauley, cuyo buen gusto por el estilo y cuya capacidad de persuasión nos ayudó a ser mejores escritores. Una palabra especial de agradecimiento para Bernard Avishai, el primer autor con quien hablamos y que nos ayudó a redactar la introducción y, durante ese proceso, empezó a enseñarnos el valor de un libro como medio de comunicación.

Michael Fairbanks — Michael_Fairbanks@Monitor.com
Stace Lindsay — Stace_Lindsay@Monitor.com
Cambridge, Massachusetts
Abril de 1997

Arando en el mar

Fuentes ocultas de la creación de riqueza en los países en desarrollo

INTRODUCCIÓN

La aleccionadora historia de las flores colombianas

¿Por qué al mundo en vías de desarrollo le ha costado tanto crear riqueza para la mayoría de la gente? Hemos llegado a la conclusión de que la razón es que la forma tradicional de competir resulta deficiente: los líderes de esos países deben encontrar formas nuevas de competir en una economía global. Pero antes de indagar esas nuevas modalidades, debemos entender claramente las limitaciones de las anteriores. Un examen revelador de esos límites se halla en la historia de lo que ha llegado a ser quizá la industria más respetada en la región de los Andes: las flores de Colombia. En su destino se manifiestan los patrones particulares de las suposiciones hechas y de las acciones tomadas, patrones que se han repetido en muchas industrias exportadoras, antaño prósperas y ahora en franco deterioro. Las suposiciones eran bastante adecuadas en la vieja economía, pero resultan contraproducentes en la nueva. Han llevado a perder las oportunidades de crecimiento y han contribuido a generar patrones de competencia que deben desaparecer, si queremos explotar el enorme potencial latente de tantas industrias de los países en vías de desarrollo.

EN BUSCA DE EL DORADO

El señor Edgar Wells fue un hombre que tuvo una gran idea. Aficionado a la floricultura, se convirtió en emprendedor y, tras permanecer veinte años en el extranjero, regresó con su familia a Colombia; lo animaba el propósito de convertir su patria en la exportadora de las mejores flores de América.

Por aquella época los únicos que cultivaban flores de gran calidad en el hemisferio vivían en Estados Unidos. En 1950, los floricultores estadounidenses vendieron casi 220 millones de dólares de ellas, 68% entre los consumidores residentes en el noreste del país, especialmente en Boston, Filadelfia y Nueva York. El 70% de los floricultores, que en general eran pequeñas compañías familiares, estaban situados en esa región. Las limitaciones del transporte de la época, y el carácter perecedero del producto, significaba que debían competir principalmente entre sí, sin tener en cuenta a los productores ni consumidores de otras partes del país o del mundo.

Pero iban a darse cambios que tendrían un carácter radical. La década de 1960 presenció el nacimiento de nuevas plantaciones a gran escala y el advenimiento de innovaciones en el transporte que reconfigurarían el mercado tan lucrativo de Estados Unidos. Gracias a la relativa frescura de sus flores, los productores del noreste llevaban muchos años imponiendo elevados precios a las flores provenientes del sur y del oeste. Pero las nuevas flotillas de aviones de propulsión estaban en pleno apogeo; los recién inaugurados vuelos comerciales que tenían horarios regulares prácticamente les impidieron seguir cobrando un precio especial por la frescura. El transporte aéreo y el transporte terrestre con refrigeradores permitieron cortar las flores y trasladarlas a cualquier sitio de Estados Unidos en cuestión de horas.

Fue entonces cuando entraron en escena nuevos actores. Los productores podían optar por reubicarse en las zonas rurales del oeste de Estados Unidos, donde los costos de producción serían más bajos, en particular las tarifas salariales; así podrían derrotar a los floricultores del este, aunque los costos de transporte desde el oeste serían más altos. De hecho, en 1968 ya más de las dos terceras partes de las flores cultivadas en suelo estadounidense eran producidas en California y en Colorado. En 1975, el U.S. Department of Agriculture dio a conocer que 25% de los floricultores estadounidenses generaban casi 75% de la producción total del país. Muchos de los productores del este, cuyos costos de operación eran más elevados, se vieron obligados a cerrar su negocio ante la competencia de las plantaciones del oeste, con bajos costos, con aumentos progresivos y que contrataban mano de obra barata para cortar las flores.

Edgar Wells aprendió bien las lecciones de estos cambios del mercado estadounidense. Aunque no era un experto en la producción masiva de flores, sabía que Colombia ofrecía al mayorista todas las ventajas del oeste de Estados Unidos y algunas más. La sabana de Bogotá, la llanura que la rodea, era uno de los climas más propicios del Hemisferio Occidental para cultivar flores. Ofrecía temperaturas moderadas que no varían en todo el año, doce horas de luz solar brillante y mucho suelo fértil. Las condiciones eran tan favorables que muchos años más tarde los floricultores podían evocar: "En los primeros años podían meter un poste en el suelo, dejar caer semillas alrededor de él, escupir en el suelo y cubrirlo con una hoja de plástico. Y sin dificultad crecían las flores".

Esto es en gran medida lo que Wells y los primeros emprendedores de la industria de las flores hicieron en Colombia. Durante todo el año, en la sabana de Bogotá crecían flores de gran calidad en estructuras simples de madera y plástico. No sólo era relativamente fácil cultivarlas, sino también cosecharlas: el salario de un trabajador agrícola equivalía a un poco más de medio dólar; en 1966 el salario había aumentado a 82 centavos de dólar, muy bajo en comparación con el sueldo de los trabajadores estadounidenses. Tras luchar varios años para implantar las técnicas de cultivo desarrolladas en Estados Unidos, Wells y sus socios lograron convencer a un mayorista de ese país de que aceptara un embarque de prueba. El 18 de octubre de 1965 enviaron el primer embarque de flores a Estados Unidos.

Sin embargo, para entonces Wells ya no era el único que percibía el enorme potencial que representaba la industria de las flores. En el mismo año del primer embarque con destino a Estados Unidos, en una serie de estudios realizados en la Universidad de Chicago se señaló la perfecta correspondencia entre las condiciones climatológicas necesarias para cultivar claveles y las que existían en la sabana de Bogotá. Y así, en 1969, un grupo de cuatro estadounidenses, entre ellos un floricultor de California, invirtieron cada uno 25 000 dólares y fundaron una compañía que iniciaría las exportaciones de flores desde Colombia. La compañía, a la que bautizaron como Floramerica, comenzó exportando claveles y crisantemos, flores que son compactas y cuya producción, manejo y transporte son menos difíciles desde el punto de vista técnico. No tardaron en incorporar las rosas, que son más frágiles y cuya producción, manejo y transporte resultan más complejos.

En 1970 Floramerica exportó a Estados Unidos casi 400 000 dólares en claveles y en 1972 casi 2 millones. En 1986 sus ventas anuales ya alcanzaban los 50 millones de dólares (33% del total del mercado) y se había convertido en uno de los principales exportadores del mundo. Pronto otras compañías colombianas empezaron a imitar la producción y los métodos mercadológicos de Floramerica, contratando incluso algunos de sus empleados. Las compañías de floricultura pudieron aprovechar al máximo el hecho de que Colombia tiene una estación más larga de cultivo y sueldos mucho más bajos, lo cual les representa una ventaja de 31% en el costo sobre los productores estadounidenses, incluso después de incluir costos más altos de envío.

Entre 1966 y 1978, las exportaciones colombianas pasaron de ser de menos del 1% a representar el 89.6% de las importaciones totales norteamericanas de flores. Según las estimaciones de un estudio del gobierno colombiano en 1971, los productores locales que exportaban al mercado estadounidense y vendían sus productos a los precios vigentes en ese país podían esperar obtener una utilidad hasta de 57% de los ingresos. Ese valor de utilidad ofrecía a los primeros inversionistas un extraordinario rendimiento anual de 600% sobre la inversión inicial. Edgar Wells comparó la industria de las flores con el legendario sitio en que abundaba el oro y que los españoles buscaron en Colombia: "Al cabo de 400 años, las verdaderas riquezas de El Dorado han sido descubiertas... una fuente permanente e inagotable de riqueza para todos los colombianos".[1]

Patrón: excesiva confianza en los factores básicos

Los productores nacionales suponen que las ventajas de los recursos naturales y de una mano de obra barata les valdrán para ocupar posiciones de liderazgo en los mercados de exportación; por tanto, no crean las condiciones propicias para la innovación.

El centro de Miami: completar la cadena de valor de las exportaciones

Animados por resultados tan impresionantes, los productores colombianos buscaron la forma de consolidar y extender sus éxitos iniciales. Pronto se percataron de que, a pesar de las enormes ventajas de costos, debían superar dos pruebas si querían acrecentar su potencial: encontrar la manera de distribuir eficientemente sus flores y averiguar cómo podían ampliar su base de clientes. Con el tiempo descubrirían medios innovadores de hacer ambas cosas. Sus soluciones sentaron las bases de un crecimiento extraordinario, pero al mismo tiempo sembraron las semillas de los problemas que en el futuro aquejarían la industria.

La primera prueba que afrontaron —distribuir rápida y eficientemente sus flores en Estados Unidos— iba a ser muy difícil. La infraestructura del transporte interno de Colombia era débil, sin que se previera un mejoramiento significativo. Las carreteras eran de mala calidad; no había compañías camioneras independientes que ofrecieran transporte con refrigeración y las instalaciones aeroportuarias desplazaban ineficientemente los productos y estaban sobrecalentadas, lo cual perjudicaba la frescura. Más aún, hasta los primeros años de los 90, el aeropuerto de Bogotá contaba con una sola pista de despegue y aterrizaje, circunstancia que por lo menos en una ocasión provocó importantes retrasos y el deterioro de las flores en el día de San Valentín, una de las fechas con mayor demanda.

Patrón: deficiente cooperación entre empresas

Un agrupamiento débil de industrias conexas y de soporte —por ejemplo, en el transporte— coloca en seria desventaja a las compañías de los países en vías de desarrollo.

Lo que hizo la industria de las flores fue convencer a Avianca, la línea aérea nacional, y a otras compañías colombianas de transporte de que realizaran un manejo especial para que las flores fueran enviadas a Estados Unidos con cuidado y seguridad, primero en los portaequipajes de los aviones de pasajeros y después en aviones especiales de carga. Por otra parte, las telecomunicaciones deficientes y el hecho de no contar con *mercadeo* directo en Estados Unidos limitaban la capacidad de las compañías colombianas para coordinar desde Bogotá el itinerario de las flores a sus destinos en Estados Unidos. Si no conseguían superar este problema, nunca tendrían allí una participación sólida.

Los productores colombianos encararon el reto inventando un complejo sistema de instalaciones de recepción y distribución. Por medio de Asocolflores, la asociación de la industria, constituyeron una compañía común de manejo llamada Transcold. Ésta se encargaba de descargar las flores y ponerlas en áreas de almacenamiento refrigerado, y las preparaba para la inspección aduanera y el embarque por camión a los mayoristas, quienes a su vez las vendían a los detallistas. Con el tiempo fue creándose un intrincado sistema de distribuidoras para satisfacer con la oferta que llegaba de Colombia la demanda de los mayoristas estadounidenses.

El centro de distribución situado en Miami proporcionaba a los colombianos la base que necesitaban para penetrar en lo profundo del mercado estadounidense. Su mera existencia generaba muchos clientes nuevos y exigentes a lo largo de las rutas de envío. Ese incremento del negocio permitía reducir los costos de transporte de las flores de Colombia en los mercados del este a niveles inferiores a los de aquellas que se enviaban desde la costa occidental. Algunos exportadores colombianos, entre ellos Floramerica, fundaron compañías de transportadores/distribuidoras en Miami, cuya propiedad total les pertenecía y que les permitían eliminar los intermediarios y obtener un mayor control sobre el mercadeo de sus productos. Una vez superados los obstáculos de la distribución, las exportaciones colombianas tuvieron un verdadero auge y consolidaron a los productores de Bogotá como serios competidores de los estadounidenses en su propio mercado.

Nuevos mercados

Mejorada ya la eficiencia de los canales de distribución, los productores colombianos afrontaron el segundo reto: ampliar su base de clientes a través de canales nuevos. Hasta ese momento los pequeños floristas realizaban casi el total de las ventas al detalle en Estados Unidos. Acostumbrados desde hacía mucho a los altos precios de los productores estadounidenses, así como a las grandes fluctuaciones estacionales de la oferta y la demanda, los floristas generalmente cobraban precios elevados por sus inventarios tan celosamente guardados. Los consumidores estadounidenses habían llegado a considerar que las flores eran un artículo de lujo, que se expendían sólo en tiendas de especialidades. Desde el punto de vista de los exportadores colombianos, esa opinión había retardado el incremento del consumo global de las flores.

Las limitaciones de este tipo se superan con la selección de clientes por medio de nuevos canales de distribución, y eso fue precisamente lo que hicieron los colombianos. El precio bajo, la buena calidad y la disponibilidad durante todo el año de sus flores modificó las formas de venderlas y distribuirlas en Estados Unidos. Con una oferta uniforme y un precio bajo se redujeron los costos y los riesgos que el minorista afrontaba al conservar grandes inventarios. Ello significaba que era posible enfocarse en establecimientos no tradicionales, como los supermercados, y al mismo tiempo utilizar menos a los floristas. Y la escala de producción en Colombia, combinada con la disposición de los floricultores para producir ramilletes en sus plantaciones o en Miami, significaba que los supermercados estaban dispuestos a darles una oportunidad a los exportadores colombianos.

Hicieron lo que tenían que hacer: aumentaron la demanda a través de nuevos canales donde el público estadounidense podía comprar flores. Al facilitar la compra mediante varios canales de distribución, incrementaron drásticamente la demanda; y con la publicidad masiva mantuvieron su crecimiento, logrando así que las flores de gran calidad dejaran de ser un artículo de lujo y estuvieran prácticamente al alcance de todos. Las flores se convirtieron en un producto básico de muchos supermercados, vendedores callejeros y centros comerciales. Por ejemplo, en 1977 sólo 13% de los supermercados expendían flores, mientras que en 1986 el porcentaje ascendió a 86 por ciento. La respuesta de los consumidores fue excelente. En el periodo comprendido entre 1976 y 1988, el consumo total creció más del 300%, de 227.5 a 713.6 millones de dólares. Las importaciones de flores colombianas crecieron a un promedio de 21% anual, de 22.6 a 175.6 millones de dólares.

Los colombianos habían descubierto un segmento muy atractivo, ofreciendo precios bajos y una calidad satisfactoria a los que compran por impulso y frecuentan los mercados de comestibles en Estados Unidos. Respondían así a la demanda que desde hacía tiempo permanecía latente y aprendieron rápidamente a poner sus ventajas naturales al servicio de lo que los clientes parecían pedir. Pero como demostraremos luego, en ese momento empezaron a subestimar dos cosas: cuán poco restrictivas eran las barreras contra el ingreso en su segmento, y cuán dinámica era la relación entre productor y consumidor. Los productores *respondían* y *buscaban* la demanda, pero no estaban aprendiendo a *crear* una demanda refinada comunicando a los clientes el valor de sus flores.

Patrón: conocimiento deficiente de los clientes

Las compañías tienden a producir bienes y luego buscar mercados donde venderlos. Se hace poco por determinar las necesidades de los usuarios y consumidores antes de comercializar los productos entre nuevos compradores. Y además no se conocen bien las implicaciones que para las estrategias a largo plazo tiene el hecho de optar por atender determinados segmentos del mercado.

El gobierno

En términos generales, los éxitos iniciales de la industria colombiana de las flores pertenecen a los emprendedores residentes en la sabana de Bogotá y a sus innovadores colegas de Miami. Sin embargo, los pioneros de la industria se beneficiaron con los cambios de la política gubernamental que afectó a las exportaciones, lo cual casualmente coincidió con el periodo de crecimiento más ambicioso. Entre 1967 y 1973, el gobierno intervino para contrarrestar la tendencia antiexportaciones del entorno de los negocios en Colombia: devaluó un peso permanentemente sobrevaluado, liberalizó las restricciones a las importaciones que habían suavizado la presión sobre el peso y estableció una banda de flotación para evitar sobrevaluaciones en el futuro. El resultado de tales medidas fue un tipo realista de cambio que se mantuvo razonablemente estable durante 1972.

Además de los cambios hechos a la política cambiaria, el gobierno instituyó otras medidas generales tendientes a promover las exportaciones. Primero, un nuevo certificado de exportación, el *Certificado de Abono Tributario* (CAT), proporcionaba créditos fiscales más generosos que los ofrecidos antes a exportadores no tradicionales, entre ellos los productores de flores.[2] Segundo, PROEXPO, una nueva dependencia para promover y financiar las exportaciones, daba servicios promocionales como exposiciones industriales y estudios de mercado; además subsidiaba préstamos de "capital de trabajo" a corto plazo (y, en menor medida, préstamos a largo plazo para activo de capital). Tercero, el Plan Vallejo permitía importar sin pagar impuestos los insumos que se usaban en los productos exportados.

Estas políticas favorecieron un extraordinario auge de las exportaciones no tradicionales. Durante el *boom* de las exportaciones de 1967-1974, éstas crecieron más de 500%, en comparación con un incremento apenas del 86% de las exportaciones tradicionales. No fue mera coincidencia que, durante los mismos años, las exportaciones de flores de gran calidad hayan crecido de menos de 100 000 a 16.5 millones de dólares.

Presiones desconocidas

Sin embargo, al mismo tiempo que las exportaciones de flores alcanzaban niveles sin precedentes, los floricultores de la sabana de Bogotá empezaron a sentir un nuevo tipo de presiones. En efecto, a semejanza de los héroes trágicos de las tragedias griegas, se dieron cuenta de que el éxito mismo empezaba a ser la causa de su ruina. Hoy saben que ya pasó la época en que era fácil hacer dinero: "Ahora estamos luchando simplemente para sobrevivir", explica uno de ellos.

¿Cómo se operó tan drásticamente ese cambio? El primer problema fue el creciente poder de los que controlan los canales de distribución. El éxito aportó una fabulosa riqueza a los productores de la sabana de Bogotá , pero también utilidades cada vez mayores a los distribuidores de Miami. En efecto, los productores integrados de manera vertical que habían comprado distribuidoras se percataron de que su centro de Miami era indispensable para crear relaciones con los clientes y para recabar datos del mercado. Con el tiempo trataron de consolidar su poder al hacer ventajosos tratos con la creciente cantidad de pequeños productores colombianos que no estaban integrados de manera vertical y que necesitaban sus servicios de intermediarios (algunos dirán que se aprovecharon de ellos).[3] También procuraban protegerse contra los riesgos en un mercado propenso a fuertes demandas estacionales y a las fluctuaciones del precio que éstas provocan.

Los intermediarios de la distribución cumplieron ambas metas. Primero, sólo aceptaban en consignación las flores de terceros. Ello significaba que no se admitían pedidos de precio fijo de terceros: los intermediarios compraban a otras plantaciones sólo cuando tenían pocas existencias e incluso entonces recibían 15% sobre la venta, sin asumir responsabilidad alguna por las que no se vendieran. Más aún, a manera de protección contra la disminución de los precios, instituyeron un sistema de "cargo por caja". Recibían 12 dólares por cada caja, sin importar el precio a que se vendieran las flores. El sistema funcionaba en favor de los productores e intermediarios en un ambiente de producción creciente y de precios sólidos. Pero beneficiaría únicamente a los segundos en un ambiente de alto volumen y de precios *decrecientes.* Y cabía suponer que aumentaría el exceso de la oferta, pues los productores colombianos se centraban estratégicamente en una escasa variedad de flores. Así contenían el precio de las flores y perjudicaban la estructura de la industria, pero a corto plazo no perjudicarían a los intermediarios.

Patrón: no integrar hacia adelante

Muchas compañías suelen estar a merced de los intermediarios de la distribución, quienes ejercen un enorme poder de negociación sobre ellas y les impiden el acceso a un aprendizaje decisivo sobre el mercado. Las que sí realizan la integración hacia adelante tienden a establecer mecanismos que facilitan la obtención de utilidades a corto plazo, pero no reexaminan ni reinventan sus fuentes de ventaja competitiva.

Los productores estadounidenses impulsan un cambio importante

La creciente oleada de importaciones colombianas en la década de 1970 provocó una respuesta defensiva. En 1977 los productores de Estados Unidos presentaròn una petición para que se redujeran todas las importaciones de flores, sin importar si podía o no probarse que el país de origen había recurrido al *dumping*. A esta solicitud siguió otra en 1979 para que se limitara la importación de rosas. Aunque ninguna de las dos se refería a países específicos, era evidente que estaban dirigidas en contra de las flores importadas de Colombia, las cuales abarcaban entonces 89% de las importaciones totales de rosas a Estados Unidos.

A la postre ninguna de las dos peticiones fue atendida. El gobierno estadounidense llegó a la siguiente conclusión: los problemas de los productores del país se debían sobre todo a la recesión que acompañó a la crisis de los precios del petróleo durante el periodo 1973-1974; la industria de las flores era esencialmente sana; las importaciones no ocasionaban un daño serio ni injusto. Pero esas peticiones hicieron que los productores colombianos y sus socios intermediarios de Miami formaran un frente común, y éste a su vez impulsara un cambio importante en la función de la asociación Asocolflores de la industria colombiana.

La asociación fue originalmente creada para brindar ayuda a sus miembros por medio de iniciativas como los estudios dedicados al mercado estadounidense, la consolidación de la oferta, la investigación agrícola y biológica. Pero, a partir de la guerra comercial a fines de la década de 1970, fue funcionando cada vez más como coordinadora de los recursos humanos y financieros que se requerían para rechazar las medidas proteccionistas que propugnaban los productores estadounidenses.

Una de sus iniciativas fue crear el *Consejo Colombiano de las Flores*, que asumió un papel directivo al coordinar el cabildeo en Estados Unidos y las actividades publicitarias en favor de los productores colombianos. Asocolflores se centró entonces en los retos que ellos encaraban dentro de Colombia.[4] Su decisión de desvincularse de la guerra de mercado para concentrarse exclusivamente en los asuntos locales fue muy sutil, pero a nuestro juicio marcó un verdadero hito en la historia de esta industria. Ante el dilema de buscar las nuevas ventajas competitivas orientadas al mercado o la protección y el cabildeo gubernamental, los productores colombianos optaron por lo segundo.

Así pues, empieza a surgir un patrón en el cual la asociación industrial concibe que su papel es cabildear en su gobierno para librar la batalla en contra del gobierno estadounidense, que defiende los intereses de los productores estadounidenses. También busca obtener de su gobierno beneficios como insumos a costo más bajo (por ejemplo, mano de obra y maquinaria importada), así como ventajosas estructuras económicas, entre ellas una moneda devaluada que abarate las flores para los consumidores de Estados Unidos.

Patrón: paternalismo

El gobierno se siente responsable por el éxito de la industria, pero tradicionalmente no ha logrado contribuir a crear ventajas competitivas sustentables; las empresas no asumen la plena responsabilidad de su futuro y, acostumbradas como están a la ausencia de presión competitiva real y a recibir ayuda del gobierno, comienzan a recurrir a ventajas fácilmente imitadas.

Sobreoferta inevitable

Aunque los productores estadounidenses no obtuvieron una respuesta proteccionista contra las importaciones procedentes de Colombia, los productores de este país comenzaron a reconocer la existencia de un enemigo dentro del territorio nacional: ellos mismos. Aprovechando las excelentes condiciones de cultivo y la barata mano de obra de su vecino Ecuador, invirtieron mucho allí logrando acelerar el crecimiento de la producción, de 50 hectáreas a principios de la década de 1980 a más de 500 hectáreas (una hectárea equivale a 2.47 acres) a principios de la década de 1990 y a 800 hectáreas en 1996. Además, las relativamente bajas necesidades de capital y la facilidad del acceso a la tecnología requerida continuaron atrayendo mucho más productores colombianos para establecer operaciones en Ecuador.

En Estados Unidos la demanda no se mantuvo a la par con el extraordinario crecimiento de la producción. Y de ahí la disminución de los precios. El precio promedio real de una cesta de flores cayó de 18.88 a 15.96 dólares en el periodo comprendido entre 1980 y 1990. Los supermercados, canal de precios bajos que constituía una parte creciente de las ventas, contribuyeron a agravar el problema. Además, precisamente los mecanismos diseñados para proteger los intereses de los distribuidores de Miami comenzaron a favorecer la reducción de los precios. Los distribuidores comenzaron a preocuparse por las flores que se marchitaban en las bodegas ante la escasa demanda, viéndose obligados a fijar el precio atendiendo a la demanda que en algunos casos equivalía al costo de producción o estaba por debajo de él. Aunque con esto los intermediarios y los productores colombianos casi no ganaban nada en la venta de las flores, los intermediarios seguían percibiendo el cobro por caja en las flores que desplazaban. Los márgenes netos de éstos cayeron por debajo del 10% a principios de la década de 1990; en cambio, se evaporaron los márgenes de los productores colombianos. Eso ocasionó graves problemas a los floricultores que tenían en Miami operaciones verticalmente integradas y fue un golpe mortal para los productores colombianos independientes.

Cada vez resultó más problemática la falta de información sobre la posición de costo relativo que las firmas ocupaban en Colombia y en el extranjero. Además de Ecuador, otros países como México habían incrementado su producción de invernadero de 100 hectáreas en 1982 a 750 hectáreas en 1992. Aunque las empresas mexicanas eran vistas tradicionalmente como competidores con flores de menor calidad que atendían otros mercados geográficos, habían mejorado la calidad de su producto y proyectaban hacer envíos directos por camión hacia Estados Unidos. ¿Cuál era su posición de costos en el momento actual y cuáles serían su posición y sus planes de expansión en el futuro? Preguntas como las dos anteriores cobran gran trascendencia.

Patrón: deficiente conocimiento de la posición relativa

Ni las compañías ni los gobiernos conocen o aprecian su posición frente a las empresas o países competitivos. El hecho de operar sin esa información inhibe la capacidad de las compañías para planear el futuro de su industria.

La apertura de la economía

Así pues, los productores e intermediarios colombianos se encontraban en problemas, atrincherados en un sistema que había adquirido un impulso excesivo. Con un mercado saturado en Estados Unidos y una variedad relativamente pequeña de productos de flores semejantes a los de consumo básico, sus márgenes de utilidad amenazaban con volverse negativos a principios de la década de 1990. ¿Podrían en ese momento recurrir al gobierno colombiano en busca de un apoyo?

El gobierno, conviene aclarar, no les había dado muchos motivos para suponer que estaba dispuesto o en condiciones de ayudarlos. La historia de sus relaciones con la industria presentaba altibajos. Entre 1973 y 1982, había implantado varias medidas que prácticamente invertían la orientación favorable a las exportaciones del entorno de negocios. Para frenar la creciente inflación, redujo el ritmo de devaluación del peso, de manera que la tasa real del tipo de cambio se apreció continuamente desde 1975 hasta 1981. En 1978 había caído por debajo del nivel que tenía en 1967. Se aminoraron los subsidios del programa CAT, y en 1982 las restricciones a las importaciones fueron endurecidas para resolver el problema de los constantes desequilibrios macroeconómicos.

Pese a ello, los productores consiguieron acelerar el crecimiento de las exportaciones durante ese periodo. En conjunto las exportaciones no tradicionales aumentaron a una tasa promedio de apenas 2% al año, las exportaciones de flores tuvieron en promedio un crecimiento anual del 17%, impulsadas por la fuerza de la distribución de Miami y las operaciones de mercadeo. En 1984, cuando el gobierno volvió a cambiar su política al devaluar mucho el peso y liberalizar las restricciones a las importaciones, la industria mejoró considerablemente los ingresos provenientes de las exportaciones, registrando un crecimiento promedio del 20% anual. Por tanto, en términos generales la industria de las flores había despegado sin contar con una ayuda planificada del gobierno y había comenzado a prosperar no por la política gubernamental, sino más bien a pesar de ella. Pero una vez que el gobierno decidió apoyar las exportaciones, no se sabía con certeza si lo que pudiera hacer en favor de los floricultores sería suficiente para mitigar los problemas estratégicos que aquejaban la industria.

El gobierno colombiano se mostró poco eficaz para contrarrestar las demandas crecientes de los productores estadounidenses que buscaban cobijarse bajo el proteccionismo.[5] A partir de mayo de 1986, estos últimos comenzaron a presentar infinidad de peticiones para obtenerlo en los segmentos de la industria de las flores en que la competencia de las importaciones resultaba más intensa. Mencionaron a diez países (entre ellos, Colombia, Ecuador y Holanda), pero en realidad trataban de defenderse del 98% de las importaciones. Sus peticiones eran muy ingenuas y otras parecidas ya habían sido rechazadas en la década de 1970. Pero en el nuevo entorno del comercio dirigido de la década de 1980, se atendió a muchas de estas peticiones. Las protestas del gobierno colombiano no lograron en absoluto impedir que el gobierno de Estados Unidos mediante aranceles impusiera sanciones retroactivas y que promulgara restricciones comerciales contra las importaciones de ése y otros países. Es verdad que esas sanciones y restricciones no fueron muy grandes (aunque sí lo fueron los costos de la atención gerencial y los honorarios a los abogados); pero Asocolflores y los productores de Bogotá estaban seguros de que el gobierno no les había brindado ayuda cuando más la necesitaban.

Y ese sentimiento de abandono iba a empeorar todavía más. En 1989, el presidente Barco emprendió el programa de *apertura*, o sea la transición de la economía al comercio libre, con el cual se proponía restaurar la estabilidad económica del país y dirigirlo hacia un crecimiento sostenible. Su gobierno redujo el ritmo de la devaluación del peso. Ello, combinado con las tasas de inflación, significó una *revaluación* real de la moneda y ocasionó un incremento real de los costos de los productos colombianos en un mercado ya abrumado por la sobreoferta de flores. Fue la gota que derramó el vaso.

Se intensifica la tensión

Los productores de Bogotá se unieron y manifestaron su opinión a través de su asociación Asocolflores y, cada vez con mayor desesperación, comenzaron a responsabilizar al gobierno por su situación. A su juicio, el gobierno no sólo se había mostrado indiferente ante su causa, sino que además había intentado perjudicarlos con un manejo temerario del peso. Recurriendo liberalmente a la libertad de prensa, la asociación empezó a acusarlo de una "conducta anticompetitiva". Y así se declaró la guerra.

Acicateado por las acusaciones de Asocolflores, el ministro de comercio exterior censuró públicamente y con dureza a ese sector industrial por su "pereza" frente a la competencia mundial. Vale la pena citar algunas de las acusaciones que hizo durante una amplia conferencia pública sobre el comercio libre entre Estados Unidos y los países andinos, a la cual asistimos en junio de 1993:

> La corriente se llevará al que se duerma en un mundo cada día más competitivo. Aunque el sector de las flores se ha beneficiado más que cualquier otro con el ATPA [Tratado Andino de Preferencias Comerciales[6]], los floricultores colombianos desaparecerán al cabo de cinco años si no "se adaptan a las condiciones cambiantes". El sector de las flores se ha desarrollado sobre una base de las ventajas competitivas naturales como luz, ubicación geográfica y mano de obra barata. Con ellas han alcanzado el segundo lugar en las exportaciones mundiales. Pero, como sucede en todo proceso dinámico, esas ventajas ya no son suficientes; y si los que laboran en este sector piensan que lo son, se exponen a recibir una amarga sorpresa... Debemos seguir el ejemplo de los holandeses, que sin gozar de ninguna de esas ventajas naturales mantienen el primer lugar en el mercado mundial. ¿Cómo lo lograron? Con estrategias comerciales: segmentando el mercado, mejorando la distribución e introduciendo innovaciones tecnológicas.
>
> Mientras tanto, aunque me duela decirlo, los floricultores colombianos siguen dormidos en sus laureles. Por ejemplo, hoy tienen un solo punto de acceso

al mercado estadounidense: Miami. Se concentran en Florida, donde se consume apenas el 10.2% de las flores en Estados Unidos...

Estoy consciente de que el gobierno debería hacer un mayor esfuerzo para mejorar la infraestructura de aeropuertos, de carreteras y telecomunicaciones, y que debemos evitar una mayor revaluación monetaria. Estamos trabajando en esto. Pero, mientras tanto, los floricultores deben tomar medidas para evitar ser víctimas de su propio éxito.[7]

Pocos días después, el presidente de Asocolflores replicó en una carta abierta publicada en el periódico:

Estimado Ministro,

Con todo respeto, pero también de manera muy tajante, rechazo la acusación hecha durante el Seminario de Libre Comercio, en el sentido de que el sector de las flores está dormido en sus laureles y de que deberíamos ser más tenaces: atender los nuevos nichos del mercado y seguir el ejemplo de los holandeses, que de acuerdo con sus aseveraciones han mantenido la condición de líderes mundiales con sólo desarrollar estrategias comerciales.

Primero, permítame recordarle que la posición que Colombia ha ganado en el mercado internacional no es consecuencia de la mera coincidencia de factores naturales ventajosos; sin duda éstos se hallan en muchas partes del mundo. El éxito de Colombia se debe también al desarrollo de nuestra tecnología de producción (antes las flores se producían comercialmente sólo en los países con estaciones). Se debe asimismo al desarrollo de importantes y dinámicos canales de distribución, combinados con estrategias de exportación firmes, serias, ordenadas y futuristas. Ese esfuerzo lo apoyan más de 70,000 colombianos que todos los días trabajan eficiente y arduamente para llevarle al mundo flores de la más alta calidad.

Al analizar el desarrollo de las exportaciones holandesas de flores, señor ministro, me sorprende observar la coincidencia de la revaluación del florín con la pérdida de participación en el mercado de Estados Unidos. Por ejemplo, en el caso de los crisantemos, Holanda domina hoy apenas 3% del mercado, después de que en 1985 controló más de 30%.

Sin duda Holanda sigue siendo hoy el principal exportador de flores en el mundo. Lo logra atendiendo los mercados de su continente, cuyos altos ingresos per cápita hacen de sus habitantes los mejores clientes de flores en todo el mundo. Además, su estrecha proximidad geográfica y la infraestructura de las comunicaciones permiten una entrega rápida del producto, lo cual constituye una ventaja trascendental en el mercadeo de productos perecederos.

Sin lugar a dudas, la revaluación hizo a los holandeses perder competitividad en Estados Unidos. Por ello, comparto la opinión de usted en el sentido de que, si no "nos adaptamos a las situaciones cambiantes", los colombianos saldrán del mercado estadounidense de las flores. Así será, señor ministro, si el gobierno no decide dar un tratamiento interno favorable a las exportaciones, eliminando el diferencial entre la inflación nacional y la devaluación que este año llega a más del 25%.

Es realmente sorprendente que los exportadores de flores sigan manteniendo su posición en el mercado internacional, a pesar de tantos obstáculos internos que afrontan, entre ellos: revaluación, serias deficiencias en la infraestructura de las telecomunicaciones y de aeropuertos, los altos costos de la energía, sin mencionar nuestras recientes crisis de energéticos.

Como usted mencionó, otros países están desarrollando el sector de las flores gracias a la ayuda de sus gobiernos, los cuales están conscientes de que en el ámbito internacional no sólo compite el sector privado, sino también el país.[8]

Y a continuación citamos la réplica del ministro:

Leí con interés y, lo confesaré, con un poco de sorpresa la carta abierta que tuvo la cortesía de enviarme. Y digo con un poco de sorpresa, porque por lo visto las asociaciones industriales son intocables. El gobierno no puede hacer referencia a ellas ni sugerir que adopten una actitud más tenaz o cambien su forma de hacer las cosas, pues inmediatamente se molestan. En un espíritu de verdadera camaradería, creo que eso debe cambiar.

Como dije en mi discurso, utilicé el ejemplo de las flores entre muchos otros que pude haber elegido para explicar un punto: Colombia debe orientar su producción, su marketing y su distribución hacia el consumidor. Debería integrar verticalmente, mejorar su eficiencia en cada eslabón de la cadena y, lo que es más importante, cambiar su mentalidad.

En ningún momento niego, que tenemos que trabajar duro para mejorar la infraestructura, y creo que soy el ministro que más ha luchado contra la revaluación. Pero ello no significa que los exportadores no deban avanzar más y lograr mayor eficiencia en un mundo donde la productividad y la innovación son cada día más importantes.

La situación en el sector de las flores ha presentado fluctuaciones a lo largo del tiempo. Es la industria con más historia en Colombia, y al final tal vez no corresponda a las expectativas. Entre otras cosas, ello se deberá a que el sector público y privado nunca han compartido la visión de sus posibilidades, sus fuerzas y debilidades; ello los ha llevado a criticarse mutuamente, aunque ninguno de los dos tiene toda la verdad.

Patrón: actitud defensiva

Conforme la competitividad de la industria de la exportación se vuelve más feroz, el sector público y el privado toman partido y suponen que el otro es el responsable del fracaso: el sector público acusa al privado de mala administración, el sector privado al público de no haber creado un clima macroeconómico propicio. Y ambos tienen razón.

Resumen

Al narrar la historia de las flores de Colombia nos propusimos explicar los siete patrones que prevalecen en muchas empresas e industrias de todo el mundo. El patrón *generalizado* es que las empresas formulan propuestas de negocios que, al ser probadas en el mercado, resultan exitosas. En el mundo de países en desarrollo, el éxito se basa en alguna combinación de recursos abundantes, apoyo gubernamental, mano de obra barata o cualquier otra ventaja básica. A corto plazo, se refleja en un impresionante auge económico, en el orgullo de los políticos y la exaltación de la virtud "competitiva" de la comunidad de negocios.

Pero las cosas cambian con el tiempo. La fórmula del éxito inicial deja de funcionar. Desafortunadamente para el mundo en vías de desarrollo, se repite una y otra vez el ciclo de encontrar formas eficaces de competir y luego no poder adaptarse a las realidades cambiantes competitivas. En este libro defenderemos la siguiente tesis: las enormes ventajas que esas naciones tienen en cuanto a recursos naturales, mano de obra barata y un suelo muy fértil han sustentado su pobreza más que impulsar el desarrollo económico.[9] Las ventajas comparativas que poseen no son suficientes para crear altos y crecientes niveles de vida en favor de los ciudadanos comunes. Y han sido en vano los esfuerzos por convertir las fuentes de una ventaja comparativa fácilmente imitable en fuentes más complejas y sostenibles.[10] Nadie parece capaz de romper el ciclo: ni el gobierno, ni el sector privado, ni las organizaciones multilaterales que intentan ayudar. En África y en Latinoamérica se han invertido muchos millones de dólares para erradicar la pobreza y mejorar el crecimiento económico. Pese a ello, esas regiones siguen mostrando la misma dependencia de las exportaciones volátiles de recursos naturales y de la ayuda externa. Los siete patrones dan origen a este problema mayor y contribuyen a su naturaleza aparentemente inalterable.

Consideremos lo siguiente: el sector de las flores es un "fractal" de Colombia. Es decir, los siete patrones que hemos descrito se repiten en cada una de las compañías de esta industria, en las de otras industrias, en el desempeño de Colombia como nación y en el de otros países en vías de desarrollo.[11] Una metáfora muy útil en este caso sería que los siete patrones se encuentran en los niveles de la empresa, de la industria, de la nación y del mundo en desarrollo en forma muy parecida a la semejanza que hay entre la vara y la rama, la cual a su vez se parece al árbol.

PARTE UNO

ROMPIENDO CON EL PASADO: PATRONES DE COMPORTAMIENTO NO COMPETITIVO

Este libro lleva como subtítulo *Fuentes ocultas de la creación de riqueza en los países en desarrollo.* La razón de este subtítulo es que nuestro propósito no sólo es señalar lo que está mal en las cosas tal y como se han presentado, sino que además, nos gustaría indicar lo que posiblemente esté bien. Los siete patrones identificados en la introducción constituyen el resultado de ciertos paradigmas de competencia y de creación de riqueza. Nuestro objetivo es entenderlos y modificarlos. En consecuencia, preferimos considerarlos más como oportunidades de crecimiento, que como síntomas de fracaso:

1. *Patrón:* excesiva dependencia en los factores básicos de ventaja. *Oportunidad:* desarrollar fuentes más complejas de ventaja.
2. *Patrón:* conocimiento deficiente de los clientes. *Oportunidad:* invertir en conocimiento acerca de clientes más exigentes y más refinados.
3. *Patrón:* ignorancia acerca de la posición competitiva relativa. *Oportunidad:* conocer y mejorar la posición competitiva relativa.
4. *Patrón:* fracaso en la integración hacia adelante. *Oportunidad:* estudiar las oportunidades de integración hacia adelante.
5. *Patrón:* cooperación insuficiente entre empresas. *Oportunidad:* mejorar la cooperación entre empresas.

6. *Patrón:* actitud defensiva. *Oportunidad:* involucrar razonamiento productivo.
7. *Patrón:* paternalismo. *Oportunidad:* controlar las palancas estratégicas dentro de su negocio.

En los siguientes siete capítulos, vamos a analizar detalladamente cada uno de los patrones de comportamiento no competitivo que acabamos de enunciar. Posteriormente construimos un marco de trabajo diseñado para facilitar la aplicación de los nuevos conceptos, con el fin de convertir los siete patrones en oportunidades de crecimiento.

CAPÍTULO UNO

Evitar la dependencia excesiva de los factores básicos de ventaja

Claro que podemos vender semilla de soya. El problema es que nadie nos pagará un centavo por ella. ¿Cómo es posible que el comercio sea una cosa buena cuando me encuentro en una situación peor, aun después de venderte algo?

—*Funcionario boliviano de la industria de la soya*

En cierta ocasión el director del Banco Central de una nación andina nos dijo que estaba firmemente convencido de que su país estaba bien posicionado para ser un competidor de bajo costo en muchas industrias globales. Como evidencia mencionó los bajos salarios de su país en comparación con los de Europa y Estados Unidos. A continuación, sostuvo enfáticamente que los salarios bajos le proporcionaban a su país una ventaja competitiva.

Es innegable que los salarios de Estados Unidos son mucho más elevados pero aun así, algo acerca de su razonamiento estaba fundamentalmente errado. Si las compañías de su país estuvieran compitiendo de manera directa con las de Estados Unidos, su afirmación sería correcta. El problema era que estaban compitiendo no contra las compañías estadounidenses, sino con las de las regiones más pobres de Asia, donde los salarios son aún más bajos. Ésta es una distinción crítica, pues plantea la cuestión de la relatividad: cuando se trata de fuentes de ventaja competitiva fácilmente imitables como mano de obra barata o recursos naturales abundantes, siempre existirán otros que puedan ofrecer lo mismo, pero más barato. Así, este tipo de ventaja "comparativa" se hace difícilmente sostenible.

Tal y como lo ejemplifica la historia sobre la industria colombiana de las flores, las ventajas con que cuentan los cultivadores —basadas en la riqueza del suelo y el poder contar con luz solar todo el año— no se han traducido de manera automática en riqueza. Consideramos que los países cuyas estrategias de exportación se basan exclusivamente en ventajas comparativas —sean materia prima, ubicación, clima o mano de obra barata— no se enriquecerán sino, por el contrario, en el largo plazo se empobrecerán.[1] En efecto, nuestra investigación revela que los habitantes de países que son altamente dependientes de la exportación de recursos naturales son más pobres, si se los mide de acuerdo con su capacidad para comprar bienes y servicios en su país (su "paridad de poder adquisitivo" o PPA).[2] En la figura 1-1 se presenta esta correlación usando una muestra de 26 naciones.[3]

Figura 1-1 Relación entre la exportación de recursos naturales y la riqueza

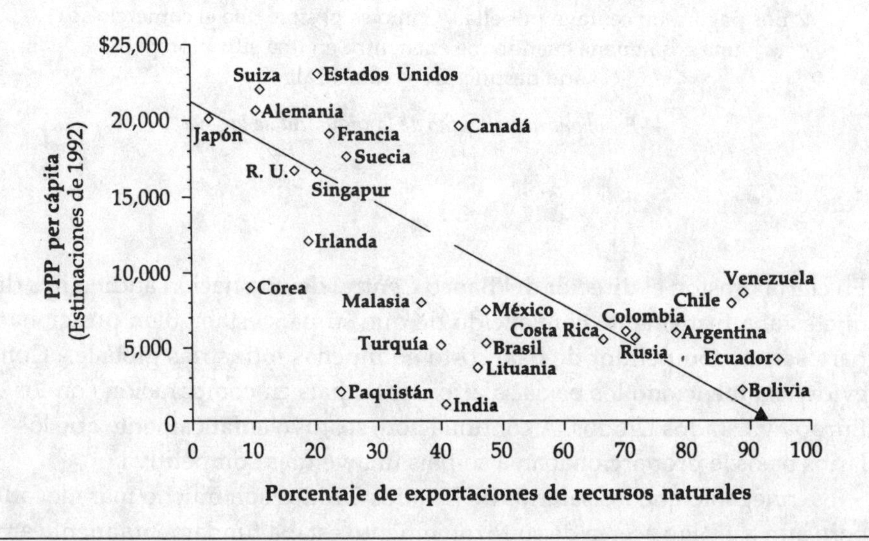

Fuente: UN SITC Trade Statistics Data Revision 2, Banco Mundial, Tablas Mundiales, 1994.

Notas:

1. Los países incapaces de reducir su dependencia de los recursos naturales tienen más bajos niveles de vida.
2. La paridad del poder adquisitivo es normal en esta presentación en contraste con el PNB, por ser una estimación de las alteraciones del tipo de cambio. Se basa en mantener bastante similares los precios de productos de distintos países compensando los diferenciales inflacionarios con modificaciones en el tipo de cambio.
3. El coeficiente de correlación determina la relación entre dos propiedades; los coeficientes más cercanos a 1 indican que las variaciones de una variable se explican perfectamente con las variaciones de la otra.
4. La flecha indica la correlación de –.66 entre la paridad del poder adquisitivo y la exportación de recursos naturales.

Son tres los problemas que se presentan cuando se utiliza una aproximación basada en factores para crear riqueza y competir:

1. Es totalmente relativo: siempre habrá otra nación que cuente con mejores recursos naturales o que esté en condiciones de hacer las cosas a menor costo.
2. La competencia en costos proveniente de otros países ricos en recursos crea presión para mantener bajos los costos, lo cual a su vez incentiva a los productores a mantener bajos salarios. Por lo tanto, el trabajador común no percibe los beneficios del crecimiento.
3. Si las naciones exportan sus recursos naturales a un tipo de cambio devaluado, sufren una pérdida doble: los recursos se agotan y los consumidores extranjeros ricos, que pueden darse el lujo de adquirirlos a precios competitivos, los pueden comprar a precios subsidiados y artificialmente reducidos.

Usar las ventajas comparativas como medio para crear riqueza es uno de los problemas fundamentales que enfrentan tanto las empresas, como los líderes políticos del mundo en desarrollo. A medida que las economías se vuelven más globales y la competencia se torna más feroz, quienes opten por estos métodos fácilmente imitables de hacer negocios, se estarán condenando a una pobreza permanente.

Los líderes del sector gubernamental y privado del mundo en desarrollo, los organismos multilaterales y las agencias sin ánimo de lucro promotoras de desarrollo deben generar los cambios necesarios. Las estrategias necesarias para evitar una dependencia excesiva de los recursos naturales pueden ser relativamente simples. Sin embargo, pocos países las han aplicado y esto se debe a dos razones principales: falta de conocimiento y política:

- Pocos líderes se dan cuenta de cuán nocivo es este tipo de competencia para sus economías.
- El trauma que entraña apegarse a las conductas del pasado es menor, que el que supone reestructurar radicalmente la forma en que las compañías compiten en los países en desarrollo.

Principios básicos del pensamiento basado en la ventaja comparativa

En algunos aspectos, la creencia en la ventaja comparativa nació con David Ricardo. En 1817 publicó su influyente tratado *Principios de Economía Política,* en el cual estudia la cuestión de si el comercio internacional favorece o perjudica la riqueza de las naciones. Al reflexionar sobre el potencial del intercambio de productos entre Inglaterra y Portugal, Ricardo propuso un argumento que al cabo de más de 175 años sigue estando en el centro de las controversias modernas sobre el comercio internacional. Su teoría de la ventaja comparativa, que promete beneficios comerciales a todos los participantes, contribuyó para que Gran Bretaña encabezara una próspera era de libre comercio durante el siglo XIX, al tiempo que inspiró a los Aliados victoriosos de la Segunda Guerra Mundial para que declararan el libre comercio como el fundamento de la economía política internacional de la postguerra. Pero en el mundo contemporáneo, donde las viejas reglas del intercambio han dejado de ser aplicables, la teoría de Ricardo ya no resulta satisfactoria: muchas economías en los países en desarrollo, que en el pasado gozaban de protección, dependen de ventajas comparativas (riqueza petrolera, luz solar o mano de obra barata) para involucrarse en la economía internacional, bajo premisas que las condenarán a seguir siendo pobres.

En la historia de la industria de las flores, los colombianos quedaron atrapados en su modelo de creación de riqueza. Ateniéndose a sus ventajas basadas en factores como el suelo fértil, la proximidad a los mercados, un clima favorable y mano de obra barata, los cultivadores de Bogotá lograron desplazar a los floricultores estadounidenses de su propio mercado y obligaron a los holandeses a abandonar mercados tan importantes como el de las rosas y el de los claveles. Sin embargo, los holandeses, quienes inicialmente dejaron el extremo inferior del mercado en manos de los colombianos, siguen dominando los segmentos más atractivos y rentables de la industria en Estados Unidos. Es claro que la ventaja comparativa de Colombia, a pesar de haber constituido un importante punto de arranque para el comercio, no fue suficiente para construir ventajas competitivas sostenibles. ¿Cómo explicar entonces, que los holandeses continúen siendo los exportadores más exitosos de flores en todo el mundo, a pesar de que allí el sol nunca brilla, la mano de obra es una de las más caras del mundo y es necesario robarle la tierra al celoso mar?

En el presente capítulo nos gustaría examinar algunos principios básicos de la teoría de la ventaja comparativa que rigen el comportamiento de los líderes empresariales y gubernamentales de los países en vías de desarrollo. Ya los mencionamos antes, pero los repetiremos aquí:

1. Abundancia de materias primas: la trampa de las materias primas y de las exportaciones de productos.
2. Abundancia de mano de obra barata: la relatividad de las tarifas de la mano de obra.
3. Ubicación geográfica estratégica: la competencia basada en ubicación.

En el capítulo 7, donde se analiza el concepto de paternalismo, examinaremos un cuarto tipo de ventaja comparativa o ventaja basada en factores. En él se incluyen algunos programas económicos y políticos que ofrecen ventajas sustanciales pero insostenibles.

Todas estas ventajas tienen un punto en común: son fáciles de imitar y, por lo mismo, imposibles de sostener. Lo anterior es cierto especialmente a medida que los adelantos tecnológicos acortan las distancias entre las naciones. Mientras las compañías continúen dependiendo de las ventajas comparativas como fuente de ventaja competitiva, consideramos que seguirán encontrándose en posiciones cada vez menos atractivas.

La trampa de las materias primas y de las exportaciones de productos "commodity": la industria boliviana de la soya

En toda la región andina hay muchos ejemplos de la riqueza engañosa creada a través de la exportación de materias primas como petróleo, gas o minerales. Con el fin de evaluar la viabilidad real de las estrategias orientadas a las exportaciones de productos "commodity", vamos a estudiar una industria que comúnmente no asociamos a los productos más tradicionales de exportación: la industria boliviana de la soya. Bolivia empezó a producir soya en los años 70 y el Banco Mundial comenzó a brindarle apoyo a mediados de la década de 1980 para compensar el colapso de las industrias del estaño y algodón. La soya había sido aclamada como el "cultivo milagroso" que le ayudaría a Bolivia a romper su dependencia de la coca y a impulsar el desarrollo económico en el oriente del país. En un lapso de apenas veinte años las exportaciones de soya crecieron prácticamente de cero hasta convertirse en la exportación agrícola legal más importante, consolidándose como uno de los principales productos de exportación no tradicionales, así como en una valiosa fuente de empleo e intercambio internacional.

A pesar de la turbulencia política, la inestabilidad macroeconómica y los enormes desafíos logísticos, los logros de los productores de soya de la región de Santa Cruz han sido verdaderamente impresionantes. La industria de la soya ha crecido a un promedio del 26% anual desde 1972. Los productores bolivianos han desplazado a los líderes mundiales —Brasil, Argentina y Estados Unidos— en los mercados de los países del Pacto Andino. Sus aciertos han contribuido a impulsar el crecimiento de Santa Cruz, dándole una identidad como región exportadora de productos agrícolas.

Aunque los productores de soya han logrado crear una industria exportadora que alcanza los 60 millones de dólares al año, en la segunda nación más pobre del hemisferio,[4] hay señales que deberían llevar a la industria y al país a hacer una pausa y reflexionar.

En 1993, 92.5% de las exportaciones bolivianas de soya eran semillas, harina o aceite crudo de soya. El problema radica en que todas esas exportaciones constituyen productos "commodity", cuya venta se basa exclusivamente en precio y no en elementos de calidad o servicio que los productores de soya podrían utilizar para cobrar un precio más elevado a sus clientes. Más aún, a los usuarios finales no les importa de dónde proviene un producto de soya: compran proteínas, no semillas de soya de Bolivia o Brasil. Para empeorar aún más las cosas, desde 1973, el primer año completo de producción de soya en Santa Cruz, el precio mundial ha caído anualmente un promedio del 5.8 por ciento.

¿Qué opciones tienen los productores de Bolivia para responder a estas presiones en los precios? Como en cualquier otra cuestión concerniente a las utilidades, podrían tratar de aumentar precios o reducir costos. Si los bolivianos generaran una parte importante de la producción mundial de soya, podrían retener parte de su producción normal, dejándole a la ley de la oferta y la demanda la restitución del precio a su valor anterior. En el pasado, esta estrategia le dio muy buenos resultados al petróleo de Arabia Saudita, y podría funcionar también para los brasileños que producen el 22% de la semilla de soya en todo el mundo. Pero como la soya boliviana representa apenas el 0.26% del mercado mundial, dicha medida no influiría mucho en los precios mundiales y no haría más que reducir los ingresos provenientes de las exportaciones para Bolivia.

No está en manos de Bolivia modificar el precio mundial de la soya. Por lo tanto, si los bolivianos quieren mejorar la rentabilidad, aparentemente no les queda más remedio que reducir los costos. A primera vista, parece que han tenido éxito con este enfoque. Analizamos los costos promedio de la producción y transporte de soya en Bolivia y en Brasil, que es su principal competidor y que está situado justo al frente de Santa Cruz, del otro lado del Río Paraguay. Con el fin de comparar los análisis, estimamos los costos de los productores de ambas naciones para exportar soya a Colombia, uno de los principales mercados de Bolivia. Si analizamos los costos totales, los productores bolivianos parecen estar realizando una labor bastante buena (Fig. 1-2).

Pese a contar con una escala menor de operaciones, los bolivianos tienen una ligera ventaja de costos de producción y transporte de 6 dólares sobre los brasileños por cada tonelada métrica que envían a Colombia. ¿Podemos decir entonces que los bolivianos ganaron la batalla de la soya?

Antes de declarar a Bolivia como ganador, analicemos un poco más a fondo los costos. Primero, consideremos únicamente los relacionados con el cultivo mismo de la soya: fertilizantes, semillas, pesticidas y otros materiales y mano de obra relacionados al cultivo de la soya. En esta categoría, la ventaja de costos de los bolivianos es de 1 dólar por tonelada métrica (Fig. 1-3).

Figura 1-2 Costos de la producción de soya y de su transporte a Colombia desde Bolivia y Brasil, 1994

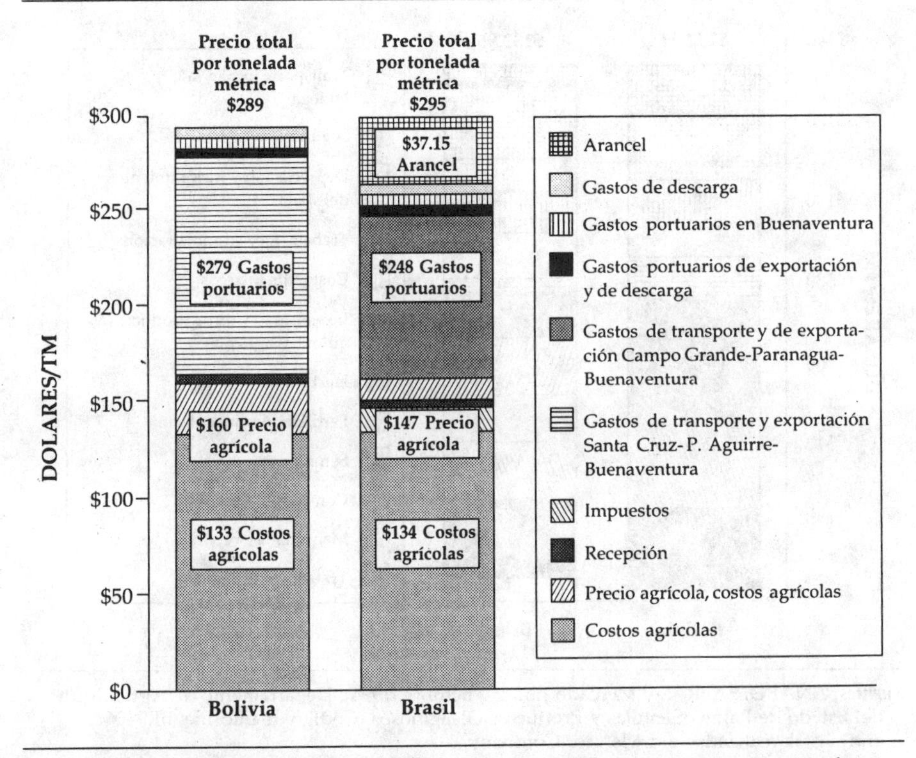

Fuentes: ANAPO; SAFRAS y Mercado (marzo, octubre, 1994); Departamento de Agricultura del Estado de Paraná; Semillas y Productos Oleaginosos (Código de Informe: BR9406A); entrevistas realizadas por Monitor Company.

Nota: Los costos anteriores se basan en promedios de la región de Santa Cruz y de la región Centro-Sul de Brasil, pero no incluyen el costo del suelo. Estos costos varían según los rendimientos individuales, la ubicación, la propiedad del equipo, el precio de mercado y las decisiones estratégicas en el nivel plantación.

Pero cuando comparamos los componentes de los costos totales del cultivo surge un patrón muy interesante. De los doce componentes de costos, los bolivianos tienen ventaja sólo en cuatro: fertilizantes, depreciación del suelo y gastos de mejoramiento, costos financieros y finalmente, costo de mano de obra por tonelada. La tierra de Santa Cruz es una de las más pródigas del mundo para la producción de soya: rinde 2.2 toneladas métricas por hectárea, comparada con la producción brasileña de 1.7 toneladas métricas por hectárea. Aprovechado este mayor rendimiento, los bolivianos llevan años cultivando soya sin emplear fertilizantes, al tiempo que los otros gastos relaciona-

Figura 1-3 Costos agrícolas promedio de la producción de soya en Bolivia y Brasil, 1994

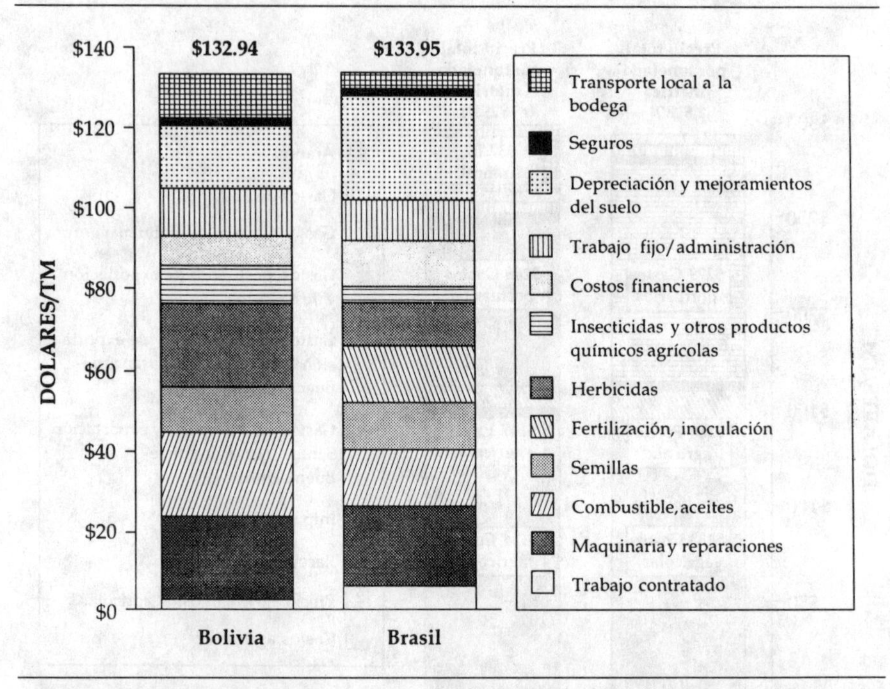

Fuentes: ANAPO; SAFRAS y Mercado (marzo, octubre, 1994); Departamento de Agricultura del Estado de Paran ; Semillas y Productos Oleaginosos (Código de informe: BR9406A); entrevistas realizadas por Monitor Company.,

Nota: Basada en los promedios de Santa Cruz y Centro-Sul y no se incluye el costo del suelo. Los costos individuales variarán según los rendimientos, el equipo, la propiedad y las decisiones estratégicas en el nivel plantación.

dos con el suelo son bajos. También la mano de obra no calificada es más barata que en Brasil.

Si bien los costos de los bolivianos son menores en cuatro categorías, son más altos en siete de las ocho restantes (los costos del seguro son mínimos en ambas naciones). Estas categorías comprenden el costo de maquinaria y reparaciones, combustibles y aceites, semillas, herbicidas, insecticidas, mano de obra administrativa (supervisores, contadores, entre otros), y transporte de la cosecha desde los campos hasta las bodegas locales donde se almacena. Como hay pocos proveedores bolivianos de los productos que requiere la industria de la soya, es necesario importar tecnología e insumos agrícolas —generalmente a precios elevados— así como los productos químicos y la maquinaria que utilizan. Los productos químicos agrícolas por ejemplo, cuestan 95% más en Bolivia que en Brasil. Es frecuente que los bolivianos compren maquinaria de segunda mano de ese país, maquinaria que, dicho sea de paso, es considerada casi obsoleta por los brasileños. Aunque al hacerlo, los bolivianos ahorran dinero en el corto plazo, con el tiempo, el mantenimiento resulta más costoso. Más aún, es difícil invertir en el mejoramiento de los bienes de capital o de la tecnología por dos razones: los préstamos agrícolas de corto plazo son caros y exigen garantías muy sólidas y, como si fuera poco, los bancos no aceptan la tierra como garantía.

Mientras que los costos agrícolas representan casi la mitad del costo total de la producción de la soya, emergen patrones aún más drásticos al examinar el resto de las categorías. Tanto los brasileños como los bolivianos transportan por mar la soya hacia Colombia. Para ello es necesario cargarla desde las bodegas en camiones, descargar los camiones en el puerto sobre el río Paraguay y luego, embarcarla rumbo al puerto colombiano de Buenaventura. Al observar el mapa, uno supondría que los procesos de transporte son aproximadamente los mismos para Bolivia y Brasil, pero cuando sumamos los costos conexos, descubrimos que los bolivianos tienen una gran *desventaja* equivalente a 31 dólares por tonelada métrica (Fig. 1-4).

Esta desventaja se debe en buena medida a los ineficientes servicios de ferrocarril y carreteras. No hay vías pavimentadas que conecten las regiones bolivianas cultivadoras de soya con el Río Paraguay. Un monopolio estatal ineficiente dirige el único ferrocarril que une a los productores con Puerto Aguirre. En cambio, los brasileños construyeron carreteras pavimentadas que conectan las regiones productoras de soya con su puerto del Rosario. Sin embargo, hay que darle crédito a los productores de Santa Cruz quienes, no siempre con éxito, hacen grandes esfuerzos para mejorar el servicio del ferrocarril y adquirir los camiones que necesitan.

Claramente la ligera ventaja con que cuentan los bolivianos por sus costos de cultivo, desaparece ante la desventaja del costo del transporte. Sin embargo, hay otros dos costos que debemos considerar —impuestos y aranceles—, donde los bolivianos tienen una ventaja. Pagan 21 dólares menos de impuestos por tonelada que sus colegas brasileños. Aún más importante, los bolivianos no pagan aranceles cuando exportan a Colombia ya que ambos países son miembros del Pacto Andino. Brasil no es miembro y paga 37 dólares por tonelada. La combinación de impuestos más bajos y la ausencia de aranceles permite a los bolivianos tomar la delantera al final de la carrera por obtener los costos más bajos.

Es interesante señalar que los productores y procesadores de soya no tienen control sobre tres de las cuatro categorías de costos (transporte, impuestos y el Pacto Andino), que son precisamente los que constituyen el mayor diferencial de costo con Brasil (puesto que los costos agrícolas de los produc-

Figura 1-4 Costos de transporte a Colombia desde Bolivia y Brasil, 1994

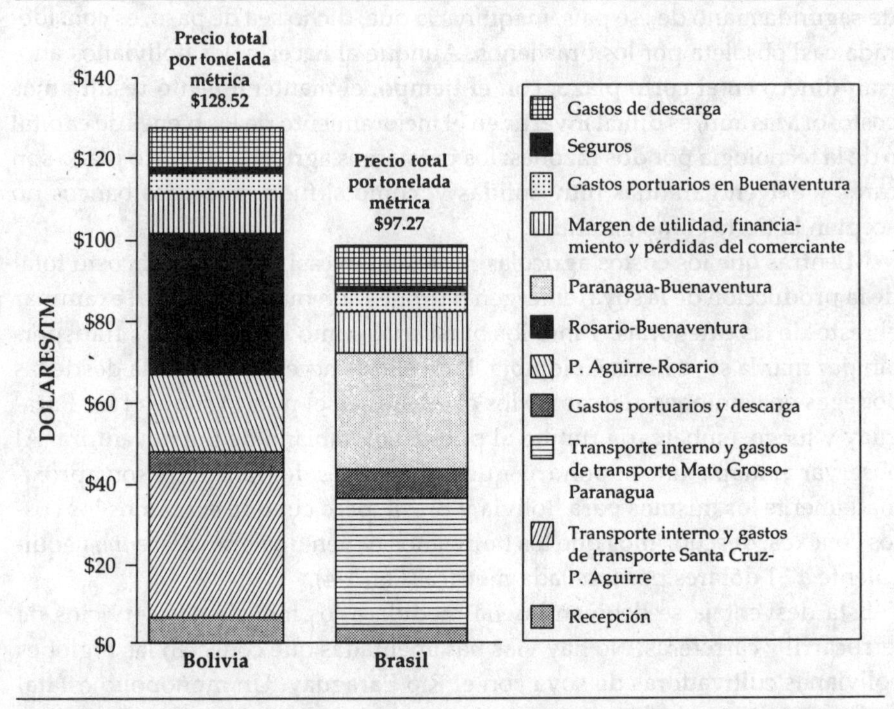

Fuentes: ANAPO; SAFRAS y mercado (marzo, octubre, 1994); Departamento de Agricultura del Estado de Paraná; Semillas y Productos Oleaginosos (Código de informe: BR9406A); entrevistas realizadas por Monitor Company.

Nota: basada en los promedios de Bolivia (Santa Cruz-Aguirre-Buenaventura). Los costos individuales variarán según la ubicación, el precio del mercado y otros factores.

tores bolivianos y brasileños son prácticamente iguales). Cerca del 45% del costo total de los bolivianos lo determinan las políticas de los negociadores comerciales del gobierno, los directores de las compañías ferrocarrileras o los ingenieros de carreteras. Si los precios promedio de la soya continúan disminuyendo el 5.8% al año, como ha venido sucediendo desde 1973, los productores quedarán con poco margen de maniobra.

Supongamos que las preferencias comerciales de Bolivia desaparecieran, si, por ejemplo, los miembros del Pacto Andino se unieran a Mercosur para crear una zona latinoamericana de libre comercio. (Mercosur es el tratado comercial de las naciones del cono sur: Chile, Argentina, Brasil, Paraguay y Uruguay). Dada su actitud frente a la competitividad, los productores bolivianos probablemente estarían impedidos para competir en los segmentos de productos agrícolas. Esta vulnerabilidad es una de las principales causas de nuestro rechazo frente al enfoque de la competitividad basada en la ventaja comparativa: deja todo el poder en manos de variables o actores exógenos.

La historia de la soya tiene muchas otras dimensiones de gran complejidad. Volveremos a ocuparnos de esta industria en capítulos posteriores para estudiar algunas de ellas, tales como la dependencia respecto a las fuentes estatales de ventaja y la necesidad de pensar estratégicamente las cuestiones relacionadas con la integración. Por ahora un punto debe quedar claro: resulta peligroso competir en los segmentos sensibles al precio dentro de ambientes competitivos, especialmente, si la ventaja que tenemos no está bajo nuestro control.

La relatividad de los niveles salariales

Como señalamos al inicio del capítulo al referirnos a la lógica equivocada del director del Banco Central, una mano de obra barata y un tipo de cambio favorable no constituyen fuentes seguras de ventaja para las empresas. En realidad, no son más que la mitad del asunto; la otra mitad se refiere a la competencia. En la figura 1-5 vemos qué tan *relativas* pueden ser las ventajas que se basan en valores salariales.

Contar con ventajas basadas en dichos valores no es malo en sí mismo. Pero sí lo es tener una mano de obra barata como fuente principal de ventaja: no es sostenible y, de hecho, tampoco es deseable sostenerla. Como dijimos con anterioridad, si la principal fuente de ventaja proviene de la mano de obra barata, se crean presiones inherentes que mantienen bajos los sueldos. Aunque a gran escala pagar sueldos bajos puede parecer bueno para un país, optar por competir en segmentos industriales sobre la base de las ventajas de bajos niveles salariales constituye una mala decisión estratégica. La creación de riqueza es la finalidad del crecimiento económico y crecer en una forma que empobrezca a la población no debería ser el objetivo. Resulta más conveniente desarrollar capacidades que permitan a las compañías remunerar mejor a sus empleados. El crecimiento económico y la equidad social, como veremos más adelante en el libro, ya dejaron de ser objetivos esencialmente contradictorios. Sin embargo, no pueden conseguirse al mismo tiempo cuando la estrategia de crecimiento se basa en una mano de obra barata.

Es cierto que las empresas necesitan empezar a competir donde posean ventajas reales. Y en el mundo en desarrollo, las únicas ventajas iniciales parecen ser a menudo, mano de obra barata o recursos naturales. No obstante, cualquier estrategia que comience bajo estas premisas también debe

Figura 1-5 Niveles salariales relativos en la industria textil, 1990-1993

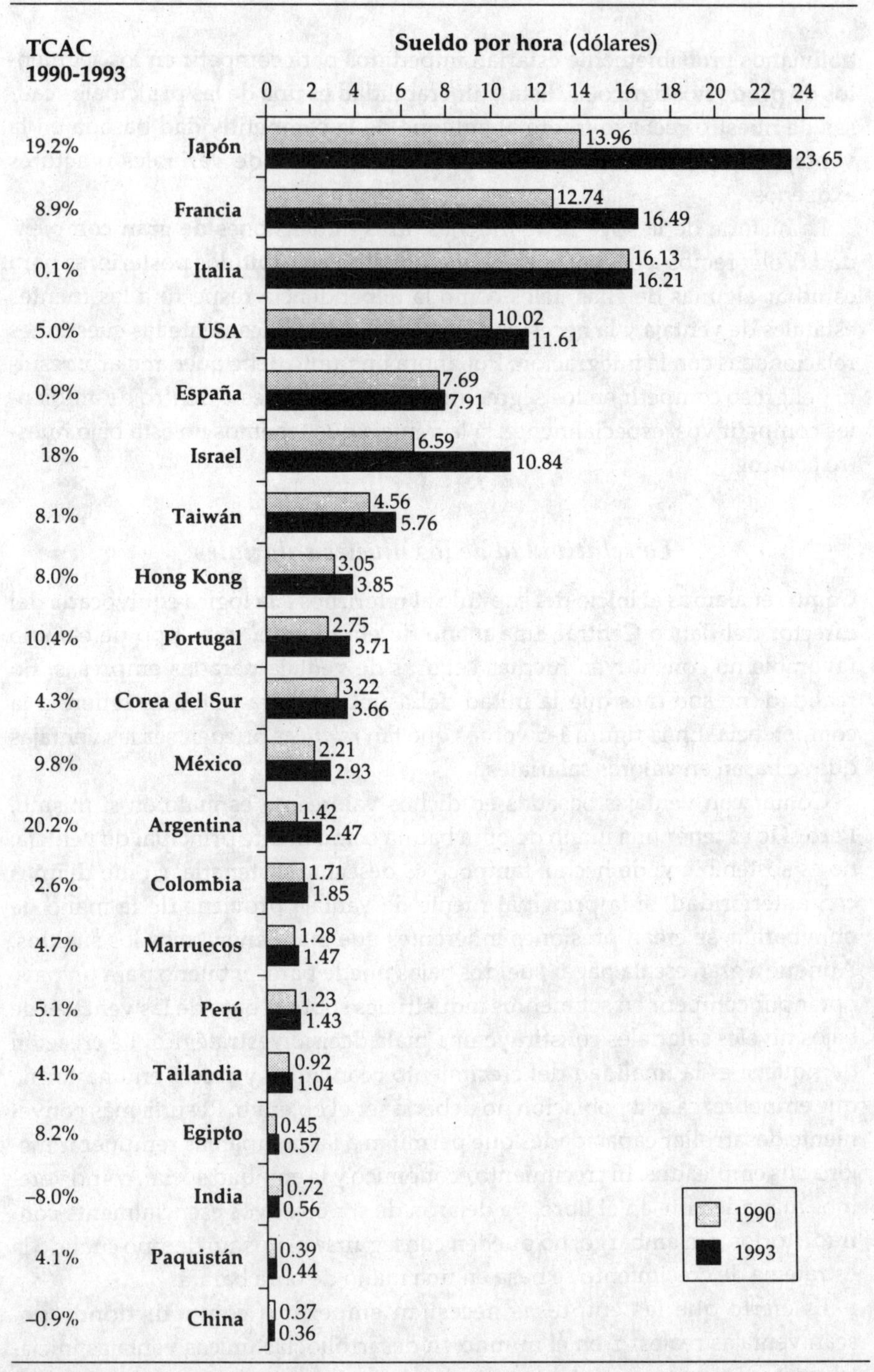

Fuentes: Gherzi Textile Organization; análisis efectuado por Monitor Company.

Nota: CAGR = tasa compuesta anual de crecimiento

incluir un plan claro que permita superar este tipo de ventajas no sostenibles. De otro modo, una vez alcanzado el éxito de corto plazo, a los líderes empresariales y a los políticos les resultará difícil defender el cambio, e iniciarán un círculo vicioso que prolongue cada vez más el empobrecimiento de la población.

Compitiendo con base en la ubicación geográfica: dos casos

La ubicación no es lo primordial, como veremos en las historias de Barranquilla y de la industria pesquera del Perú.

La historia de Barranquilla (Colombia)

Barranquilla era una de las principales ciudades de Colombia desde finales del siglo XIX hasta comienzos del siglo XX. Se enorgullecía de contar con la segunda línea aérea fundada en el mundo, así como con el muelle más largo del planeta. Se la consideraba como un importante centro cultural e intelectual en Colombia. Situada en la boca del río Magdalena, era un puerto natural de aguas profundas y el centro comercial para el intercambio internacional. Muchos productos provenientes de Estados Unidos y Europa entraban a Colombia y al resto de Sudamérica por Barranquilla, al tiempo que la mayor parte de las exportaciones de café partían desde ahí. De hecho, por aquella época se le conocía con el nombre de "Puerta de Oro".

Durante esa época los líderes locales estaban satisfechos con el desarrollo de las ventajas marítimas de Barranquilla. Sin embargo, al abrirse el Canal de Panamá en 1914, muchas cosas cambiaron para la ciudad. De repente, los agricultores colombianos podían transportar su café por tren hasta el puerto de Buenaventura y luego tener acceso a los grandes mercados a través del Canal. Así, ya no tenían que transportar las cosechas por el río Magdalena en un recorrido largo y arduo, que a menudo resultaba difícil porque constantemente había que dragar el río. Buenaventura registró un incremento extraordinario en las exportaciones de café después de inaugurarse el Canal de Panamá, creando rutas alternativas de transporte para los productores de café. Esto, aunado al hecho de no habérsele dado un buen mantenimiento al río Magdalena, provocó una feroz competencia comercial en Colombia, una batalla en la que Barranquilla fue finalmente derrotada.

Actualmente, el índice de pobreza de Barranquilla es uno de los más altos de las ciudades colombianas. No obstante y hasta la fecha, sus líderes siguen creyendo que la ciudad goza de la bendición de las ventajas geográficas a pesar de que lleva décadas enteras sin obtener ningún beneficio real de ellas.

La lección de Barranquilla es la misma que la que aprendimos de los productores bolivianos de soya: las fuentes básicas de ventaja, en este caso la ubicación geográfica, tal vez sean suficientes para generar el impulso competitivo, pero no para sostenerlo.

La historia de la harina de pescado de Perú

Otro país bendecido con una buena ubicación geográfica es Perú. Sin embargo, a semejanza de Barranquilla, Perú no ha sabido aprovechar al máximo su potencial, en este caso para convertirse en un productor de clase mundial de pescado fresco.

Perú produce harina de pescado que es una sustancia rica en proteínas hecha de pescado molido y usada principalmente como alimento para animales (y también para pescados). Los peruanos la fabrican casi por entero a partir de anchoas y sardinas, peces que desde hace mucho abundan en las aguas peruanas gracias a la Corriente de Humboldt, de agua fría de unas 120 a 180 millas de ancho que corre a lo largo de la costa de Perú y del norte de Chile. El plancton crece en estas aguas y atrae anchoas y sardinas, las cuales a su vez atraen otros peces tales como el bonito, el atún y la corvina.

La industria pesquera está situada a lo largo de la costa del Perú, desde la frontera chilena hasta el Ecuador, con grandes centros de producción en Chimbote y Callao. Hay muchas compañías de harina de pescado y también una gran empresa estatal que pronto será privatizada, PescaPerú, la cual acapara la mayor parte de la producción nacional. La historia de esta industria se parece a la de la soya boliviana, sólo que en este caso Perú es globalmente competitivo en el segmento industrial que ha escogido.

La industria de la harina de pescado de Perú comenzó realmente a principios de la década de 1950 y se desarrolló gracias a una estrategia de crecimiento orientada a la exportación. Considerada por muchos como un gran éxito, fue la principal productora y exportadora de este producto a nivel mundial durante 1994. En consecuencia, Perú se ha convertido en un reconocido líder mundial en métodos para capturar y producir pescado. De hecho, ocupa el cuarto lugar en el mundo en producción de pescado medido en toneladas métricas (aunque no en valor monetario) y la mayor parte de ésta —el 83%— es harina de pescado. Más aún, la industria pesquera es un componente creciente del producto nacional bruto (PNB), y la producción de pescado constituye actualmente cerca del 1.2% de su producto interno bruto (PIB), casi el doble de hace doce años. En conjunto, la industria pesquera representa el 18% de las exportaciones. Dado que el 95% de esa cantidad corresponde a exportaciones de harina de pescado, esta industria desempeña un gran papel en la economía del país.

Perú produce en general seis tipos de productos de pescado: harina, aceite (un subproducto que se obtiene durante la producción de la harina de pescado), pescado enlatado, pescado congelado, pescado curado y pescado fresco. La harina de pescado constituye el 83% de la producción total de pescado; el aceite representa apenas el 9%, el pescado congelado representa el 6% y el resto de los productos representan el 2%.[5] Al dar prioridad a la harina de pescado, Perú se concentró en la parte menos compleja del negocio pesquero.

Como en el caso de los procesadores de soya, la decisión de cobertura adoptada por los productores de harina de pescado ha determinado su ventaja competitiva: competir en productos sin procesar significa hacerlo en el juego de costos. Aunque existen diversos grados de harina de pescado, el precio de cada uno está regulado esencialmente por el mercado mundial según el contenido de proteínas y humedad. Aunque hay algunas posibilidades de diferenciación en la harina de calidad selecta para usos especiales (la acuacultura, por ejemplo), son pocos los fabricantes peruanos que han optado por competir en este subsegmento. La mayoría prefiere hacerlo en un juego donde la variable fundamental es el costo.

A diferencia de los productores bolivianos de soya, las flotillas peruanas de harina de pescado controlan parte importante de su industria. ¿Podrían elevar el precio de la harina de pescado reduciendo la oferta mundial? Podrían ensayar esta estrategia, pero otra consideración la hace poco atractiva. La harina de pescado es un producto sustituto de la soya en muchos mercados, siendo uno de ellos el alimento para ganado. Esto significa que los precios de la harina de pescado no pueden incrementarse muy por encima del precio de la soya, sin que una cantidad importante de compradores opten por cambiarse a soya. Por lo tanto, a pesar de que los peruanos controlan una gran parte de la oferta mundial de harina de pescado, su capacidad para controlar el precio es limitada.

A semejanza de los productores bolivianos de soya, las flotillas de harina de pescado siguen un modelo basado en factores. La abundante oferta de sardinas y anchoas, combinada con el bajo costo de la mano de obra para capturarlas, han hecho que competir en esta industria sea casi tan fácil como arrojar la red al lado del bote. El combustible, la maquinaria y otros costos de producción son más altos en el Perú que en otros países, pero este hecho lo contrarresta fácilmente con las grandes ventajas proporcionadas por sus recursos naturales. La ironía de la industria de la harina de pescado es que se invierte el concepto de valor agregado: los consumidores en realidad pagan menos por el producto más "procesado" —que es la harina de pescado— de lo que pagarían por pescado fresco. Pero para los peruanos, la logística y la tecnología más compleja que necesitarían para vender pescado fresco son más difíciles de obtener que las que se requieren para fabricar harina de pescado.

Al concentrarse tan abrumadoramente en la harina de pescado, la industria pesquera peruana está olvidando un mercado potencialmente grande, constituido por las especies de peces que podría capturar para enlatar o vender como pescado fresco en los hoteles y lugares de temporada de gran lujo en Latinoamérica y el Caribe. Cuando consideramos el enfoque de esta industria en relación con otras naciones pesqueras a través del tiempo, observamos un panorama muy interesante (Fig. 1-6).

La estrategia de Perú ha sido canalizar toda la inversión hacia el aumento de la producción de harina de pescado. Y efectivamente, la producción ha crecido de manera significativa durante los últimos diez años a pesar de una disminución de los bancos de anchoas y sardinas, así como de los precios a nivel mundial. Más aún, la contribución del Perú al incremento de la oferta mundial no ha hecho más que aminorar aún más los precios, y con ellos, los márgenes de beneficio.

Hace diez años, la industria pesquera de Chile comenzó más o menos en la misma posición que Perú ocupa hoy en día: se concentró en la producción de harina de pescado. Pero como se aprecia en la figura 1-6, Chile se ha converti-

Figura 1-6 Decisiones estratégicas: posicionamiento en la industria pesquera (exportaciones de pescado y de harina de pescado correspondientes a 1987, 1990 y 1993 en dólares)

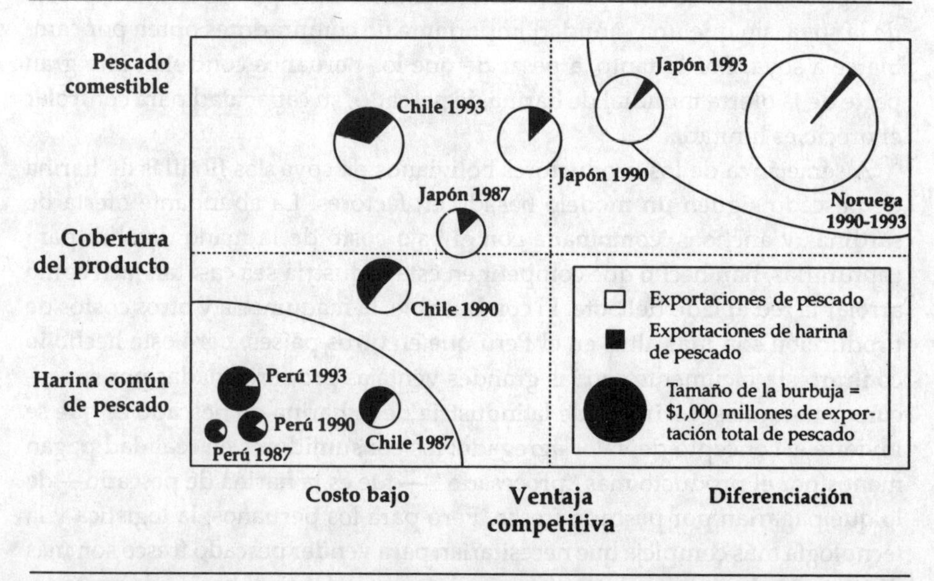

Fuentes: Estadísticas Comerciales de las Naciones Unidas; National Marine Fisheries Service; Manedsstatitikk over Utenrikshandelen; análisis efectuado por Monitor Company.

do en uno de los más importantes exportadores de especies de gran valor, en especial el salmón y la trucha. Hace menos de diez años Chile entró de manera decidida en esta industria, mediante la crianza del salmón, y actualmente ocupa el segundo lugar en el mundo en la producción de esa especie (en 1992 produjo 46,000 toneladas y ganó 250 millones de dólares). Sus exportaciones de otras especies de pescado fresco, congelado y enlatado también están creciendo rápidamente.

Corea y Japón también se han convertido en importantes proveedores de pescado de alta calidad para restaurantes y lugares de temporada. De hecho, y quizás lo más perturbador de todo, es que el propio Ministerio de Pesca de Perú vende a los pescadores de los países asiáticos licencias para capturar pescado fresco en las aguas profundas del país, por un pago de apenas 80 millones de dólares al año. Con esa inversión, los asiáticos exportan a Japón y Corea una cifra estimada en 800 millones de dólares de pescado fresco.

RESUMEN

En la actividad económica del mundo en vía de desarrollo prevalece la idea que hemos examinado, primero en la historia de las flores de Colombia y ahora aquí con mayor profundidad: los países y las empresas pueden competir globalmente a partir de ventajas basadas en factores como son los recursos naturales, los sueldos bajos o la ubicación geográfica. Las empresas y los líderes políticos de estas naciones enfrentan dos grandes desafíos: 1) crear fuentes más complejas de ventaja que no sean tan fáciles de imitar y 2) reconocer que, ni el uso hasta el agotamiento de los recursos naturales, ni la reducción salarial conducirán a una creación sostenible y de largo plazo de riqueza. Es indispensable que los líderes desarrollen la capacidad de pensar en el futuro y abandonen esas industrias poco atractivas que se "basan en factores". Ello implica una revaluación fundamental de cómo se comprende la competitividad y la creación de riqueza. Las fuentes del crecimiento de las naciones en vías de desarrollo están ocultas tras la abundancia de recursos naturales que muchos de estos países poseen.

CAPÍTULO DOS

Mejorar el conocimiento de los clientes

Es una idea insólita el que nosotros podamos elegir a nuestros clientes.
Siempre hemos pensado que ellos nos eligen a nosotros.

—Funcionario peruano del sector turismo

En el capítulo 1 vimos que cuando los holandeses conquistaron la porción más lucrativa del mercado norteamericano de flores, los colombianos la perdieron, no tanto por la estrategia de los holandeses como por su propia falta de estrategia. Con los holandeses apelando a clientes más conocedores y con mejor criterio, dispuestos a pagar un mayor precio por la calidad, los colombianos pronto se encontraron vendiéndole flores a un segmento de clientes menos rentable. En los países donde hemos trabajado, hemos conocido muchas historias que se parecen en el hecho de que las compañías "deciden al no decidir" acerca de quiénes son sus clientes. El resultado inevitable es la pérdida de utilidades y competitividad.

En Perú, por ejemplo, las dos aerolíneas que vuelan diariamente entre Lima y Arequipa ofrecen una opción limitada de horarios de vuelo. El hombre de negocios limeño que necesita llegar a Arequipa para aprovechar el día, sólo dispone de dos opciones poco atractivas: tomar un avión de AeroPerú a las 6 de la mañana o tomar un avión de la compañía rival, Faucett, a las 10 de la mañana. En el segundo caso, el empresario perderá toda la mañana de trabajo. De otro lado, para la mayoría de los residentes de Lima, que viven lejos del aeropuerto, salir a las 6 de la mañana significa levantarse a las 4 a.m. para alcanzar a realizar el largo recorrido. Si no hay retrasos, se llega a Arequipa a las 7:15 de la mañana, una hora en la cual no hay nada que hacer ni lugar adonde ir. Es demasiado temprano para visitar las oficinas y los cuartos de hotel generalmente no están disponibles, pues aún falta mucho tiempo para la hora de salida de otros huéspedes.

Cuando se les preguntó a los empleados del mostrador de venta de boletos por qué los vuelos estaban programados de esa manera, se limitaron a contestar: "*Así ha sido siempre*". Al parecer, las 6 de la mañana es la hora más cómoda para la línea aérea ya que no necesita más que un solo avión: por la noche le da mantenimiento y lo envía a Arequipa a tiempo para que los pasajeros de esa ciudad lleguen a las 8:30 de la mañana a Lima y puedan asistir a sus reuniones de negocios.

Las decisiones de servicio de las líneas aéreas peruanas no están determinadas por la preferencia de los clientes; de ahí que Arequipa pierda atractivo como centro turístico. En 1995, durante la Convención Anual del Turismo Peruano, una magnífica oportunidad para que los promotores turísticos conocieran Perú, el viaje más importante era el que se realizaba a Arequipa. Un promotor británico, que había regresado del viaje de un día organizado a esa ciudad, comentó lo siguiente: "No recuerdo mucho de Arequipa. Nos despertaron a las 4 de la mañana para ir al aeropuerto y yo no podía mantenerme despierto en el autobús durante el recorrido por la ciudad. Recuerdo unas cuantas escenas hermosas, pero no puedo decir que vi la ciudad, al menos no la vi suficientemente bien para recomendarla."

Un nuevo hotel estatal situado en el Valle del Colca, cerca de Arequipa, constituye otro ejemplo de esa falta de enfoque en el cliente que frecuentemente observamos en los países en desarrollo. La Agencia Nacional de Promoción Turística (FOPTUR) exhibe orgullosa el nuevo hotel a los visitantes extranjeros. Pero aunque el Valle del Colca ofrece un magnífico panorama y paseos diarios para observar los cóndores desde la parte superior del cañón, el hotel nunca será un imán para el turismo. Fue construido con materiales prefabricados de casas metálicas que años atrás se emplearon para albergar a los empleados de un proyecto de irrigación. A diferencia de la encantadora casa de huéspedes hecha de adobe, que un activista ecológico local estaba construyendo a unos cuantos kilómetros de allí, el hotel estatal se parecía más a un inhóspito campamento para casas-remolque en el corazón de Estados Unidos. Como si fuera poco, a las 11 de la noche se apagan los radiadores y a esa hora ya no sale ni una gota de agua caliente de las duchas. El comedor se asemeja más a una cafetería de escuela que a un restaurante, con sillas y mesas plegadizas. Los meseros vagan sin rumbo por el restaurante ignorando a los clientes y arreglando sin cesar mesas vacías con platos de plástico. El desayuno consiste en pan y mantequilla con café instantáneo. A pesar de las buenas intenciones de FOPTUR, al hotel le será difícil atraer a la gran cantidad de turistas que espera captar.

Los ejemplos anteriores revelan la misma actitud hacia el servicio al cliente que observamos en Arequipa y que más tarde pudimos confirmar a través de una encuesta que aplicamos en la región. La encuesta identificó dos problemas fundamentales: la falta de interés de las compañías del sector privado por capacitar a sus empleados y la falta de enfoque del sector público al no crear institutos especializados que se encarguen de capacitar al personal en trabajos relacionados con el turismo tales como guías, meseros y administradores hoteleros.

En el capítulo anterior explicamos cómo la excesiva dependencia en las ventajas provenientes de factores básicos como recursos naturales o ubicación geográfica, puede impedir la competitividad. El turismo es una industria en la que el éxito inicial se debe con frecuencia a los recursos naturales. El Valle del Colca, más profundo que el Gran Cañón de Arizona, es una maravilla de la naturaleza. Las ruinas de Machu Picchu, cerca de Cuzco, son un recordatorio magnífico y misterioso de las antiguas civilizaciones. Se trata de recursos que ningún otro país en el mundo posee. Sin embargo, a medida que los consumidores mundiales se vuelven más exigentes y que los destinos turísticos ofrecen servicios, productos y precios cada día más competitivos, las numerosas ventajas comparativas turísticas con que hoy en día cuentan los peruanos, se esfumarán.

Cuando un turista visita determinado lugar, el servicio al cliente es importante en multitud de aspectos. En consecuencia, las compañías que interactúen con él deberán ser conscientes de lo que tiene mayor importancia para el cliente en cuanto a calidad y comodidad relacionadas con sus productos o servicios. Esto implica tomar decisiones sobre qué segmentos de clientes potenciales conviene atender e invertir para poder entender cuál es la mejor manera de asegurarse de que los clientes queden satisfechos. De lo contrario, seguirá perpetuándose el patrón de la dependencia excesiva en los factores heredados.

Algunos señalarán que el tipo de servicio al cliente al que nos referimos refleja una experiencia de servicio norteamericana que los visitantes no pueden esperar en un país en desarrollo. No estamos de acuerdo. Los visitantes procedentes de Estados Unidos representan uno de los segmentos más lucrativos que pueden atraer los países andinos debido a su proximidad, intereses comunes y altos ingresos disponibles. Al no hacer ningún esfuerzo por adquirir los conocimientos necesarios para captar y satisfacer esos segmentos, los países andinos están perdiendo un ingreso que merecen percibir a cambio de las singulares experiencias turísticas que pueden ofrecer.

Hacia un modelo de desarrollo orientado al cliente

En los países del Tercer Mundo, el desarrollo en sí mismo no puede lograrse independientemente de los mecanismos de una economía de mercado. Así pues, las organizaciones multilaterales de desarrollo tradicionalmente se han propuesto la siguiente meta: en lugar de darle pescado a la gente, hay que enseñarle a pescar. Sin embargo, el nuevo modelo de desarrollo quizá no enseña a la gente a pescar, sino más bien le enseña a fabricar cañas de pescar de alta calidad para que las exporte a los pescadores más refinados del mundo.

Para entender cómo competir eficazmente en una economía abierta, sobre todo en el caso de aquellas economías que han estado protegidas de las fuerzas de la competencia por muchos años, hay que comenzar con la certeza de que es fundamental decidir a qué clientes se quiere atender y cuál es la mejor manera de hacerlo. En el pensamiento gerencial contemporáneo abundan los enfoques sobre estrategias y competencia. En todos ellos está implícita la idea de que el cliente es de suma importancia en cualquier negocio. Además de la tan repetida expresión "ubicación, ubicación y ubicación", quizá no haya otro consejo que genere tanto consenso como aquel que dice que "el cliente siempre tiene la razón". Obtener y usar de modo eficiente el conocimiento acerca del cliente es el primer y más fundamental paso para cualquier compañía que desee alcanzar la competitividad a escala global. Y según lo que sabemos por nuestra experiencia en el mundo en desarrollo, el conocimiento del cliente con que allí se cuenta es terriblemente inadecuado para competir en el siglo XXI.

Con frecuencia, los ejecutivos de toda Latinoamérica se quejan de su imposibilidad para competir a escala global debido a su condición de competidores del "Tercer Mundo". Pero a los consumidores globales les importa cada vez menos de dónde provienen los productos que adquieren. No importa si un producto se originó en el "Primer Mundo" o en cualquier otro; lo importante es que los fabricantes satisfagan las necesidades fundamentales de los clientes. En la medida en que una infraestructura inadecuada, unos trabajadores mal capacitados y unos altos costos de los insumos impidan que una empresa pueda competir en el segmento seleccionado de la industria, los dueños de los negocios deben tomar una decisión muy clara: ¿es éste un segmento de la industria en el que me conviene estar y podré competir en él si realizo las inversiones necesarias para atender las principales necesidades de los clientes?

Una vez más, la pregunta no es si se trata del "Primer Mundo" o del "tercer mundo". La pregunta es: ¿qué capacidades se necesitan para satisfacer las necesidades siempre cambiantes del cliente? Los esfuerzos encaminados a lograr el desarrollo deberán centrarse en crear un ambiente que permita a las empresas competir globalmente, ofreciendo alternativas reales a las formas tradicionales de competencia. En otras palabras, como demostraremos más adelante en el libro, los países no generarán una riqueza sostenible si siguen compitiendo en industrias dependientes de factores básicos. Lo harán sólo si adquieren conocimientos cada vez más sofisticados acerca de clientes que demandan servicios cada vez más exigentes.

A medida que el planeta va volviéndose más pequeño a través del mejoramiento de la tecnología de transporte y comunicaciones, los consumidores de todo el mundo se hacen cada vez más refinados. Abundan las oportunidades para que las compañías de los países en vías de desarrollo se incorporen a este proceso. Sin embargo, a pesar de esas oportunidades, estas compañías optan a menudo por la ley del menor esfuerzo: exportar productos simples que requieren bajas inversiones sobre el conocimiento del consumidor final.

Como revela el ejemplo del hotel de FOPTUR en Arequipa, los clientes tienen criterios de compra cada día más variados. Lo que hemos aprendido es que esos criterios son susceptibles de conocerse y segmentarse por medio de técnicas estadísticas. El reto de las compañías en todo el mundo, pero en especial en el mundo en desarrollo, radica en conocer mejor a los clientes. Al hacerlo descubrirán que es más atractivo atender a algunos clientes que a otros. Gabriel García Márquez, el colombiano que ganó el premio Nobel de literatura, dice que podemos conocer a un buen autor partiendo tanto de lo que está en su cesto de basura como de lo que se encuentra en su obra terminada. Lo mismo sucede con las compañías de clase mundial: su éxito depende tanto de lo que deciden *no hacer* como de lo que *deciden hacer*. Y en nada tiene esto más importancia que en la elección de cuáles clientes atender.

Las compañías se enfrentan con un gran mercado potencial para sus productos o servicios y, generalmente no cuentan con recursos suficientes para competir en todo mercado. Por lo tanto, de manera explícita o implícita, se concentran en determinados segmentos. En las economías determinadas por factores y con herencia de políticas proteccionistas, la empresas tienden a tomar decisiones basándose en ventajas comparativas. Esto las lleva a competir en áreas donde los bajos costos de materia prima, mano de obra y transporte parecen brindar una ventaja para la competencia. Pero para lograr una ventaja competitiva sostenible —la cual puede incrementar la riqueza del ciudadano promedio—, las empresas deben competir luchando constantemente por introducir innovaciones en la forma en que entregan valor al cliente. Podemos definir el valor en varias formas —por ejemplo, entrega de un producto a bajo costo, un producto muy diferenciado o cierto nivel de servicio—, pero para que el valor sea sostenible, el producto debe responder de manera constante a las necesidades cambiantes de los consumidores.

Tomar decisiones sobre cómo y dónde competir antes de entrar en el competitivo campo de batalla puede sonar como una recomendación simple. Pero nuestra experiencia en el mundo en desarrollo nos indica que la gente normalmente decide competir antes de precisar por cuáles clientes está compitiendo. La actitud que se basa en ventajas comparativas, combinada con políticas proteccionistas, ha llevado a los líderes de negocios a hacer suposiciones sobre el mercado que no son sometidas a prueba y que a menudo resultan erróneas.

NO ESCOGER EQUIVALE A ESCOGER:
EL EJEMPLO DEL CUERO COLOMBIANO

En un soleado día de mayo de 1993, cien de los más importantes representantes de la industria colombiana del cuero se reunieron en una sala de juntas en Bogotá para planear su escape. Las puertas no tenían cerraduras, no había rejas en las ventanas y tampoco había guardias en los vestíbulos; pero estos ganaderos, curtidores, fabricantes, distribuidores, exportadores y publicistas se sentían atrapados en una verdadera trampa de la cual no podían evadirse. A medida que delegado tras delegado describía la magnitud del dilema, la reunión se volvió más emotiva y los ánimos se encendieron. Esporádicos lamentos de desesperación hacían casi insoportable la atmósfera que se respiraba en la sala.

Las cosas no siempre habían marchado tan mal para la industria colombiana del cuero. Durante el periodo comprendido entre 1986 y 1991, las exportaciones de productos de cuero crecieron un promedio de casi el 19% anual. Por aquella época, las ventas en el exterior de zapatos, bolsos de mano y otros productos habían más que duplicado el tamaño de la industria, generando ingresos de 140 millones de dólares para los hombres y mujeres reunidos en esa sala de juntas bogotana. Los líderes de la industria se sentían orgullosos de su capacidad para competir en Estados Unidos, Europa y Asia; en 1991, Colombia era un "exportador neto", es decir, exportaba más productos de cuero a Estados Unidos de lo que importaba.

Pero en 1992 las exportaciones empezaron a caer. Cuando esta situación se repitió en 1993, empezó a generalizarse el temor de un estancamiento económico en la industria y la gente se comenzó a preguntar: ¿estará en peligro el futuro de la industria del cuero en Colombia?

La estrategia de los colombianos había consistido en ofrecer lo que hasta entonces constituía una combinación atractiva de calidad de origen y un precio moderado. La estrategia se basaba en ventajas básicas tales como mano de obra barata, costos bajos, pieles producidas localmente y un tipo de cambio favorable. Gracias a esas ventajas, los fabricantes habían compensado con precios más bajos, la menor calidad de sus productos. Esta estrategia resultó exitosa hasta que otros fabricantes, principalmente los de China, aprovecharon sus niveles salariales mucho más bajos que los de Bogotá para ofrecer una calidad similar, a precios inferiores. Los colombianos contaban con ventajas como sueldos bajos, pero también enfrentaban las desventajas de un transporte interno costoso, sumado a los crecientes costos de la mano de obra.

China y Corea fueron obligando a las marcas colombianas a abandonar uno a uno sus canales de venta al por mayor y al detalle. Al mismo tiempo, los mercados de más alta exigencia, dominados por los productos de cuero italianos, estaban fuera del alcance de los colombianos. La poca consistencia en la calidad y los diseños peculiares de los bolsos de cuero colombianos no resultaban amenazantes para la hegemonía que en el mercado ejercían Gucci o Devecchi. Más aún, lo que los colombianos habían oído acerca de la fuerza de la industria italiana del cuero en cuanto al diseño, la fabricación y la cooperación entre empresas los había convencido de que pasarían muchos años antes de que su industria pudiera convertirse en un reto para los italianos. Sacados a empujones de los mercados internacionales superiores e inferiores propios de su producto, los colombianos parecían no tener a donde ir.

En la junta de Bogotá, un delegado expresó así su pesimismo frente al porvenir de la industria colombiana: "Es evidente que debemos derrotar a los chinos o a los italianos para seguir en el negocio. Pero amigos míos, no sé usar los palillos chinos y tampoco me gusta la pasta italiana, de modo que la quiebra parece ser la única opción a mi alcance". Expresando su gran frustración y, sin proponérselo, el delegado había introducido una idea que al final sería la solución del problema. ¿Cuál fue esa idea revolucionaria? La posibilidad de escoger.

Revisemos una vez más las estrategias de los colombianos, los italianos y los chinos, y formulemos dos preguntas sobre las *opciones estratégicas.* Primero, ¿qué tipo de ventaja competitiva buscaban las compañías de estas naciones? Segundo, ¿qué actitud asumieron ante la tecnología y la innovación? Las respuestas a estas preguntas nos revelan la causa fundamental del problema de los colombianos.

Consideremos primero el caso de los italianos. Los fabricantes de productos de cuero se benefician de dos fortalezas en su ambiente local: consumidores muy exigentes en materia de moda y diseñadores altamente competentes. Ambos factores les han permitido a los productores italianos desarrollar productos de la más alta calidad, capaces de satisfacer a las consumidoras más exigentes del mundo. Y es precisamente a esos clientes a quienes han *decidido* servir.

Ahora consideremos el caso de los chinos. Con un nivel salarial equivalente a cerca de una sexta parte de aquel de los colombianos (en el momento de la junta en Bogotá), tienen una enorme ventaja comparativa en la industria del cuero. No en vano han *decidido* aplicar una estrategia de bajo costo, al mismo tiempo que conservan una capacidad de diseño y producción apenas suficiente para permanecer en el nivel promedio mundial de calidad. Ello les permite competir muy eficazmente por aquellos consumidores de todo el mundo, para quienes el precio es muy importante.

Consideremos nuevamente el caso de los colombianos. No habían tomado decisiones claras sobre los consumidores por los que competirían, ni sobre la manera óptima de hacerlo. Aparte de confiar en una moneda con una larga historia de devaluaciones y en una mano de obra barata, no habían aplicado estrategias para mantener una posición de costos bajos y tampoco habían invertido suficiente en la tecnología de diseño, producción o mercadeo necesarios para fabricar productos diferenciados y de alta calidad. De hecho, se habían limitado a dejar el campo de batalla táctico en manos de otros como los chinos y los italianos, perdiendo así la capacidad de determinar su propia posición en el mercado.

Si tuviéramos que describir gráficamente la relación entre los competidores de la industria del cuero, trazaríamos un dibujo como el de la figura 2-1. En ella, los más exitosos son aquellos cuyas estrategias los sitúan en las esquinas. En otras palabras, los que se encuentra allí han tomado decisiones estratégicas claras. Tanto los italianos como los chinos están firmemente ubicados en una esquina, mientras que los colombianos se han ido deslizando hacia el centro.

Cuando mostramos esta figura a los líderes de la industria colombiana del cuero obtuvimos dos respuestas. La primera fue: "¿Por qué nos colocaron en la mitad? No escogimos estar allí." La segunda fue: "¿Qué hay de malo en estar en la mitad? Obviamente hay clientes que buscan un producto decente por un precio moderado".

Figura 2-1 Posicionamiento estratégico en la industria de bolsos de mano hechos en cuero (mercado estadounidense)

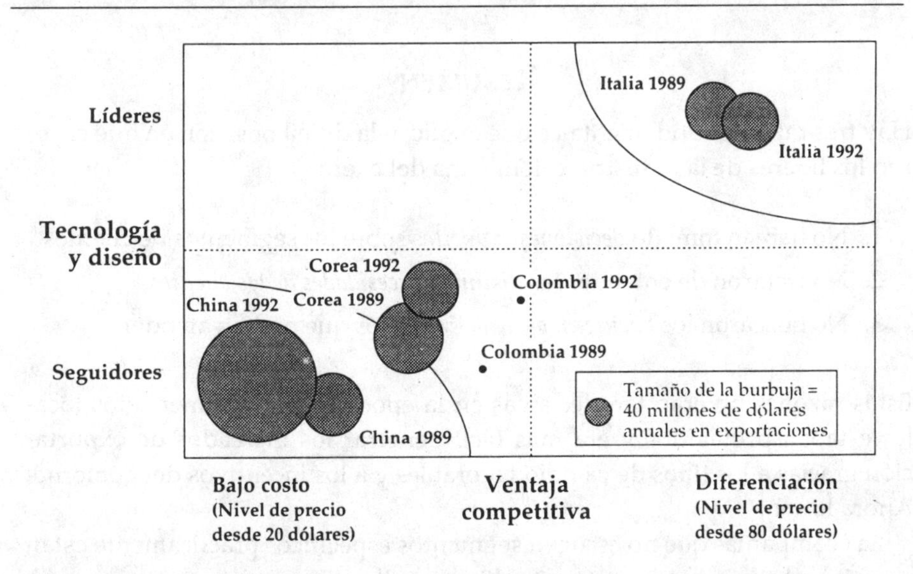

Fuente: Investigación realizada por Monitor Company, U.S. Department of Commerce.

A la primera pregunta respondemos diciendo que el no tomar una decisión equivale a decidir. En un campo de batalla dinámico y competitivo, los jugadores que se abstienen de tomar decisiones permiten a los demás decidir por ellos. Como respuesta a la segunda objeción a la gráfica, sólo podemos decir que es cierto que existen consumidores que desean una combinación de precio y calidad a quienes los colombianos podrían servir. El problema radica en que los colombianos no habían hecho esfuerzo alguno para cerciorarse de estar sirviendo a esas personas. Ni siquiera sabían si este mercado era o no atractivo para ellos. Las suposiciones sobre quién podría comprar un producto a veces resultan útiles, pero no bastan para identificar el segmento del mercado donde una compañía se debe posicionar sólidamente frente a la competencia. Insistimos, es indispensable tomar decisiones explícitas sobre cuáles segmentos atender y luego, hacerlo. De lo contrario, irremediablemente una empresa se queda en la mitad, es decir, ocupa el lugar menos competitivo.

Los colombianos debían tomar urgentes y explícitas decisiones estratégicas respecto a qué tipos de ventajas competitivas querían desarrollar. Como hemos visto, las dos opciones más obvias —posición de bajo costo y posición diferenciada de la más alta calidad— estaban firmemente en manos de los italianos y los chinos. Para empeorar aún más la situación, los colombianos sentían la carga creciente de un ambiente cada vez menos propicio por el tipo de cambio, una infraestructura deficiente y una fuente no confiable de proveedores de calidad, variables atribuibles a la actividad guerrillera en las inmediaciones de las haciendas ganaderas. ¿De qué opciones *reales* disponían entonces los colombianos?

Resumen

Hay tres razones fundamentales que explican la difícil posición en que cayeron los líderes de la industria colombiana del cuero:

1. No habían tomado *decisiones explícitas* sobre los segmentos de clientes.
2. No trataron de entender las *distintas necesidades de los clientes.*
3. No buscaron los *clientes más atractivos* a los que podían atender.

Estas razones no eran tan decisivas en la época en que los mercados locales estaban protegidos y era más fácil penetrar los mercados de exportación gracias a los tipos de cambio favorables y a los incentivos del gobierno. Ahora lo son.

Las compañías que no escogen segmentos específicos prácticamente están permitiendo que la competencia elija por ellas. Emergerán patrones muy predecibles y uniformes sin importar si hablamos del turismo estatal en el Valle del Colca en Perú, o del sector del cuero en Colombia. Al dejar de elegir los segmentos más atractivos que pueden atender, las compañías se verán obligadas a atender segmentos donde los márgenes de utilidad son menores, donde la competencia basada en costos será feroz y donde la dependencia de variables exógenas, como el tipo de cambio, será alta. Éstos son los patrones que se presentan al competir en industrias dependientes de factores básicos y que en nada favorecen la creación de un alto y creciente nivel de vida para el ciudadano promedio.

Más aún, la innovación y la cooperación seguirán teniendo escaso incentivo entre los miembros de la industria, porque percibirán que el número de clientes es limitado y que una compañía sólo puede tener éxito a costa del fracaso de otra. En otras palabras, se tiende a considerar que la capacidad para crear riqueza es finita. Aún más, las compañías duplicarán sus esfuerzos para asegurarse que el gobierno les proporcione todas las fuentes posibles de ventaja para continuar compitiendo en estos segmentos poco atractivos. Los ojos del sector productivo estarán fijos en el gobierno y no en el mercado. Esta actitud no hará más que arraigar la noción de que conviene abstenerse de tomar decisiones proactivas acerca de los mejores segmentos del mercado donde conviene competir.

CAPÍTULO TRES

Conocer su posición competitiva relativa

La competencia nunca se da en el vacío.

—Director colombiano de una planta petroquímica

En Colombia realizamos un estudio de tres meses sobre la competitividad de su industria petroquímica. Este proyecto fue financiado de manera conjunta por la Asociación de la Industria Petroquímica y el ministro de Desarrollo Económico. El estudio se llevó a cabo cuando el ministro de Comercio Exterior iniciaba negociaciones para el acuerdo comercial del Grupo de los Tres entre su país, México y Venezuela.

Presentamos los resultados de nuestro trabajo a la junta directiva de la asociación. Supusimos que esa presentación sería difícil ya que nuestros análisis mostraban que la posición relativa de costos de Colombia era muy pobre en comparación con Venezuela y México; también mostraba que el polipropileno, el plástico que estudiamos particularmente, no constituía una industria muy atractiva en ese momento.[1] De hecho, concluimos que los colombianos tenían una desventaja de 18% en costos, con pocas esperanzas de que, en un futuro inmediato, mejorara su posición relativa o el atractivo de los segmentos del mercado que atendían.

Para sorpresa nuestra, los miembros de la junta directiva acogieron positivamente la presentación y estuvieron de acuerdo con nuestro análisis. Sin embargo, parecía interesarles de manera muy especial un aspecto de nuestro mensaje: el gobierno de Colombia estaba permitiendo que una de sus principales industrias perdiera competitividad frente a sus rivales tradicionales. Por supuesto, nuestro mensaje no se dirigía únicamente a la responsabilidad que el gobierno tenía en la materia. Pero por el momento, nos habíamos ganado la confianza de los directivos. Estaban seguros de que podríamos convencer al presidente Gaviria, con quien pronto tendríamos una cita, para que contribuyera a garantizar la supervivencia de la industria.

Llegamos al palacio presidencial y tomamos asiento en la sala del Consejo de Ministros. El recinto estaba lleno de gente, entre ellos nuestros clientes, el ministro de desarrollo económico y veinte de los integrantes de la junta directiva de la Asociación de la Industria Petroquímica. Esperábamos que el presidente Gaviria adoptara una actitud escéptica ante nosotros. Ya había recibido muchos visitantes extranjeros, sobre todo del Banco Mundial y del Fondo Monetario Internacional, que lo habían aconsejado respecto de su *apertura* económica, proceso encaminado a abrir la economía colombiana, iniciado por el presidente Barco a fines de la década de 1980 y realizada en gran medida por el presidente Gaviria junto con su joven y talentoso gabinete. Sospechábamos que preveía que íbamos a hacer "cabildeo" en favor de la industria petroquímica, inmiscuyéndonos en su manejo macroeconómico respecto a esta industria. Así las cosas, no nos sorprendimos mucho de que el presidente no mostrara excesivo interés en lo que le diríamos. No obstante, era evidente que nos escuchaba con mucha atención.

Nos centramos en lo que llamamos análisis de costos relativos, método con el cual determinamos el nivel de competitividad de una compañía dentro de una industria sensible a los costos. Nuestro análisis nos había permitido aclarar qué decisiones debían adoptar, tanto el gobierno como el sector privado, si querían que la industria petroquímica prosperara o, por lo menos, sobreviviera. Y las decisiones no eran nada fáciles.

Al reflexionar ahora sobre la situación de entonces, es notable que el gobierno y la industria pudieran entablar un diálogo productivo. La asociación industrial quería que el gobierno supiera cuánto habían perjudicado sus acciones la posición relativa de los productos petroquímicos de Colombia. El gobierno, por su parte, albergaba dudas sobre si había futuro para algunas áreas de la industria petroquímica. A pesar de las distintas perspectivas desde las cuales abordaban el problema, ambas partes captaron la necesidad de entender la posición relativa del país en esos productos: su ceguera ante la situación competitiva ya los había perjudicado por mucho tiempo. Si había decisiones difíciles que tomar, éstas al menos estarían basadas en información completa fundamentada en el conocimiento de la posición relativa. Así, el gobierno y la asociación industrial podrían poner manos a la obra e implementarlas sin vacilación.

El punto anterior parece obvio, es decir, antes de tomar decisiones la industria y el gobierno querrán saber su posición frente a la competencia. Pero nuestra experiencia en los países en vías de desarrollo indica lo contrario. Con mucha frecuencia las decisiones se toman en el vacío. Estos países nunca tuvieron que volverse expertos en la obtención y creación de este tipo de conocimiento, ya que en sus economías pequeñas y protegidas, éste no era un asunto crucial.

Las compañías que no comprenden su posición relativa frente a la competencia pueden fracasar en una industria. En cambio, los gobiernos que la conocen pueden ayudarles a tomar mejores decisiones sobre dónde y cómo competir. Pero si ninguno de los principales líderes encargados de la toma de decisiones en una economía entiende su posición relativa, no habrá nadie que fije prioridades correctas para mejorar el ambiente competitivo y garantizar que las empresas tengan una plataforma desde la cual puedan competir globalmente.

Es necesario recordar cómo este patrón, que consiste en no apreciar la posición relativa, surgió en la historia de la industria de las flores. Los colombianos perdieron participación en el mercado estadounidense por no haber sabido dónde estaban en relación con otros productores, particularmente los holandeses. En los países en vías de desarrollo abundan ejemplos similares. Por experiencia propia sabemos que un conocimiento deficiente acerca de la posición relativa ocasiona tres clases de problemas:

1. El hábito de una *comunicación ineficaz* que inhibe el diálogo productivo al interior del sector privado y entre éste y el gobierno: las personas dedican más tiempo al cabildeo o "lobby" y menos tiempo al aprendizaje.
2. La tendencia a *tomar decisiones desinformadas* basadas en un conocimiento deficiente o en suposiciones incorrectas acerca de las capacidades relativas; esto conduce a posiciones insostenibles en industrias poco atractivas.
3. Un alto grado de *vulnerabilidad frente a la competencia* que fácilmente puede erosionar ventajas consideradas sostenibles.

Comunicación ineficaz

Cuando no se conoce claramente la posición relativa de una industria, la consecuencia es un diálogo poco productivo entre el gobierno y el sector privado. Los ministros de gobierno se impacientan con lo que consideran una queja recurrente de las asociaciones industriales: necesitan ayuda del gobierno para poder competir. Si esas peticiones se acompañan de estadísticas, los ministros ignorarán los datos por considerar que se trata de información seleccionada simplemente para sustentar el punto de vista de los cabilderos. Así, los ministros se sienten frustrados ante la incapacidad del sector privado para ofrecer presentaciones convincentes de por qué, cómo y durante cuánto tiempo el gobierno debería intervenir a favor de una industria. Por su parte, el sector privado queda con la impresión de que al gobierno le importa muy poco su situación.

Como lo ejemplifica la historia relacionada con la posición abierta del presidente Gaviria para conocer mejor la industria petroquímica de su país, hemos comprobado que un análisis riguroso de la posición relativa brinda a ambas partes la oportunidad de entablar un diálogo más constructivo.

DECISIONES DESINFORMADAS

El hecho de desconocer la posición relativa frente a otros competidores da origen a dos tipos de decisiones desinformadas y a menudo, perjudiciales. Al primer tipo pertenece la decisión de *no actuar* para aprovechar oportunidades que pueden presentarse a las compañías en un país. Al segundo tipo pertenece la decisión de invertir en áreas cuyas variables críticas no se conocen.

Comencemos con la primera decisión: no entrar en la batalla competitiva. Recuérdese lo que García Márquez dijo sobre cómo conocer al gran autor con sólo examinar su cesto de basura. Lo mismo sucede con la competitividad: optar por no competir en cierto mercado puede ser una buena estrategia. Sin embargo, a menudo las compañías de los países en vías de desarrollo en lugar de tomar una determinación bien fundamentada de no competir, deciden no hacerlo motivadas por el miedo. A menudo este temor se debe a suposiciones erróneas que surgen al comparar su capacidad con la de los rivales. El temor no es malo en sí mismo, pero si se decide no competir por miedo a un rival cuyas fortalezas o debilidades se desconocen, esta actitud sí puede perjudicar el negocio.

Observamos la tendencia a evitar la competencia cuando trabajábamos en Bolivia y decidimos aplicar una encuesta a un grupo de influyentes líderes bolivianos de negocios, con el fin de descubrir las creencias básicas que determinan ese comportamiento. Los encuestados evaluaron su país en varias dimensiones comparándolo con otros países andinos. Una de las categorías era el prestigio nacional. Descubrimos en Bolivia una nación cuyos líderes tenían una bajísima autoestima con respecto a la competitividad de sus exportaciones. Los participantes en la encuesta ubicaron a su país inferior a seis entre siete países considerados, al tiempo que ellos mismos se consideraron sólo merecedores de una posición igual a la del país en el séptimo lugar entre las naciones consideradas.[2]

Al revisar los datos, un prominente hombre de negocios comentó: "Bolivia posee una actitud derrotista. Aquí se acepta ser un perdedor". Otro líder explicó: "Hemos logrado tan pocos éxitos de negocios fuera de nuestra patria que ganar parece casi imposible. A veces pienso que no tratamos de exportar porque no sabemos si por lo menos tendremos la probabilidad de ser competitivos. Para nosotros es un misterio cómo lo hacen los demás y casi siempre empezamos por pensar que estamos detrás de todos y que no estamos a la altura del reto".

En efecto, muchos líderes de negocios en países del mundo en desarrollo a menudo asumen que sus compañías no pueden competir con las empresas de otras naciones. Su actitud es: "Si no estamos ganando, estamos perdiendo, y si estamos perdiendo es porque, de alguna manera, no damos la talla". Ésta parece una hipótesis razonable, pero no pasa de ser una mera hipótesis. Supone la existencia de una medida de calidad ("benchmark") que sus compañías no logran alcanzar o superar, pero la verdad es que esa medida no es explícita ni cuantificable. Un líder con ese tipo de mentalidad no puede decir: "Somos 20% menos eficientes que nuestro principal competidor" ni "Necesitamos reducir los costos 4 dólares por tonelada en esta área para obtener una ventaja de costos en la industria". Lo único que sabe es que su compañía no cumple con un estándar que, en gran medida, está definido sólo en su propia mente.

Cuando los gerentes no saben dónde se encuentran en relación con la competencia, carecen de la información que les podría ayudar a invertir en nuevos segmentos de la industria, o que les permitiría buscar formas innovadoras para competir, con el fin de romper con los patrones que hemos venido describiendo.

El segundo tipo de decisión que a menudo toman las compañías e industrias sin contar con información, es más fácil de corregir que la primera. Las que optan por invertir, generalmente no están seguras acerca de las dos variables fundamentales que mencionamos en la historia de la industria colombiana del cuero: 1) el atractivo estructural de la industria para el competidor promedio y 2) la posición competitiva de la empresa frente a otras que participan en la misma industria. Las dos variables pueden señalarse en una gráfica, tal y como se presenta en la figura 3-1.

Antes de que una compañía de cualquier país invierta en una oportunidad, debe conocer las respuestas a las preguntas que presuponen las dos variables anteriores. Sin embargo, la herencia de una fuerte participación estatal en las naciones del Tercer Mundo ha impedido que el gobierno y los líderes empresariales realicen el trabajo necesario para entender las fortalezas y debilidades relativas de una industria en particular. Los incentivos ofrecidos por los gobiernos y las organizaciones multilaterales a las empresas para que desarrollen industrias, resultan a menudo muy lógicas desde el punto de vista *macro*económico, pero tienen muy poco sentido desde el punto de vista *micro*-

Figura 3-1 Estructura de la industria y posición relativa de costos

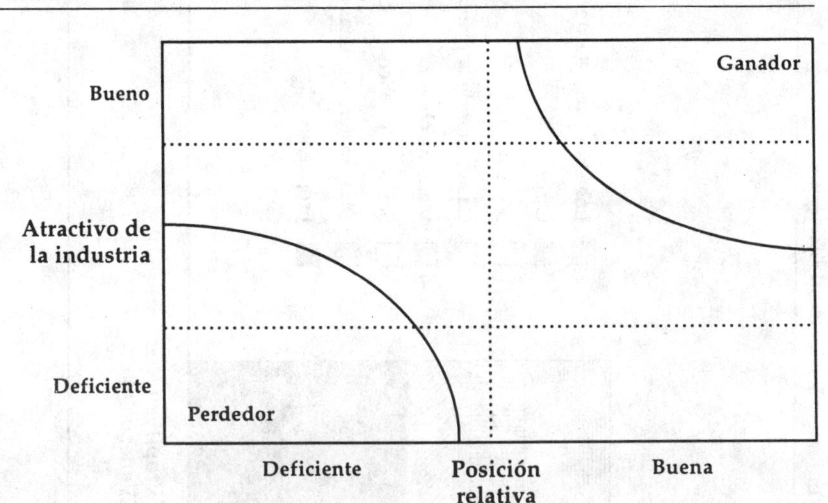

económico. Un buen ejemplo es el actual ambiente que se vive en Venezuela donde los dirigentes del sector público y privado se preocupan por las tasas de inflación, la balanza comercial y los precios más recientes de los bonos Brady[3] en *bolívares* (la moneda local), en vez de preocuparse por construir una infraestructura especializada, diseñar estrategias a nivel corporativo y dar prioridad al mejoramiento del capital humano.

Otro ejemplo es el de los petroquímicos en Colombia. Un análisis cuidadoso de su posición relativa habría sido sumamente útil *antes* de que la industria invirtiera millones de dólares. Como hemos dicho, nuestro análisis reveló que los productos petroquímicos colombianos —más concretamente, la manufactura de polipropileno, producto que representa la industria en general— presentaban una desventaja de costos considerable en comparación con otros países. La figura 3-2 resume esa posición. Tres elementos fundamentales crearon la desventaja de costos colombiana: 1) los precios de las materias primas, 2) los precios de los servicios públicos y 3) los costos de transporte. En un análisis sectorial estudiamos la posición del costo de efectivo de una compañía petroquímica colombiana frente a tres de sus principales rivales regionales: Propilven de Venezuela y PEMEX e Indelpro de México. Descubrimos que la compañía colombiana no podía competir en costos con ninguna de estas empresas en sus mercados internos.

Algunos líderes de la industria piensan que los problemas que Propilco afrontó en el mercado provenían de las restricciones impuestas a la empresa por las políticas gubernamentales colombianas. Sea esto cierto o no, estamos

Figura 3-2 Posición relativa de costos de la industria del polipropileno: Colombia, Venezuela y México, 1992

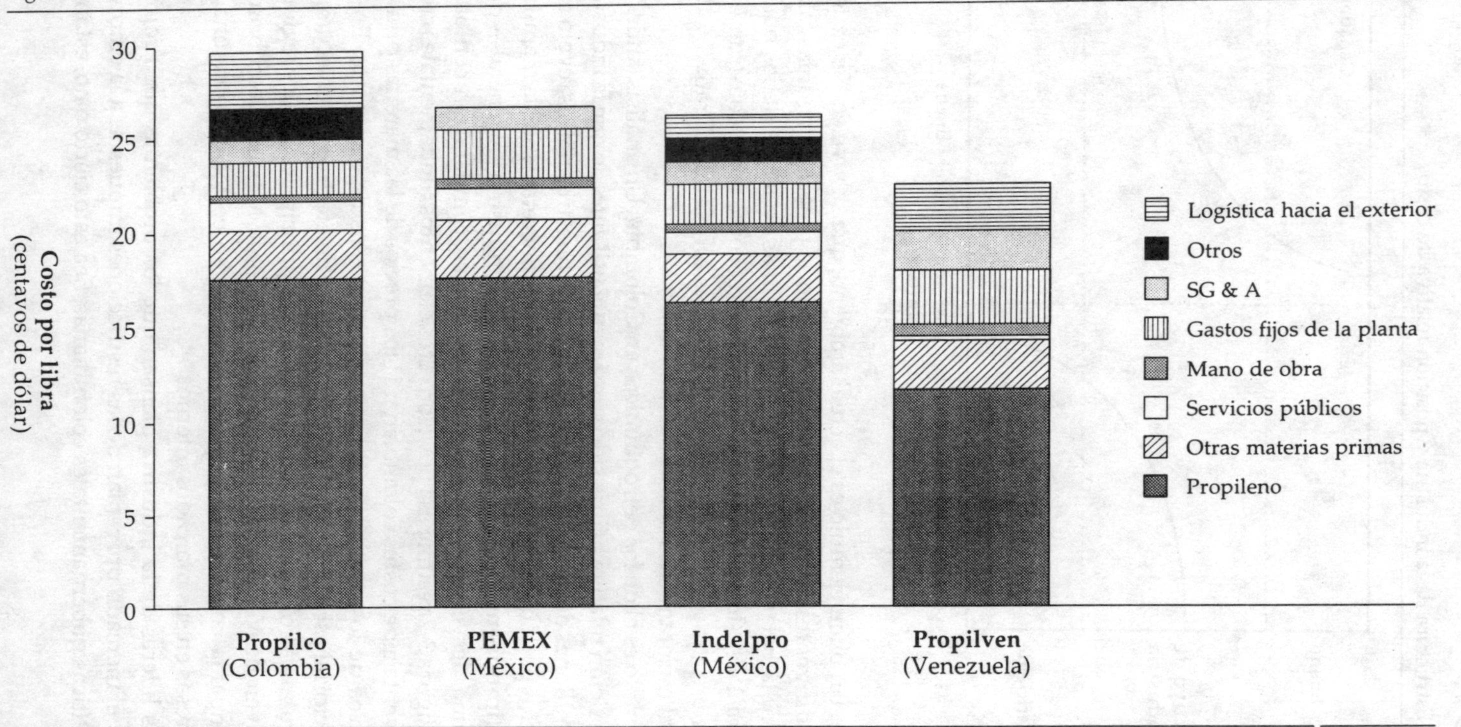

Notas:

1. Costo total de efectivo para atender la tasa de utilización de 85% en el mercado interno.
2. La información concerniente a Propilco se usa con la autorización del cliente y está tomada de materiales publicados anteriormente. La que se incluye en esta figura tiene cinco años y ya no refleja el posicionamiento actual de Propilco.

convencidos de que sin el apoyo activo y una mayor ayuda del gobierno, Propilco no hubiera podido subsistir ni continuar compitiendo dentro de la industria latinoamericana del polipropileno. Los costos de energía de Propilco eran altos porque las tarifas nacionales de servicios públicos eran altas. Los costos logísticos eran elevados porque la infraestructura de transporte era inadecuada y cada día empeoraba más. Los costos de los seguros eran altos debido a la falta de seguridad en Colombia, un país cuyas guerrillas y narcotraficantes perpetúan un explosivo y constante estado de violencia. El propileno era la materia prima o *insumo básico* y sus costos eran altos porque la planta petroquímica estatal, Ecopetrol, no producía propileno de grado polímero y, en consecuencia, Propilco tenía que importar su insumo básico desde la costa de Texas-Louisiana en Estados Unidos.

A manera de contraste, Pequiven —la compañía petrolera estatal de Venezuela— subsidiaba los ya bajos costos de electricidad de Propilven, vendía a precios de descuento de transferencia sus insumos básicos de propileno de grado polímero y no cobraba regalías. Y encima de esto injuria al insulto, Propilven podía exportar el polipropileno al mercado colombiano sin pagar un arancel compensatorio de importación. Así pues, no debe sorprendernos que por aquella época Propilven pensara que el polipropileno era un buen negocio y estuviera buscando socios extranjeros para ampliar su capacidad en más de 100,000 toneladas métricas.

Propilco contaba con una posición fuerte y dinámica dentro de una economía protegida, pero en último término su éxito dependía de variables exógenas: las decisiones del gobierno concernientes a la industria petrolera, las tarifas de los servicios públicos impuestas a nivel nacional y una permanente vulnerabilidad frente a las guerrillas que periódicamente capturaban camiones petroleros en las carreteras. Adicionalmente, la empresa enfrentaba competidores en México y en Venezuela que habían invertido grandes cantidades de dinero y de orgullo nacional en la creación de poderosas industrias petroquímicas. Más aún, esos competidores habían demostrado que harían lo que fuera necesario (estaban dispuestos incluso al extremo de reducir los precios por debajo del costo) con tal de mantener fuerte el empleo y una elevada utilización de su capacidad.

Desde luego, tener una buena posición relativa es sólo una parte de lo que requiere una compañía para alcanzar el éxito. Así lo señalamos en los capítulos 1 y 2, donde advertimos contra la dependencia proporcionada por las ventajas basadas en factores e insistimos en la necesidad de desarrollar segmentaciones de clientes. De hecho, la reciente investigación de Michael Porter (inédita al momento de publicarse este libro) muestra que, en Estados Unidos, cerca de 50% del éxito de una empresa puede atribuirse a su elección de segmento industrial y cerca de 50% a su posición relativa dentro de la industria. Ahora entendemos por qué los miembros de la asociación de la industria petroquímica se sintieron tan complacidos por nuestra reunión con el presidente Gaviria: pensaban que el *100%* de su éxito dependía del mejoramiento de su posición relativa. A pesar de que el gobierno tenía gran parte de responsabilidad por su pobre posición relativa, esto no constituía sino la mitad de la ecuación. La otra mitad estaba relacionada con la elección originaria del segmento industrial en el que competirían.

Como en el caso de muchos de los patrones que discutimos en este libro, cada día resulta más importante concebir la competitividad como un sistema en el que miles de cosas pequeñas, y no una o dos cosas grandes, se hacen bien. Por ejemplo, los productos petroquímicos pueden no ser una industria atractiva para la mayoría de los participantes porque existen casi tres docenas de competidores en polipropileno en el Hemisferio Occidental, muchos de los cuales son compañías estatales y, por lo tanto, no tienen que tomar todas sus decisiones estratégicas con base en las utilidades. Las barreras de entrada son pequeñas, ya que se requiere apenas 2% de participación en el mercado internacional para conseguir una economía de escala en la producción. Sin embargo, las barreras de salida son grandes, ya que la planta física debe ser lo bastante amplia para poder, por lo menos, competir. Adicionalmente, los asuntos sociales relacionados con el empleo son muy delicados en muchas de las naciones productoras.

Los líderes que esperan marcar una verdadera diferencia futura en sus economías deben comenzar a pensar en los problemas microeconómicos y en las estrategias a nivel de la empresa en toda su complejidad, en especial en lo que toca al posicionamiento relativo. Deben comenzar a fundamentar sus decisiones de políticas en un conocimiento consistente de lo que se requiere para ganar y tienen que desarrollar las capacidades que les permitan generar discusiones productivas y bien informadas entre el sector público y privado.

Vulnerabilidad ante la competencia

El último problema que surge cuando se desconoce la posición relativa se relaciona con el comportamiento de los competidores. Cuando las economías pasan de ser protegidas a estar abiertas a las fuerzas de la competencia global, resulta decisivo saber lo que la competencia está haciendo o planeando. Y saber cuál es la situación propia frente a la competencia es un elemento primordial del análisis.

Kenichi Ohmae, autor, exconsultor de McKinsey y excandidato político en Japón, escribe que las compañías *no* deberían concentrarse en analizar la competencia porque sí, sino más bien, deberían encontrar formas de atender a sus clientes a su entera satisfacción y satisfacerlos completamente en comparación con sus rivales.[4] El autor señala que la competencia es la dinámica fundamental de la satisfacción del cliente. Coincidimos con Ohmae en que es fácil dejarse distraer por lo que está haciendo la competencia o lo que prefiere el cliente, y así perder de vista la verdadera dinámica de la satisfacción del cliente con relación a la competencia.

El consejo de Ohmae se aplica también a los países en vías de desarrollo. Como explicamos en el capítulo 2, la última cosa en que piensan las compañías de esas regiones es la manera de darle un servicio óptimo al cliente (recordemos el hotel turístico de Perú). Para saber cómo darle la mejor atención posible al cliente, las empresas deben empezar a analizar la competencia. Deben tener presente lo que otras compañías del mundo están haciendo y qué puede representar una amenaza para sus planes acerca de dónde y cómo competir. Este concepto se puede ilustrar con los ejemplos a continuación, que relatan el caso de dos industrias mexicanas y la amenaza que representan para sus contrapartes en Colombia.

La industria mexicana de las flores

En la historia de la industria de las flores, Colombia compite no sólo contra los holandeses sino también contra rivales que se encuentran más cerca de su territorio: los mexicanos. Colombia ha demostrado poca preocupación frente a la amenaza que representan los floricultores mexicanos y, sin embargo, pensamos que México pronto puede entrar a competir con otros productores latinoamericanos al apalancarse estratégicamente en su ventaja de transporte para penetrar en los mercados estadounidenses. México ya transporta por avión gran parte de sus flores a intermediarios de Texas que las distribuyen de manera muy similar a como lo hacen los intermediarios de Miami para Colombia. Una pequeña cantidad de esas flores incluso viaja en vuelos directos desde Ciudad de México hasta las principales ciudades de Estados Unidos.

Los mexicanos todavía no transportan sus flores en camión a ese país porque aún carecen del volumen suficiente para enviar constantes cargas completas. (En la industria camionera se requieren cargas completas para justificar económicamente el establecimiento de una ruta nueva.) Sin embargo, estimamos que, en un periodo de tres a cinco años, México alcanzará el volumen necesario para comenzar a realizar sus envíos en camión. Más aún, con la aprobación del Tratado de Libre Comercio, los camiones mexicanos ya no deberán detenerse y ser inspeccionados en la frontera entre México y Estados Unidos. Ello significará que México estará en posibilidades de enviar flores sin escalas a las principales ciudades de Estados Unidos. Así, las flores llegarán más rápido y en mejor estado que si hubieran sido desempacadas para inspección y luego empacadas de nuevo.

Aunque países como Colombia tal vez sigàn teniendo una ventaja logística de costos al atender los mercados de la costa este de Estados Unidos, México la tendrá al servir los mercados del medio oeste y de la costa oeste. Por ejemplo, nuestro análisis muestra que este país tendrá una ventaja de 1.9 centavos de dólar por flor al atender la ciudad de Chicago que representa el 21% de la demanda nacional de flores y que está situada a apenas cinco horas por carretera. Adicionalmente, los floricultores mexicanos ya están entablando relaciones directas con los mayoristas y con los supermercados, lo cual les permite disminuir aún más los costos al eliminar o reducir de manera considerable la función de los intermediarios. Es así como la ventaja de costos que Colombia tiene en la actualidad sobre México irá perdiendo importancia a medida que los mexicanos se enfoquen directamente en los mercados cercanos de Estados Unidos y continúen aminorando los costos en sus procesos de producción de flores.

Cuando los representantes de la industria colombiana de las flores se enteraron de estos avances, aceptaron que el análisis de la posición competitiva relativa que hicimos era importante. Pero en vez de utilizar los resultados para diseñar una estrategia, confiaron en poder aprovecharlos para cabildear y conseguir el apoyo de su gobierno. Los floricultores colombianos sospechaban que el gobierno mexicano estaba otorgando algunos beneficios a sus cultivadores y querían obtener el mismo trato de parte de su gobierno. Además, algunos de ellos querían la información para invertir en la producción de flores en México.

El tiempo nos dirá qué sucede en las industrias de las flores de ambos países, pero si los colombianos no adoptan medidas proactivas para evitar que México penetre sus mercados tradicionales, es muy probable que pierdan las ventajas que tanto han trabajado por construir.

La industria editorial en México

Colombia se ha enorgullecido de una próspera industria editorial que ha tenido gran éxito en la producción de libros animados para niños. En 1992 se vislumbraba en el horizonte el Tratado de Libre Comercio (TLC) y la empresa editorial norteamericana R.R. Donnelley & Sons, que ya poseía plantas de maquila en México (manufactura ligera con subsidios e incentivos para exportar), parecía estar posicionado allí aún más sólidamente. Los líderes colombianos de la industria editorial, temiendo que la operación mexicana de R.R. Donnelley capturara gran parte de su participación en el mercado estadounidense, nos pidieron determinar el grado real de amenaza que afrontaban en ese momento.

Descubrimos que, aunque los editores mexicanos habían logrado recuperarse de los altibajos económicos padecidos por su país durante la década de 1980, la mayoría seguía utilizando maquinaria casi obsoleta y enfrentaba serias dificultades para encontrar trabajadores altamente calificados que operaran sus prensas. México ya exportaba más libros a Estados Unidos que Colombia, pero 51% de ellos (en 1992) eran libros ilustrados para niños que en su mayor parte habían sido impresos en la planta *maquiladora* de R.R. Donnelley. Más aún, el crecimiento de las exportaciones se había concentrado en manos de unas pocas empresas, mientras que la mayor parte de las editoriales mexicanas, incluyendo la planta de R.R. Donnelley, se centraban en el mercado nacional. Esa concentración en el territorio nacional era resultado de la opinión generalizada en la industria de que el crecimiento interno de México bajo la influencia del TLC, sumado a tendencias macroeconómicas generalmente sanas, daría un fuerte impulso al consumo nacional de materiales impresos, especialmente de formularios comerciales y revistas de negocios.

Algunos impresores mexicanos estaban tratando de incrementar sus exportaciones a Estados Unidos. La mayoría ya habían formado, o estaban en proceso de formar, alianzas con empresas editoriales estadounidenses para que les ayudaran con el conocimiento del mercado y la inversión de capital. Pese a ello, los mexicanos seguían teniendo ciertas desventajas frente a sus rivales colombianos. Nuestra investigación reveló que estos últimos mantenían una posición general de costos más baja y que gozaban de mejor reputación de calidad que los mexicanos.

Sin embargo, mientras descubríamos estas buenas noticias para Colombia, nos dimos cuenta de que la verdadera amenaza contra su industria editorial provenía de Asia. Al parecer, los colombianos se habían preocupado tanto por México que habían descuidado el crecimiento gradual, pero constante, de la industria editorial del Oriente.

RESUMEN

Es importante que las compañías analicen su posición relativa frente a los competidores por tres razones fundamentales: 1) para facilitar un diálogo productivo entre el sector público y el privado; 2) para ayudar a los gerentes de empresas a tomar decisiones mejor informadas, y 3) para ayudar a las empresas a prever las áreas donde pueden ser vulnerables frente a la competencia.

El análisis de la posición competitiva relativa tiene dos componentes que conviene aclarar. Primero, es importante conocer la base a partir de la cual una empresa compite, es decir, ¿compite en costos o como una empresa diferenciada que puede cobrar más por el producto al agregar un valor especial para el consumidor? Si la base de la competencia es el costo, el análisis de la *posición relativa de costos* será muy importante. Si la base es la diferenciación, el análisis de la *satisfacción del cliente* en comparación con la competencia resulta decisivo. En uno y otro caso, el reto radica en conocer y entender la propia posición, de manera que podamos calcular la probabilidad de alcanzar el éxito en el campo de batalla competitivo.

El segundo punto se refiere a los rivales. "La competencia nunca se da en el vacío". Y el desconocimiento de las metas y capacidades de los competidores en lo que respecta a la atención de los clientes, puede hacer muy vulnerable una empresa.

Cuando se trata de la demanda del mercado, las naciones en vías de desarrollo deben mejorar y dejar de limitarse simplemente a *responder* para empezar a *buscar*, y, finalmente, a *crear*. En vez de extraer y exportar la riqueza natural de sus países —estrategia que los hace vulnerables a la imitación, la fluctuación de precios y la administración del tipo de cambio—, las empresas deben aprender a conocer mejor la demanda y la dinámica de la competencia, a fin de que puedan detectar segmentos más atractivos del mercado. Esto es lo que *buscar* significa para nosotros.

Más aún, si las empresas de los países en vías de desarrollo entendieran las preferencias de los consumidores de una manera tan profunda que les permitiera preverlas y quizás, hasta contribuir a moldearlas, habrían dado un paso decisivo para convertirse en *creadores*. Los diseñadores y fabricantes italianos de artículos de moda de la más alta calidad son creadores, ya que logran que las tendencias moldeen los gustos y las preferencias del público —e influyan en los competidores— en una parte de su mercado. Es frecuente que al hacerlo obtengan excelentes márgenes de utilidad.

Este proceso de mejoramiento exige una gran habilidad para determinar la *posición relativa*. Como ya lo hemos dicho, la ausencia de este conocimiento es una de las razones por las que las compañías de los países en vías de desarrollo compiten en segmentos poco atractivos de la industria. También hace imposible el tipo de discusión de calidad que deben sostener los principales líderes del sector público y privado, al tomar decisiones cada vez más complejas sobre oportunidades que aparecen y desaparecen con creciente rapidez. Si se conoce bien la posición relativa, los líderes encargados de la toma de decisiones podrán comenzar a crear oportunidades que traigan consigo aún mayores recompensas.

CAPÍTULO CUATRO

Saber cuándo integrar hacia adelante y cuándo no hacerlo

Cuando vendemos nuestros productos, nunca sabemos qué sucede después de que salen de nuestra granja. Es como si desaparecieran dentro de una gran caja negra.

—Productor agrícola peruano

En 1992, los procesadores colombianos de jugos de fruta se hallaban ante una encrucijada. El precio de su principal producto de exportación, concentrado de maracuyá, había fluctuado salvajemente durante los cinco años anteriores. Por ejemplo, el precio por libra de pulpa de maracuyá que podían cobrar a los clientes estadounidenses había disminuido de 2.90 dólares en 1988 a 0.98 centavos de dólar en 1991 y luego había vuelto a subir a 1.55 dólares en 1993.

Esas grandes fluctuaciones se debían, en gran medida, a la condición que Colombia tenía como proveedor relativamente pequeño de un producto concentrado para jugos. En cambio Brasil, por ser un líder mundial de la producción de jugos de fruta, podía incrementar la demanda con sólo vender en su mercado interno y dejar de hacerlo en el mercado mundial. Sin embargo, cuando Brasil vendía en el mercado mundial, el precio del producto colombiano se venía abajo drásticamente. Además del poder ejercido por Brasil sobre el mercado de estos productos, quienes se hallaban más cerca del consumidor —entre ellos los intermediarios, embotelladoras y distribuidores de Miami—, parecían estar en mejor posición que los colombianos para obtener utilidades estables y de largo plazo. Como señaló un intermediario de Miami: "Podemos conseguir maracuyá de cualquier lugar que queramos". Los procesadores colombianos se sentían navegando en una frágil embarcación en medio del tumultuoso mar.

Recuérdese cómo la industria colombiana de las flores enfrentó un problema parecido con los intermediarios, mayoristas y minoristas estadounidenses, cuando éstos ganaban más excedentes de utilidades de lo que los cultivadores jamás podrían soñar. Los procesadores de jugos debatían si invertir en una planta y en instalaciones de distribución en Estados Unidos les ayudaría a adquirir poder en la larga cadena que conducía al consumidor. Tal vez si registraban una marca, embotellaban y distribuían su producto, podrían obtener las utilidades que durante tanto tiempo se les habían escapado.

¿Dónde competir? El reto del posicionamiento vertical

En los países en vías de desarrollo los productores no logran obtener una ventaja sustancial en la distribución de sus productos, un hecho del que frecuentemente sacan partido las empresas multinacionales. ¿Cómo explicar el predominio de United Fruit Company en la historia de Centroamérica o de las enormes corporaciones comerciales que operan en la región situada en la parte inferior del Sahara? ¿Los poderosos siempre explotan a quienes, al menos si se los mide de acuerdo con su ventaja comparativa, deberían ser considerados como ricos?

Parte de la respuesta es que los líderes empresariales de esas naciones se han enriquecido sacando partido de sus factores básicos, situación que ofrece pocos incentivos para cambiar. De ahí que, casi sin excepción, los dirigentes industriales no hayan logrado el *posicionamiento estratégico* necesario para transformar el equilibrio de poder existente. Y es precisamente ese deficiente posicionamiento, sobre todo respecto al alcance vertical, lo que ha hecho de este cuarto patrón del comportamiento empresarial —el no integrarse hacia adelante— uno de los más generalizados, injustos y difíciles de modificar.

El alcance vertical, que más adelante identificaremos como una de las ocho áreas genéricas donde las empresas deben adoptar decisiones explícitas, determina la manera en que una compañía opta por posicionarse entre sus proveedores y compradores. La decisión que debe adoptarse en la mayor parte de los países en desarrollo, aunque no en todo momento, se refiere a cómo acercarse más al usuario final, cómo *integrar hacia adelante* para mejorar la posición competitiva de la empresa. Con el tiempo, y de manera creciente, la integración vertical o más exactamente, hacia adelante, ha ido incluyendo no sólo la propiedad, sino también las alianzas, la cooperación, las conexiones basadas en el conocimiento electrónico y otras modalidades de "integración virtual". Por ejemplo Benetton, el grupo italiano de ropa, ha llevado a la cima el concepto de este tipo de integración virtual hacia adelante. Una vez construidos sus almacenes minoristas en todo el mundo, la compañía recurre a enlaces de comunicación que transmiten información instantánea sobre los clientes a las fábricas de Benetton. Así, la segmentación de clientes y la planeación estratégica se realizan con mayor rapidez que la que pueden manejar la mayoría de los minoristas. Benetton logró este nivel de integración vertical sin tener que poseer la cadena de producción: se integran verticalmente a través de la información y no mediante la propiedad.

La industria colombiana de las flores tipifica la falta de integración hacia adelante tan característica en el Tercer Mundo. Esto se debe, primordialmente a que el sector de las flores está limitado a la parte "superior" del sistema de valor, es decir, la que se refiere a la conversión de insumos en productos. Si los floricultores se desplazaran "hacia abajo" o hacia adelante, tendrían mayor control sobre la venta de sus productos entre los consumidores finales y sobre la manipulación de la información del mercado (como lo hacen actualmente los mayoristas y minoristas estadounidenses). No es nuestra intención el debatir las teorías del posicionamiento vertical, sino resaltar el hecho de que, a pesar del copioso aprendizaje existente respecto de este tema, los países en desarrollo no han logrado generar patrones de competencia fundamentalmente distintos. Probablemente una razón radica en que los estrategas del mundo industrializado han sabido manipular a sus proveedores con mucha habilidad para mantener el control de las industrias. Esto ha tenido consecuencias funestas para las empresas de los países en vías de desarrollo y constituye una situación que debe abordarse explícitamente. Hay varios micropatrones de la integración vertical que se manifiestan una y otra vez en el mundo en vías de desarrollo y que plantean retos fundamentales para los dueños y gerentes de empresas en Latinoamérica. Estos micropatrones son:

- Incapacidad de entender o de atender las necesidades de los canales de distribución.
- Incapacidad de ver los canales de distribución como una herramienta para consolidar las fuentes únicas de ventaja competitiva.
- Incapacidad de utilizar los canales de distribución para obtener una retroalimentación del mercado consistente y exacta sobre las tendencias y dinámica de la industria.

En el presente capítulo explicaremos estos micropatrones basándonos en estudios de casos de Colombia y Perú; veremos también que los productores de los países en desarrollo disponen de mejores opciones para reflexionar sobre las decisiones de alcance vertical. Muchos de ellos no han escogido el mejor sistema de distribución para sus productos, como lo refleja su tendencia a recurrir principalmente a intermediarios para la venta y distribución de bienes. En el caso de la industria colombiana de las flores esta estrategia fue adecuada durante las décadas de 1970 y 1980. Por aquella época los intermediarios de Miami agregaban un enorme valor: abrían mercados, brindaban protección fiscal para los cultivadores y diseñaban estrategias eficaces para luchar contra los productores dominantes de Estados Unidos y Holanda. Pero la misma estrategia ha resultado extremadamente ineficiente para la industria colombiana de los años 90. No sabemos con certeza el valor real que aportan los intermediarios, del cual pudieran encargarse los mismos productores desde Colombia, aprovechando los recientes adelantos de la tecnología y las comunicaciones. Por su parte, los intermediarios de Miami han desarrollado un sistema cada vez más burocrático, hostil y menos receptivo. Este sistema ofrece magníficos incentivos para la autopreservación y muy pocos para ayudar a los floricultores colombianos a desarrollar fuentes de ventaja más sostenibles.

Los vendedores deben desarrollar dos habilidades fundamentales respecto a los canales de distribución: qué darles y qué obtener de ellos. A medida que los sistemas de distribución se han vuelto más eficientes y el poder de los computadores ha dado más apalancamiento a los consumidores y más información a los productores, la distancia entre el productor y el consumidor se ha reducido rápidamente. Estamos convencidos de que la época en que se permitía a los intermediarios controlar la riqueza de las exportaciones está llegando rápidamente a su fin y que éste es el momento indicado para que las compañías de los países en desarrollo tomen el control de sus industrias. Esto es parte de la clave para poder superar la dependencia de los factores básicos: aprender a competir no sólo cerca del lugar donde se crea el valor, sino también cerca de donde se captura este valor, es decir, más cerca del usuario final.

DAR A LOS CANALES DE DISTRIBUCIÓN LO QUE NECESITAN: UNA LECCIÓN DE LA INDUSTRIA DE LOS JUGOS DE FRUTA

A principios de la década de 1990 los productores colombianos de jugos de fruta, aunque eran pocos, asumieron el compromiso de dejar de ser exportadores esporádicos de las compañías globales de jugos de fruta, para convertirse en proveedores de jugos de frutas singulares y exóticas para los consumidores finales. El deseo de alejarse de los problemas intrínsecos del primer patrón del comportamiento empresarial que expusimos en capítulos precedentes —competir a partir de la ventaja comparativa en industrias de productos de tipo "commodity" — para entrar a competir en industrias más complejas es admirable y correcto, pero también muy difícil de alcanzar.

Colombia cuenta con muchas frutas que no se dan en otros países y se cultivan muchos productos para el mercado de exportación como guanábana, guayaba, lulo, mango, maracuyá, mora y papaya. Pero el producto procesado de fruta que tiene mayor demanda en el exterior es el concentrado de maracuyá o "fruta de la pasión". El mercado de exportación para el maracuyá procesado es relativamente nuevo, aunque desde hace cientos de años existe un mercado interno para el jugo. Pero el mercado local no consume gran cantidad de jugos procesados o concentrados, ya que la mayoría de las familias compran fruta fresca y preparan ellas mismas el zumo.

Los productores son generalmente empresas pequeñas y autónomas que ofrecen la fruta al mercado local o a los procesadores de jugos, según los precios que rijan cada mercado. Por lo tanto, se comportan en forma muy parecida a la de los especuladores, ocasionando con ello dos resultados que perjudican a los procesadores colombianos. El primero es que los cultivadores tienden a sembrar mucho maracuyá cuando la demanda mundial (y los precios) aparentemente serán favorables, al tiempo que disminuyen los cultivos cuando bajan los precios. Como el maracuyá tarda mucho en madurar, es difícil coordinar de manera precisa la oferta colombiana con la demanda mundial. El segundo resultado es que si los precios locales del maracuyá rebasan los precios internacionales los productores suelen vender al mercado local y no al mercado exportador. Ambos comportamientos originan una oferta colombiana inestable que deteriora la imagen de los procesadores ante los ojos de los compradores extranjeros.

Los cultivadores se encuentran dispersos geográficamente, con siete diferentes tipos de fruta sembradas en diecisiete regiones. A menudo, una misma fruta crece en tres o más zonas del país. Por ejemplo, la producción de maracuyá se distribuye entre las regiones de Risaralda (5%), Cauca (5.9%), Valle del Cauca (22.2%), Huila (25.2%) y otros lugares (26.2%). Muchas de las regiones están separadas por terrenos montañosos y escarpados. A menudo las carreteras que las unen no están pavimentadas y son muy primitivas. De ahí que la entrega de la fruta sea costosa y demorada, dando como resultado, un producto dañado y deteriorado.

Podemos sintetizar el escenario que acabamos de presentar en unas cuantas palabras, y aplicarlo a muchas otras industrias de la región: rudimentario, no planificado y descoordinado. Es importante reconocer la naturaleza caótica del ambiente competitivo de Colombia. Como veremos más adelante, este desorden influye en las decisiones estratégicas que actualmente adopta la industria e impide realizar una estrategia que extraiga más valor de la cadena de producción hacia el futuro.

Evaluar la oportunidad de integrar hacia adelante

A causa de condiciones de transporte deficientes, una oferta impredecible y la gran dispersión de los cultivadores a lo largo del territorio nacional, a los procesadores colombianos de jugos les resulta extremadamente difícil garantizar el precio, la calidad y la oferta de su producto. Por ello, los intermediarios de Miami desempeñan una función fundamental para los productores estadounidenses: están en condiciones de consolidar la oferta usando varias fuentes, al tiempo que amortiguan todos los riesgos de calidad de los proveedores. En consecuencia, 90% de la oferta de concentrados pasa a sus manos.

En 1992 se fundó la Corporación Colombia Internacional (CCI) para promover la exportación de los productos agrícolas colombianos. Este organismo, que contaba con varios procesadores de jugos en su junta directiva, colaboró con nosotros en el estudio del problema de los procesadores. El reto era encontrar la manera de que dejaran de exportar el "commodity" constituido por el concentrado de jugos, un producto que como ya dijimos, se halla a merced de toda clase de variables externas de precio. Pero, la respuesta estaba en ¿asignarle una marca a su producto y en establecer fábricas y redes de distribución en Estados Unidos? ¿O formar una alianza con un productor bien establecido en ese país era una opción más inteligente? Ambas alternativas dependen de la viabilidad de integrar hacia adelante en el mercado estadounidense, y eso fue lo que nos propusimos analizar para los productores colombianos.

Comenzamos por estudiar los canales a través de los cuales los colombianos podrían vender su producto, empezando con los supermercados que representaban 85% de las ventas totales en el mercado estadounidense de jugos de fruta. Los cinco supermercados más importantes tenían un poder de compra considerable; en promedio contaban con 1,000 sucursales y percibían 15.9 miles de millones de dólares al año por concepto de ventas. Así pues, no fue sorprendente descubrir que al tratar de obtener espacio en los estantes de la mayoría de esas cadenas de supermercados, los grandes productores estadounidenses de jugos de fruta tenían el tamaño y el poder de negociación para desplazar fácilmente a los competidores más pequeños.

Adicionalmente, las grandes compañías de jugos con productos de marca destinaban enormes sumas de dinero a la publicidad. Por ejemplo, en 1991 las principales compañías de jugos de fruta de Estados Unidos invirtieron en ese rubro entre 3 y 21 millones de dólares cada una.

Luego de llegar a la conclusión de que los supermercados no constituían canales atractivos, nos concentramos en canales de distribución más pequeños y de nicho. El más atractivo parecía ser la *bodega,* que atendía a consumidores de diversos orígenes étnicos (incluyendo a los hispanos) en pequeños supermercados de barrio en los Estados Unidos. El análisis inicial indicó que las *bodegas* ofrecían una variedad más amplia y diversa de sabores tropicales y que los hispánicos tendían a consumir más jugos que el promedio de la población. Sin embargo, un análisis más minucioso reveló algunos elementos que acechaban tras esta opción, restándole atractivo. Primero, aunque la bodega era un canal de nicho, se encontraba bloqueada por un competidor muy poderoso: Goya. Con ventas de 453 millones de dólares en 1992 y un presupuesto publicitario de 1.2 millones de dólares, Goya parecía contar con una red de distribución y ventas amplia y diversa.

Nuestra investigación reveló que la mayoría de los dueños de las *bodegas* eran mexicanos, circunstancia desafortunada porque los mexicanos no estaban muy familiarizados con el maracuyá (en México se cultivan menos de 10 hectáreas de esta fruta). De repente la *bodega* perdió el atractivo que en un comienzo había tenido como un canal alternativo de distribución. De hecho, la idea de que los colombianos embotellaran su propio producto y luego se atrincheraran para luchar contra los bien posicionados competidores estadounidenses, parecía carecer totalmente de sentido estratégico.

Entendiendo cómo los canales agregan valor

Empezamos a examinar otras opciones con los procesadores de jugos. ¿Podían ellos, junto con los cultivadores, crearse una excelente reputación de calidad y de oferta estable que les permitiera vender directamente a los grandes productores estadounidenses de jugos de fruta de marca? Entrevistamos a varios jefes de compra en las empresas estadounidenses de jugos para averiguarlo.

El representante de compras de Very Fine deseaba seguir negociando con sus intermediarios y, al parecer, no le interesaba hacerlo directamente con los colombianos. Ocean Spray, empresa que fabrica varias bebidas que emplean el maracuyá, se mostró más receptiva ante la idea de establecer una relación directa. Sus requisitos para establecer este tipo de relación eran "precio, calidad y suministro estable", según palabras de uno de sus gerentes de compras.

Éstas no fueron buenas noticias para los colombianos. Al reflexionar más detenidamente sobre las exigencias de compañías como Ocean Spray, concluyeron que todavía no estaban en condiciones de satisfacerlas. En otras palabras, los intermediarios de este sistema sí agregaban valor real en una situación donde los productores no podían hacerlo. En consecuencia, los canales de distribución eran benéficos tanto para los productores de jugos como para los consumidores finales. No tenía ningún sentido estratégico intentar reestructurar esta industria, al menos por el momento. Llegamos a la conclusión de que mientras el sistema actual de distribución siguiera agregando valor en favor de ambas partes convenía mantenerlo y consolidarlo.

La experiencia vino a reforzar algunas lecciones valiosas. Primero, es indispensable *probar el valor que está agregando* el sistema de distribución. Si los distribuidores/intermediarios están agregando el valor que quieren los consumidores, deben considerarse como un aliado cuyo poder debe aprovecharse. En muchos casos los distribuidores extraen utilidades sin agregar el valor. La segunda lección es similar a la que nos dejó el análisis del segundo patrón del comportamiento empresarial: la importancia de seleccionar segmentos en los cuales competir y de llegar a entender las necesidades de ese segmento. Los productores colombianos no estaban en posibilidades de atender las necesidades de Ocean Spray que quería confiabilidad y poco riesgo financiero. Sin embargo, este conocimiento les brinda a los colombianos la oportunidad de organizarse de modo que puedan posicionarse para competir en segmentos ubicados más adelante (o más abajo) en la cadena de valor.

La integración hacia adelante requiere que las empresas se desplacen hacia un terreno competitivo diferente. Esto no es fácil y no siempre es la opción correcta. No obstante, en términos generales, cuanto más cerca se esté del cliente, más fácil será entender sus criterios de compra. Este conocimiento brinda la oportunidad de crear productos y servicios por los cuales el cliente estaría dispuesto a pagar más.

Apalancar los canales de distribución: más reflexiones basadas en la industria de las flores

La estrategia de distribución con que la industria colombiana de las flores se inauguró como pionera en Estados Unidos se constituyó con gran éxito, en tanto que destronó a este país de su posición dominante en el mercado. Pero como hemos visto, lo que empezó como una buena estrategia y una pródiga fuente de aprendizaje para los productores grandes e integrados hacia adelante, con el tiempo se convirtió en un sistema poco receptivo y excesivamente estructurado que destruyó valor para los productores.

Por ejemplo, en 1992 más de 21% del consumo estadounidense de flores se concentraba en Chicago y sus alrededores. Para atender mejor esa zona y el mercado vecino del medio oeste, ¿por qué los colombianos no exportaban directamente a esa ciudad y luego enviaban en camión las flores a los clientes cercanos, en vez de exportarlas a Miami para después transportarlas en camión a través del país?

Los embarques directos a Chicago permitirían a los floricultores ser más receptivos, ofrecer flores más frescas y conocer mejor los caprichos del mercado del medio oeste. Pero ese cambio podría llevarse a cabo sólo si Colombia establecía vuelos directos a Chicago y esa decisión era del dominio del gobierno, pues involucraba el intercambio de derechos de aterrizaje de líneas aéreas. Adicionalmente, la enorme inversión que debía realizarse para convertir esta ciudad en un centro de distribución viable, entrañaba un riesgo que el sector privado no estaba dispuesto a correr, ya que durante años había tenido una operación cómoda y exitosa en Miami. Los colombianos habían desarrollado una estrategia que funcionaba y por lo tanto, no veían una razón clara para arriesgar un sistema conocido, por otro que podría poner en peligro su éxito actual.

Pero la industria enfrentaba por lo menos dos retos inminentes. El primero era la amenaza creciente representada por los nuevos competidores que estaban entrando en el mercado. Por ejemplo, como mencionamos en el capítulo 3 al hablar de la posición relativa, la industria colombiana de las flores afrontaba una posible amenaza proveniente de la industria mexicana, especialmente en lo relacionado con la inminente aprobación del Tratado de Libre Comercio. En este escenario, los mexicanos podrían exportar flores directamente al oeste de Estados Unidos de manera más rentable y rápida que los colombianos.

Una preocupación más urgente en el corto plazo era el ambiente macroeconómico de Colombia. Dada la revaluación real efectiva del peso, a los cultivadores les resultaba cada día más difícil ganar dinero con la exportación de flores. Ellos enfrentaban, pues, un imperativo económico que les permitiera encontrar la manera de captar una mayor porción de la riqueza en la cadena de distribución de las flores. En la figura 4-1 se observa cómo se distribuyen los ingresos provenientes de una rosa. Aunque los productores obtenían casi 15 centavos de dólar por rosa, cada rosa les costaba prácticamente 13 centavos de dólar. En esta industria, cuanto más cerca se esté del consumidor final, más riqueza se captará. No es de extrañar que los distribuidores mayoristas y minoristas sean los que se llevan las verdaderas ganancias.

Algunos pioneros colombianos de la industria de flores ya habían llegado a esa conclusión y habían incursionado en las operaciones de intermediarios y, posteriormente, en la venta directa con algunas grandes cadenas de supermercados obteniendo grados variables de éxito. No obstante, la mayoría de los productores colombianos deseaban que funcionara la presente estrategia de los intermediarios de Miami y no estaban dispuestos a invertir para aprender a replantear su posicionamiento vertical. Mientras los productores de jugos comprobaron que el sistema de intermediarios sí agregaba valor, nuestro análisis del sistema de intermediarios en las flores reveló que habían dejado de ser una fuente importante de ventaja para la industria colombiana de las flores.

Todo lo anterior sugiere un desequilibrio entre el valor creado a lo largo de todo el sistema de canales de distribución de las flores y los beneficios recibi-

Figura 4-1 Sistema de valor de la industria colombiana de las flores, 1993

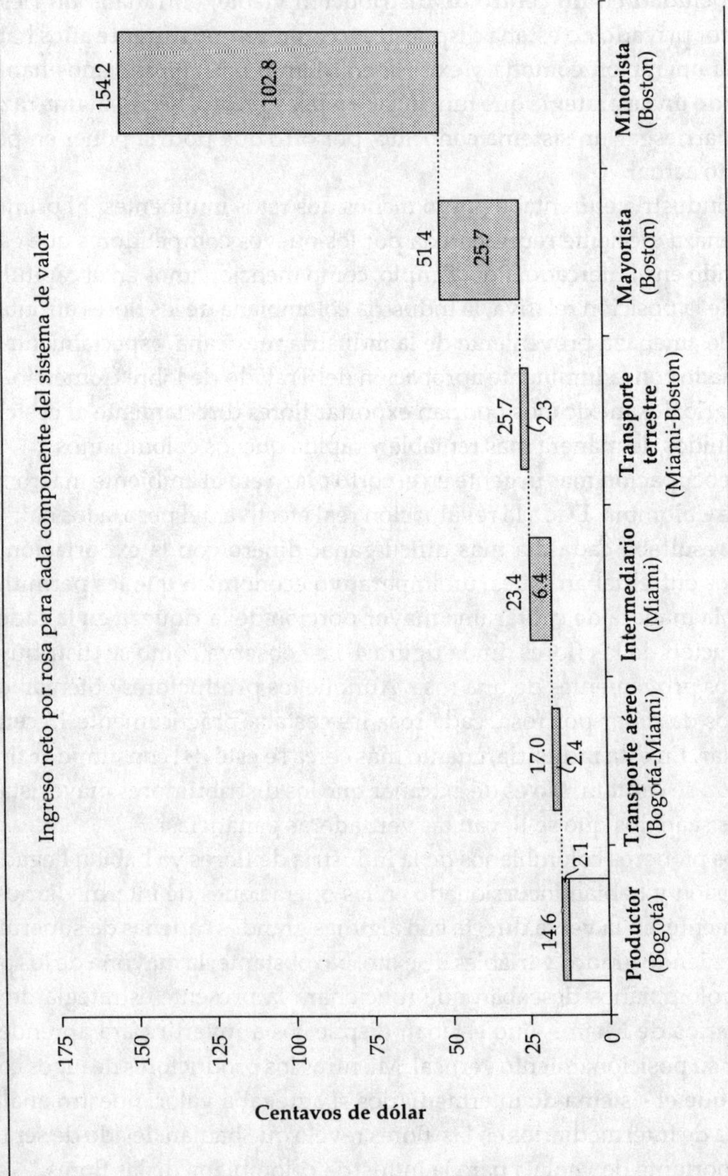

Fuentes: Entrevistas realizadas en México, Colombia, Miami, Boston; análisis de Monitor Company.

dos. Pero tras el desequilibrio también se esconden las oportunidades. El reto del exportador consiste en percatarse de que una parte en particular del canal de distribución ha dejado de proporcionar una ventaja única. Usar un determinado canal vale la pena sólo si se obtiene algo a cambio: una ventaja que le ayude a la compañía a posicionarse mejor frente a la competencia o que suministre información valiosa sobre los consumidores finales. Este segundo punto implica que los canales deben ayudar a las empresas a conocer mejor las necesidades del consumidor final, proporcionándoles retroalimentación del mercado.

OBTENER RETROALIMENTACIÓN DEL MERCADO: LO QUE NO SABÍAN LOS CULTIVADORES PERUANOS DE ESPÁRRAGOS

Michael Porter define la retroalimentación del mercado con la expresión *economías de información:* un vendedor puede responder a las necesidades del cliente sólo si está posicionado para conocer la naturaleza cambiante del usuario final. De hecho, muchos exportadores llaman "caja negra" al sistema de intermediación; una vez que el producto sale de la planta, no tienen la menor idea de lo que sucede con él. El intermediario les cobra una comisión y vende el producto, pero ellos no saben si el trabajo de distribución se realiza bien o de manera deficiente. Estos exportadores ven el sistema como una caja negra en parte porque han creado una estrategia de canales que no les suministra retroalimentación alguna del mercado.

La mayoría de los exportadores que hemos conocido no compiten lo bastante cerca del consumidor final como para poder influir en la demanda. Más bien *se limitan a responder* a ella. Están acostumbrados a esperar que otros les digan cuáles serán las exigencias. Como hemos indicado, en vez de limitarse a responder a la demanda, los exportadores deberían buscarla, e incluso, crearla. El posicionamiento hacia adelante es un componente clave en la búsqueda y en la creación de la demanda. Una empresa debe diseñar una estrategia de integración vertical o hacia adelante que le permita obtener la información más importante del mercado. Ésta será la que en última instancia le permitirá mejorar su capacidad de competir de manera eficaz.

La industria agrícola de Perú, por ejemplo, ha tenido un gran auge en los últimos años, especialmente en lo concerniente a las exportaciones de espárrago. Sin embargo, nuestra investigación revela que el 95% de las exportaciones agrícolas peruanas se venden a través de intermediarios. Tradicionalmente esta estrategia ha tenido mucho sentido. Pero Perú está cambiando y también lo están haciendo sus capacidades. En nuestra opinión, el sistema de intermediación ya no constituye la mejor vía para que los peruanos introduzcan su producto agrícola en el mercado. El diagrama de la figura 4-2 ilustra otras

Figura 4-2 Posibilidades de distribución para el espárrago peruano

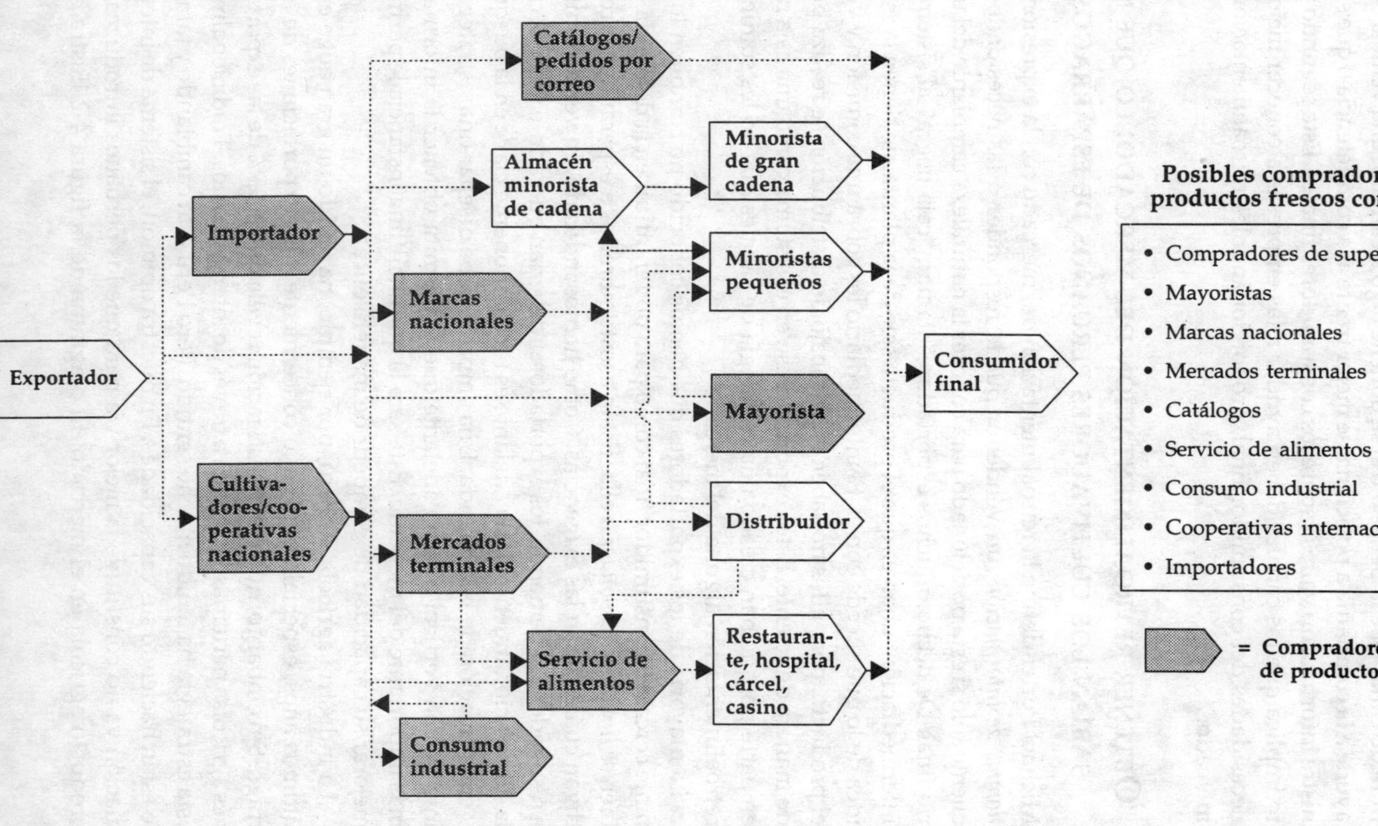

Exportador
Importador
Cultiva-dores/coo-perativas nacionales
Catálogos/ pedidos por correo
Almacén minorista de cadena
Marcas nacionales
Mercados terminales
Servicio de alimentos
Consumo industrial
Minorista de gran cadena
Minoristas pequeños
Mayorista
Distribuidor
Restauran-te, hospital, cárcel, casino
Consumidor final
Posibles compradores de productos frescos comunes
• Compradores de supermercados
• Mayoristas
• Marcas nacionales
• Mercados terminales
• Catálogos
• Servicio de alimentos
• Consumo industrial
• Cooperativas internacionales
• Importadores
= Compradores directos de productos importados

opciones que tienen los productores peruanos para vender sus productos. Se trata de mercados aún no explotados, que ofrecen a los exportadores más beneficios potenciales en cuanto a la ventaja competitiva y al conocimiento del mercado, que los que encuentran en el sistema actual.

La industria del espárrago de Perú, el tercer proveedor más grande de este vegetal en Estados Unidos, constituye un ejemplo elocuente de cuán importante es que las empresas reconsideren sus ideas sobre el alcance vertical. El consumo de espárragos en Estados Unidos es sumamente cíclico, pero hemos descubierto que los productores peruanos sabían poco de los patrones subyacentes a la demanda en Estados Unidos. Por ejemplo, ignoraban la posibilidad de incrementar esa demanda. La figura 4-3 indica dónde se encuentran las oportunidades para los cultivadores peruanos.

El consumo del espárrago es cíclico por la sencilla razón de que los productores estadounidenses pueden cultivarlo sólo durante determinados meses del año, de manera que en esa época del año los supermercados están muy bien surtidos de ese producto. Es una cuestión de costumbre para los consu-

Figura 4-3 Consumo de espárrago en el mercado de Estados Unidos, 1993

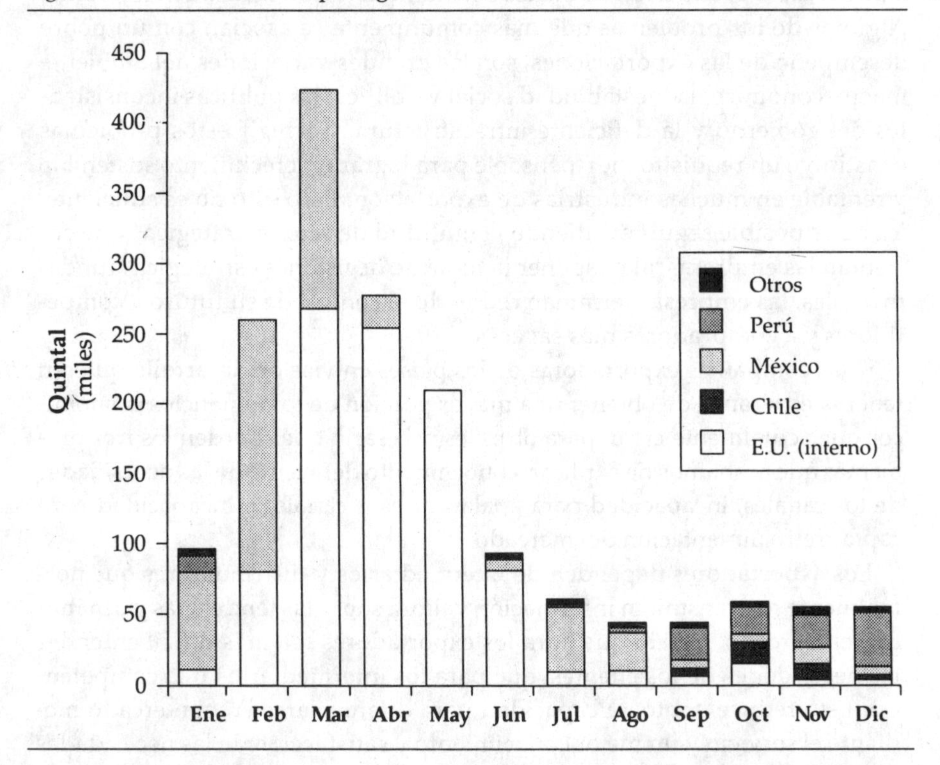

Nota: 1 quintal = 100 libras.

midores. Pero a éstos últimos también se les puede acostumbrar a que compren espárragos durante todo el año. Perú podría vender mucho más espárrago durante la temporada tradicional de bajo consumo en Estados Unidos si lanzara una intensa campaña de mercadeo y distribución.

¿Por qué es relevante el patrón peruano en un análisis sobre integración hacia adelante? Fundamentalmente porque revela que los productores de ese país no conocen bien la dinámica, ni el tamaño de su principal mercado de exportación. Esto plantea la posibilidad de que su actual sistema de distribución no esté agregando valor en una dimensión fundamental, la de acercar a las compañías peruanas a una posición donde la demanda puede desarrollarse y moldearse. Chile tuvo una experiencia semejante con la exportación de uvas en la década de 1980. Sin embargo, mediante una combinación de mercadeo y alianzas con los canales de distribución, logró que el consumo de uvas en el mercado estadounidense se extendiera todo el año.

Resumen

Los exportadores de los países en desarrollo enfrentan muchos retos no solamente en la producción de bienes sino también en su distribución y venta. Algunos de los problemas que más comúnmente se asocian con un pobre desempeño de las exportaciones, son las grandes variaciones del ambiente macroeconómico, la inestabilidad social y política, las políticas inconsistentes del gobierno y la deficiente infraestructura. Corregir estos problemas constituye un requisito indispensable para lograr un crecimiento sostenible y rentable en muchas industrias de exportación. Pero esto no es suficiente. Ya no es posible seguir evadiendo la multitud de retos estratégicos que enfrentan las empresas; al posponer la toma de decisiones estratégicas fundamentales, las empresas terminan cediendo el control de su futuro a competidores y a compradores más sagaces.

Si las compañías exportadoras de los países en vías de desarrollo quieren tener la esperanza de obtener una mayor porción de los beneficios económicos que actualmente crean para otros, es necesario que aborden los tres problemas que acabamos de explicar: conocimiento deficiente de las necesidades de los canales, incapacidad para apalancar esos canales e incapacidad para captar retroalimentación del mercado.

Los exportadores dependen de intermediarios y distribuidores que normalmente no transmiten información valiosa sobre las tendencias y dinámica del mercado. De ahí que para los exportadores sea más difícil entender las necesidades de los clientes, que para los intermediarios o la competencia. Esto reduce, tanto su capacidad para diferenciarse en el mercado mediante el servicio y un mejor conocimiento y satisfacción de las necesidades de los consumidores, como su capacidad de anticiparse a las tendencias del mercado. A la luz de la dinámica cambiante del mercado, esta falta de información plantea además un problema, ya que las compañías exportadoras suelen desconocer el desempeño relativo de sus competidores en áreas fundamentales del mercado. Esto podría llevar a que, en medio del fragor de la batalla, las empresas exportadoras se vean obligadas a enfrentar algunas imprevistas y dolorosas realidades respecto al desarrollo de su industria.

Hemos observado que la falta de posicionamiento hacia adelante contribuye a crear otro problema: grupos de compañías dentro de la misma industria son incapaces de cooperar entre sí para mejorar la uniformidad de la oferta, la calidad de los productos y la escala necesaria para exportar con eficiencia. Èste hecho ha obstaculizado el crecimiento de grupos dinámicos de industrias que podrían contribuir a mejorar el panorama del ambiente competitivo. A ese tipo de grupos dinámicos de industrias los llamamos *clusters* y examinaremos su valor más en detalle en el siguiente capítulo, cuando abordemos el problema de la cooperación entre empresas.

Un enfoque deficiente de la integración hacia adelante forma parte de un sistema generado por otros patrones que exponemos en el libro. Por ejemplo, la tradición de depender de productos basados en recursos naturales —lo que hemos llamado ventajas comparativas o de factores— obliga a la competencia a basarse simplemente en el precio y la escala. Tal actitud, combinada con la dependencia histórica respecto a las políticas gubernamentales que facilitan las exportaciones, ha inhibido la capacidad de las empresas para pensar "fuera de la caja", sobre cómo distribuir sus productos. La integración hacia adelante contribuirá decisivamente a mitigar algunos de los retos que enfrentan las compañías e industrias en los países en vías de desarrollo. Es por esto que pensamos que se trata de una estrategia subutilizada, otra fuente oculta de crecimiento.

Capítulo cinco

Mejorar la cooperación entre empresas

La ventaja competitiva nace de estrechas relaciones laborales entre proveedores de clase mundial y la industria.

—*Michael E. Porter*

La industria colombiana del cuero, que describimos en nuestro análisis sobre segmentación de clientes en el capítulo 2, ejemplifica cómo la escasa cooperación entre las empresas de una misma industria puede contribuir a un pobre desempeño en el mercado. En la historia que presentamos a continuación narramos nuestros esfuerzos para averiguar por qué los bolsos de mano de Colombia, no tenían mayor éxito en el mercado estadounidense.

"No es nuestra culpa"

Comenzamos por entrevistar a gerentes de compras de la ciudad de Nueva York para averiguar lo que pensaban sobre los bolsos de mano procedentes de Colombia. Nos dijeron que un criterio decisivo de compra era la calidad del cuero y que la calidad de éste en los bolsos colombianos era generalmente deficiente. Si se lograba mejorarla, afirmaron, la industria colombiana tendría más éxito en el mercado de Estados Unidos.

Regresamos a Colombia para informarles a los fabricantes que su principal dificultad radicaba en la calidad. Estuvieron de acuerdo pero manifestaron que podían hacer muy poco al respecto. *"No es culpa nuestra"*, dijeron, *"es culpa de las curtiembres"*. Generalmente, éstas ofrecen pieles de baja calidad. Adicionalmente, los exorbitantes aranceles les impedían a los fabricantes importar pieles de buena calidad de lugares como Argentina, que producía las mejores de Sudamérica. Los productores colombianos nos animaron a discutir el asunto con los curtidores.

Armados con los resultados de nuestra investigación de mercado recopilados en Nueva York y con la información de primera mano que habíamos obtenido de los manufactureros del cuero, organizamos una serie de entrevistas con los integrantes de la industria curtidora de Colombia. Cuando les hablamos del problema de calidad de las pieles que salían de sus curtiembres estuvieron de acuerdo con nuestra observación y añadieron: "Pero ustedes deben entender que *no es culpa nuestra.*" Y aclararon: "Hacemos una excelente labor al curtir las pieles, pero usted debería ver en qué condiciones llegan a nosotros. *Es culpa de los mataderos.* Esa gente no sabe cómo matar una vaca para preservar la piel; lo único que les interesa es la carne."

Y así nos enteramos de que el problema se remontaba mucho más atrás en la cadena de lo que habíamos imaginado. El problema de calidad que se experimentaba en Nueva York, comenzaba con los mataderos en Colombia, no con los fabricantes. Con esta información, acudimos a los mataderos para ver si podíamos hallar una solución.

Los gerentes del matadero nos acogieron con mucha amabilidad y escucharon atentamente nuestra explicación respecto de la compleja situación que atravesaba la industria colombiana del cuero. Les hablamos del importante rol que ellos podían desempeñar para ayudar a cambiar las cosas. He aquí su respuesta: "Entendemos la razón por la cual los curtidores piensan que nosotros somos los responsables. Pero el problema es muy sencillo: *No es culpa nuestra, es culpa de los ganaderos.* En el campo hay tantos ladrones que los hacendados se ven obligados a marcar una res cientos de veces para asegurarse de que no se la roben. ¡Ya se imaginará usted lo que tantas marcas hacen a la piel del animal!"

Cada vez más perplejos ante la esquiva naturaleza del problema, empacamos nuestras maletas y nos dirigimos al campo para entrevistarnos con algunos ganaderos. Tras un largo recorrido y muchas discusiones, descubrimos un patrón de respuestas que pueden resumirse en las palabras de un hacendado. Sostuvo que los ganaderos no eran responsables de esta dificultad: "*No es culpa nuestra*", manifestó, "*Es culpa de la vaca*". Las vacas se rascan constantemente contra el alambre de púas, lastimándose la piel y dificultando la obtención de un producto de calidad.

Y de este modo cerramos el círculo. El problema de los bolsos de cuero consistía en que las vacas colombianas eran estúpidas. Lo que observamos en la industria del cuero de Colombia era un mecanismo de atribución de *culpa.* En efecto, en el corto plazo puede parecer más fácil "culpar a la vaca" que aceptar la responsabilidad de mejorar el desempeño de la industria en su conjunto. La cultura de culpar a la vaca está especialmente arraigada en países pequeños que carecen de una orientación hacia el exterior, lugares donde las compañías han aprendido a competir basándose en los precios bajos que pueden ofrecer gracias a materias primas de bajo costo y a una mano de obra barata. Algunas veces la vaca es el proveedor, otras veces es el gobierno y en ocasiones es un gobierno extranjero; pero siempre hay una vaca a quien culpar.

Las industrias de los países en vías de desarrollo deben crear un nuevo tipo de ambiente si quieren llegar a ser globalmente competitivas. En vez de achacar culpas, los participantes de una industria deben aceptar la responsabilidad de aprender y cooperar para mejorar el desempeño general de su sector.

"El cluster"

Michael Porter expresa el concepto de cooperación dentro de la industria en lo que llama "cluster." Porter lo describe en los siguientes términos:

> En un país, la presencia de industrias de proveedores competitivos a nivel internacional origina ventajas para las industrias que se encuentran más adelante en la cadena de varias maneras. La primera de ellas es el acceso eficiente, temprano, rápido y, a veces, preferencial a los insumos más rentables... Sin embargo, el simple acceso a los insumos para maquinaria o su disponibilidad no constituyen el beneficio más significativo... Quizás el más importante beneficio que pueden aportar los proveedores instalados localmente... es el proceso de innovación y mejoramiento. La ventaja competitiva nace de estrechas relaciones laborales entre proveedores de clase mundial y la industria. Las compañías logran acceso rápido a la información, a nuevas ideas y conocimiento y a las innovaciones del proveedor... el intercambio de investigación y desarrollo, así como la solución conjunta de problemas, favorecen la obtención de soluciones más rápidas y eficientes.[1]

En las industrias latinoamericanas que hemos estudiado, observamos una gran ausencia de "clusters" de industrias relacionadas y de apoyo, y de manera correspondiente, una falta de innovación: las compañías que no cooperan entre sí tampoco pueden aprender unas de otras.

Las economías que durante largo tiempo han estado protegidas contra la competencia por el gobierno tienden a "no confiar en nadie" y a llevar a cabo la mayor parte de sus actividades internamente. La falta de confianza y cooperación limita la capacidad de los proveedores y de las empresas compradoras para especializarse en el desarrollo de insumos industriales fundamentales, un hecho que finalmente obstaculiza la capacidad de la industria para innovar y mejorar. En un ambiente protegido, las compañías no se ven obligadas a elegir, es decir, no tienen que concentrarse en un área determinada. Pueden optar por tratar de ser productores diferenciados y de bajo costo, y si esta estrategia no les da resultado, pueden pasarle la carga al consumidor (Recuérdese cómo en el capítulo 2 explicamos cómo, generalmente, una compañía debe decidir si ofrece productos de bajo precio *o* productos diferenciados que agreguen un valor único por el cual los consumidores paguen más; es muy poco común que una compañía ofrezca exitosamente ambos tipos de productos). En un ambiente donde nunca han tenido que tomar decisiones explícitas, es frecuente que las empresas no adviertan que colaborar estrechamente con otras compañías puede ser una fuente de ventaja competitiva. De ahí que no surja ningún "cluster" alrededor de ellas.

Por ejemplo, el sector plástico en Colombia podría beneficiarse enormemente de tiendas especializadas en el diseño, fabricación y reparación de los moldes de este material. Sin embargo, los productores del plástico no confían en nadie por fuera de su empresa para que desempeñe una actividad tan importante. En consecuencia, todos los grandes fabricantes han construido una instalación donde se producen y reparan los moldes. Esto no es malo en sí mismo, pero representa una oportunidad perdida cuando se trata de crear una industria dinámica, capaz de dar soporte a los fabricantes, de tal manera que cada uno pueda concentrarse en sus actividades fundamentales tales como el diseño, producción y distribución del producto.

Hemos detectado tres oportunidades para resolver los problemas ocasionados por la ausencia de un "cluster" de empresas orientado a la cooperación:

1. Diseñar estrategias explícitas para competir; es decir, las industrias relacionadas y de apoyo deberían adoptar decisiones que estén alineadas y sean complementarias con otras compañías en un "cluster".
2. Visualizar a las industrias relacionadas y de apoyo como una unidad de análisis y como un mecanismo que permite mejorar la industria y el desarrollo de una nación.
3. Abordar la cooperación, coordinación y transferencia de ventajas entre industrias relacionadas y de apoyo, como una fuente de ventaja competitiva.

Nuestra propia experiencia nos ha mostrado que, en los tres casos, la cultura latinoamericana de *autosuficiencia* inhibe el desarrollo de relaciones interdependientes, al tiempo que limita la capacidad de las empresas para dar respuestas innovadoras frente a los retos estratégicos y competitivos. Esta situación no es exclusiva de Latinoamérica. Hemos observado dinámicas similares en industrias tan remotas como la de las flores en Kenia y la industria turística de Irlanda. Más aún, un pobre desarrollo de "clusters" significa que los dueños de negocios de esas regiones no aprovechan muchos de los beneficios asociados a estos sistemas, tales como menores costos de insumos, trabajadores mejor calificados y educados y una eficiencia logística mejorada. La tabla 5-1 presenta una lista de las fuentes potenciales de ventaja para las empresas que compiten dentro de "clusters" exitosos. En el resto del capítulo examinaremos esas ventajas del desarrollo de "clusters" usando ejemplos tomados de la industria de la soya boliviana, de los jugos de fruta colombianos y de la industria de la alpaca peruana.

Haciendo explícita la estrategia: el "cluster" de la soya boliviana

La industria boliviana de la soya, tema que abordamos en el capítulo 1, nos permite entender cómo un "cluster" sano puede ayudar a crear una estrategia explícita para mejorar la posición competitiva. Como hemos visto, la soya es un producto "commodity", lo cual significa que la industria no tiene más remedio que competir en un juego de costos, en lugar de tratar de diferenciarse de alguna manera. La posición de costos de cualquier producto agrícola

Tabla 5-1 Enlaces representativos de "clusters" y sus beneficios potenciales

Enlace de "cluster"	Descripción
Diseño del producto	Requiere compartir ideas, en concreto, conocimiento tecnológico para desarrollar o fabricar productos
Reputación	Mejora la reputación de los participantes del "cluster" a través de su asociación con otros participantes o por la acreditación a través de la certificación
Tecnología de procesos	Requiere compartir ideas, en concreto, conocimiento tecnológico para el desarrollo de la tecnología de procesos
Acceso	Depende de la cooperación que culmina con la obtención temprana, segura y preferencial de un acceso a los productos o servicios, o bien, a su distribución
Información de mercado	Requiere compartir información sobre la demografía y necesidades del cliente, y sobre las tendencias del mercado
Logística	Requiere cooperación en el desplazamiento de productos o información entre los participantes del "cluster"
Educación y entrenamiento	Requiere dotar al recurso humano con habilidades y conocimientos que les permitan satisfacer las necesidades del "cluster"; por ejemplo, conocimiento del mercado

"commodity" depende de los costos del cultivo y de la mano de obra, a los que hemos de sumar los de transporte. La infraestructura de transporte en Bolivia es un desastre por una sencilla razón: el gobierno, el sector privado y los organismos multilaterales, cuyas decisiones repercuten en la industria de la soya, no comparten la misma visión en cuanto al sistema ferroviario y las plantaciones de soya unidos como un "cluster". Sólo trabajando dentro de dicho "cluster" los productores de soya podrán tener la esperanza de seguir compitiendo en base al precio.

ENFE, el ferrocarril boliviano antes controlado por el estado, es ineficiente, corrupto y caro. En el curso de nuestras pláticas con los empresarios de Santa Cruz que dominan el "cluster" de la soya, oímos las mismas historias una y otra vez: "La ruta que debería tardar dos días en recorrerse requiere dos semanas, si tenemos suerte." "Los vagones a menudo son detenidos en la frontera para cargar contrabando proveniente de Brasil." "Debemos pagar de 200 a 400 dólares por vagón a los funcionarios del ENFE, si queremos 'reservarlos' para la soya." La lista de quejas es muy larga, pero quizás el problema lo resumió muy bien un hombre de negocios con estas palabras: "Aquí no tenemos un ferrocarril, sino un trenecito de juguete".

La situación de la construcción y mantenimiento de carreteras no es mejor. Todavía no existe una carretera pavimentada que conecte a Santa Cruz con Puerto Suárez en la frontera oriental y tampoco una vía pavimentada que una a Bolivia con Brasil o Paraguay. Nada cambia a pesar de que todos —el gobierno, el sector privado y las organizaciones multilaterales— aceptan que las rutas son una prioridad fundamental para la región. Así, el ENFE conserva su hegemonía en la región, y el sector privado sigue haciendo cabildeo para acabar con esa supremacía.

El estado de las rutas locales de la región de Santa Cruz también afecta directa y fuertemente la posición de costos de las compañías allí establecidas. Incluso en el corazón de la ciudad, las calles están mal pavimentadas y después de una tormenta, las intersecciones suelen quedar tres o cuatro pies bajo el agua. Fuera de la ciudad, especialmente durante la temporada de lluvias, los caminos locales se convierten en una gigantesca pista de lodo; ni uno solo de ellos está pavimentado.

El mensaje de todo esto es simple: el "cluster" *más amplio* en este caso —el gobierno, el sector privado y los organismos multilaterales de financiamiento— deben coincidir en tres cosas, pues sólo así la industria boliviana de la soya será verdaderamente competitiva. Primero, ¿cuál es la estrategia central? ¿Es comenzar a competir con costos bajos o hacerlo en alguna dimensión diferenciada basada en las preferencias del cliente? Como se mencionó anteriormente, en el caso de la soya, la estrategia puede fundarse únicamente en una estructura de costos bajos. Segundo, ¿cuál es la fuente de ventaja competitiva?

En la soya, no proviene del transporte sino de los bajos costos de cultivo y de las ventajas que proporciona el gobierno mediante su protección, ventajas que no serán sostenibles. Y, tercero, ¿cómo puede el "cluster" *más amplio* de esos tres grupos colaborar para fortalecer el frágil enlace del transporte en este caso? Por ejemplo, hace poco se privatizó el ferrocarril, pero hay que construir el acceso por esa vía a un nuevo puerto en el Pacífico.

Sin embargo, en el largo plazo y a medida que vayan creciendo las fuerzas competitivas provenientes de otros países, competir con base en costos tal vez ya no resulte una estrategia viable para los productores bolivianos de soya agobiados por tan graves problemas de transporte. El "cluster" tendrá que ponerse de acuerdo sobre los elementos necesarios para crear ventajas en segmentos más productivos y ubicados más adelante en la cadena, como por ejemplo, cosméticos a base de soya o mayonesa de soya. Ello significa que el "cluster" tendrá que aprender más sobre estrategia, entablar diálogos más productivos y aprender a tomar decisiones más complicadas. Pero principalmente, tendrá que entender que la ventaja competitiva comienza con una estrategia explícita compartida por todos los integrantes del "cluster".

La "empresa madre" como un mecanismo para mejorar

Como recordará el lector, los productores colombianos de jugos de frutas tenían significativos problemas de calidad y de confiabilidad. Antes de retomar el estudio de esa industria, conviene analizar la industria textil italiana que nos ayudará a explicar, cómo los productores colombianos podrían servirse del "cluster" para mejorar continuamente su producto.

En la década de 1970, los italianos enfrentaron una fuerte competencia de China, país que estaba modificando las condiciones de la competencia en los segmentos de bajo costo de textiles y prendas de vestir producidas en serie. Frente a esta situación, los italianos no vieron cómo tener acceso a una ventaja competitiva sostenible. Pero en lugar de abandonar el mercado, las principales y más grandes empresas textiles redefinieron sus estrategias en torno a tres elementos: moda, alta calidad y flexibilidad. Sus clientes, entre los que se contaban las casas de moda de Milán, eran de los consumidores más sofisticados de textiles del mundo. Los grandes fabricantes consideraron prioritario el entender las necesidades de esos clientes para poder atenderlos con diseños innovadores, una gran calidad, uniformidad y entrega rápida al mercado. Para lograrlo, las empresas comenzaron a subcontratar algunas actividades discretas con proveedores más pequeños, pero reservándose las funciones de coordinación. Como resultado, las compañías pequeñas se beneficiaron, las grandes resolvieron su problema y la totalidad del sistema funcionó introduciendo en la industria la flexibilidad que se requería. Adicionalmente, los proveedores comenzaron a aprender de las grandes compañías sobre cuestiones como la calidad. Pronto estas grandes "empresas madre" se concentraron exclusivamente en coordinar y subcontratar la producción de prendas, publicidad, monitoreo de la calidad y transferencia del aprendizaje. Con el tiempo, el empleo de "clusters" por parte de los fabricantes llevó a que la industria italiana de la moda se reinventara a sí misma y pasara de ser una "buscadora" de segmentos de demanda para convertirse en una "creadora" de la demanda.

Tradicionalmente, las industrias de los países en desarrollo han trabajado con proveedores sólo como último recurso. Dicha actitud obedece al temor de que la subcontratación suma a la empresa en la incertidumbre en cuanto a la calidad y confiabilidad. Una respuesta común ante tal amenaza consiste en eliminar la duda mediante la integración hacia atrás; es decir, se intenta controlar a los proveedores y a veces hasta ser su dueño. Pero esa pesada modalidad de integración vertical puede ser contraproducente para lo que hacen la mayoría de las empresas y "clusters" competitivos, sobre todo cuando la industria necesita ofrecer flexibilidad al usuario final para aprender constantemente de él. En efecto, una gran integración hacia atrás puede evitar que surjan o crezcan los "clusters" industriales y en consecuencia, impedir la competitividad en vez de reforzarla.

Entonces, ¿qué debe hacer una empresa? Controlar la incertidumbre mejorando la calidad y confiabilidad de proveedores independientes. Se requiere mucho tiempo para implantar esta filosofía de orientación a la empresa madre; pero a menudo es necesario para alcanzar la calidad, la confiabilidad y la flexibilidad que se requieren para una competitividad sostenible, especialmente en economías inestables.

El modelo de la industria textil italiana que mejoró los "clusters", implica que un pequeño grupo de empresas estructure y alinee muchos estratos de proveedores y de otras industrias relacionadas en torno a una estrategia. Es una táctica eficaz, pero no la única. Por ejemplo, otra alternativa se basa en que los *competidores* relativamente iguales se alíen, no para restringir la competencia, sino para mejorar en forma conjunta la calidad y la competitividad de toda la industria.

Y es aquí donde entran en escena los productores colombianos de jugos de fruta. Recuérdese cómo las grandes compañías de jugos de Estados Unidos dudaban de la capacidad de los colombianos para garantizar el suministro constante de fruta de calidad y de concentrados de jugo. La feroz competencia que enfrentaban los colombianos proveniente de naciones como Brasil, no contribuyó a mejorar la calidad ni la confiabilidad de los proveedores. Por el contrario, generó incentivos para rebajar al máximo los precios, compensando así una calidad generalmente pobre.

Nuestro análisis del sistema de distribución mostró que las compañías estadounidenses de jugos de fruta percibían a los proveedores colombianos como un grupo; parecía difícil que una o dos compañías de Colombia pudieran posicionar marcas significativas e independientes, o conquistar una buena ubicación en los supermercados o en las tiendas de barrios hispánicos (los dos mercados objetivo de los productores colombianos, según explicamos en el capítulo 4). Así pues, el reto de los proveedores colombianos consistía en mejorar *de manera conjunta* su reputación como "cluster". Y ninguna compañía podía lograrlo sola.

La Corporación Colombia Internacional, un consorcio creado por los proveedores en 1992, tenía como objetivo atender las dos necesidades principales de los compradores estadounidenses —calidad y uniformidad— sin sacrificar la competencia entre los colombianos, ni imponer presiones para reducir los márgenes de utilidad. Al unir la oferta, los productores confiaban en poder ofrecer jugos de calidad de manera consistente y con el tiempo, recobrar la reputación de su industria.

Para los productores colombianos el consorcio podría servir de la misma manera que la empresa madre para los fabricantes textiles de Italia, cuando este sistema les ayudó a mejorar e innovar para convertirse en el principal productor mundial de prendas de vestir de la más alta calidad. Si los colombianos logran utilizar el consorcio como un mecanismo que les permita mejorar la calidad y la uniformidad, puede servirles para empezar a obtener ventajas más refinadas como certificado de calidad y logística avanzada de transporte, aparte de sus ya considerables ventajas naturales.

Cooperación y coordinación: el "cluster" peruano de la alpaca

Los "clusters" fuertes también pueden constituir un medio para compartir las ventajas de que gozan empresas individuales, con lo cual se afianza la ventaja competitiva general de una industria o un país. La industria peruana de la alpaca, por ejemplo, podría beneficiarse considerablemente con este tipo de colaboración de "cluster".

La alpaca, cuya lana es una de las más suaves del mundo, es un pariente andino del camello; es un mamífero de Sudamérica parcialmente domesticado, criado por los grupos étnicos de las tierras altas de Bolivia, Chile y Perú. Algunas personas estarán familiarizadas con la alpaca gracias a los tapices peruanos de piel que fueron muy populares a nivel internacional durante la década de 1970. Cosiendo piezas de piel de alpaca joven teñidas en blanco y negro, los artesanos creaban escenas rurales que mostraban a estos mamíferos acompañados de campesinos, bordados en formas geométricas abstractas. Esas pieles eran muy valiosas y los peruanos las hacían con material proveniente de alpacas muy jóvenes que habían muerto de causas naturales. Puesto que las pieles de estas alpacas son más suaves que la de los adultos, se cuida mucho la vida de los animales jóvenes para que se puedan trasquilar cada año y así, vender su lana.

Después del cobre, la alpaca es la exportación más importante del sur del Perú desde el siglo XIX, cuando las compañías mercantiles británicas exportaban lana de la región con el fin de abastecer las plantas textiles del Reino Unido. La ciudad de Arequipa, el centro comercial del sur del Perú y del norte de Bolivia,[2] es desde hace mucho tiempo el principal mercado y centro de transporte de la industria de la alpaca, además de ser el corazón de las actividades de procesamiento y valor agregado. Sin embargo, también es cierto que la región de Arequipa produce pocas materias primas relacionadas con la industria de la alpaca o con la de la minería. Está situada en un valle desértico, mientras que las alpacas viven en las tierras altas de los Andes, las cuales se encuentran más al interior, cerca de Cuzco y del Lago Titicaca. Los preciados mamíferos también viven en Bolivia, bajo el atento cuidado de las comunidades de campesinos que habitan en el altiplano. Y sin embargo, Arequipa lleva más de un siglo desempeñado este rol fundamental en la industria de alpaca por ser el punto donde convergen los ferrocarriles y caminos procedentes de todos los rincones del sur del Perú. Tradicionalmente los productores intercambian allí sus mercancías, antes de cargarlas en trenes rumbo al cercano puerto de Mollendo.

En años recientes, Arequipa se ha beneficiado de la exportación de la alpaca, no sólo en lo que respecta a las ventas, sino también a tecnología más compleja. Esta industria constituye un ejemplo de la creencia de que "la rivalidad local engendra competidores más sofisticados". A diferencia de las estructuras monopolísticas de las industrias cervecera y lechera de Perú, las compañías locales de la alpaca han estado compitiendo desde hace más de un siglo. Las dos compañías dominantes en esta industria, IncaTops y Michell & Co., fabrican excelentes telas con hilos teñidos, al tiempo que terminan prendas. Entre sus clientes figuran los diseñadores más famosos de Europa, Japón y Estados Unidos. En sus plantas usan las máquinas computarizadas más modernas importadas de Italia y sus representantes de ventas hablan japonés, inglés y francés con gran fluidez. Los suéteres hechos de alpaca joven que esas dos compañías producen para las tiendas departamentales de Estados Unidos y para los distribuidores por catálogo, los compra un usuario final por cerca de 300 dólares cada uno.

En términos generales, la visión del negocio ha sido relativamente compleja. Los peruanos reconocieron que la alpaca podía venderse a los clientes más exigentes del mundo en el mercado de la alta costura. Ven en su producto no sólo un bien físico, sino también un bien empacado que incluye servicios de calidad. "No sólo vendo hilazas o telas. Vendo entrega puntual. Vendo respuesta al cliente. Vendo control de calidad y la capacidad de reproducir los más complejos diseños de tela", dice Derek Michell, nieto del fundador de Michell & Co., quien actualmente administra el departamento de ventas y está destinado a dirigir la empresa. "Mis clientes me dicen: 'podríamos hacer pedidos a menor precio de una de las compañías más pequeñas, pero vale la pena pagar un poco más por la seguridad de tratar con una compañía profesional'".

A pesar de este panorama tan alentador, las compañías enfrentan mercados difíciles. Constantemente se sienten agobiadas por las exigencias de precio que hacen sus clientes, los grandes fabricantes y minoristas extranjeros de ropa. Con el tiempo, tal vez logren atenuar la presión, al cerrar la brecha entre los usuarios finales y los productores de alpaca, un hecho que da enorme ventaja de mercado a las casas diseñadoras de ropa. En otras palabras, a lo largo de la cadena las compañías posiblemente logren mejorar sus estrategias de mercadeo y distribución, sobre todo mediante la integración hacia adelante, para comenzar a captar márgenes en la venta al por menor y para establecer sus propias marcas. Por ejemplo, podrían estudiar la conveniencia de constituir una alianza con una empresa minorista estadounidense que realizara en ese país las ventas por catálogo, pero siempre bajo su propia marca.

Sin embargo, las estrategias de distribución y mercadeo son la barrera menos significativa para incrementar las exportaciones. De acuerdo con todas las firmas, el crecimiento de la industria de la alpaca está alcanzando su tope ante las dificultades para ampliar la producción y mejorar la posición de costos. A pesar de su excelente producto, existen dos razones por las cuales las empresas enfrentan una fuerte presión para aumentar su oferta y al mismo tiempo, conservar precios competitivos:

- *La competencia del casimir de China y de otras naciones asiáticas*. El casimir es una lana famosa, cara y de gran calidad y es un sustituto directo de la alpaca. Las ingeniosas compañías de esos países han expandido su capacidad de producción, obligando así a Perú a intentar incrementar su producción y disminuir sus costos para no perder su participación en el mercado y ganar impulso y reconocimiento de los clientes. (La situación se parece a la de la industria textil de Perú, en la cual las compañías exaltan las cualidades únicas del algodón pima —la variedad nativa del país—, ignorando el hecho de que la variedad egipcia de algodón de fibra extralarga presenta características similares a un precio competitivo.)
- *La necesidad de hacer frente a la revaluación de la moneda*. Una gran revaluación de la moneda resulta casi inevitable durante un programa exitoso de

estabilización[3], y varios economistas estiman que el *sol* peruano se ha sobrevaluado hasta en un 25%[4] lo cual obliga a las compañías a modificar los precios, o bien, a conservarlos reduciendo sus márgenes de utilidad.

¿Por qué es tan difícil coordinar la oferta de alpaca para afrontar las nuevas presiones del mercado? Como ya señalamos, la industria de la alpaca no ha tenido la fortuna de una escasa competencia, como sucede con tantas otras. De hecho, su problema fundamental ha sido un exceso de competencia. De ahí que a las empresas les haya sido imposible distinguir las áreas apropiadas para una competencia feroz, de las que son apropiadas para la cooperación.

En la industria de la alpaca resulta indispensable la cooperación entre los rivales más fuertes que incluyen a fabricantes, líderes del sector público y asociaciones de trabajadores. Pero tres debilidades conexas han impedido a los peruanos constituir un "cluster" fuerte:

- La infraestructura inadecuada en las zonas rurales.
- Los escasos recursos disponibles para desarrollar y enseñar la utilización de nuevas tecnologías con las cuales se mejora la eficiencia de los productores de las tierras altas.
- La deficiente cooperación y eficiencia dentro del "cluster" de los proveedores de alpaca.

"¿Estaría usted dispuesto a irse a las montañas y vivir allí con los campesinos?"

El primer problema, o sea, la infraestructura básica, radica en que las inadecuadas carreteras dificultan el transporte y la comunicación rápida entre los proveedores rurales y los compradores que habitan en centros urbanos. Se tarda días en llegar a las aldeas donde se crían las alpacas, en los alrededores de Juliaca o en otras regiones altas vecinas al Lago Titicaca. El trayecto hasta allá se hace por caminos sembrados de piedras como si fuera "cancha" —expresión que se usa en Perú para designar el maíz pira—, lo cual dificulta el viaje tanto en camión, como en animales. Es común lamentarse del descuido en que se encuentran las zonas apartadas, del sufrimiento de la población rural pobre en el Perú del siglo XX y de la larga historia de promesas rotas para mejorar la situación. Pero pocos advierten cuánto le ha costado ese descuido al país en términos de expansión de las exportaciones y mejoramiento de los negocios. El aislamiento dificulta la supervisión de la calidad en las áreas rurales y el ofrecimiento de soporte técnico por parte de las universidades urbanas y las oficinas corporativas. Ha contribuido igualmente a la división cultural entre los empresarios de la ciudad y los granjeros. En el caso de la alpaca, la incomodidad de viajar hasta las fincas hace que los gerentes de las empresas de alpaca estén poco dispuestos a desplazarse hasta donde se encuentran los proveedores rurales.

Por ello, las compañías dependen de intermediarios independientes y andariegos para adquirir la lana de los campesinos y entregarla a las fábricas. Los intermediarios hablan quechua y aymara, las lenguas indígenas que más se hablan en la región, y conocen personalmente a los aldeanos. Sin embargo, no actúan como una fuente de comunicación que contribuya a mejorar la industria.

Un ejecutivo con quien hablamos se quejó de que los criadores de alpaca usan métodos muy primitivos. No intentan en absoluto mejorar la raza mediante técnicas como la inseminación artificial. "Y en vez de mejorar la calidad de la lana", agregó, "prefieren valerse de trucos como agregar tierra a la lana para que las bolsas pesen más, ya que les pagamos por kilogramo".

Le preguntamos por qué no modificaba su sistema de compra para enfatizar en el beneficio mutuo y en los precios más altos de la lana si cumplía con las normas de calidad. ¿Y por qué no enviaba a sus propios empleados o contrataba expertos para que les enseñaran a los criadores rurales nuevos métodos de crianza?

"¿Estaría usted dispuesto a irse a las montañas y vivir allí con los campesinos?", replicó el ejecutivo, incrédulo ante la pregunta. "Ése es un lugar que está en medio de ninguna parte".

La necesidad de pericia técnica

La aparente inaccesibilidad a los criadores de alpacas es la fuente de otro factor que impide el desarrollo del "cluster": la necesidad de recurso humano especializado —expertos técnicos— que ayuden a mejorar la industria. El empresario de la alpaca no podía creer que existiera el tipo de peritos técnicos como los que mencionábamos. No podía creer que hubiera personas *dispuestas* a consagrar su vida a elevar la productividad agraria. De hecho, habíamos conocido a muchos representantes de organizaciones no gubernamentales (ONG), tanto peruanos como extranjeros, que trabajaban con muy pocos recursos en zonas rurales, resolviendo precisamente ese tipo de problemas. Si las compañías de alpaca lograran hacer atractiva la remuneración, las probabilidades de encontrar y capacitar esa clase de expertos, aumentaría.

Atrapada en un ciclo de pensamiento limitado, desconfianza y una tradición de hacer trampa en el juego, la industria no está bien preparada para ampliar su capacidad y reducir los costos de sus materias primas. Por ejemplo, el suministro de lana de alpaca disponible en cualquier momento nunca alcanza a cubrir las necesidades de las empresas. Esto lo saben los intermediarios y también saben que Michell e IncaTops siempre están ansiosos por comprar mayores cantidades a fin de desabastecer al rival. Las dos compañías deberían aliarse e insistir en que los intermediarios y proveedores se adhieran a determinadas normas, o colaboren con los expertos técnicos, pero han preferido entablar una destructiva competencia entre sí. La competencia puede desempeñar una función positiva, pero también tiene límites saludables.

La aparición de nuevos competidores externos empieza a hacer aún más apremiante la necesidad de que recursos humanos especializados y refinados encabecen la innovación y el progreso en Arequipa. Hace algunos años, el único país fuera de Perú que criaba alpacas en cantidades significativas era Bolivia, siendo el número de animales bolivianos apenas una fracción del de Perú. Pero hoy en día los australianos están empezando a criar alpacas. En 1994 un comprador australiano pagó 100,000 dólares por un magnífico ejemplar masculino para la crianza.

El australiano no estaba comprando una mascota; lo que compró fue un semental para la reproducción. Y los australianos aplicarán tecnología moderna a sus empresas agrarias. En concreto, están invirtiendo en ingeniería genética para mejorar la calidad de la lana y criar cepas de alpaca más adaptables a las bajas altitudes. Pero los ciudadanos de Arequipa no perciben en los avances australianos un reto. Piensan que esto es positivo y dicen que será beneficioso para la industria de la alpaca contar con compañías más ricas del Primer Mundo dedicadas a promover la utilización de esta lana y a crear mayor demanda entre el público.

Lo anterior sería cierto si los peruanos consiguen igualar los costos y la calidad de sus colegas australianos, pero no lo será si se quedan rezagados. Y es que la ingeniería genética guarda relación directa con los costos. Una alpaca peruana presenta zonas diferentes de pelambre en cuanto al espesor y al color. Cuanto más pequeño sea el pelo medido en micras, más suave será la tela que se haga con él. Cientos de mujeres campesinas trabajan en las fábricas de Arequipa clasificando esos lotes de lana por grado y color. Con la ingeniería genética podrían reducirse los costos del procesamiento y aumentarse la proporción de fibras suaves, logrando así un mejor posicionamiento de la industria para competir con el casimir, e incrementar las ventas de alpaca.

Sólo en los últimos años las compañías de alpaca comenzaron a reconocer la importancia de la ingeniería genética. Una de ellas participa en un programa financiado por el gobierno británico que ha llevado a Arequipa a un científico especializado en genética para que trabaje con la alpaca. Pero esta medida no es suficiente. Se requiere un esfuerzo más grande para vincular las universidades a la iniciativa privada y capacitar la comunidad de investigadores y técnicos del país para que aprendan y difundan constantemente sus conocimientos. La campaña podría incluir varias herramientas:

- Becas para enviar a los agrónomos más destacados a estudiar en laboratorios del extranjero, comprometiéndolos a trabajar en la región cuando regresen.
- Puestos especiales en las universidades que incluyan cláusulas explícitas que exijan que los estudiantes de posgrado trabajen, tanto en las compañías como en el área académica.
- Programas internacionales por medio de los cuales expertos internacionales visiten y entrenen a los estudiantes e investigadores locales, al tiempo que aprendan de los campesinos andinos su extenso conocimiento respecto de las mejores técnicas de la crianza.
- Esfuerzos para aumentar el prestigio de los grados académicos de agronomía en las universidades del país y para vincular la tecnología agrícola a la industria, ofreciendo financiamiento inicial para la investigación cooperativa de campo y para la creación de firmas de consultoría técnica.
- Alianzas entre instituciones académicas, empresas privadas y gobierno, financiadas por una combinación de asociaciones industriales y empresariales, subvenciones y préstamos del estado y presupuestos discrecionales de los gobiernos locales. Nos referimos al tipo de sociedades privadas, públicas y académicas que han convertido a Silicon Valley en California y al Research Triangle Park en Carolina del Norte, en impulsores industriales de alta tecnología.

El recurso humano especializado es fundamental y no se debe confundir su desarrollo con la necesidad de fomentar la educación básica y la inversión en el capital humano de las zonas rurales. Por supuesto, la educación general debe ser una prioridad. La alfabetización, el uso de los números y las habilidades de comunicación que se obtienen con la enseñanza escolar serán de gran utilidad y contribuirán a preparar a los labriegos del campo para que trabajen con los técnicos aplicando, evaluando y modificando las tecnologías que eleven la productividad rural. Pero para financiar esa clase de programas de bienestar social, un país ha de partir de una base adecuada de ingresos. Consideramos que el dinero podría provenir de inversiones en recursos humanos especializados; por ejemplo, una investigación avanzada de nivel universitario y programas de trabajo, que en poco tiempo recuperarían la inversión.

Muchas de las sugerencias anteriores encajan bajo el encabezado "el cluster" y la necesidad de establecer un diálogo constructivo en todos los niveles de la cadena de la oferta. Tanto los *campesinos* como las compañías textiles deben mostrar su disposición de asociarse. Esto significa renunciar a la mentalidad propia de las tierras altas: "no más tierra en las bolsas", y a cambio, las empresas de alpaca deben apoyar el mejoramiento de la productividad y de los ingresos. Las empresas de alpaca pueden aprender del ejemplo de la media docena de grandes compañías chilenas de exportaciones agrícolas, las cuales apoyan a sus productores independientes con préstamos y ayuda técnica a cambio del derecho a inspeccionar sus cultivos. Asimismo, a medida que crece la producción de alpaca, los productores que, por ejemplo, no cumplan con las normas de calidad perderán negocios, mientras que los que las observen recibirán más beneficios. Los técnicos podrían perfeccionar las habilidades tradicionales de los aldeanos para que logren acrecentar el tamaño de sus rebaños con suplementos alimenticios, vacunas, crianza científica, ingeniería genética e inseminación artificial.

La necesidad de cooperar

Ninguna de las ideas que acabamos de mencionar es posible sin un grado mínimo de cooperación entre las dos compañías de alpaca, y éste es precisamente el tercer problema que enfrenta la industria peruana. Si una empresa sigue presionando a intermediarios y productores para que mejoren los estándares de calidad y, mientras tanto, la otra aprovecha la oportunidad para "robarle" una buena porción de proveedores, es muy poco probable que la industria logre mejorar al ritmo que podría hacerlo.

¿Por qué no se da el cambio o por qué se da con lentitud y sin mucho entusiasmo? Una razón es que los ejecutivos de la industria siempre están tratando de sobrevivir y así, naturalmente se centran en los problemas inmediatos, como el pedido de hoy y el embarque del día siguiente. Gran parte de esto tiene que ver con las perspectivas o marcos de referencia individuales, es decir, con los estereotipos tan comunes que la gente lleva diariamente al trabajo: ver a la "compañía rival" como el enemigo, estar dispuestos a dar una puñalada por la espalda aun cuando les convenga cooperar; ver a los empresarios de raza blanca como explotadores capitalistas y a los campesinos como perezosos, desorganizados e incapaces de aprender. Con todo, pensamos que la barrera más importante es la falta de conciencia sobre el valor que genera la cooperación.

Resumen

En cierto modo, las tres historias que hemos narrado en el presente capítulo (soya, jugos de fruta y alpaca) son la misma historia: demuestran que la competitividad de una compañía depende en gran medida de la competitividad de otras firmas e instituciones dentro de la misma industria. Esta interdependencia puede ser fuente de debilidad o de fortaleza, dependiendo de la competitividad colectiva de la industria. Cuando se proyecta implementar una estrategia sana, las empresas tienen que entender de manera explícita dónde es vulnerable la estrategia frente a las acciones de los proveedores y compradores; también tienen que asegurarse de que las cadenas de compañías relacionadas con un producto trabajen todas juntas. Si no se cuenta con fuertes industrias relacionadas y de apoyo, alcanzar una ventaja competitiva sostenible en los países del mundo en desarrollo será mucho más difícil de lo necesario. En el pasado, tal vez convenía no cooperar, pero en una economía global, cada vez más competitiva, las compañías deben aprovechar la oportunidad de crear condiciones donde, ni compradores ni proveedores insistan en repetir "es culpa de la vaca".

CAPÍTULO SEIS

Superar la actitud defensiva

Mi única esperanza de que el gobierno intervenga, se logra criticándolo y combatiéndolo.

—Gerente de exportaciones boliviano

Chris Argyris, profesor de la Escuela de Negocios de la Universidad de Harvard y especialista en aprendizaje organizacional, define el razonamiento defensivo así: "[Se da] cuando los individuos sostienen *premisas* cuya validez es discutible; sin embargo, ellos piensan que no lo es, hacen *inferencias* que no se deducen necesariamente de las premisas pero creen que sí y llegan a *conclusiones* que piensan haber probado rigurosamente, siendo esto falso porque la forma en que las formularon las hacen incomprobables".[1] Esta definición del razonamiento defensivo tiene la estructura de un silogismo. El propósito de este capítulo es analizar ese silogismo a fondo, con el fin de entender cómo se produce la actitud defensiva y describir varias herramientas que contribuyen poderosamente a fomentar o nutrir las fuentes ocultas e intangibles del crecimiento. Comenzaremos con la frase "premisas, cuya validez es discutible".

LA VALIDEZ DE LAS PREMISAS

En los estudios que hemos realizado en Latinoamérica, Irlanda, los países de la Federación Rusa y en las naciones africanas, hemos observado que cuando obtienen resultados poco satisfactorios, los líderes muestran una gran propensión a volver a hacer las mismas cosas que habían hecho antes, *sólo que poniendo más empeño* esta vez, es decir, redoblando sus esfuerzos. Por ejemplo, los líderes del gobierno boliviano insisten en que quieren depender menos de los minerales básicos, de la mano de obra barata y de los productos agrícolas.

Sin embargo, muestran una dependencia sin precedentes en una mayor concentración de esos productos. Los líderes colombianos del sector petroquímico opinan que necesitan innovar, pero han dedicado tanto tiempo en tratar de influir en el gobierno del presidente Samper como lo hicieron con los gobiernos anteriores mientras que, por otra parte, han invertido cantidades récord (por lo bajas) en la investigación y el desarrollo.

Los líderes irlandeses llevan muchos años diciendo que, para ampliar la economía deben aumentar el ritmo de la innovación de los empresarios nativos y subdesarrollados (frente a los muchos empresarios extranjeros que parecen controlar las exportaciones de ese país). Pese a ello, continúan dependiendo excesivamente de los recursos finitos provenientes de los fondos de la Unión Europea, como motor principal de su crecimiento.

Los líderes de la Federación Rusa afirman que si tan sólo pudieran lograr que la producción recuperara los niveles de las décadas de 1950 y 1960, aprovecharían la mano de obra barata y las economías de escala para exportar sus productos a los países menos desarrollados. Eso no dio resultado antes, cuando muchos de esos países tenían vínculos políticos con los soviéticos; ¿por qué habría de funcionar ahora? Los líderes gubernamentales de Sudáfrica han señalado, desde un año antes que Nelson Mandela fuera elegido presidente, que la inversión extranjera iba a empezar a fluir en cualquier momento. Sus predicciones nunca se cumplieron.

A decir verdad, todos esos países han obtenido malos resultados: ninguno de ellos ha conseguido generar riqueza para el ciudadano promedio, exportando productos y servicios refinados a países sofisticados. Esos resultados, aunque se reconocen, no han provocado los cambios de comportamiento necesarios para mejorar la situación. Los líderes trabajan a partir de ciertas premisas sobre cómo sucederán las cosas, pero estos puntos de partida son discutibles. A esta dinámica, que se muestra en la figura 6-1, podemos llamarla *aprendizaje de un solo ciclo.*

Una muestra de esa dinámica la encontramos en muchos de los casos que ya hemos expuesto. Por ejemplo, la respuesta de los líderes de la industria boliviana de la soya ante las presiones competitivas, se realiza en un solo ciclo. Aunque resulta evidente la gran vulnerabilidad de su protección arancelaria, lo poco atractivo de sus segmentos industriales específicos y la disminución constante de los precios de sus productos, ellos siguen creyendo que serían competitivos si el gobierno simplemente reparara las carreteras. Bastaría con que el transporte fuera más eficiente para que tuvieran mucho éxito en esta industria. Ésta es la estrategia de intentar la misma cosa, sólo que con mayor empeño. Es un aprendizaje de un solo ciclo, que consiste en no poner en tela de juicio las premisas fundamentales.

Figura 6-1 Aprendizaje de un solo ciclo

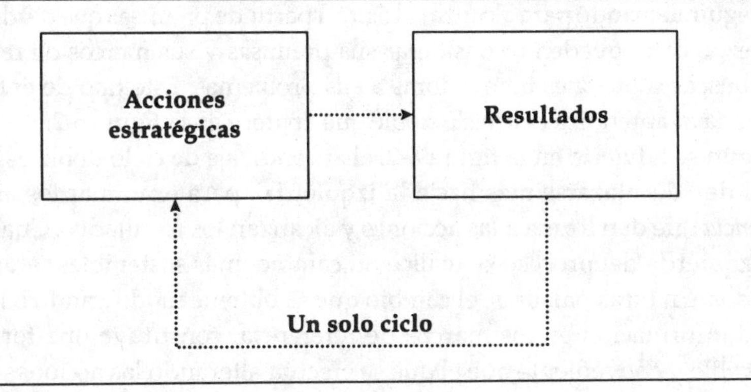

En el capítulo 1 dijimos que la participación de Bolivia en el mercado mundial de la soya es apenas del 0.26%. Es un participante extremadamente pequeño en un mercado inmenso. En promedio, los precios mundiales de la soya han venido disminuyendo un 5.8% anual desde 1973. Se trata de un verdadero negocio de "commodities". Y la principal fuente de ventaja para los bolivianos es una barrera arancelaria artificial que mantiene el producto brasileño fuera de Colombia. ¿Por qué querrán los bolivianos, cercados por la tierra, continuar compitiendo en un entorno tan poco atractivo? Porque, a pesar de las restricciones externas, han logrado desarrollar una industria exportadora que les genera 60 millones de dólares anuales. Además, el gobierno ha de-sempeñado un papel decisivo en la estimulación de ese éxito a través de políticas comerciales y fiscales. Y como la industria es rentable, el gobierno no se ha visto en la necesidad de crear una buena infraestructura en la región.

Pero los tiempos están cambiando y el gobierno ya no está en condiciones de proporcionar ese tipo de apoyo. Y la buena infraestructura aún no existe. Los productores de soya alegan, de manera bastante convincente, que no podrán competir sin una infraestructura decente. El gobierno replica, de manera igualmente convincente, que está haciendo todo lo posible por ayudarles. Se observa una gran animosidad entre ellos, así como una arraigada actitud defensiva que inhibe su disposición de trabajar, conjunta y productivamente, para resolver sus problemas. Lo que pudiera interpretarse como una oportunidad histórica para que el gobierno y la industria diversifiquen la economía —construyendo "clusters" de compañías que trabajen estrechamente y estableciendo mejores bases de conocimiento sobre la manera de competir en esta industria— está desencadenando una amarga batalla entre la industria y el gobierno, donde cada uno culpa al otro por las dificultades que atraviesan.

¿Qué opciones tienen entonces los líderes de la industria y del gobierno? Pueden seguir luchando para alcanzar el éxito a partir de premisas que perdieron su validez, o bien, pueden reconsiderar sus premisas y sus marcos de referencia para buscar soluciones innovadoras a sus problemas. Este tipo de enfoque se parecería al aprendizaje de ciclo doble que aparece en la figura 6-2.

Según se advierte en la figura 6-2, el aprendizaje de ciclo doble es la capacidad de "desplazarse más hacia la izquierda" para examinar los *marcos de referencia* que dan forma a las acciones y alcanzan los resultados. Cuanto más a la izquierda del proceso se realice un cambio, más sostenibles serán los resultados. En otras palabras, el cambio que se obtiene modificando o incorporando información en los marcos de referencia, constituye una forma más sostenible y conveniente que el que se efectúa alterando las acciones sin contar con información. Modificar el propio marco de referencia —es decir, examinar las premisas propias sobre cómo funciona el mundo— es una actividad que toca las fuentes ocultas del éxito. La respuesta no consiste necesariamente en *hacer* las cosas en forma distinta; consiste en *pensar* de manera diferente sobre las cosas que es preciso hacer.

Nuestra crítica contra la actitud defensiva no se dirige a la industria de la soya, ni a la de las flores, ni siquiera a la tendencia natural que impulsa a toda industria a querer proteger sus intereses. He aquí nuestro argumento central: mientras los líderes no aprendan a *re*plantear sus problemas, a verlos desde otra perspectiva, a pensar de manera diferente en ellos, se limitarán a reac-

Figura 6-2 Aprendizaje de ciclo doble

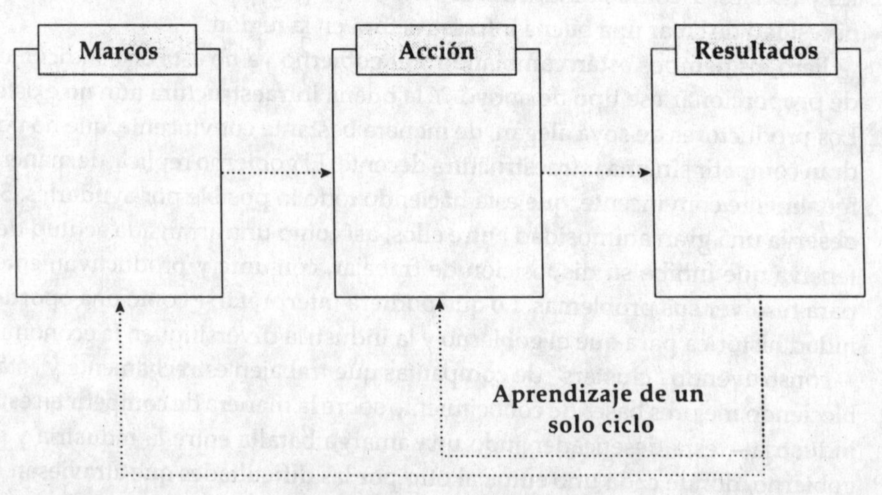

cionar ante las crisis y a poner un empeño creciente en aplicar soluciones que ya no funcionan.

La lógica de las inferencias

La segunda parte de la definición del razonamiento defensivo propuesta por Argyris se refiere a la tendencia a "hacer inferencias que no necesariamente se deducen de las premisas". Parte del problema de los marcos de referencia radica en la forma en que funciona la mente humana: a partir de información parcial realizamos inferencias, simplemente para sobrevivir. A menudo, las inferencias que hacemos son lo bastante correctas para que no nos desviemos del camino. Pero cuando nos detenemos a reflexionar sobre las evaluaciones y juicios que emitimos de modo automático, nos percatamos de que nos comportamos como si fueran más concretos, específicos y fundamentados de lo que realmente pueden ser.

Chris Argyris señala que hay una "escala de inferencia", la cual tiene cuatro peldaños que conducen a una creencia o suposición. El primer peldaño contiene los datos directamente perceptibles en una situación determinada, como las conversaciones y la comunicación no verbal observable. Un ejemplo es la queja generalizada de un líder industrial que intenta alcanzar el éxito en una economía inestable: "Las peticiones de ayuda que he hecho al gobierno no me han reportado beneficios".

El segundo peldaño, dice Argyris, "representa los significados culturales que, individuos con distintos puntos de vista o ejes de procesamiento, acordarían que fueron comunicados durante la conversación".[2] Ésta es la paráfrasis, o interpretación de los datos directamente observables. Por lo tanto, la afirmación del líder industrial del ejemplo anterior en realidad podría significar: "Mi industria está perdiendo ventaja competitiva y el gobierno se niega a ayudarnos a mejorar nuestra competitividad".

El tercer peldaño representa los significados que los individuos imponen al segundo peldaño. Por lo tanto, el líder industrial podría concluir que: "Al gobierno no le preocupan mis intereses".

El cuarto peldaño de la escala representa "las teorías de acción de que se sirven las personas para planear cuidadosamente sus conversaciones y entender los actos ajenos".[3] Por lo tanto, como indica la cita con que se inicia este capítulo, "mi única esperanza de que el gobierno intervenga se logra criticándolo y combatiéndolo". El comportamiento de esta persona se regirá, esencialmente, por una creencia o suposición errónea.

Como se observa en el ejemplo precedente, las evaluaciones y juicios que fundamentan la acción son automáticos, extremadamente abstractos e inferenciales. Lo que nos aterroriza es la rapidez con que la gente emite tales juicios, como si fuesen conclusiones concretas y obvias, y cómo su conducta se guía completamente por dichas conclusiones.

El punto importante es que el *hacer inferencias* constituye un "programa humano", como señala Argyris. Nosotros —los líderes del gobierno, los líderes de negocios, los matrimonios, los niños— somos máquinas de hacer inferencias. La implicación de tal hallazgo para una economía inestable es que si el mundo es más complejo y las decisiones que se tomarán son más importantes, ¿no deberían entonces los líderes estar más conscientes de las inferencias tan trascendentales que hacen a diario, sobre todo en cuanto a las inferencias relacionadas con los demás?

Al hablar de la industria colombiana de las flores en el capítulo introductorio, vimos una falta de comunicación entre el ministro de comercio exterior y el presidente de Asocolflores, la asociación de floricultores del país. Las cartas que intercambiaron estaban llenas de acusaciones y agresiones mutuas que eliminaban cualquier esperanza de aprendizaje para ambas partes.

Lo que no explicamos en ese capítulo fue cómo nosotros contribuimos a ese malentendido, historia que a nuestro juicio, ejemplifica elocuentemente el concepto de ciclos de inferencia. Cierto día, ya avanzada la noche, en el aeropuerto de Caracas nos encontramos casualmente con el ministro colombiano de comercio quien estaba preparando el discurso que dictaría al día siguiente en una conferencia en Bogotá. El ministro nos preguntó cómo iba el estudio y nosotros, aprovechando gustosos la oportunidad de discutir los resultados, intentamos moldear sus apreciaciones respecto a la competitividad del sector de las flores. Pasamos las tres horas siguientes en el salón para ejecutivos del aeropuerto y en el avión, explicándole de manera pormenorizada el plan para lograr que el gobierno y el sector privado trabajaran juntos, en aras de mejorar la competitividad del sector, la cual hasta ese momento se había basado exclusivamente en las ventajas básicas.

Cuando el avión aterrizó, pensamos que habíamos conseguido diseñar un rol diferente y más productivo para el gobierno en cuanto al futuro del sector. Nuestra sensación temporal de éxito se esfumó la noche siguiente, cuando por la televisión nacional, el ministro atacó al sector de las flores por su pereza y citó de manera selectiva algunos apartados del trabajo realizado por nuestro equipo. Poco después del discurso, la asociación de floricultores contraatacó a través de la prensa y, aunque parezca irónico, también lo hizo citando nuestro trabajo, pero sólo las partes que apoyaban su ataque en contra del gobierno.

Intentamos llamar al ministro para detener las cartas públicas en las que a diario ambas partes ventilaban sus diferencias, pero el ministro dejó de responder nuestras llamadas recurriendo, en cambio, al envío de mensajes tan crípticos como éstos: "No se preocupen, todo marcha bien", y "El plan está funcionando a la perfección, hemos creado un debate". Nos sentimos bastante perturbados por dos cosas: ¿cómo puede un intercambio público de golpes ser "presentado" como un debate constructivo? ¿Y por qué su "plan" exige intensificar la actitud defensiva, en lugar de crear un ambiente que propicie un mayor aprendizaje?

En la figura 6-3 se incluyen citas directas del debate público y se reconstruyen como si fueran peldaños de la escala de inferencia. Pero existe una complejidad adicional. En este caso hay dos escalas de inferencia diferentes, que se convierten en ciclos de inferencia que se alimentan a sí mismos. Así, la imagen que presentamos demuestra cómo dos personas muy competentes, comprometidas y respetadas hicieron inferencias mutuas que, aunque de alguna manera se fundamentaban en hechos, fueron formuladas de una manera no constructiva, excluyendo el aprendizaje y el diálogo.

Estamos convencidos de que los papeles culturales asignados a los sectores cuando Colombia era una economía cerrada —el líder gubernamental que se encargaba de distribuir los beneficios, el dinámico cabildero que trataba de controlar su influencia— generaron un mecanismo de filtro o un conjunto de marcos de referencia, en virtud de los cuales cada uno seleccionaba e interpretaba los datos, extraía conclusiones y producía opiniones que fundamentaban sus actos de una forma que ahora podría considerarse falaz y hasta inválida. Puesto que el mundo y la base de la competitividad han cambiado, los papeles respectivos de esos líderes, al igual que sus interacciones, deben cambiar.

Tanto el ministro de comercio como el presidente de Asocolflores comenzaron con lo que nosotros llamamos "selección de datos". En este caso, los datos seleccionados provienen directamente de nuestro informe. Los dos ascendieron por la escala de inferencia —o avanzaron en el ciclo— para interpretarlos: el ministro elogiando a la industria por explotar sus ventajas naturales hasta ocupar el segundo lugar en el mundo; el representante de la industria manifestando su sorpresa por haberlo conseguido a pesar de los obstáculos. A partir de esa interpretación los dos llegaron a sus conclusiones respectivas. El ministro concluyó que los floricultores eran perezosos y que se estaban durmiendo en los laureles. Por su parte, el líder industrial concluyó que el país no estaba ofreciendo una plataforma adecuada para el éxito de esta industria. El último peldaño de la escala —o el siguiente en el ciclo— constituye el ámbito de las creencias. El ministro concluyó que, si los floricultores no innovaban, desaparecerían en un lapso de cinco años. El líder de la industria llegó a la conclusión de que si el gobierno no les ayudaba, perderían el mercado estadounidense. Lo irónico es que ambas partes coinci-

Figura 6-3 Las raíces del razonamiento defensivo: ciclo de inferencia en la industria colombiana de las flores

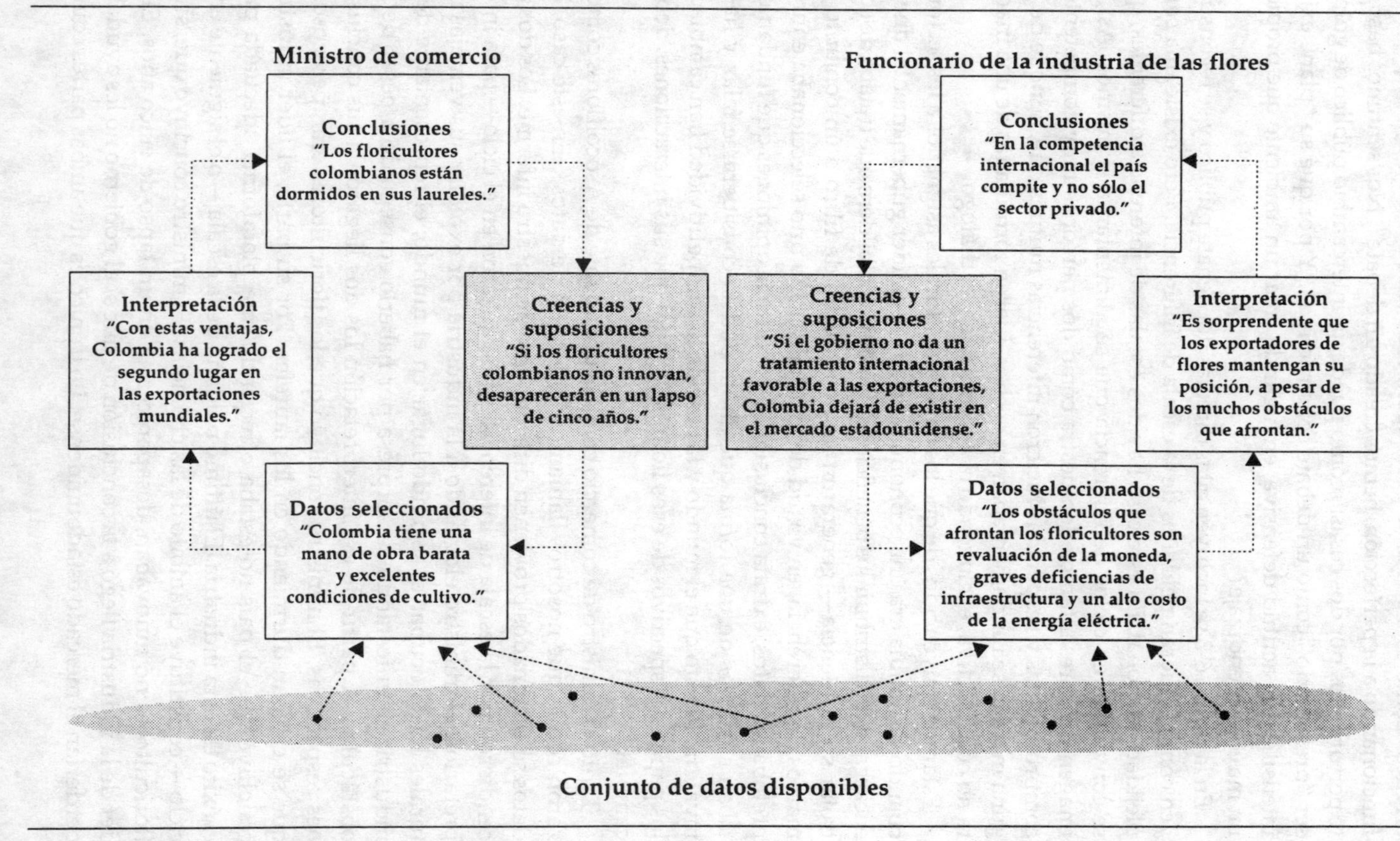

Ministro de comercio
Conclusiones "Los floricultores colombianos están dormidos en sus laureles."
Interpretación "Con estas ventajas, Colombia ha logrado el segundo lugar en las exportaciones mundiales."
Creencias y suposiciones "Si los floricultores colombianos no innovan, desaparecerán en un lapso de cinco años."
Datos seleccionados "Colombia tiene una mano de obra barata y excelentes condiciones de cultivo."
Funcionario de la industria de las flores
Conclusiones "En la competencia internacional el país compite y no sólo el sector privado."
Creencias y suposiciones "Si el gobierno no da un tratamiento internacional favorable a las exportaciones, Colombia dejará de existir en el mercado estadounidense."
Interpretación "Es sorprendente que los exportadores de flores mantengan su posición, a pesar de los muchos obstáculos que afrontan."
Datos seleccionados "Los obstáculos que afrontan los floricultores son revaluación de la moneda, graves deficiencias de infraestructura y un alto costo de la energía eléctrica."
Conjunto de datos disponibles

dieron en un punto: la industria estaba en peligro. Pero no lograron acordar lo que había qué hacer.

Eso es desafortunado e innecesario. Mientras dos individuos discutan a nivel de las creencias, no habrá posibilidades de reconciliación y mucho menos de cooperación. Para poder realizar interacciones productivas, es indispensable que desciendan en la escala de inferencia y adopten una nueva perspectiva ante el conjunto de datos disponibles. Es decir, deberán replantear el problema y estar abiertos a nueva información e interpretaciones de los viejos datos. Mientras el debate se lleve a cabo en la parte superior de la escala de inferencia, lo único que puede garantizarse es que ambas partes se comportarán defensivamente. El aprendizaje se detendrá. Los problemas no se resolverán. Las personas se sentirán frustradas. La situación no cambiará. Pero tampoco cesarán las presiones competitivas; por el contrario, seguirán intensificándose mientras no se adopte una medida radical.

La calidad de las conclusiones

Argyris completa su definición del razonamiento defensivo afirmando que las partes en cuestión "llegan a conclusiones que piensan haber probado rigurosamente, siendo esto falso, porque la forma en que las formularon las hacen incomprobables". En gran medida, la calidad de las conclusiones a que llega un individuo en determinada interacción depende de la calidad de los marcos de referencia aplicados a la misma. Estos marcos filtrarán los datos en formas específicas y darán la oportunidad de extraer conclusiones falsas. La calidad de las conclusiones en ambos extremos está limitada por la forma en que se realicen las inferencias que conducen a dichas conclusiones y también por el grado en que las personas estén dispuestas a repensar o reformular sus premisas originales. O como dice Argyris, a llevar a cabo el "aprendizaje de ciclo doble". Cuando los marcos de referencia y la generación de inferencias se deforman, ya no habrá esperanza de obtener conclusiones sanas y relevantes, ni de llegar a la decisión bien fundamentada o a la acción oportuna, resultante de decisiones complejas.

Las historias de los países en vías de desarrollo están repletas de oscilaciones caóticas en las conductas gubernamentales: entre un enfoque en el crecimiento económico y un enfoque en la equidad social, entre el liderazgo del sector privado y un modelo de capitalismo estatal, entre la interacción con el mundo y un aislamiento casi total. Algunas de esas fluctuaciones se han dado en el curso de una misma administración, como por ejemplo, la de Alan García en Perú a finales de la década de 1980.

Una forma de explicar un comportamiento tan caótico consiste en examinar los marcos de referencia fundamentales del país en esa época y su capacidad de aprender y adoptar decisiones complejas. La época de Alan García puede considerarse una obra maestra del aprendizaje de un solo ciclo que es sumamente reactivo y que culminó en políticas que prácticamente aislaron a Perú del resto del mundo: prohibición de depósitos en moneda extranjera, nacionalización de muchas instituciones, imposición de restricciones a la importación de 539 productos, creación de 56 tarifas arancelarias y 14 tipos de cambio, restricción a la repatriación de capitales, limitación del servicio de la deuda y permitir que 226 empresas estatales dominaran la economía. Nos preguntamos cómo responder a las siguientes preguntas:

- ¿Qué tipos de inferencias estaba haciendo dicha administración para creer que esas políticas y sus oscilaciones constantes eran correctas?
- ¿Cómo podría Alan García haber evitado la actitud defensiva que surgió entre Perú y la comunidad financiera internacional y la que surgió entre su gobierno y el sector privado?
- Y finalmente, ¿podía alguien haber previsto estos resultados si hubiera contado con las herramientas para estudiar los marcos de referencia, para juzgar la calidad de las inferencias que estaban haciéndose y para entender el grado de actitud defensiva que estaba a punto de crearse?

Resumen

Superar el comportamiento defensivo es indispensable para el éxito de todas las empresas, y no sólo para las del mundo en desarrollo. Si quieren aprovechar las oportunidades que hemos descrito en capítulos anteriores, los líderes empresariales y gubernamentales necesitarán desarrollar fuentes más refinadas de ventaja. Ya pasó la época en que la mano de obra barata y el acceso a materia prima, los cuales constituyen ventajas muy visibles y accesibles, permitían alcanzar un éxito sostenible. Ya pasó la época en que valía la pena discutir públicamente la manera de asignar recursos limitados. El reto del siglo XXI será trabajar juntos para crear fuentes sostenibles de crecimiento, en una forma que no degrade el medio ambiente ni explote a las personas. Esto no puede lograrse en ambientes altamente defensivos. Las fuentes actuales de la ventaja competitiva son más sutiles que las de antaño. Se basan en las relaciones humanas, en razonamiento productivo, en conocimiento y creación, en confianza y en cooperación. Éstas son algunas de las fuentes ocultas de ventaja que los países deben aprender a desarrollar.

CAPÍTULO SIETE

Evitar el paternalismo

En el pasado, el gobierno estaba allí para protegernos del resto del mundo. Nos daba empleo, se preocupaba por nosotros. La pregunta que debemos hacernos ahora es: ¿por qué debe cambiar eso?

—Productor boliviano de soya

Sin ser psicólogos ni antropólogos, nos vemos obligados a escribir sobre el paternalismo con todas sus sutilezas y su interconexión con los demás temas abordados en este libro, para no mencionar el arraigo histórico que tiene este fenómeno en las culturas de muchos países en vías de desarrollo. Y sin embargo, el paternalismo constituye un patrón fundamental que es preciso estudiar: es el elefante de 5,000 kilos sentado en medio de la sala, y del cual nadie quiere hablar. Nuestra experiencia nos ha llevado a definirlo como *un sistema que se presenta cuando un grupo delega en un tercero la responsabilidad de su bienestar, e incluso de su futuro, asignándole el poder de tomar decisiones complejas que él mismo debería tomar.*[1]

Hay varios tipos de paternalismo que podríamos analizar. El estudio del paternalismo entre gobiernos comenzaría examinando la analogía existente entre el colonialismo y el comunismo con el recientemente desaparecido Comecom, o grupo comercial de las naciones del Europa Oriental. Al tratar el paternalismo entre empresas, examinaríamos el caso de las relaciones corporativas con las subsidiarias, especialmente con las del extranjero y con aquellas que se hallan en los países en vías de desarrollo. Hemos optado por concentrarnos en el paternalismo existente entre el gobierno y el sector privado, siendo éste el que mejor hemos podido observar y aquel en el cual tenemos más experiencia. Éste es, además, el terreno donde existe mayor tensión, en momentos en que los líderes gubernamentales optan por adoptar economías abiertas y de libre competencia, en lugar de proteger sus industrias contra estos fenómenos.

El gobierno y el sector privado

En los países en vías de desarrollo hemos encontrado tres micropatrones de conducta paternalista:

1. La devaluación de la moneda percibida como una fuente de ventaja competitiva
2. El gobierno como "estratega principal de la economía"
3. El proteccionismo

Los anteriores patrones han originado una falsa sensación de competitividad debido a políticas aplicadas al tipo de cambio; un sector privado sacado a empellones de áreas básicas de la economía, tanto en lo financiero como en lo intelectual, generado por la intervención estatal en compañías e industrias; y finalmente, poca innovación por parte del sector privado ante la inexistencia de presión competitiva. Hay grandes oportunidades para que el sector privado rompa con estos patrones y adquiera las habilidades necesarias para competir sin necesidad de apoyarse en la pesada mano del Estado, pero como primera medida, es imprescindible entender los efectos del paternalismo.

Devaluación en el sector colombiano de las flores

Devaluar la moneda es como fumar marihuana.

A lo largo del libro hemos considerado el sector colombiano de las flores como la fábula con moraleja sobre la competitividad. Todo cuanto podía marchar bien o mal, efectivamente lo ha hecho. Su mayor riesgo es típico en competitividad: no se corre necesariamente el riesgo de hacer mal las cosas, se corre el riesgo de hacer bien las cosas durante demasiado tiempo. La razón es precisamente el prolongado éxito obtenido por el sector: penetración de las exportaciones, participación en el mercado y aumento de los empleos, sin mencionar los márgenes de beneficio de 40% que, con simples rosas, estaban logrando los grandes exportadores a mediados de la década de 1980.

Desde el comienzo, las fuentes básicas de ventaja de los floricultores fueron sus recursos naturales: luz solar, mano de obra barata y la proximidad al mercado más grande del mundo, Estados Unidos. También contaban con otras ventajas, una de las cuales era su posición como los primeros representantes de las naciones en vías de desarrollo que competían por el lucrativo mercado estadounidense.

Otra "ventaja" de los floricultores era una moneda en extremo devaluada. Cualquier gobierno puede proveer a sus exportadores con un tipo de cambio barato pero esta medida tiene dos deficiencias. Primero, como cualquier gobierno puede hacerlo, es una ventaja muy fácil de imitar que no resulta, ni estratégica, ni sostenible. Por ejemplo, en la figura 7-1 se observa que la revaluación del florín destruyó la ventaja de los holandeses en el mercado estadounidense de los crisantemos, allanando el camino para que los colombianos asumiesen el control. Pero, ¿qué tan atractivo era ese segmento de mercado y qué tan sostenible era esa ventaja, si el tipo de cambio podía determinar de un modo tan radical los ganadores y perdedores?

Si los ecuatorianos, bendecidos con las mismas ventajas naturales y con una mano de obra incluso más barata, deciden devaluar su moneda para competir con los colombianos, podrían hacerlo de la noche a la mañana obteniendo el beneplácito del gobierno. Se iniciaría, entonces, un círculo vicioso de competencia de precios con terribles consecuencias: Ecuador y Colombia estarían exportando la riqueza de sus países a países más ricos. Es decir, los compradores de Estados Unidos, por ejemplo, podrían adquirir las flores de

Figura 7-1 Tipos de cambio del florín holandés (comparados con el dólar) y exportaciones de crisantemos de Holanda hacia Estados Unidos, 1980-1992

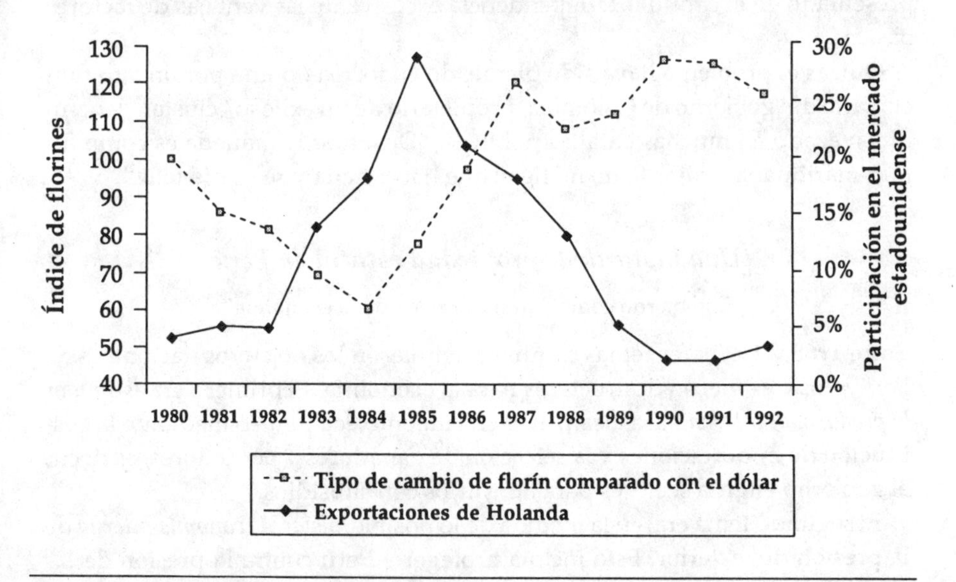

Fuentes: U.S. Department of Commerce, U.S. Department of Agriculture.

la región andina a precios muy bajos e invirtiendo muy poco, terminarían apoderándose de la riqueza de esas naciones. El círculo vicioso continuaría porque, siendo tan bajo el precio de admisión al juego, un tercer gobierno de un país en desarrollo deseoso de promover su industria, también podría devaluar la moneda. ¿El resultado? El nuevo participante en el mercado ejercería aún mayor presión para reducir los precios, lo que a la larga constituye una fórmula perdedora.

El segundo aspecto negativo de competir a partir de una moneda devaluada, es que se disminuye la iniciativa para innovar, al reducirse tanto el incentivo como los recursos que permiten invertir en la innovación. Para formular este punto con la mayor claridad posible, ofrecemos el siguiente silogismo:[2]

1. La competencia estimula la innovación.
2. Las monedas devaluadas reducen la presión de la competencia sobre las industrias exportadoras.
3. Por lo tanto, las monedas devaluadas reducen la innovación.

Hemos observado que las empresas, sectores y naciones que compiten sobre la base de una moneda devaluada tienden a invertir poco en el desarrollo de sus recursos humanos. Por desgracia, este tipo de inversión es la que realmente ofrece el potencial de rendimientos infinitos tal y como lo atestigua el incremento de la productividad. El no invertir en los recursos humanos de una nación es parte del primer patrón de comportamiento no competitivo presentado en el capítulo 1: dependencia excesiva de las ventajas de factores básicos.

Quizás el problema haya sido planteado en forma óptima por un alto funcionario del gobierno de Colombia, propietario de un exitoso "cluster" y hombre avezado en muchas batallas políticas: "Devaluar la moneda es como fumar marihuana", dijo. "Uno no tiene que hacer nada y se siente feliz".

Una historia de propiedad estatal en Perú

El gobierno como "gran estratega de la economía".

Entre 1968 y 1990, tres temas comunes definieron los objetivos nacionales de Perú y los tres fueron destructivos para la economía. El primero era *estimular la producción interna* para alcanzar el crecimiento económico mediante la sustitución de importaciones y la selección de ganadores y perdedores; es decir, el gobierno eligiría sectores para apoyarlos con subsidios.

El segundo tema era, en la medida de lo posible, *aislar la economía interna* de la presión del exterior. Esto incluía proteger a Perú contra la presión de las importaciones, de la inversión y el control extranjeros y de las fluctuaciones mundiales de precios de los productos de consumo que Perú producía.

El tercer tema era *administrar la actividad económica* para conseguir resultados muy específicos dentro del mercado. En palabras más crudas, el gobierno actuaba como el "gran estratega de la economía". Ello significaba que el gobierno aumentaba las regulaciones, asumía un papel protagónico en la asignación de los recursos económicos y se convertía en el dueño de los medios de producción.

Aquí nos concentraremos en el tercer tema de la sustitución de la dinámica del mercado por la administración económica ejercida por el gobierno, un tipo de paternalismo cuya historia reciente resulta dramática.

En 1968, el presidente Velasco observó el predominio de compañías no peruanas en la economía del país: más de 300 empresas eran propiedad de accionistas estadounidenses, la inversión extranjera directa ascendía a más de 1.2 mil millones de dólares y gran parte de la infraestructura moderna, como las carreteras y los puentes, había sido construida y era controlada por intereses de compañías estadounideses, o por la élite peruana. Como el régimen militar de Velasco se proponía redistribuir la riqueza nacional, empezó por poner fin al tradicional control extranjero de la economía, emprendiendo así la que sería una larga historia de protección de la economía nacional contra los intereses extranjeros. El objetivo formulado durante aquella época consistía en reemplazar el sistema económico vigente con una "nueva mezcla", compuesta por un sector privado con responsabilidad social y un sector público "ampliado".

Entre 1975 y 1983 hubo un periodo de vacilación cuando el liderazgo implantó una estrategia orientada, nuevamente, al crecimiento del país. Pero entonces, en 1985, el presidente Alan García notó una disminución del 13% en la riqueza de los ciudadanos promedio en comparación con los dos años anteriores, una baja utilización de la capacidad industrial (55%), una inflación galopante que alcanzó el 200% a principios de 1985, un desempleo creciente que llegó a más del 50% y enormes presiones del servicio de la deuda de más de 2,000 millones de dólares. García intentó reactivar la economía fomentando la producción interna y las políticas de sustitución de importaciones, consiguiendo concesiones de refinanciamiento de los acreedores internacionales y posicionando al estado como dueño de los medios de producción. En lo esencial, había tomado medidas para afianzar el control del gobierno como gran estratega de la economía.

Como se aprecia en la tabla 7-1, el conjunto de las herramientas del gobierno estaban diseñadas para desvincular al país del resto del mundo en tres aspectos básicos: 1) discriminación contra la inversión extranjera, 2) obstaculización del comercio por medio de restricciones a la importación, tipos de

Tabla 7-1 Herencia de competitividad de la política gubernamental de Perú (administración de Alan García), 1985-1990

Instrumentos de política \ Áreas de la política	Monetaria	Fiscal	Comercio	Inversión extranjera directa	Ingresos	Sectorial
Legales	• Prohibición de depósitos de ahorro en moneda extranjera • Capital asignado a través de una red de bancos de desarrollo	• 170 impuestos federales y locales	• 539 productos sujetos a restricciones de importación • Muchas certificaciones y autorizaciones comerciales, así como otros tipos de control	• Nacionalización de activos propiedad de extranjeros • Legislación que discrimina la inversión extranjera	• Empleo garantizado con políticas restrictivas de contratación • Participación regulada de los trabajadores en las utilidades y la dirección de la empresa	• Concesión legal de estructuras industriales concentradas • Aprobación de leyes sobre monopolios gubernamentales
Administrativos	• Bajas tasas de interés para estimular la inversión • Emisión de dinero para financiar el déficit, no para administrar el crecimiento	• Estructura fiscal compleja, una deficiente aplicación de las leyes produjo ingresos de 4.5% del PIB en 1990	• 14 tipos de cambios generales, cientos de tipos específicos • 56 tasas arancelarias entre 15 y 108%	• Restricción de la repatriación de utilidades	• Controles directos de precios • Indización de los salarios • Subsidio al consumo de productos básicos	• Regulaciones comerciales para administrar a nivel micro la competencia y evolución de la industria
Mercado directo	• Intento de nacionalizar el sistema bancario • Utilización del Banco Central como fuente de préstamos industriales	• Subfinanciamiento de la atención médica, la educación, la infraestructura	• CERTEX subsidia directamente algunas exportaciones apoyadas • Requisito de reserva para el transporte	• Se desalienta la sociedad con empresas extranjeras • El pago de la deuda externa limitada formalmente al 10% de las exportaciones	• Restricciones al despido de trabajadores • El gobierno asume el papel de empresa de último recurso	• 226 EE* generaron en 1990 el 20% del PIB en petróleo, transporte, minerales, telecomunicaciones, otras industrias

Fuentes: Plantilla tomada de James Austin, *Managing in Developing Countries* (New York: Free Press,1990); Banco Mundial, *Peru at the Crossroads* (Informe núm. 11943-PE,1994); Banco Mundial, *Peru Establishing a Competitive Market Environment* (Informe núm. 11446-PE,1993); análisis realizado por Monitor Company.

*Empresas de propiedad estatal.

cambio específicos y subsidios y 3) promulgación de leyes para establecer monopolios y crear más de 200 empresas estatales que generasen una quinta parte de la riqueza nacional.

En 1990, el presidente Fujimori llegó al poder a través de unas elecciones sorprendentes: el hecho de ser una persona ajena a la política y un académico, sumado a su origen japonés, le confería la autoridad moral de un extranjero. Asumió el liderazgo de Perú, un país que llevaba un buen tiempo desvinculado del mundo económico y que sufría el acoso interno del movimiento guerrillero *Sendero Luminoso*. A juzgar por los criterios internacionales, política y económicamente Perú era un caso perdido. El presidente Fujimori tomó medidas radicales, a menudo controvertidas, para restaurar el orden social y político al capturar sistemáticamente a los líderes y partidarios de *Sendero Luminoso* y al clausurar el congreso y el poder judicial para liberarlos de lo que llamó "líderes corruptos e incompetentes". En el aspecto económico, abrió la economía y empezó a desmantelar un enorme e ineficiente aparato estatal acostumbrado a la corrupción y al paternalismo, para crear un gobierno más transparente y eficiente y eliminar lo que, a su juicio, era uno de los mayores obstáculos para alcanzar el crecimiento económico: una larga historia de paternalismo.[3]

Proteccionismo en el sector boliviano de la soya

Un puñado de cien malditos controlan este país. Y esto lo sé muy bien porque todos ellos son mis mejores amigos.

Retomamos ahora la historia de la industria boliviana de la soya, mencionada en capítulos anteriores. En síntesis, la producción de soya había despegado en las dos últimas décadas; con una tasa de crecimiento anual compuesto del 27% desde 1973, ésta debería ser una de las historias bolivianas más exitosas desde cualquier punto de vista. En la década de 1970 las políticas estatistas del presidente Banzer iniciaron la producción de soya, y en 1986 Bolivia recibió ayuda financiera del Banco Mundial para el desarrollo agrícola. La soya está totalmente protegida por el acuerdo del Pacto Andino que da a Bolivia una ventaja de 37 dólares por tonelada métrica sobre Brasil en el lucrativo mercado colombiano. Esto le representa a Bolivia una ventaja final de 6 dólares en costos.

La historia es simple en este caso: en Bolivia nunca mejoró el ambiente competitivo para la producción de soya, particularmente debido a la protección comercial que recibió de su gobierno y de otros gobiernos andinos. Adicionalmente, las políticas de los organismos multilaterales favorecieron ese estancamiento, al apoyar la concentración en la soya como sustituto a corto plazo de la producción de estaño, cuyas exportaciones habían ido disminuyendo.[4]

En 1974, el ambiente de la industria boliviana de la soya se caracterizó por el soporte sin límites del presidente Banzer, excelentes condiciones para el cultivo, niveles salariales bajos, mano de obra barata y suficiente; y, de otra parte, por los altos costos del transporte debido a la falta de carreteras, una inexistente infraestructura portuaria y un deficiente transporte ferroviario (sin mencionar el hecho de que todos los vagones habían sido diseñados para transportar mineral exclusivamente). La inversión en investigación agrícola era prácticamente nula, el capital para los pequeños agricultores era limitado, los insumos agroquímicos eran escasos y excesivamente caros y no había demanda interna de soya.

En 1995, nada había cambiado. Un inversionista brasileño comentaba que la razón fundamental para invertir en soya seguía siendo que "la tierra era muy barata" y no que existían otras ventajas más sostenibles. Los pequeños agricultores seguían sin poder utilizar su tierra como garantía; el resto de las naciones de la región destinaban a investigación y desarrollo entre el doble y ocho veces más que Bolivia como porcentaje de su producto interno bruto. La demanda local nunca mejoró y las estrategias de la industria de la soya buscaban simplemente seguir manteniendo la condición de productores de bajo costo, en apenas cuatro de los cientos de productos de soya que tenían el potencial de producir.

Más aún, los bolivianos recurrían a una protección artificial de los precios, lo cual les permitía vender en el mercado andino toda la soya que produjeran. Por lo tanto, la *cantidad* se convirtió en su indicador de éxito. Los productores y el gobierno crearon juntos un sistema implícito de pensamiento, de organización y de toma de decisiones que reforzaba perfectamente lo que se habían propuesto con él. Sin embargo, este falso sentido de seguridad tuvo como consecuencia el que la industria dejara de invertir en los mejoramientos continuos indispensables para sobrevivir en un ambiente competitivo.

La industria boliviana de la soya ejemplifica hechos muy importantes relacionados con el paternalismo. Primero, la protección gubernamental no es una ventaja sostenible, ya que puede desaparecer con la llegada al poder de nuevos gobiernos que traigan consigo ideas distintas, puede quedar obsoleta con la firma de convenios bilaterales o, como en el caso de la soya, puede verse amenazada por tratados multilaterales como el tratado de comercio e inversión de Mercosur entre los países del cono sur (Mercosur eliminará los beneficios que hoy día recibe Bolivia como parte del Pacto Andino). Segundo, concentrarse en estrategias que se basan en la protección distrae la atención gerencial, impidiéndole a ésta el dedicarse a la sutil tarea de crear y acumular verdaderas ventajas sostenibles.

Paternalismo: dos niveles de impacto

En los tres países que acabamos de examinar (Colombia, Perú y Bolivia), los ambientes paternalistas tuvieron dos niveles claros de impacto. El primero repercutió en las formas en que las compañías optaron por competir; el paternalismo les impidió aprovechar las oportunidades descritas en los capítulos anteriores. El segundo nivel de impacto incidió en la estructura general de las economías; se generaron muchas consecuencias imprevistas como resultado de las políticas gubernamentales tales como la disminución del crecimiento económico y una mayor concentración de la riqueza entre quienes tenían acceso a los líderes del gobierno.

Impacto sobre la competitividad y la estrategia

Puesto que el paternalismo aminora las presiones competitivas, ni el gobierno ni las compañías tienen un fuerte incentivo para invertir en el mejoramiento de su ambiente competitivo (infraestructura, recursos humanos, cooperación entre empresas, etc.). Este ambiente limita además las opciones estratégicas disponibles para las empresas. En este tipo de medio, las compañías prácticamente no tienen posibilidades de lograr un crecimiento sostenible. El paternalismo, tal y como se practica a través de las distorsiones del mercado impuestas por el gobierno, puede restringir la capacidad de las empresas para aprovechar oportunidades tales como dejar atrás las ventajas de factores básicos, seleccionar mejores segmentos de clientes donde competir, adquirir una nueva comprensión sobre el posicionamiento relativo, generar una mejor cooperación entre empresas y superar la actitud defensiva.

Superando la dependencia de las ventajas de factores

En los países en vías de desarrollo, los cuales a menudo están protegidos de la presión competitiva a través de monedas subvaluadas o protección arancelaria, los factores productivos no tienden ni a especializarse ni a mejorarse. Por ejemplo, durante la década de 1980 los salarios en Perú disminuyeron un 65% en términos reales. Esto hacía de la mano de obra un sustituto muy atractivo de las inversiones en maquinaria, puesto que no existía ningún estímulo en mejorar la productividad. Esto dio como resultado una reducción de 43% en la inversión en maquinaria durante el mismo periodo. Como se mostró en el caso de la soya boliviana, nunca se mejoraron las ventajas básicas proporcionadas por un suelo fértil y una mano de obra barata. Tampoco se fijaron los objetivos de alcanzar ventajas avanzadas o específicas en transporte ni en la capacitación del recurso humano.

Eliminar las restricciones del paternalismo no significa suprimir la influencia del gobierno en el terreno económico: éste desempeñará un papel fundamental ayudando a crear un ambiente donde resulte más fácil competir en industrias más complejas. Para ello será necesario invertir en infraestructura básica, en educación y capacitación y en la creación de una estrecha colaboración con la industria, lo cual permitirá a las empresas construir ventajas competitivas únicas y sostenibles fuera de las ventajas comparativas que ya poseen en abundancia.

Selección de mejores segmentos donde competir

En entornos donde los gobiernos toman la mayor parte de las decisiones económicas, prácticamente no existe aprendizaje sobre el mercado. Cuando la base de la competitividad son las condiciones de factores y la administración del tipo de cambio, ¿por qué dedicar tiempo a estudiar los segmentos del mercado? Como señaló un exportador colombiano de flores: "Hay un segmento que atendemos y ése es el segmento sensible a los precios". Así nuevamente, en el caso de la soya boliviana el aprendizaje del mercado podría ayudar a los productores a competir en docenas de segmentos más atractivos que los cuatro segmentos básicos en los que se concentran actualmente.

A medida que el paternalismo va perdiendo terreno, las compañías tendrán que invertir donde estén en mejores condiciones de competir sin ayuda del gobierno. La rapidez de los cambios en muchos países ya les ha exigido a las empresas hacer estas inversiones. A la luz de las aceleradas transformaciones que se están dando dentro de la estructura de la economía global, las compañías cuentan hoy con la magnífica oportunidad de reinventar la forma de hacer negocios en su país y de rediseñar totalmente sus estrategias.

Adquiriendo una nueva comprensión del posicionamiento relativo

Los líderes de la industria boliviana de la soya se enfrentan a un problema clásico de posición relativa: la fuente de su ventaja competitiva es la protección que reciben del Pacto Andino que les permite competir contra los brasileños en el gran mercado colombiano. Cuando esa protección ya no exista, la posición relativa de Bolivia decaerá en el seno de una estructura industrial en deterioro. He aquí otra forma de expresarlo: el pacto comercial entre los cinco gobiernos de la región andina está moldeando y protegiendo artificialmente la estructura industrial dentro de la cual exportan los bolivianos; suprime la rivalidad, impide el ingreso de nuevos competidores y, en menor medida, la amenaza de los productos sustitutos.

En la industria colombiana de las flores, los ingresos siguieron aumentando, incluso cuando se redujeron los márgenes de beneficio, debido a que la moneda subvaluada fue cambiada casi de la noche a la mañana por la administración del presidente Gaviria. Otras razones por las cuales los márgenes de beneficio siguen disminuyendo en la industria colombiana son atribuibles, como ya lo hemos dicho, al hecho de no haber iniciado el necesario mejoramiento de la calidad y la logística para competir con los holandeses, y a las presiones sobre los precios generados por los bajos costos de transporte de otros países (México, por ejemplo) y también de mano de obra (en el caso de Ecuador).

Al desarrollar un mejor entendimiento de la posición relativa, las empresas tendrán a su alcance dos oportunidades claras: contarán con datos precisos y confiables para encauzar mejor el debate entre el sector gubernamental y privado sobre importantes decisiones de políticas que enfrenta la industria, y además, sabrán con mayor precisión dónde conviene invertir o ampliar sus compañías.

Generando cooperación entre las empresas

El siguiente es un ejemplo común de cómo el paternalismo desalienta el tipo de cooperación requerida entre empresas para lograr exportaciones competitivas. En Bolivia y Perú, los exportadores de materias primas y metales de propiedad gubernamental se adueñaron de los proveedores más importantes para aminorar los problemas del suministro. Ese tipo de estrategia a menudo distrae la atención gerencial, impidiendo desarrollar un pensamiento estratégico de más alto nivel. Por lo demás, la concentración impulsada por el gobierno de la riqueza en unos cuantos grupos exportadores, limita la distribución de la riqueza necesaria para desarrollar industrias relacionadas y de apoyo. En el caso de la soya boliviana, por ejemplo, los productores no disponían de capital adicional para invertir en aprendizaje sobre empaque y mercadeo, o para invertir en proveedores que aprendieran por ellos. Quizás eso fue lo que le impidió a Bolivia penetrar en los segmentos más atractivos de la producción de soya. Hemos descubierto al menos 110 productos basados en la soya; de haber puesto más empeño en el desarrollo de industrias relacionadas, Bolivia podría haberse reorientado hacia segmentos ubicados más adelante en la cadena, en industrias más diversificadas y más atractivas desde el punto de vista estructural.

Superando la actitud defensiva

En la industria boliviana de la soya, es irónico que los productores muestren un fuerte antagonismo con respecto al gobierno, que es el que en última ins-

Figura 7-2 Los orígenes del razonamiento defensivo: el ciclo de inferencias en la industria boliviana de la soya

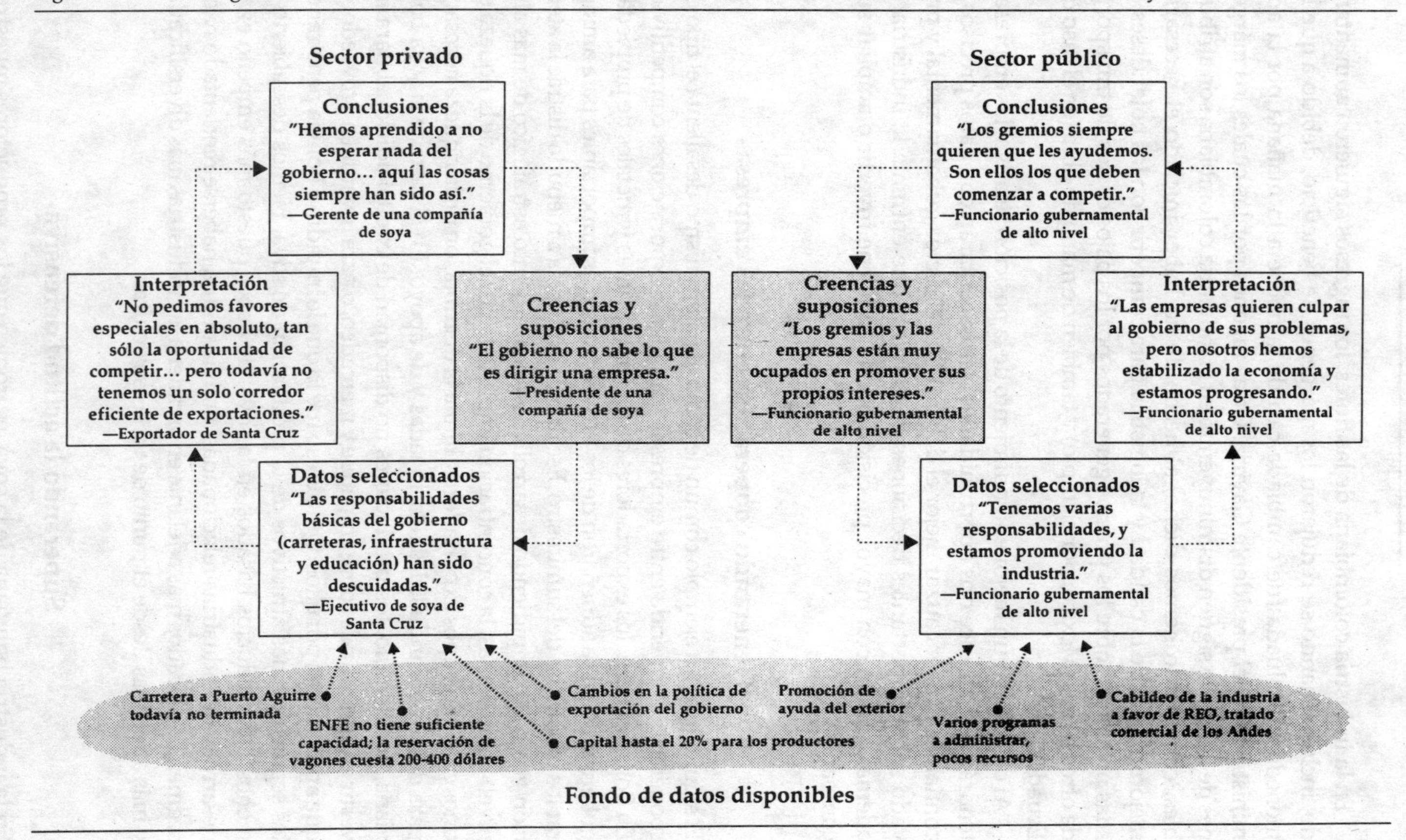

Sector privado
Conclusiones
"Hemos aprendido a no esperar nada del gobierno... aquí las cosas siempre han sido así."
—Gerente de una compañía de soya
Interpretación
"No pedimos favores especiales en absoluto, tan sólo la oportunidad de competir... pero todavía no tenemos un solo corredor eficiente de exportaciones."
—Exportador de Santa Cruz
Creencias y suposiciones
"El gobierno no sabe lo que es dirigir una empresa."
—Presidente de una compañía de soya
Datos seleccionados
"Las responsabilidades básicas del gobierno (carreteras, infraestructura y educación) han sido descuidadas."
—Ejecutivo de soya de Santa Cruz
Sector público
Conclusiones
"Los gremios siempre quieren que les ayudemos. Son ellos los que deben comenzar a competir."
—Funcionario gubernamental de alto nivel
Creencias y suposiciones
"Los gremios y las empresas están muy ocupados en promover sus propios intereses."
—Funcionario gubernamental de alto nivel
Interpretación
"Las empresas quieren culpar al gobierno de sus problemas, pero nosotros hemos estabilizado la economía y estamos progresando."
—Funcionario gubernamental de alto nivel
Datos seleccionados
"Tenemos varias responsabilidades, y estamos promoviendo la industria."
—Funcionario gubernamental de alto nivel
Carretera a Puerto Aguirre todavía no terminada
ENFE no tiene suficiente capacidad; la reservación de vagones cuesta 200-400 dólares
Cambios en la política de exportación del gobierno
Capital hasta el 20% para los productores
Promoción de ayuda del exterior
Varios programas a administrar, pocos recursos
Cabildeo de la industria a favor de REO, tratado comercial de los Andes
Fondo de datos disponibles

tancia les brinda la protección arancelaria que los sostiene. Como se advierte en la figura 7-2, tanto la industria de la soya como el gobierno están atrapados en ciclos opuestos de inferencia. Cada uno interpreta selectivamente los datos disponibles para apoyar su punto de vista. Esto ha generado una tensión creciente y ha disminuido la posibilidad de encontrar una solución mutuamente benéfica frente a los retos estratégicos del sector.

La figura sugiere que el paternalismo y la actitud defensiva pueden considerarse las dos caras opuestas de una misma moneda: donde está una, también está la otra. Mientras avanzan, los líderes gubernamentales y empresariales deben considerar que tienen la responsabilidad de iniciar discusiones más productivas sobre las cuestiones estratégicas más trascendentales. Esto será particularmente importante si se quieren dejar atrás los patrones históricos del paternalismo.

Impacto sobre la creación de riqueza y la competitividad

El paternalismo acaba con la competencia, especialmente si se da en las formas descritas en este capítulo: la devaluación de la moneda, un gobierno comportándose como el gran estratega de la economía y proteccionismo. Las compañías con menos opciones estratégicas a su alcance frecuentemente competirán exportando productos muy simples que otras naciones pueden imitar con facilidad. Como consecuencia, los precios disminuyen, la creación de riqueza se ve limitada y se pierde la oportunidad de reinvertir en exportaciones más complejas y de redistribuir la riqueza entre los ciudadanos promedio.

En el caso de Colombia, Perú y Bolivia su capacidad para exportar productos complejos oscila cerca de 5%, 2% y 2%, respectivamente, como porcentaje de las exportaciones totales.[5] Como ya mencionamos en capítulos precedentes, las bajas cantidades de exportaciones manufacturadas complejas están correlacionadas con niveles de vida también bajos. Por ejemplo, en Bolivia durante el periodo comprendido entre 1982 y 1993 y a lo largo de tres administraciones presidenciales, la tasa de crecimiento anual compuesto per cápita fue negativa.

El mundo ha cambiado: los computadores y las comunicaciones se han abaratado, y el aprendizaje, como dice Bill Gates, presidente de Microsoft, ha dejado de causar "fricciones".[6] En efecto, las reglas del juego están cambiando. Pero la forma en que juegan los encargados de la toma de decisiones en los países pequeños no está cambiando con la suficiente rapidez. Cuando las naciones e industrias descubren una fórmula de éxito, no deben suponer que esa fórmula siempre será apropiada. Y cuando se alteran las condiciones de la competencia y el éxito se ve amenazado, los líderes industriales suponen a menudo que debe ser culpa de alguien y que son otros los responsables de corregir las cosas.

Figura 7-3 Conservación del *status quo* y pérdida de competitividad

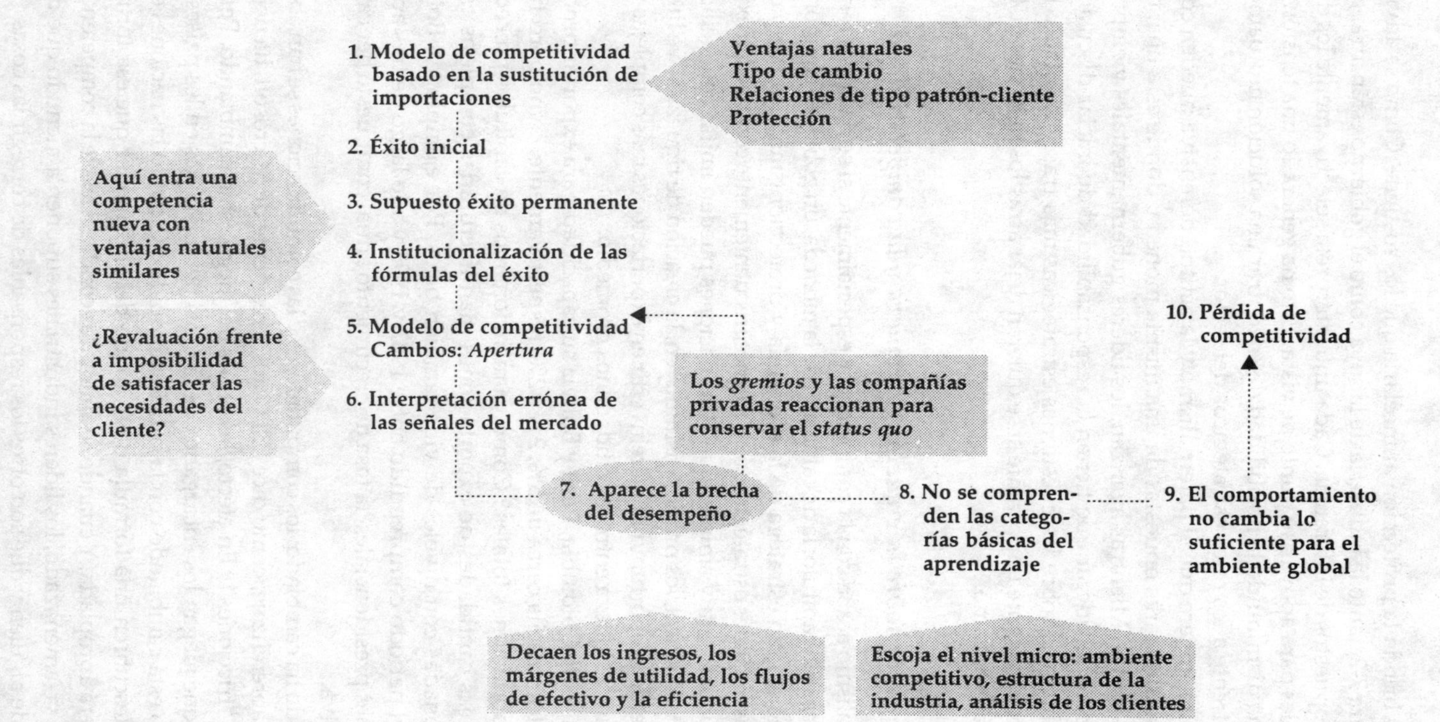

Las opciones son invertir en la innovación o tratar de retornar al *status quo*.

Como indica la figura 7-3, las políticas paternalistas y orientadas por los factores originan cierto éxito inicial y, como la naturaleza humana es como es, todo el mundo supone que estas políticas seguirán produciendo éxito. Por lo tanto, los líderes de los gobiernos y sectores privados institucionalizan esas fórmulas de éxito y se preparan para defenderlas. Si las industrias obtienen alguna utilidad, ésta no pasa inadvertida y los competidores se preparan para entrar en la industria. Es cierto que quizás esos competidores entren con menos experiencia, pero también es cierto que tienen un sentido menos rígido de lo que se necesita para triunfar. Si contemplan el mercado desde una perspectiva nueva y se posicionan a partir de ella, tanto ellos como la industria, a la postre se beneficiarán. Pero las cosas no suelen suceder así. La mayoría de las veces los nuevos competidores realizan la selección de datos de la misma manera que sus predecesores y culpan al gobierno, al Banco Mundial o al orden económico internacional por los efectos nada insignificantes que tiene el paternalismo en sus compañías. Así, terminarán cabildeando con el gobierno para que éste haga lo que siempre ha hecho, o para que ayude a crear para ellos "un lugar adecuado para competir".

Y así va perpetuándose el círculo vicioso. El gobierno reacciona y se defiende porque siente una presión considerable de los organismos multilaterales de financiamiento internacional. O se defiende porque los vientos del pensamiento neoliberal, que han soplado en las instituciones multilaterales, hacen que la gente se centre en un gobierno limitado y en unos sectores de negocios sin trabas, logrando convencerlo finalmente de que las reglas del juego han cambiado.

Resumen

Dos opciones: invitar al Ministro a desayunar o reconfigurar la industria.

En cierta ocasión ofrecimos en Perú una presentación a cientos de líderes gubernamentales y empresariales en una gran sala, oscurecida totalmente a excepción de la plataforma donde nos encontrábamos. Luego de presentar un análisis preliminar sobre el desempeño de las exportaciones del país, algunos resultados de encuestas sobre patrones relacionados con la toma de decisiones y algunas hipótesis acerca del futuro de Perú, afirmamos que los hombres de negocios allí presentes tenían dos opciones hacia el futuro. La primera era simplemente despertar al día siguiente e invitar a desayunar a cualquiera de los ministros de gobierno que mostrara interés en su industria.

"Ustedes conocen al ministro", dijimos. "Durante los fines de semana lo saludan amistosamente desde el otro lado de la cancha de tenis o en el campo de golf en el club. Pueden llevarlo a desayunar y pedirle un favor. *Ésa es una opción.*"

"Pero hay otra opción", proseguimos. Y preguntamos si alguno de los asistentes podría expresarla. Desde atrás de la sala un hombre levantó la mano con timidez y se dirigió a nosotros desde lo profundo del anonimato que le confería la oscuridad de la sala.

"Podemos llevar al ministro a *almorzar*." La audiencia prorrumpió en risas en un momento sublime de autorreconocimiento.

La segunda opción de los hombres de negocios es, por supuesto, que pueden tratar de reformular su punto de vista para no interpretar los hechos desde una perspectiva paternalista. En concreto, pueden aprender a juzgar el atractivo de las estructuras de la industria, pueden dedicarse a crear un ambiente competitivo para mejorar su posición relativa dentro de dichas estructuras, y también pueden concentrarse en conocer mejor el comportamiento de los competidores y las preferencias del cliente. En una sola frase, pueden aprender a reconfigurar la estructura de la industria en la que compiten.

PARTE DOS

ENTENDIENDO LAS CAUSAS FUNDAMENTALES DE LOS SIETE PATRONES

Los siete patrones discutidos en la parte 1 del libro surgieron de la interacción de cientos de variables que conforman la vida de negocios —económica, política, cultural y demográfica— en las naciones en vías de desarrollo.[1] Se ha invertido mucho tiempo y esfuerzo, y se han probado miles de aproximaciones en el intento por mejorar las condiciones del mundo en vías de desarrollo. Cada una de las aproximaciones, que van desde políticas gubernamentales de mano dura que atan la ayuda humanitaria a la política, hasta los esfuerzos de los años 90 para concentrarse en "Comercio mas no Ayuda", tiene sus propios méritos y una lógica intrínseca. De hecho, a lo largo de los años se han creado cientos de modelos económicos para intentar explicar los retos del desarrollo. Nuestro aprendizaje nos ha convencido de que entre todos los esfuerzos para cambiar las estructuras económicas en las naciones del mundo en vías de desarrollo, el mensaje microeconómico no ha calado. La dinámica fundamental de lo que se necesita para crear y sostener la riqueza —el mensaje de la economía a nivel de la empresa— no parece haberse arraigado entre los líderes del mundo en vías de desarrollo.

Unas pocas preguntas surgen de esta observación: ¿Cuáles son las lecciones a nivel de la empresa que deberían primar en las mentes de estos líderes? ¿Por qué es que este mensaje, si se transmite y cuando se transmite, desaparece muy rápidamente de la imaginación colectiva de los líderes? Tenemos varias hipótesis. Primero, que probablemente el mensaje mismo no ha sido bien transmitido o no ha sido bien entendido. Segundo, que la naturaleza misma del proceso político puede crear tal grado de inestabilidad institucional y estructural, que dificulta a las personas —sin importar cómo piensen que *deberían* comportarse— el optar por algo diferente al pensamiento cortoplacista y a la maximización de las ganancias. Finalmente, puede ser que el mensaje macroeconómico haya sido transmitido mas no internalizado, debido a los modelos mentales profundamente arraigados en los líderes sobre cómo se crea y se distribuye la riqueza.

La segunda parte del libro se refiere en detalle a estas hipótesis. El capítulo 8 se concentra en la estrategia de negocios, un componente del mensaje microeconómico. Éste es un punto de partida fundamental. Si los negocios han de tener éxito en la era de la competencia total tendrán que contar con buenas estrategias. Esto va seguido de un capítulo sobre aprendizaje a nivel de la empresa. Además de escoger su estrategia, las empresas tienen que mejorar la inversión en aprendizaje en diferentes áreas cruciales: clientes, costos y competidores. Ésta es la esencia misma de la competencia a nivel de la empresa: radica en las decisiones estratégicas que se hagan y en qué tan bien puede actuar una empresa sobre la base de dichas opciones, a la luz, tanto de las necesidades del cliente, como del comportamiento de los competidores.

El capítulo 10 da un paso atrás para examinar el contexto dentro del cual las empresas despliegan sus estrategias. A medida que hemos tratado de entender por qué las empresas no han aprovechado las oportunidades descritas en la primera parte de este libro, nos hemos dado cuenta de que la herencia institucional que aún prevalece en muchos países en vías de desarrollo, limita el pensamiento de largo plazo. Las políticas gubernamentales y los mecanismos institucionales han limitado las capacidades de las empresas para desarrollar estrategias más complejas y sostenibles. Examinamos estos temas a través de una revisión detallada de Bolivia desde 1952 hasta el presente.

El capítulo 11 da un paso adelante para analizar las implicaciones de las estrategias y estructuras establecidas, en la forma de pensar de los líderes empresariales, gubernamentales, académicos y sindicales acerca de la innovación, productividad, creación de riqueza y distribución. En el capítulo 6 argumentamos que la actitud defensiva limita la habilidad de una nación para mejorar sus fuentes de ventaja. El capítulo 11 analiza el tema de la actitud defensiva y la tendencia a la división más detalladamente, basándose en extensas investigaciones realizadas con más de 500 líderes del gobierno, los negocios, el ámbito universitario y los sindicatos venezolanos.

El capítulo 12 examina lo que llamamos "La vieja forma de pensar" y hace recomendaciones sobre cómo deberán cambiar las cosas si se han de mejorar las abundantes fuentes ocultas de crecimiento en las naciones del mundo en vías de desarrollo.

CAPÍTULO OCHO

Acciones estratégicas —No tomar una decisión es tomarla

Estrategia es decisión informada y acción oportuna.

—Mark Fuller, Presidente y Director Ejecutivo de Monitor Company

¿Dónde iniciamos la tarea de transformar los siete patrones del comportamiento no competitivo en oportunidades de crecimiento sostenible? ¿Esperando que el contexto mejore y nos permita adoptar decisiones más acertadas? ¿O tomando mejores decisiones que nos ayuden a mejorar el contexto? Nos hallamos frente al clásico dilema de determinar qué fue primero, el huevo o la gallina, una disyuntiva que ha paralizado a muchos líderes. En nuestra opinión, lo que deben hacer tanto el sector gubernamental como el privado, es asumir la responsabilidad de introducir cambios que mejoren los resultados sociales y económicos alcanzados en toda la nación. Esa alianza debe basarse en decisiones explícitas, o sea, en estrategia.

ACCIÓN ESTRATÉGICA DEFINIDA

Toda organización toma decisiones y acomete acciones. El tipo de acción que se emprende es a menudo una respuesta a las presiones impuestas por los resultados de acciones anteriores. Una acción eficaz es el resultado de decisiones acertadas: *Una buena estrategia radica en convertir una decisión informada en acción oportuna.* Debido a las restricciones reales o que los líderes encargados de la toma de decisiones se enfrentan, tanto en el gobierno como en los negocios, no es fácil adoptar buenas decisiones estratégicas

El desaprovechar las ventajas de las siete oportunidades para lograr un cambio económico positivo no se debe simplemente a un problema de productividad; las compañías que han caído en los patrones de comportamiento no competitivo descrito en la primera parte no pueden limitarse a seguir haciendo lo mismo de siempre, aunque más eficientemente. Lo que se requiere es una aproximación fundamentalmente nueva a la forma de hacer negocios; una manera distinta que, en lo posible, no esté demasiado condicionada por las estrategias que fueron exitosas en el pasado. Parte de ese nuevo enfoque debería incluir una evaluación fundamental del posicionamiento estratégico de la compañía en tres dimensiones generales:

1. Decisión de ventaja
2. Decisión de cobertura o alcance
3. Decisión de tecnología

La administración de los recursos humanos, operaciones, finanzas y la utilización de proveedores externos puede resultar decisiva para mejorar la productividad operacional. Pero su eficacia dependerá de su alineamiento con las decisiones sobre tipo de ventaja, cobertura y tecnología.

Tanto el sector privado como el público deben darse cuenta de que al *no decidir, están decidiendo.* Si los líderes no adoptan decisiones claras y explícitas, corren el riesgo de permitir que la competencia decida por ellos.

Las decisiones tomadas por los líderes empresariales e industriales en décadas pasadas encajaban a la perfección dentro del antiguo contexto, esto es, dentro de la forma tradicional de hacer negocios. Pero hoy en día es frecuente que estas decisiones sean inadecuadas y necesiten una revisión. ¿Qué entendemos por decisiones? Con este término designamos decisiones estratégicas amplias como por ejemplo, en qué industrias competir, qué producir, cómo distribuir los productos, qué estrategias de recursos humanos seguir. Las decisiones adoptadas en esas áreas son fundamentales para el éxito de cualquier empresa y deben verse como la base sobre la cual se crea y sostiene la riqueza. A continuación revisaremos algunas de ellas a la luz de los patrones descritos en la parte 1, un examen que nos permite señalar el camino de soluciones viables para los problemas estratégicos que presentamos. Hay una solución que se encuentra en algún lugar entre el paternalismo gubernamental y la quiebra.

La *acción estratégica* es la combinación de las decisiones estratégicas que las organizaciones adoptan sobre cómo se posicionarán y qué acciones emprenderán para convertir sus decisiones en resultados. ¿Por qué distinguimos entre decisiones y acciones estratégicas? Idealmente estrategia y acción deberían ser la misma cosa. Pero resulta fácil confundir el progreso con el movimiento, y en el mundo de la competencia global también resulta fácil confundir una buena estrategia con la eficiencia operacional. Cuando las presiones competitivas aumentan, es mucho más fácil mantenerse ocupados trabajando sin cesar o tratando de alcanzar una mayor eficiencia, que detenerse un momento y reflexionar sobre las decisiones que se están tomando. Por este motivo, vale la pena hablar tanto de decisión, como de acción.

Los términos *estrategia, productividad operacional* y *competitividad* son tres conceptos que a menudo se emplean con poco rigor, ocasionando más confusión que claridad. La *estrategia* se refiere a la transformación de decisiones bien informadas en una acción oportuna. La *productividad operacional* es la utilización de todos los componentes de una operación —mano de obra, capital, materia prima, energía y conocimiento— para generar una producción con mayor eficiencia.[1] Como se aprecia en la figura 8-1, la *competitividad* se da cuando se combinan una buena estrategia y una alta productividad operacional.

La sostenibilidad es también relevante. Es posible que una compañía sea altamente productiva agotando los recursos naturales y degradando los recursos humanos y, aún así, gane millones de dólares. Pero esas estrategias no son sostenibles y a nuestro juicio, tampoco son deseables. Es fácil explotar los recursos visibles de crecimiento en el mundo en vías de desarrollo y esto se ha hecho muy eficazmente, pero el resultado neto es que los países de África y la mayor parte de los países latinoamericanos son hoy más pobres que hace veinte años. Y en medio de toda esa pobreza hay bolsillos llenos de enormes riquezas.

Figura 8-1 Estrategia, productividad operacional y competitividad

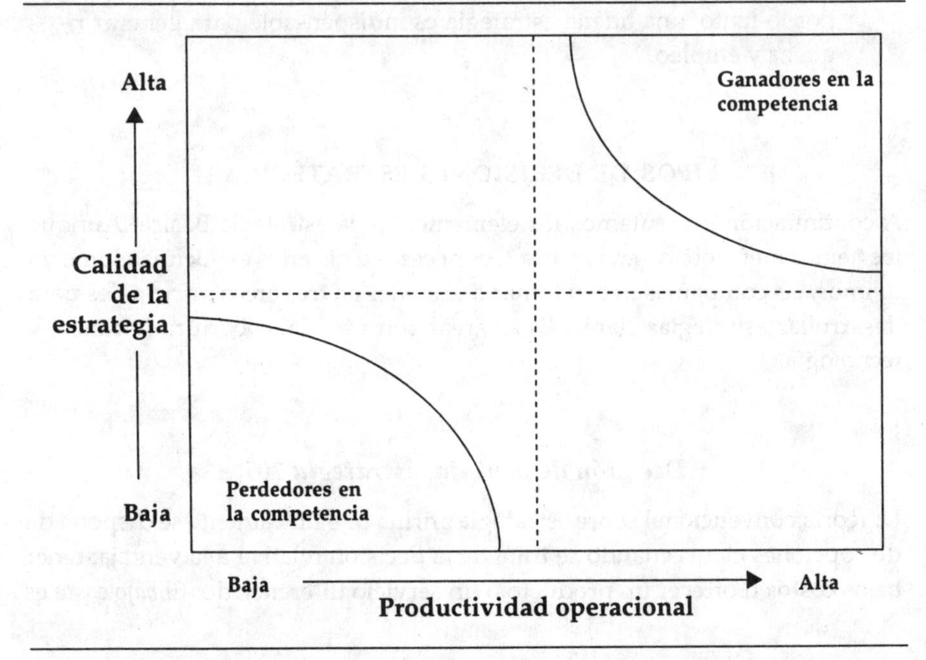

La degradación ambiental y la tensión social son consecuencias directas de las estrategias explotadoras que han ocasionado en la región de los Andes dos resultados predecibles: caos social (que va desde huelgas hasta el terrorismo guerrillero) y caos político (resultante de los intentos del gobierno por corregir las terribles injusticias de la distribución de la riqueza). En Perú se experimentaron ambos durante la presidencia de Alan García, cuyas reacciones provocaron la crisis bancaria de la década de 1980.

Una buena estrategia es sostenible y difícilmente imitable. Y el reto de ser competitivo no es simplemente el desafío de abusar del ambiente o los trabajadores. El reto consiste en tomar mejores decisiones sobre cómo modificar la mezcla de insumos, a fin de conseguir resultados estratégicos más satisfactorios.

Como quedará cada vez más claro a medida que avancemos, una buena estrategia obliga a las empresas y a las naciones a mejorar su fuente de recursos disponibles, sobre todo los recursos de conocimiento, los cuales serán decisivos en la forma en que se asignen otros recursos a la actividad económica. Ante las restricciones de un sistema capitalista, la tendencia cada vez mayor hacia las economías abiertas y la ausencia de una alternativa viable, recomendamos a quienes se interesan por el desarrollo económico reflexionar sobre el siguiente silogismo:

1. Una buena estrategia es indispensable para tener negocios exitosos;
2. Los negocios exitosos generan riqueza y empleo;
3. Por lo tanto, una buena estrategia es indispensable para generar riqueza y empleo.

Tipos de decisiones estratégicas

A continuación presentamos los elementos de la estrategia básica. Aunque los hemos mencionado en la parte 1, es necesario hacerlos explícitos. Como ya dijimos, las compañías deben tomar decisiones en tres áreas principales para desarrollar estrategias claras. Estas áreas son ventaja, cobertura (alcance) y tecnología.

Decisión de ventaja: estrategia 101

La teoría convencional sobre estrategia afirma que únicamente se dispone de dos opciones claras cuando se trata de la decisión relativa a la ventaja: tener bajos costos u ofrecer un producto o un servicio diferenciado. El *bajo costo* es una estrategia que reduce al mínimo los costos para ofrecer precios bajos procurando, simultáneamente y en lo posible, satisfacer otras necesidades del comprador. La *diferenciación* en cambio, consiste en agregar un valor especial por el cual el cliente está dispuesto a pagar.[2]

No hay una decisión correcta sobre la ventaja competitiva. Cada compañía en cada industria tendrá que efectuar una evaluación minuciosa del ambiente competitivo y de la estructura de la industria para determinar qué enfoque estratégico es el más viable y sostenible. En ese sentido, podemos hablar de decisiones estratégicas mejor alineadas que otras, o más apropiadas a las circunstancias singulares que enfrenta una industria.

Bajo costo

Las estrategias de bajo costo, por ejemplo, son sostenibles únicamente si se basan en la innovación. Las estrategias de bajo costo que se cimentan en factores de producción pasivamente heredados, tales como niveles salariales o acceso a materias primas baratas, son eficientes en el corto plazo pero resultan, a la postre, insostenibles. Y una estrategia de bajo costo que se fundamente en un tipo de cambio favorable está expuesta al desastre porque, como dijimos antes, partiendo de una plataforma nacional, es la ventaja más fácilmente imitable que compañía alguna pueda tener; de ahí que resulte la más vulnerable.

Una queja común entre los exportadores es que su gobierno los perjudica al revaluar la moneda. ¿Pero por qué querría uno competir basándose en ventajas que pueden ser arrebatadas en un solo día, si el gobierno revalúa y el siguiente decide devaluar? En cualquier plataforma nacional las empresas necesitan seleccionar mejor sus segmentos y bases de competitividad. Ésa es la lección que aprendimos en el primer y segundo capítulos del libro, donde se explican los problemas propios de competir exclusivamente a partir de las ventajas de factores básicos y de la incapacidad para concentrarse en determinados segmentos de clientes dentro de las industrias escogidas.

Los ambientes competitivos van a cambiar, los niveles salariales van a aumentar, las fuentes de materias primas van a agotarse. Los compañías podrán crear fuentes duraderas de ventaja si diseñan estrategias de bajo costo que se basen en ventajas de orden superior como la eficiencia en la distribución, utilización de proveedores externos, procesos de producción o estrategias orientadas al cliente. Por ejemplo, durante los últimos veinte años los floricultores han sido los exportadores más innovadores y exitosos en Colombia. Como señalamos en páginas anteriores, basaron su ventaja en sol, mano de obra barata, ubicación y suelo fértil. También crearon un exitoso sistema de distribución que compitió contra los holandeses en el litoral oriental de Estados Unidos. Quizás esa innovación se debió parcialmente a un esquema de transferencia para evadir los impuestos de Colombia, pero también sirvió para que los colombianos se acercaran más a los clientes de Estados Unidos. Esto a su vez les brindó ventajas estratégicas orientadas al mercado. En la actualidad el sistema logístico de distribución siente la presión de mejorar, en momentos en que los cultivadores ecuatorianos y mexicanos han ido consolidándose y empiezan a introducir innovaciones propias. La industria colombiana de las flores se encuentra en una encrucijada. Tiene la oportunidad de invertir para mejorar su distribución y aprender acerca de las necesidades de clientes refinados, pero también puede gastar su energía quejándose ante el gobierno de las reglas de juego de su país, en cuestiones como tipos de cambio y leyes laborales.

Los países en vías de desarrollo tienden a depender de estrategias competitivas que se basan en condiciones heredadas de factores. En otras palabras, la mayoría de las estrategias del "Tercer Mundo" son del tipo de bajo costo porque en ellas radican sus ventajas *comparativas*. La industria peruana de la harina de pescado, de la que hablamos en el capítulo 1, continúa dominando ese segmento. Sin embargo, a nuestro juicio están ganando la batalla, pero perdiendo la guerra. El potencial de generar riqueza en el largo plazo no se encuentra en la industria de la harina de pescado, sino en el desarrollo de la capacidad para competir en mercados cada vez más complejos.

A medida que los líderes reflexionan sobre cómo desarrollar fuentes más sostenibles de ventaja, tendrán que pensar también en el desarrollo de activos más refinados de conocimiento; tendrán que cultivar ventajas competitivas basadas en capital humano e innovación, las cuales aprovechen al máximo las enormes ventajas comparativas que ya poseen. La *mezcla* de insumos usados en la economía— materia prima, capital, recursos humanos, apoyo institucional e incluso cultura— tendrá que reflejar un entendimiento más profundo de cómo se crea y se *sostiene* la riqueza.

Diferenciación

"Una compañía se diferencia de sus competidores", escribe Michael Porter en su libro *La ventaja competitiva*, "cuando ofrece algo único y valioso para los compradores, además de un simple precio bajo. La diferenciación le permite a la empresa cobrar un precio elevado, vender una mayor cantidad de su producto a un precio determinado o bien, obtener beneficios equivalentes, como por ejemplo, mayor lealtad de los compradores en los periodos estacionales o cíclicos de baja demanda".[3] Quizás el refrán más común entre los líderes de los países en desarrollo es que las compañías no pueden competir sobre una base distinta del bajo costo. Lograr la diferenciación es difícil, eso no se discute, pero es precisamente por eso que las estrategias diferenciadas tienden a ser las más sostenibles.

Las estrategias diferenciadas pueden basarse en el nombre de marca, el diseño, la tecnología, el servicio, las características del producto u otros aspectos que requiere el cliente. La clave para diseñar una estrategia de diferenciación consiste en invertir mucho para averiguar qué atributos del producto valorará el cliente. La diferenciación es un aspecto que el cliente detecta, no el fabricante. Cuando los líderes de la industria colombiana de las flores se enteraron de esto, respondieron que sus flores costaban poco y a la vez eran diferenciadas. Sin embargo, la idea de los cultivadores acerca de la diferenciación de su producto provenía de sus propias creencias acerca de los deseos del cliente, más que de una investigación al respecto. Por ejemplo, en Boston una docena de rosas de Los Países Bajos costaba 60 dólares el día de San Valentín, mientras que una docena de rosas de Colombia valía apenas 24 dólares. Naturalmente, a los ojos del consumidor había una diferencia entre las rosas holandesas y las colombianas —un color más vivo, un aroma más agradable, un tallo más fuerte— y estaba dispuesto a pagar más por ellas. Ésta es la prueba decisiva de la diferenciación: *cuando los clientes están dispuestos a pagar más por un valor que perciben.* Un producto no es diferenciado simplemente porque el productor piensa que lo es.

Decisión de cobertura

En términos generales, las preguntas concernientes a la cobertura estratégica se sitúan en cuatro grandes categorías: cobertura vertical, cobertura de segmento o producto, cobertura geográfica o cobertura de negocios. Una vez más, una compañía no alcanzará el éxito si no posee la capacidad de tomar decisiones claras en cuanto a estas cuatro dimensiones básicas.

Como ya debe ser claro, las economías basadas en factores que han sido protegidas durante largo tiempo presentan algunos patrones familiares. En general, las decisiones que se toman en esos ambientes se centran en una amplia cobertura del producto, una reducida cobertura geográfica, una amplia cobertura vertical y segmentos poco refinados del mercado. ¿Por qué sucede esto?

En parte, estas decisiones se explican por la herencia de un enfoque del desarrollo económico que se basa en la sustitución de importaciones, aproximación que encontramos en muchos países en vías de desarrollo. En un ambiente donde los productores no se ven presionados por la competencia, éstos gozan de libertad para fabricar sus bienes y pensar después en el precio y en el cliente al que le venderán. En un ambiente protegido no hay necesidad de escoger.

Cobertura vertical

La elección de la cobertura vertical es de tal importancia para los gerentes de los países en vías de desarrollo, que le dedicamos un capítulo entero en la parte 1. Al hablar de la integración hacia adelante, explicamos la cobertura vertical en términos de sistemas de distribución y determinamos cuánto valor generaban éstos para el productor, tanto en lo que respecta al conocimiento del mercado como a las fuentes reales de ventaja. También comentamos que muchas compañías tienen problemas por desconocer las necesidades de los canales de distribución que atienden.

La cobertura vertical tiene otro aspecto que vale la pena profundizar. La cobertura vertical casi siempre se concentra en qué punto del sistema de valores desea competir una compañía. Esto incluye decisiones no sólo sobre cómo distribuir un producto, sino también sobre el grado de integración que desea tener la compañía en la fabricación de productos que se ubican más adelante en la cadena. Hay más de 110 productos potenciales de este tipo en los cuales la industria boliviana de la soya podría competir (Fig. 8-2); pero actualmente elabora productos sólo en cuatro categorías: productos de aceite de soya, aceite refinado de soya, soya entera y harina de soya. Gracias a la fertilidad de su suelo, los productores bolivianos tienen una magnífica oportunidad de desarrollar bienes procesados de soya como aceites, tintas, productos farmacéuticos o alimenticios que podrían constituir industrias mucho más atractivas para ellos. Industrias en las cuales su fuente de ventaja no serían las políticas del gobierno sino su ritmo de innovación.

Si se pone empeño en determinar qué decisiones estratégicas conviene tomar respecto al posicionamiento dentro del sistema de valores, habrá probabilidades de obtener rendimientos mucho mayores que si se invierte tiempo, energía y dinero cabildeando con el gobierno para tratar de mantener una posición que a la larga, no es deseable ni competitiva.

Cobertura de segmento

Para seleccionar uno de los 110 productos en el cual competir, un productor de soya tendrá que evaluar el atractivo de cada grupo de productos y determinar qué segmentos dentro de cada grupo son los más atrayentes. Por ejemplo, podría haber una manera de crear una mayonesa que combine las cualidades especiales del condimento que tanto aprecian los consumidores de una región. También convendría pensar en formar una alianza para la producción con una compañía como CPC International (fabricante de la mayonesa Hellmann's) que facilitara el ingreso a mercados vecinos. Hay infinidad de formas de competir, pero para cada una de ellas es indispensable que los pro-

Figura 8-2 Opciones potenciales de producto en la industria de la soya

Semillas de soya

Productos de aceite de soya

Glicerol

- Ácidos grasos
- Esteroides

Aceite refinado de soya

USOS COMESTIBLES
- Sustitutos de crema para café
- Aceites de cocina
- Leches
- Margarina
- Mayonesa
- Medicamentos
- Productos farmacéuticos
- Aderezos para ensalada
- Aceites para ensalada
- Productos para untar en *sandwiches*
- Manteca para mezclar con masa

USOS TÉCNICOS
- Aceites básicos
- Diesel
- Desinfectantes
- Epóxicos
- Fungicidas
- Tintas
- Telas aceitadas
- Pinturas
- Plaguicidas
- Plastificadores
- Jabón

Lecitina de soya

USOS COMESTIBLES
- Agentes emulsificantes
- Productos de repostería
- Dulces
- Productos farmacéuticos
- Usos nutricionales
  - Dietéticos
  - Médicos

USOS TÉCNICOS
- Agentes antiespuma
  - Alcohol
  - Levadura
- Agentes dispersores
  - Pintura
  - Tintas
  - Insecticidas
  - Hule
- Agentes estabilizadores
  - Manteca para mezclar con masa
- Agentes humidificantes
  - Sustitutos de leche de vaca
- Cosméticos
- Pigmentos de pintura

Productos enteros de soya

USOS COMESTIBLES
- Semilla
- Forrajes
- Brotes de soya
- Semillas de soya cocidas
- Harina integral de soya grasa
  - Pan
  - Dulces
  - Mezcla para roscas fritas
  - Postres congelados
  - Bebidas instantáneas de leche
  - Avenate de bajo costo
  - Harina de panqué
  - Corteza de pastel
  - Dulces
- Semillas de soya tostadas
  - Ingredientes para galletas
  - Galletas
  - Productos dietéticos
  - Mantequilla de soya
  - Café de soya
- Alimentos tradicionales
  - Miso (pasta japonesa)
  - Leche de soya
  - Salsa de soya
  - Tofu (alimento japonés)

Productos de proteínas de soya

Concentrados y aislados de harina de soya

USOS TÉCNICOS
- Adhesivos
- Reactivos analíticos
- Antibióticos
- Emulsiones de asfalto
- Materiales detergentes
- Cosméticos
- Tintas
- Sustitutos de cuero
- Pinturas
- Plásticos
- Poliésteres
- Productos farmacéuticos
- Textiles

USOS COMESTIBLES
- Pastas alimenticias
- Alimentos para bebés
- Ingredientes de repostería
- Cerveza común, cerveza espesa y amarga
- Productos de dulces
- Cereales
- Productos alimenticios dietéticos
- Bebidas
- Sémola
- Productos de carne
- Tallarines
- Mezclas preparadas
- Cubiertas para salchichas
- Levadura

Harina de soya

USOS EN ALIMENTACIÓN DE ANIMALES
- Acuacultura
- Alimento para abejas
- Forraje para ganado
- Forraje para ganado lechero
- Alimento para pescado
- Alimento para mascotas
- Alimento para aves de corral
- Concentrado proteínico
- Alimentos para puercos

VAINAS
- Forraje para ganado lechero
- Material para filtros
- Panes con alto contenido de fibra

Fuente: Investigación de Monitor Company, U.S. Department of Commerce, 1996 *Soya Blue Book* (Michigan: American Soybean Association, 1996).

ductores investiguen el atractivo estructural del segmento y la eficiencia con que pueden atenderlo. En el capítulo 2, donde hicimos énfasis en las oportunidades disponibles para las compañías que invierten en conocer mejor al cliente, se señala que los gerentes deben optar por competir en las áreas del mercado más atractivas para su organización.

Otro aspecto de la cobertura de segmentos se refiere a decidir sobre productos específicos. Ésta es otra decisión que las políticas de gobiernos anteriores han dificultado. En un ambiente protegido, no era raro que una empresa ampliara o aumentara con rapidez su cobertura de productos, como si pretendiera consolidar su tecnología de producción o llegar a un grupo más numeroso de clientes. Tal estrategia era lógica en una era en la que los fabricantes podían vender sus productos con un margen de utilidad previamente establecido. Pero hoy en día ya no es posible servir a todos los clientes, en todo momento, con todos los productos. Una vez más, la disciplina del enfoque es importantísima. Una compañía textil de Medellín que conocemos fabricaba 2,000 productos y se las arreglaba para obtener una utilidad. Probablemente la compañía lograba utilidades de cerca de un 10% de su línea de productos pero no estaba segura de cuál 10%. En el futuro será mucho más difícil, si no imposible, competir con eficiencia en una variedad tan amplia de productos.

La proliferación de la línea de productos origina varios problemas. Aumenta la complejidad de la planta y esto aminora la eficiencia y el rendimiento. Además, por la proliferación de productos y los inadecuados sistemas contables, las compañías ya no están en condiciones de determinar la utilidad exacta que aportará un producto en particular. De hecho, en las grandes compañías manufactureras de Estados Unidos, donde la cobertura de productos ha proliferado, se han establecido incentivos para vender productos de más alto precio —productos que de hecho, les hicieron perder dinero.[4]

En el futuro, las compañías de los países en vías de desarrollo tendrán que seleccionar con cuidado los clientes a quienes desean atender y los productos que venderán. La elección de la cobertura de productos se facilita mucho cuando se conoce lo que realmente valoran los clientes.

Cobertura geográfica

¿En qué área geográfica deberían competir las empresas? Aunque se trata de un pregunta cuya respuesta es decisiva para la supervivencia de un negocio, la cuestión de la cobertura geográfica no figura aún entre los retos principales que enfrentan las compañías de la región andina. Mientras contaron con los beneficios de los ambientes protegidos, las empresas no tuvieron que analizar a fondo el tema de la cobertura geográfica: la capacidad de competir en el territorio nacional estaba garantizada y a menudo les ofrecían tan interesantes incentivos para exportar, que tampoco importaba realmente hacia dónde lo hicieran. No obstante, al desaparecer esas ventajas, las empresas se han visto obligadas a examinar dónde buscar oportunidades de crecimiento y, para ello, han debido reflexionar sobre la conveniencia de penetrar nuevos mercados.

Vale la pena resaltar una característica de los países conocidos como los Tigres Asiáticos (Hong Kong, Corea del Sur, Singapur y Taiwán). Como sus estrategias nacionales giraban en torno al crecimiento económico mediante la exportación de manufacturas, las compañías han tenido que desarrollar una amplia cobertura geográfica para competir con rivales mucho más grandes, y simultáneamente en varios países.[5] Para desarrollar, producir y vender las manufacturas con eficacia a escala global se requiere una gran pericia y compromiso gerencial. Estas habilidades probablemente no se obtendrán pronto en las empresas latinoamericanas, que en términos generales, han tenido éxito exportando productos basados de manera primordial en recursos naturales, los cuales requieren pocas de las habilidades del recurso humano para competir en todo el mundo.

Cobertura de negocios

La última decisión que las compañías deben tomar con respecto a la cobertura, se refiere al tipo de negocio en el cual competir. Una vez más, la historia ha intervenido en determinar dicha decisión. Los ambientes protegidos dentro de los cuales han operado las empresas latinoamericanas les permitió entrar en todo tipo de negocios y competir eficazmente en ellos. Muchas compañías, sobre todo las que son propiedad de grupos familiares o asociaciones de amigos, hoy son incapaces de obtener ganancias de todos sus negocios; deben adoptar decisiones fundamentales sobre los mercados o segmentos donde desean competir y sobre cómo lo harán.

Decisión de tecnología

La tecnología es el principal motor del cambio. Por ello los líderes empresariales necesitan reflexionar detenidamente sobre ella y administrarla de manera adecuada. Muchas empresas del mundo en vías de desarrollo se muestran fascinadas ante la idea de adquirir tecnología para alcanzar una mayor competitividad. Si bien es cierto que la tecnología puede ser un excelente instrumento igualador, también lo es el que ésta puede imponer una gran tensión sobre recursos escasos. Es frecuente que los líderes confundan la relación entre tecnología y competitividad.[6] La tecnología tiende a ser considerada como algo valioso y útil en sí mismo, cuando en realidad lo es sólo en la medida en que le permita a un negocio desarrollar su estrategia de manera eficaz.

Hay dos categorías generales de estrategia de tecnología que puede adoptar una compañía: ser un líder tecnológico o ser un seguidor tecnológico. Ninguna de las dos opciones es mejor que la otra. Como veremos más adelante, lo importante es que la compañía adopte explícitamente una de las dos opciones y se apegue a ella.

La tecnología es conveniente para una empresa en la medida en que:

1. Cree una ventaja competitiva sostenible.
2. Cambie los inductores de costos o de diferenciación a favor de la empresa.
3. Proporcione a la empresa las ventajas del primer movimiento.
4. Mejore la estructura general de la industria.[7]

La historia de los líderes de la industria textil colombiana, quienes durante la década de 1980 invirtieron millones de dólares en equipo para mejorar sus plantas, constituye un interesante ejemplo de estrategia tecnológica. Tenían en mente una estrategia muy clara: comprar el mejor equipo usado disponible en el mercado y utilizarlo para mejorar la productividad operacional y la calidad de su línea de productos. Los colombianos iniciaron esta febril actividad de compra al mismo tiempo que las compañías estadounidenses se reestructuraban para reducir su tamaño, y se alegraron al descubrir en Colombia compradores deseosos de adquirir su maquinaria. El problema era que las empresas estadounidenses estaban vendiendo esos equipos por una razón: ya no les servían para competir a escala global. Eran adecuados para competir en segmentos del mercado que requerían largas series de productos individuales y típicamente, de productos de algodón. Eran perfectos para segmentos como camisetas, ropa interior y otros productos simples de consumo tipo "commodity". Sin embargo, las compañías estadounidenses habían comprobado amargamente que las estrategias basadas en productos del segmento más bajo no eran sostenibles. Los competidores asiáticos los vencían siempre en precios, a pesar de la distancia que sus productos debían recorrer y de un complejo sistema internacional de tratados comerciales y cuotas. El precio era la única base de la competencia en esos segmentos.

Por eso, las compañías estadounidenses vendieron su equipo e invirtieron en maquinaria muy flexible que pudiera procesar, tanto algodón como materiales sintéticos, una maquinaria muy adecuada para fabricar productos como lencería y ropa de cama. Como en esos segmentos los usuarios apreciaban mucho la elegancia y el diseño (ventaja competitiva que tenían las empresas estadounidenses sobre las asiáticas) y como el producto final era muy pesado, los asiáticos no podían introducir sus productos en Estados Unidos y seguir siendo competitivos en precios. Al cambiar de segmentos, las compañías estadounidenses lograron mejorar el atractivo estructural de las industrias que atendían. En cambio, al comprar la maquinaria de ellas, las empresas sudamericanas se colocaron en la misma posición en que habían estado antes los estadounidenses, salvo que por aquella época estos mercados locales estaban protegidos contra la competencia de los asiáticos. Sólo después de que la economía se abrió en la década de 1990, los colombianos reconocieron el error tan grave que habían cometido: no habían entendido qué criterios establecer para evaluar su enorme inversión en tecnología.

Resumen

La estrategia consiste en tomar decisiones particulares a lo largo de dimensiones bien definidas, lo cual constituye un primer paso de gran importancia para cultivar las fuentes ocultas del crecimiento. Cuando no se toman decisiones sobre lo que se debe hacer, se permite que otros decidan por uno mismo. Más de una vez hemos mostrado a un cliente la posición competitiva de su compañía en un mapa relativo frente a todos sus competidores. Se limitan a decir: "Nosotros no decidimos ocupar ese lugar". Y nuestra respuesta siempre es la misma: "Ustedes no decidieron pero su competidor decidió por ustedes".

Competir tomando decisiones más acertadas sobre *dónde* competir, *cómo* competir y *qué* productos fabricar es la forma de crear fuentes sostenibles de ventaja. En el siguiente capítulo examinaremos más a fondo el tipo de aprendizaje que las empresas deben realizar si quieren tomar decisiones informadas y emprender acciones oportunas.

CAPÍTULO NUEVE

Aprendizaje a nivel de la empresa

Si un hombre quiere alcanzar un grado eminente de conocimiento, le costará tiempo, observación, hambre, desnudez, mareo de la cabeza, debilidad en el estómago y otras incomodidades.

—Miguel de Cervantes (1547-1616)

La incapacidad de los líderes de los países en vías de desarrollo para aprovechar las oportunidades que hemos destacado a lo largo del libro, es a la vez comprensible y desafortunada. Es comprensible por las tensiones sociopolíticas que han generado ambientes inestables, poco dados a apoyar la inversión en activos de conocimiento. Y es desafortunada porque, al no invertir en formas más complejas de competencia, se ha propiciado la disminución de los niveles de vida en los países en vías de desarrollo. Aprovechar las oportunidades requiere de una combinación de mejor posicionamiento estratégico, aprendizaje a nivel de la empresa y mejoramiento fundamental de la calidad del diálogo dentro de los círculos de liderazgo. Ya discutimos sobre el posicionamiento estratégico y ahora nos gustaría concentrarnos en el aprendizaje en la empresa; más adelante abordaremos la tarea de mejorar la calidad del diálogo. A continuación estudiamos lo que podríamos llamar las tres "ces" del aprendizaje en la empresa que son indispensables para lograr un crecimiento sostenible: clientes, costos y competidores. Resulta difícil saber dónde posicionarse en el campo de batalla estratégico si no se cuenta con buena información sobre las necesidades del cliente, la estructura relativa de costos y el posicionamiento de los competidores. Las compañías conocedoras de estas áreas seguramente tomarán decisiones más acertadas.

CLIENTES

Como mencionamos en el capítulo 2, la selección del enfoque en segmentos es un punto de partida esencial a la hora de crear ventaja competitiva para la compañía, pero a menudo no se entiende bien y rara vez se pone en práctica. Esta sección del capítulo presenta los principios que subyacen a la segmentación de clientes. Y quizás algo más importante: podemos decir que sólo a través de la identificación y atención a los clientes más *refinados*, en los mercados más complejos podrán los países en vías de desarrollo crear una base creciente de exportaciones, la cual sea menos susceptible a las tendencias políticas y macroeconómicas que pueden producir un mayor ingreso per cápita.

Al atender un segmento determinado de la industria, una compañía deberá identificar las necesidades del cliente del segmento y trazar un plan para satisfacerlas. Sin importar la geografía, la demografía o los productos, el éxito final de una empresa será tan fuerte como su nivel de conocimiento acerca de lo que motiva el comportamiento y la economía de los segmentos de mercado en los cuales compite y de su capacidad para adaptarse a esas exigencias. Esto implica conocer las necesidades del cliente en el segmento determinado de la industria. Si las compañías diseñan estrategias a partir de esta perspectiva, podrán obtener ventaja competitiva al competir en aquellos segmentos donde tienen una capacidad única de satisfacer las necesidades del cliente.

¿Cómo se puede definir un segmento de clientes? Hay muchas variables a partir de las cuales se puede segmentar un mercado: ubicación geográfica, criterio demográfico, producto o necesidades del consumidor. Esta presentación se concentrará en la "segmentación basada en necesidades" porque es muy posible que el éxito pertenezca a las empresas que no sólo identifiquen quiénes son sus clientes, dónde viven y cuánto ganan, sino que también averigüen *por qué* los clientes compran un determinado producto.

Un segmento es un grupo identificable de clientes con necesidades comunes que son significativas cuando se trata de obtener ventaja competitiva. La segmentación basada en necesidades se basa en tres principios fundamentales:

1. Las necesidades y los criterios de compra de los clientes determinan la identificación del segmento.
2. Cada segmento posee un conjunto especial de requisitos de compra.
3. Dentro de cada segmento, los clientes tienen requisitos similares de compra.

¿Por qué es importante la segmentación basada en necesidades? Porque entender las necesidades de grupos concretos de clientes constituye el primer paso para crear ventaja competitiva. Hay muchas formas de mirar una industria. Desde una perspectiva, una industria consta de cientos de clientes individuales con diversas clases de necesidades. Desde otro punto de vista, se concibe una industria como homogénea y fácilmente clasificable. Desde una tercera perspectiva (la que consideramos más precisa y útil), se piensa que una industria está conformada por muchos segmentos de personas que comparten ciertas características o necesidades. Los clientes que reúnen criterios semejantes forman segmentos diferenciados. Si se determina lo que esos grupos valoran en cuanto a producto, precios y servicio, una compañía estará en condiciones de apuntar eficazmente sus recursos para competir donde sabe que puede ganar.

Cómo liberarse cuando se está atrapado en el medio

Retomamos ahora el ejemplo de la industria colombiana del cuero para ilustrar cómo distintos tipos de segmentación pueden contribuir a mejorar la competitividad. Según vimos en el capítulo 2, los manufactureros colombianos de cuero piensan estar compitiendo como productores de bajo costo en el mercado estadounidense. Pero como lo indica el predominio que en él tienen las importaciones de los asiáticos, estos últimos producen bolsos de mano en cuero a un costo mucho más bajo que los colombianos. Y esta tendencia se mantendrá mientras la mano de obra siga siendo un componente importante de los costos totales de producción. Sin embargo, lo que los fabricantes colombianos deben averiguar es *por qué* los compradores estadounidenses compran 46% de este producto a los países asiáticos y apenas 17% a Sudamérica. La respuesta poco o nada tiene que ver con la geografía, sino más bien con la eficiencia con que los productores de algunas regiones generan los elementos fundamentales del éxito.

En el capítulo dedicado a la cooperación entre empresas mostramos que los productores colombianos de cuero están limitados por una serie de factores que están fuera de su control; la mayoría de ellos piensan estar compitiendo en el mercado de bajos costos, con un poco de participación en los segmentos más diferenciados. Examinemos de nuevo el diagrama del capítulo 2 (que se presenta aquí como figura 9-1) donde se comparan las industrias de cuero de Colombia, Italia, China y Corea. Es claro que Colombia no compite en costos con China ni con Corea en lo que respecta a los bolsos de mano en cuero. Debido a que los niveles salariales determinan gran parte de la estructura de costos en esta industria, difícilmente podrá Colombia competir en costos con China. Corea por su parte, está perdiendo participación de mercado frente a China a medida que sus niveles salariales se hacen menos competitivos. Corea está posicionada cerca de la mitad de este mapa, siendo la mitad el peor lugar donde se puede estar. Una compañía cuya tecnología o estrategia de diseño no son, ni las del líder ni las de los seguidores, corre el riesgo de posicionarse exclusivamente para atender las necesidades de nadie.

Como recordará el lector, Italia mantiene su participación en el mercado porque consistentemente produce productos sofisticados que gustan a los compradores que están dispuestos a pagar precios elevados por última moda y

Figura 9-1 Decisiones estratégicas en la industria de los productos de cuero: exportaciones de bolsos de mano a Estados Unidos

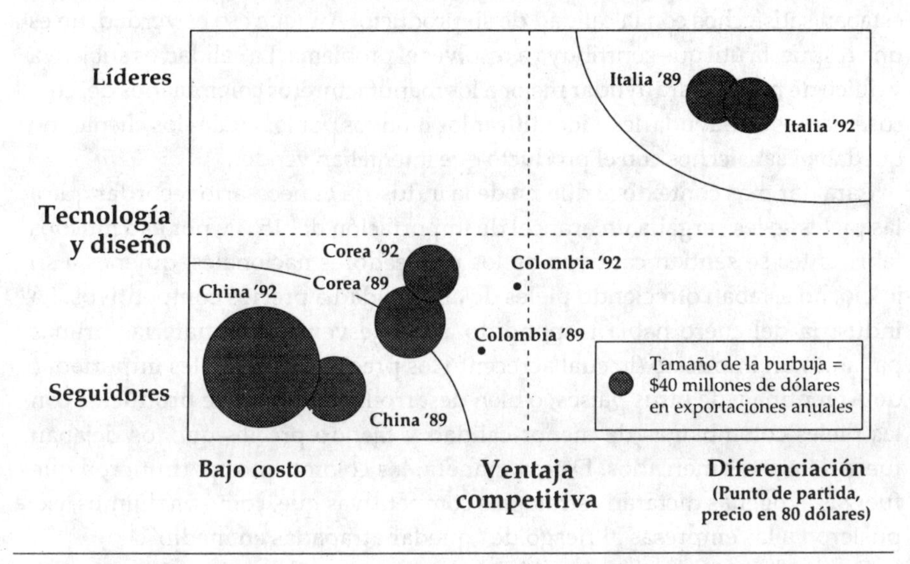

Fuente: investigación realizada por Monitor Company, Departamento de Comercio de los Estados Unidos

magnífico diseño. De alguna manera, esto vuelve a los fabricantes italianos de cuero "a prueba de la macroeconomía". Los tipos de cambio, la inflación y los niveles salariales afectan sus estructuras de costos menos de lo que afectan a las de otras naciones, porque los italianos pueden conservar sus márgenes de beneficio con sólo cobrar precios más altos.

Evidentemente Colombia se encuentra atrapada en medio del diagrama. Esto constituye un perfecto ejemplo de una estrategia a nivel de industria que no está alineada con el ambiente competitivo. La capacidad de Colombia para elaborar productos de cuero de la más alta calidad está limitada por restricciones naturales, como la falta de una cultura de diseño y moda, así como por la falta de cuero nacional de alta calidad. En virtud de estas restricciones los productores han tendido a producir lo que pueden, para luego buscar mercados dónde vender estos productos. Lo que deberían estar haciendo es considerar primero lo que el mercado busca, es decir, sus necesidades, y después diseñar estrategias para atender las necesidades existentes. En la industria del cuero resulta sumamente difícil triunfar si no se tienen bajos costos ni productos diferenciados.

El reto para Colombia es "escapar" de su posición en medio y para lograrlo debe posicionarse de manera estratégica, seleccionando un segmento. En el capítulo 5 dedicado a la cooperación entre empresas, comentamos que la industria colombiana del cuero parecía estar atrapada en medio porque los clientes no estaban satisfechos con la calidad de su producto. Aunque eso es verdad, no es una respuesta útil que contribuya a resolver el problema. La calidad es subjetiva y difícil de medir. Para ayudar mejor a los manufactureros colombianos del cuero teníamos que ayudarles a identificar los motivos por los cuales los clientes no quedaban satisfechos con el producto que intentaban vender.

Para dar más contexto al dilema de la industria es necesario recordar que a las pieles se les cargaba un arancel de importación del 15% y por eso muchos fabricantes se sentían cautivos de los proveedores nacionales, quienes a su juicio, no estaban ofreciendo pieles de alta calidad a precios competitivos. La industria del cuero había respondido a esa desventaja de materias primas pagando un impuesto (lo cual acrecentó los precios) sobre pieles importadas de Argentina y de otros países, o bien desarrollando líneas de productos con las pieles colombianas de menor calidad y fijando precios que los dejaban fuera de ciertos mercados. De esa manera, los colombianos permitieron que fuerzas exógenas dictaran estrategias competitivas que, como ya dijimos, expusieron a las empresas al riesgo de "quedar atrapadas en medio".

Desde el punto de vista estratégico, las empresas deben identificar cuáles tácticas les permitirán atender mejor los segmentos que desean. Si las variables externas (aranceles sobre importación de materias primas, costos prohibitivos del transporte) hacen difícil lograrlo, las compañías tienen dos opciones: 1) innovar para compensar las desventajas o 2) abandonar el segmento tal y como está definido en ese momento. Para mejorar su desempeño, los fabricantes colombianos de cuero necesitaban definir cuáles segmentos del mercado estadounidense estarían en mejores condiciones de atender. Sin embargo, no se centraron en el reto de aprender más acerca de los clientes; lo que hicieron fue concentrarse en una difícil lucha para lograr que el gobierno mejorara su competitividad, modificando el tipo de cambio y reduciendo los aranceles sobre la importación de materias primas.

Con el fin de ayudar a los líderes de la industria colombiana del cuero, diseñamos una encuesta para probar nuestras hipótesis respecto al mercado del cuero y para identificar los puntos de vista de compradores que representaban 2000 tiendas minoristas estadounidenses. Esperábamos que la encuesta ayudara a la industria a identificar los segmentos más atractivos. Pero lo más importante era que queríamos demostrar a la industria del cuero la importancia de hacer análisis de segmentación para descubrir oportunidades de mercado.

¿Cómo se ven los resultados de un análisis de segmentación de clientes? Antes de examinar un diagrama que resume nuestros hallazgos sobre los bolsos de cuero, retomaremos dos preguntas que planteamos en capítulos anteriores y que también formulamos a los productores de cuero de manera individual:

- ¿Cuál es el atractivo de la industria de un segmento en particular?
- ¿Cuál es mi capacidad relativa para atender ese segmento?

Las dos preguntas anteriores deben servir como base para tomar decisiones concernientes al producto, al diseño, a la distribución y a los niveles de servicio.

Identificando los segmentos atractivos

El modelo de las "cinco fuerzas" es de gran utilidad cuando reflexionamos acerca del atractivo de los segmentos y de la industria. Indica que, en cualquier momento, hay cinco elementos que determinan el atractivo de una industria. Éstos son:

1. Poder del comprador.
2. Rivalidad entre los competidores.
3. Amenaza de nuevos competidores.
4. Amenaza de sustitución de productos o servicios.
5. Poder del proveedor.[1]

En la figura 9-2 se sintetizan los factores que determinan el poder de cada fuerza.

Este modelo, concebido en 1980, ha sido objeto de duras críticas a lo largo de los años, por ser demasiado elemental o simple, o por perdurar más allá de su vida útil. A pesar de ello, sigue siendo una de las herramientas conceptuales más provechosas para el estratega y continúa siendo objeto de todo tipo de comentarios. Sorprendentemente, también perdura como una de las herramientas menos empleadas por el gobierno y los funcionarios de instituciones multilaterales encargados de supervisar la inversión de miles de millones de dólares en industrias dentro del mundo en vías de desarrollo.

Las cinco fuerzas pueden usarse como un simple ejercicio de diagnóstico realizable en diez minutos, o bien, como un intenso estudio cuantitativo que dure entre seis y nueve meses. En lo esencial, nos permite conocer la dinámica competitiva de una industria, así como su potencial de generación de riqueza. Con ello, no estamos recomendando que los gobiernos utilicen esta herramienta para escoger ganadores y perdedores a fin de efectuar sus inversiones o conceder créditos específicos de exportación. Pero podría ser útil para proporcionar al sector gubernamental y al privado una visión compartida de lo que es competitivo y de lo que no lo es. De este modo al menos hablarían un mismo lenguaje, lo que a su vez aumentaría el aprendizaje e inhibiría la actitud defensiva que impide tomar decisiones complejas.

Figura 9-2 Estructura de la industria: Resumen de los determinantes claves

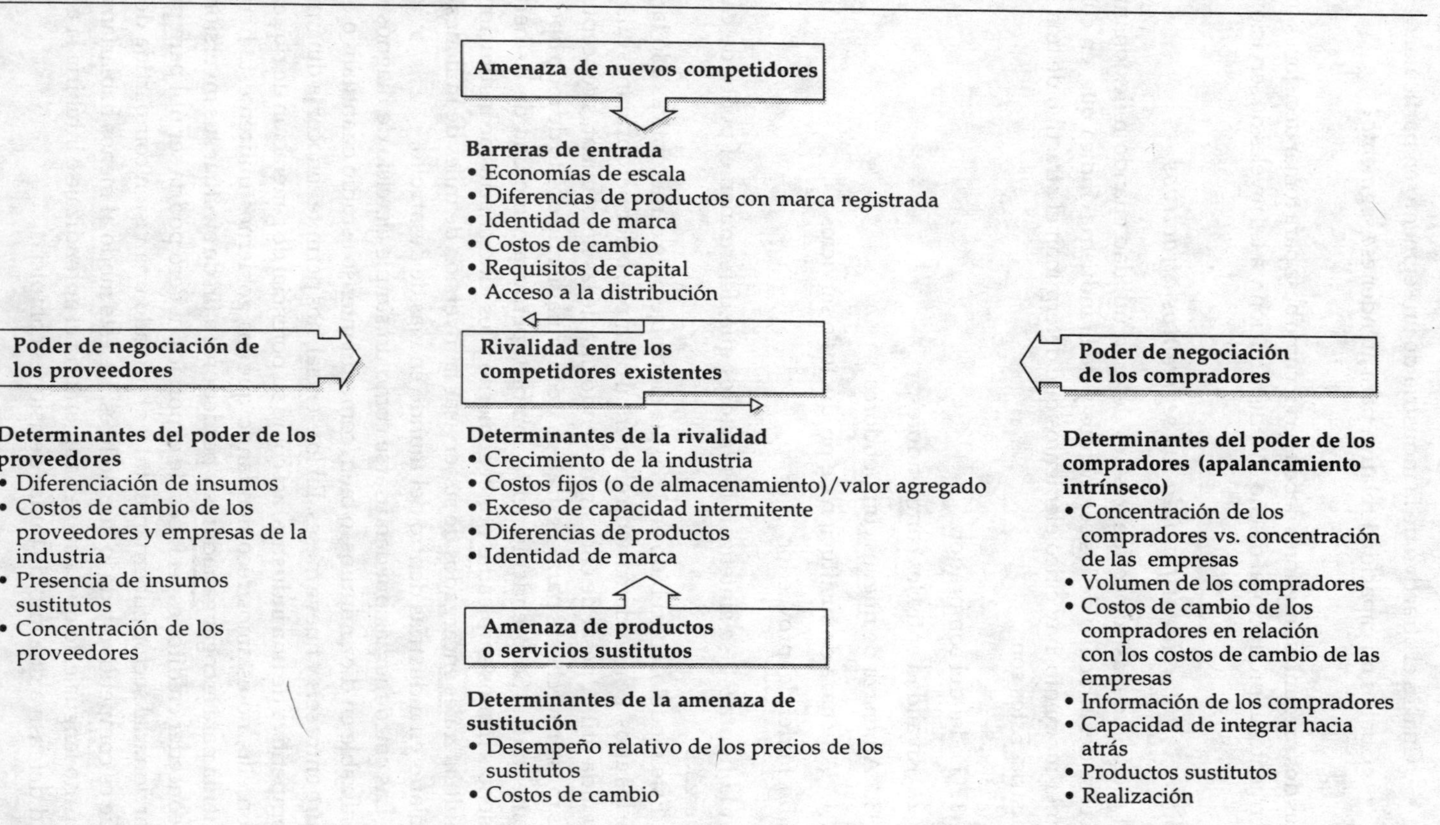

Fuente: Michael E. Porter, *Competitive Strategy* (Nueva York: Free Press, 1980).

Con el fin de explicar cómo funcionan las cinco fuerzas, expondremos brevemente algunos ejemplos relevantes de los capítulos anteriores que se relacionan con cada fuerza. Cuando el *poder del comprador* es bajo o está fragmentado, las industrias son más atractivas para los productores. En la época de la sustitución de importaciones, los compradores disponían de muy poco poder pues las opciones eran escasas en los mercados protegidos. Cuando una economía se abre, los consumidores pueden ejercer su decisión y exigirles más a los productores. En el caso del cuero, las personas que compran bolsos de cuero italianos tienden a discriminar mucho la calidad, la marca y el servicio. Son compradores exigentes que, a causa de su relativa insensibilidad frente al precio, suelen definir el segmento al que pertenecen. Se convierten en las fuerzas dominantes que determinan el atractivo de la industria (definido como un segmento específico de ésta).

Suele ser difícil competir en una industria con *rivalidad* intensa. Una vez más, en la época de los ambientes protegidos la competencia era limitada y cortés. En la época actual de la competencia global las cosas han cambiado. Por ejemplo, en las industrias de escala y capital intensivos como la petroquímica, los fabricantes están dispuestos a vender su producto a un costo marginal con tal de mantener su maquinaria trabajando o, en ocasiones, a vender con pérdida con tal de aumentar su participación en el mercado. Una rivalidad tan intensa a menudo indica que existe una industria poco atractiva.

La *amenaza de nuevos competidores* resulta muy real en industrias como el turismo y las flores, en las cuales los mercados son grandes y los clientes muestran poca lealtad con respecto a la fuente de producción. Machu Picchu tal vez sea uno de los destinos turísticos que tenga mayor demanda este año, pero otros pueden empezar a competir fácilmente con él, por ejemplo, las ruinas mayas o las pirámides de Egipto. La *amenaza de productos sustitutos* está estrechamente relacionada con la que representa la amenaza de ingreso de nuevos competidores. Es el tipo de conminación que enfrenta la industria peruana del algodón, la cual cuenta con un producto único, el algodón pima. Aunque éste es de alta calidad, otros productores de algodón de fibra larga, como el que se cultiva en Egipto, pueden sustituirlo sin dificultad. Cuando los compradores pueden reemplazar con facilidad un producto por otro, disminuye el atractivo estructural de la industria.

Es interesante señalar que en la región andina no hay muchos ejemplos de industrias con alto poder de los proveedores. Quizás las curtiembres colombianas a las que nos referimos en páginas anteriores pertenezcan a esa categoría, ya que los fabricantes de cuero no tienen una verdadera alternativa frente al producto colombiano, a menos que estén dispuestos a pagar los altos aranceles sobre los bienes argentinos. Pero ésta es una ventaja artificial que se da a los proveedores.

Un problema estratégico que acompaña a la competencia en industrias basadas en recursos naturales consiste en general en el hecho de ser proveedores de productos básicos, y rara vez esa posición supone ventajas estratégicas. También hablamos antes de la oportunidad de integrarse más hacia adelante; la razón estratégica es comenzar a competir en segmentos de la industria donde las empresas tienen más poder y pueden liberarse de los grilletes de la servidumbre a la abrumadora fuerza que constituyen los compradores de este tipo de industrias.

Así pues, de ordinario, los productores de los países en vías de desarrollo se encuentran en segmentos poco atractivos ocasionado por la gran rivalidad, la gran amenaza que representan los nuevos competidores y sustitutos, y el enorme poder de los compradores: las "cinco fuerzas" poco atractivas. Para un sociólogo o teórico de la "dependencia" esta dinámica podría constituir un ejemplo del poder que los países ricos tienen sobre las naciones pobres. Sin embargo, para un estratega de negocios refleja tan sólo una mala selección de segmento —o cinco fuerzas— y la incapacidad de las empresas de un país para encontrar la solución a su dilema, el cual radica en aprender a conocer las preferencias de los clientes.

Escogiendo dónde competir

Retomando el ejemplo del cuero colombiano, la tabla 9-1 es un resumen de los segmentos de clientes identificados en el mercado estadounidense que clasificamos en cinco grandes grupos, basándonos en características semejantes y en rasgos discernibles. A continuación explicaremos por separado cada uno de los segmentos.

Segmento 1: Precio

Los productores colombianos no contaban con una base real sostenible para competir en precios, por lo tanto, era evidente que no les sería fácil atender el segmento 1. Su costo de mano de obra era alto en comparación con el de los productores asiáticos y los colombianos no podían obtener ventajas de costo en ninguna otra parte de su sistema de producción y distribución que compensara esa desventaja.

Segmento 2: Diseño y calidad

En cambio, a los clientes del segmento 2 les interesaba principalmente el diseño del cuero y, en segundo lugar, su calidad; el precio no les preocupaba en absoluto. El ambiente competitivo del cuero colombiano no favorecía la

Tabla 9-1 Resumen de la segmentación basada en necesidades del mercado estadounidense de bolsos de mano en cuero

	Segmento 1	Segmento 2	Segmento 3	Segmento 4	Segmento 5
Criterio dominante	**Precio**	**Diseño y calidad**	**Servicio, marca y diseño**	**Precio y marca**	**Calidad**
Descripción	El segmento de bajo costo, que busca un producto con un bajo precio unitario y descuentos por volumen.	El segmento orientado fundamentalmente a la moda, que busca productos que combinen la moda con la funcionalidad y cuero de gran calidad.	El segmento que "lo quiere todo" y que busca una marca bien establecida, entrega puntual, calidad consistente de los lotes y disposición a ajustar los diseños.	El segmento que busca precios unitarios bajos y marcas bien establecidas.	El segmento funcional y práctico que busca ante todo una fabricación artesanal de gran calidad.

elaboración de productos orientados al diseño, sobre todo por carecer de elementos esenciales tales como un recurso humano especializado en diseño, o mecanismos institucionales como universidades, que por lo menos apoyaran un incipiente dedicado a esta materia. En general, carecía de una "cultura" líder en diseño. Entre todos los identificados, el segmento 2 era el menos sensible al precio, por lo tanto parecía un segmento atractivo en el cual competir. No obstante, la competencia en esa área era feroz y Colombia no disponía de fortalezas relativas para entrar en ella. Más aún, este segmento también apreciaba la calidad del cuero, algo que los productores colombianos sentíanse presionados a ofrecer.

Segmento 3: Servicio, marca y diseño ("Lo quiero todo")

El segmento 3 valoraba el servicio, la marca y el diseño y no era sensible al precio. Para atender este segmento era necesario realizar las entregas puntualmente, garantizar calidad uniforme de los lotes, estar dispuesto a ajustar los diseños y establecer una política que facilitara las devoluciones. En la mayor parte de estas áreas, las compañías colombianas se hallaban en desventaja competitiva. A causa de la inseguridad y los problemas portuarios, era difícil garantizar una entrega puntual desde Colombia. Y lo mismo sucedía con la uniformidad de la calidad de las pieles, porque muchas de las pequeñas curtiembres existentes en el país no disponían de una tecnología avanzada. Los productores colombianos afirmaron que tenían una fácil política de devoluciones, pero los consumidores estadounidenses ignoraban este hecho. Así pues, en general, a la industria colombiana del cuero le hubiera resultado en extremo difícil atender efectivamente este segmento.

Segmento 4: Precio y marca

Este segmento era sensible al precio y buscaba productos de marca y altos niveles de servicio. Una vez más, dada la estructura de la industria, la mayor parte de las compañías colombianas no estaba en condiciones de disputarle el mercado estadounidense a los asiáticos sobre la base de precios, y a los productores no les había sido fácil desarrollar marcas bien conocidas.

Segmento 5: Calidad

Finalmente, este segmento anteponía la calidad a cualquier otra consideración y mostraba una ligera sensibilidad frente al precio. Pero más que la calidad misma del cuero, apreciaba la calidad de su fabricación. Éstas eran buenas noticias para los productores colombianos de bolsos de mano en cuero, pues Colombia contaba con multitud de artesanos y gozaba de cierto prestigio por la calidad de su artesanía en muchas industrias (en la construcción, por ejemplo). Más aún, a este segmento no le preocupaba demasiado el precio, de manera que no eran tan importantes las desventajas que al respecto, tenían los productores colombianos. Entonces, el segmento 5 sería un área excelente para que los productores de bolsos de mano comenzaran a invertir sus utilidades. Así, podrían desarrollar las capacidades requeridas en la atención de consumidores más exigentes, dispuestos a pagar un precio más alto por el valor que los colombianos podían agregar a los bolsos (clientes que están representados en los segmentos 2 o 3, por ejemplo).

Al conversar con los manufactureros colombianos de cuero sobre el proceso de segmentar los compradores a partir de sus necesidades, la mayoría de ellos dijeron que poseían un sentido intuitivo a la hora de segmentar un mercado. Así, hacían suposiciones implícitas sobre los segmentos que atenderían y cuáles serían los factores decisivos del éxito en esos segmentos.

Las decisiones explícitas y debidamente formuladas pueden contribuir a definir la naturaleza de las decisiones políticas, cuya conveniencia ponderan los líderes cuando se trata de mejorar la infraestructura nacional. Con base en esta información, es posible realizar inversiones estratégicas que proporcionen el tipo de asistencia que una industria requiere para competir con eficacia en mercados complejos. En el sector colombiano del cuero háy muchas políticas que podrían adoptarse para proporcionar incentivos; por ejemplo, estimular a los diseñadores italianos para que ayuden a establecer un instituto de diseño en Colombia, o podría contemplarse la posibilidad de crear becas para que los futuros diseñadores estudien en el extranjero.

Así pues, los ejercicios para obtener conocimiento sobre los clientes son útiles no sólo para las compañías, sino también para las regiones, los países y los organismos multilaterales. El conocimiento del cliente es una herramienta poderosa que puede usarse para garantizar que los recursos se utilicen de manera eficiente y efectiva.

En la época de mercados protegidos, las necesidades de los clientes no constituían una prioridad importante para la mayor parte de las compañías. Al ir desapareciendo las barreras protectoras y con la entrada de la competencia, los consumidores disponen cada día de mayor variedad de opciones para escoger y comprar. Hoy en día las compañías tienen que darse cuenta de que no pueden atender a todo el mundo. Necesitan decidir cuáles segmentos de clientes atender y percatarse de que, al no decidir, permiten que la competencia decida por ellas.

Lo anterior significa que el aprendizaje sobre el cliente debe considerarse como una de las disciplinas más importantes de la organización. Cuando la mayor parte de la actividad económica se basa en productos *commodity*, es fácil satisfacer las necesidades del cliente. Cuando se compite en ambientes protegidos no es necesario satisfacer las necesidades del cliente. Pero cuando se compite en la era de la competencia total, sólo aquellos que conozcan a su cliente y lo atiendan bien, sobrevivirán. Si las compañías no comienzan a aprender esta lección, habrá pocas probabilidades de que dejen de depender de sus recursos naturales.

La *solución* para la industria colombiana del cuero es compleja en extremo. El trabajo que efectuamos se centró en una parte del mercado y fue limitado en su naturaleza. Pero lo que es fundamental entender es que, a pesar de lo fácil que resulta desarrollar este análisis, rara vez se lleva a cabo. Al identificar claramente los segmentos del mercado que se atenderá, las compañías se obligan a tomar decisiones explícitas sobre el uso de los recursos y la orientación que adoptarán en el futuro. Si este tipo de trabajo no se efectúa, el resultado será semejante a arrojar dardos a un blanco con los ojos vendados. Cuando no se realiza un análisis minucioso del cliente, nadie gana: no gana el cliente porque sus necesidades no se ven satisfechas, no gana la empresa porque sus rendimientos no se optimizan, no ganan los acreedores cuyo dinero respalda las compañías y tampoco gana el gobierno al que le gustaría que la población en general se beneficiara del empleo, capacitación y aumento del ingreso. De ahí que la segmentación de clientes sea un paso decisivo para desarrollar plenamente las fortalezas competitivas de la industria y el comercio de un país.

En resumen: Puntos de aprendizaje sobre la adquisición de conocimiento sobre el cliente

En la siguiente lista se resumen los puntos centrales que el lector debe extraer de la discusión relativa al conocimiento y la segmentación del cliente.

1. Como se señaló al hablar de los clientes en la primera parte de este libro, la ruta adecuada hacia el desarrollo tal vez no consista en enseñarles a otros a pescar sino en enseñarles a fabricar cañas de pescar de alta calidad para que las exporten a los pescadores más sofisticados del mundo.
2. Los esfuerzos de desarrollo deben concentrarse en entender lo que un país necesita para competir a escala global, cómo deben mejorarse los ambientes competitivos para ayudarles a las compañías a atender segmentos atractivos de clientes.

3. Podemos definir el valor como una estrategia de bajo costo, una estrategia diferenciada, una estrategia orientada al servicio o una combinación de las tres. Para que esta definición sea sostenible se debe adaptar constantemente a la naturaleza cambiante de las necesidades del cliente.
4. Hay muchas formas de segmentar a los compradores. Se puede hacer una segmentación geográfica, según: tendencias demográficas, características o tecnología del producto o el comportamiento del cliente. La más apropiada es la que genera un conocimiento más claro de quiénes son los clientes y por qué se comportan de determinada manera.
5. Sin importar la geografía, la demografía o los productos, el éxito final de una industria depende fundamentalmente de su comprensión acerca de lo que motiva a los segmentos de mercado en los que se compite y la manera de satisfacer esas exigencias.
6. Los ejercicios relacionados con el conocimiento del cliente son de gran utilidad no sólo para las compañías, sino también para las regiones, países y organizaciones multilaterales. Constituyen una herramienta poderosa que sirve para asegurar que las empresas utilicen los recursos en forma eficiente y efectiva.

Costos

La administración de los costos tiene importancia estratégica para las empresas privadas y las dependencias gubernamentales interesadas. El interés de las primeras es obvio. Si una compañía ha optado por una estrategia de bajo costo, la entrega de productos a bajo costo es indispensable para el éxito. Por la misma razón, si la empresa ha optado por fabricar productos diferenciados, sus márgenes de beneficio crecerán mediante una buena administración de costos.

También el gobierno tiene interés en saber cómo los costos encajan dentro de la estrategia global de una empresa. Los gobiernos desempeñan un papel indirecto en la determinación de qué tan capaz es una región a la hora de apoyar a las empresas que compiten en costos. Aunque los encargados de tomar las decisiones de políticas públicas no necesitan estar muy familiarizados con los métodos de cálculo de costos, sí deberían estarlo con los resultados del análisis de los mismos. Igualmente, deberían estar preparados para obligar a los representantes de la industria a ofrecer información adecuada sobre las cambiantes estructuras evolutivas de sus costos.

A continuación se presentan algunos principios del aprendizaje de costos y de la forma en que este tipo de aprendizaje puede ayudar a las empresas.

La Administración de costos debería ser estratégica

El ingreso de competidores extranjeros en los mercados de los países en vías de desarrollo en general desencadena dos respuestas predecibles entre las compañías nacionales, ya instaladas en esos mercados. La primera consiste en solicitar la ayuda del gobierno para hacer frente a la naturaleza cambiante de la competencia como, por ejemplo, a través de cuotas, niveles de precios u otras políticas proteccionistas. Además de los esfuerzos políticos, la mayor parte de las compañías reconocen que, simultáneamente, ellas mismas deben realizar esfuerzos significativos para reducir los costos. Por desgracia, estas primeras medidas suelen ser equivocadas. Ocurren a lo largo de todas las operaciones, despiden a las personas equivocadas, o fracasan en la reestructuración de la aproximación fundamental para hacer negocios. La administración de costos debe ser estratégica por naturaleza. Hay un proverbio que reza: "si no lo mides, es porque no lo estás administrando". Podría agregarse que, "si estás administrando sin medir, quizás tenga suerte, pero probablemente estés equivocado".

Uso y mal uso de la información sobre costos

Como vimos en el capítulo dedicado a la posición relativa, las asociaciones industriales a menudo intentan ofrecer/dar al gobierno información sobre su posición de costos frente a países o industrias competidores. No obstante, el gobierno se muestra escéptico frente a esa información, pues piensa que ha sido manipulada para demostrar algún punto en particular. Y rara vez el gobierno se equivoca al ser incrédulo. Manipular la información es fácil y las asociaciones industriales tienden a presentarla de tal manera que apoye su punto de vista. Lo que se necesita es un consenso sobre la razón por la cual la información de costos es importante, sobre qué tipo de información es útil para el encargado de tomar las decisiones gubernamentales, y sobre la forma de realizar el análisis y organizar los resultados de tal manera que éstos resulten creíbles para todos los interesados.

Sentido general de los costos

Los gerentes reconocen la importancia del costo, y en muchos planes estratégicos se establece el liderazgo en costos o en su reducción, como metas que deberán alcanzarse. Sin embargo, rara vez se entiende bien el comportamiento de éstos. Es en esta materia en la cual los gerentes tienden a mostrar las mayores discrepancias, sobre todo en lo relacionado con la posición relativa de una compañía frente a la competencia y las causas que la llevaron ahí. El desacuerdo se debe en parte al hecho de que los estudios de costos tienden a concentrarse en los costos de producción y a omitir el impacto que otros factores como el mercadeo, servicios e infraestructura, tienen sobre la posición relativa de éstos. Más aún, el costo de las actividades individuales a menudo se analiza en forma secuencial, sin reconocer los vínculos que existen entre las actividades que repercuten en los costos.

En la mayor parte de las compañías, estos problemas obedecen a la ausencia de un procedimiento sistemático para analizar los costos. Hay muchos marcos analíticos para hacerlo, y no pretendemos ofrecer aquí un método específico para entenderlos. No obstante, en la era de la competencia total, el conocimiento y la administración de costos es una disciplina básica que irá cobrando cada vez mayor importancia entre los países en vías de desarrollo. En particular, el análisis de la posición relativa de costos ayudará a los líderes del sector empresarial y público a comprender cómo tomar decisiones mejor informadas sobre la manera de competir en el futuro.

Beneficios del análisis de la posición relativa de costos

Conocer los costos a nivel de la empresa es imprescindible por las razones que acabamos de explicar. El análisis de costos se vuelve interesante a nivel industrial/regional/nacional cuando se lo pone en una perspectiva relativa. La posición relativa de costos de una compañía refleja el grado de erosión ocurrido en la *ventaja* comparativa de la empresa o de la industria. Por consiguiente, el análisis de la posición relativa de costos ofrece perspectivas de gran utilidad para los sectores público y privado en los siguientes aspectos:

A nivel de la empresa:

- Las fortalezas y debilidades de una compañía frente a sus competidores (en todas las áreas funcionales).
- Las áreas potenciales de reducción de costos.
- Las oportunidades estratégicas de explotar nuevos segmentos o de defender las áreas más vulnerables al ataque de los competidores.
- Los costos y beneficios de las decisiones estratégicas.

A nivel de la industria:

- El conocimiento de los patrones cambiantes de la competitividad.
- La información de los competidores para mantenerse informados de la evolución de la industria.
- Un sentido claro de la dirección de los programas de competitividad en toda la industria.

- Las oportunidades para formar alianzas con compañías extranjeras.
- El conocimiento de las oportunidades para promover exportaciones competitivas.

A nivel del gobierno:

- Las prioridades de las políticas públicas como infraestructura y educación (una función de los costos de transporte y recursos humanos).
- Las oportunidades y desventajas de las negociaciones comerciales frente a los países rivales.
- Las campañas a favor de la inversión extranjera directa enfocadas en industrias que se beneficiarán de una plataforma local competitiva.
- Las políticas industriales tendientes a ofrecer incentivos para introducir la paridad de costos en la dinámica de la industria.

Como se observa en los puntos anteriores, el análisis relativo de costos es indispensable para la formulación estratégica de las empresas, las asociaciones industriales y las naciones. Esto no debería ser una sorpresa, pero el trabajo en esta área a menudo resulta inadecuado, impreciso o ambas cosas. Este tipo de análisis resulta difícil de desarrollar y es significativo sólo si logra identificar qué determina el éxito de la industria y si la información utilizada se basa en una investigación rigurosa. En último término, uno de los grandes servicios que las asociaciones industriales podrán prestar a sus afiliados, es un análisis de alta calidad sobre la posición relativa que les permita realizar esfuerzos específicos a nivel de la compañía, con el fin de mejorar las estructuras de costos.

El ejemplo del cluster petroquímico colombiano

En la historia de la industria petroquímica colombiana que empezamos a estudiar en el capítulo 3, escogimos a México y Venezuela como competidores de Colombia por su fuerte base de hidrocarburos, su gran potencial petroquímico y su nivel de integración vertical. Por esa época, el ministro colombiano de comercio exterior estaba en el proceso de negociaciones del Grupo de los Tres (G3), constituido por los gobiernos de Colombia, Venezuela y México, y los petroquímicos eran uno de los temas de su agenda. Nos concentramos en el polipropileno porque las plantas de los tres países eran relativamente nuevas, el potencial de exportaciones en ellos era alto, cada país usaba tecnologías diferentes y los tres empleaban materias primas similares. Así, las lecciones que aprendimos del estudio de polipropileno eran aplicables a otras líneas de productos en el sector como el cloruro de polivinilo, por ejemplo.

Para efectuar el análisis de la posición relativa de costos (PRC) hay que conocer primero todo el ambiente competitivo (entre otras cosas, la política gubernamental, los planes de inversión y las condiciones de la calidad de los factores). Pasamos mucho tiempo en Venezuela y México visitando plantas petroquímicas, conversando con los ejecutivos de la industria y recabando datos de las asociaciones industriales, las compañías petroquímicas, los expertos de la industria, periódicos, bibliotecas y otras fuentes. La investigación nos ayudó a identificar y medir la actual situación de la competitividad de Colombia frente a sus principales competidores en esta área de negocios. Al hacerlo, recopilamos información que les serviría a las empresas colombianas a concentrar sus esfuerzos en las áreas más importantes que requerían mejoramiento interno.

La tabla 9-2 resume los inductores de costos de los petroquímicos que identificamos *antes* de llevar a cabo la investigación de campo acerca de los competidores. La contabilidad tradicional de costos frecuentemente tiene en cuenta las categorías correctas de costos, pero no ofrece el nivel de detalle que proporcionan los inductores de costos. Los que se incluyen en la tabla le ayudan a la empresa a identificar las consecuencias de sus decisiones gerenciales. Por ejemplo, los costos de electricidad dependen de manera principal del precio de la unidad de medida eléctrica en determinada región. No obstante, el consumo de una compañía depende de la eficiencia con que transforme las materias primas, lo cual a su vez depende fundamentalmente del tipo de tecnología aplicada.

Mostramos la figura 9-3 por primera vez en el capítulo 3 al hablar de la importancia de la posición relativa. Las barras describen tres inductores de los costos principales: materias primas, transporte y servicios públicos. En cada uno de ellos, la empresa colombiana se ve limitada por el ambiente competitivo donde opera. Por ejemplo, las tarifas del servicio eléctrico en ese país fluctuaban entre 7 y 9 centavos de dólar por kilovatio hora, mientras que en México eran de 4.5 centavos de dólar y en Venezuela fluctuaban entre 1.5 y 2 centavos de dólar. Aunque este último país se beneficia de su abundante gas natural, también existe evidencia de que el gobierno venezolano está subsidiando los costos de la energía eléctrica.

Como se muestra en la figura 9-4, las tarifas de energía eléctrica del productor colombiano Propilco son más altas que la del resto de sus competidores en México (PEMEX e Indelpro) y en Venezuela (Propilven). A pesar de que la compañía se vale de una tecnología competitiva para administrar su nivel de consumo, la plataforma nacional no les estaba proporcionando tarifas competitivas en 1992, la época en que se efectuó este análisis.

De hecho, cuando examinamos el impacto que las tarifas eléctricas tienen sobre los resultados de cada compañía, observamos que la estructura de costos de PEMEX se veía perjudicada sobre todo por su tecnología más obsoleta,

Tabla 9-2 Inductores representativos de los costos del polipropileno

Categorías de costos	Inductores
Propileno	• Costo unitario de obtención • Logística interna • Rendimiento de propileno
Otras materias primas	• Costo unitario de obtención • Tecnología de producción del polipropileno
Electricidad	• Precio por kilovatio • Tecnología de producción del polipropileno
Logística externa/transporte	• Costo de camión por milla • Utilización de camiones
Mantenimiento	• Tecnología de producción de polipropileno • Escala de la planta
Trabajadores de la planta	• Número de empleados • Costo por empleado
Regalías	• Tecnología de producción del polipropileno • Volumen de producción
Seguros	• Riesgo del país
Ventas, generales y administrativas	• Número de empleados • Costo por empleado
Valor promedio del inventario	• Costos de mantenimiento de inventario • Costo de capital
Depreciación	• Inversión fija • Volumen de producción

mientras que la de Propilco se veía afectada por el costo real de la energía eléctrica. Se ha dicho que el gobierno venezolano está subsidiando la producción de polipropileno. Propilven tenía los costos más bajos gracias a sus ventajas naturales. La plataforma venezolana le brindaba más soporte a esa empresa en lo tocante a los costos de la energía eléctrica que la plataforma colombiana a Propilco (Fig. 9-5).

Otra forma de considerar una plataforma nacional consiste en centrarse en el costo de la logística. Por ejemplo, los costos de transporte por milla, en una compañía promedio, son menores en Venezuela que en Colombia debido a las deficientes carreteras de este último país. Más aún, a causa de la violencia guerrillera en Colombia, las compañías de transporte son pocas y están aisla-

Figura 9-3 Costo total de efectivo para atender el mercado interno (Tasa de utilización, 85%)

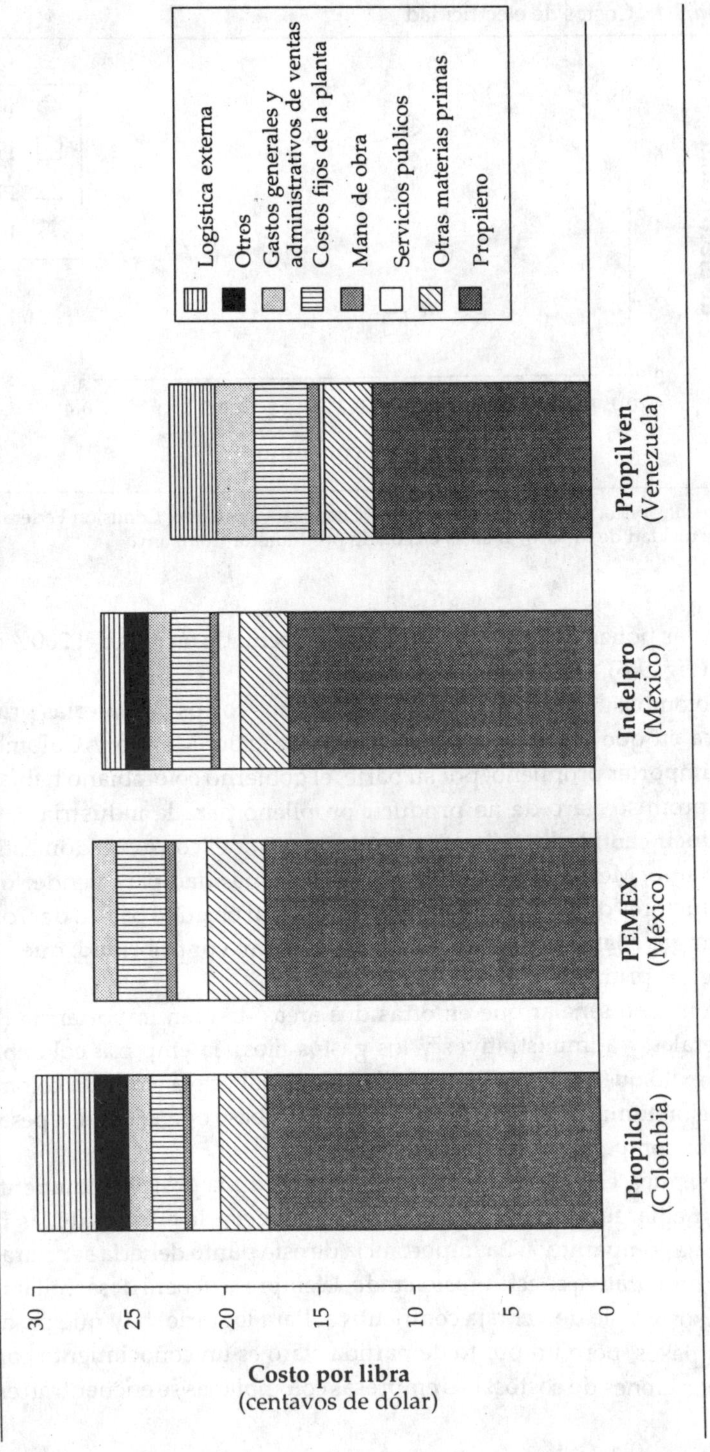

Figura 9-4 Costos de electricidad

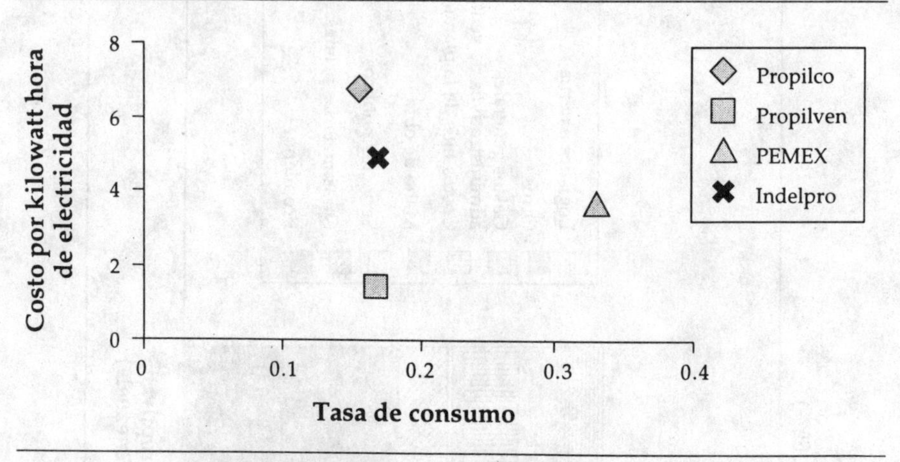

Fuentes: Propilco, Chemical Systems, Dow Chemicals, Pequiven, Comisión Federal de Electricidad de México, análisis efectuado por Monitor Company.

das y las pólizas de seguros se han incrementado en más del 200% en un solo año (Fig. 9-6).

Colombia tiene además desventajas en sus costos de materias primas. En la época en que realizamos nuestra investigación, México y Colombia tenían que importar propileno; por su parte, el gobierno colombiano había hecho un compromiso claro de no producir propileno para la industria y, a cambio, producir cantidades más grandes de gas para el consumo doméstico. Mientras tanto, México estaba aumentando su capacidad para venderlo a sus dos productores de polipropileno. En este caso, al objetivo básico de Colombia de llevar gas a las zonas residenciales se le dio mayor prioridad, que al de llevar materias primas a la industria petroquímica.

Conviene señalar que en otras dos áreas de gran importancia (los gastos generales y administrativos y los gastos fijos), la empresa colombiana tenía más éxito que las otras. Esto nos indica que tal vez la empresa colombiana sea la mejor administrada de todas respecto a la base operacional, a pesar de ser la menos competitiva con respecto a costos.

Así pues, el análisis de costos permite medir la posición competitiva relativa en el largo plazo, lo cual permite evidenciar la erosión de las fuentes de ventaja comparativa. La importancia de este punto debería ser clara: si la ventaja comparativa se está erosionando, la empresa deberá desarrollar una fuente más sostenible de ventaja competitiva. Para lograrlo, hay que pasar por muchos pasos, pero un punto de partida claro es un conocimiento completo de las posiciones de costos. Las empresas colombianas se encuentran en una des-

Figura 9-5 Costo total de los servicios públicos por libra de polipropileno

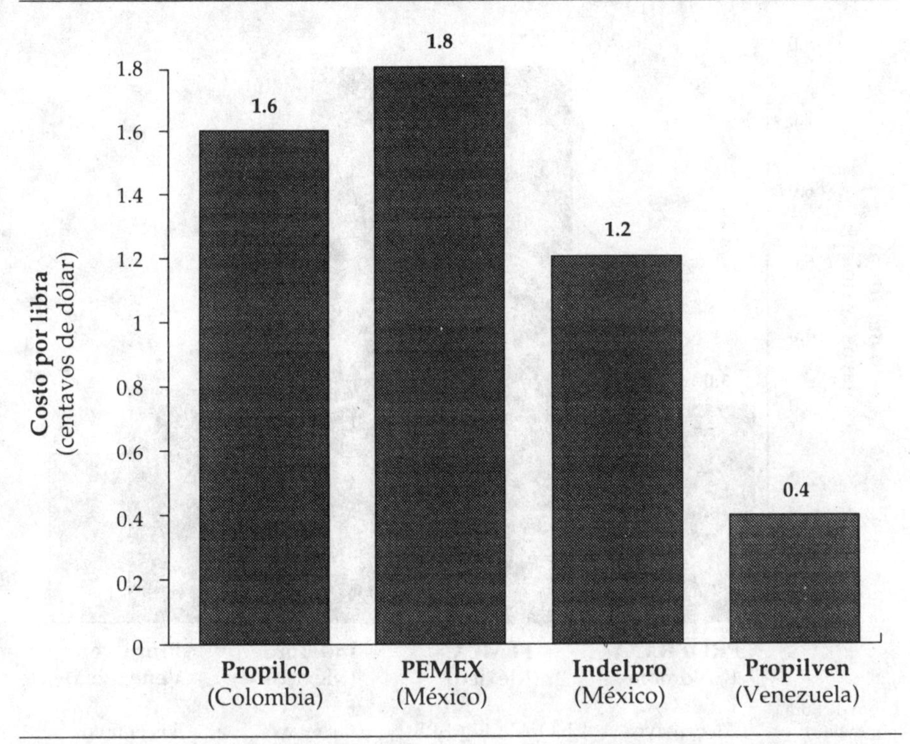

Fuentes: Propilco, Chemical Systems, Dow Chemicals, Pequiven, Comisión Federal de Electricidad de México, análisis efectuado por Monitor Company.

ventaja comparativa porque la plataforma nacional (electricidad, materias primas y transporte) no le ofrece a una compañía bien administrada las ventajas que necesita para competir en un segmento tan competido de la industria. Este tipo de análisis disminuye la actitud defensiva entre gobierno e industria, permitiéndole a esta última reflexionar más claramente sobre las clases de inversión que debería efectuar si pretende competir eficazmente.

En resumen: Puntos de aprendizaje sobre la adquisición de conocimiento sobre costos

En la siguiente lista resumimos los puntos principales que explicamos en la sección sobre costos.

1. La administración de costos debería ser de índole estratégica. En otras palabras, "si no lo mides, seguramente tampoco lo estás administran-

Figura 9-6 Logística externa (Transporte interno)

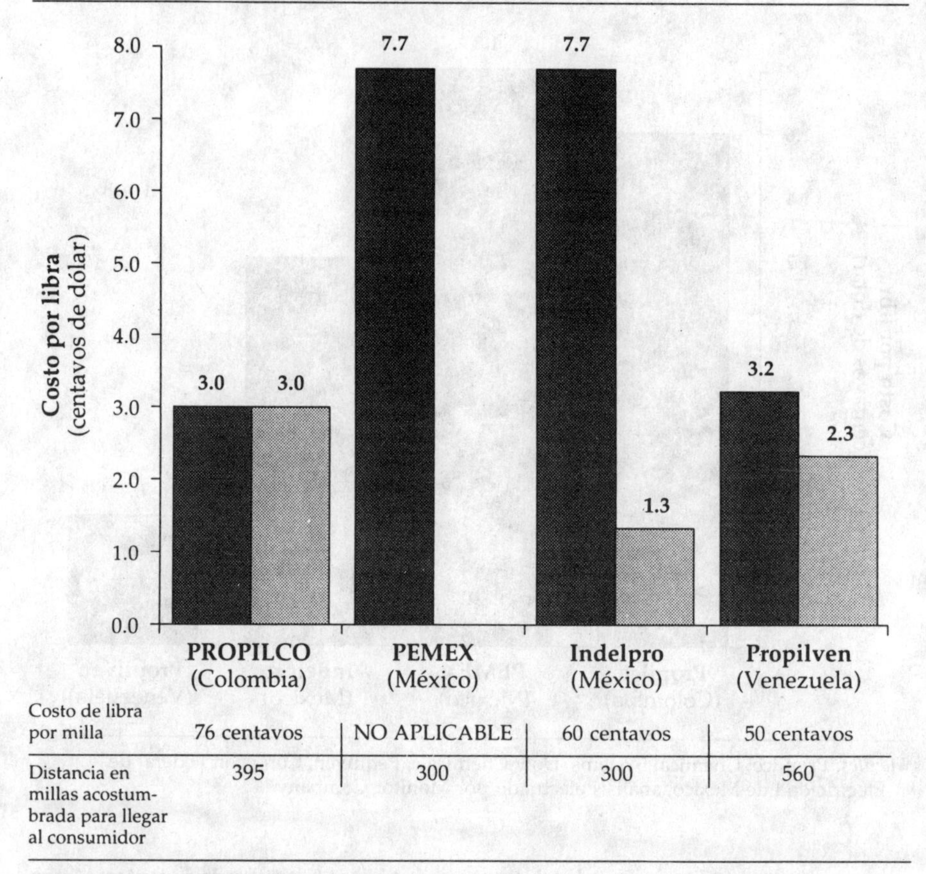

	PROPILCO (Colombia)	PEMEX (México)	Indelpro (México)	Propilven (Venezuela)
Costo de libra por milla	76 centavos	NO APLICABLE	60 centavos	50 centavos
Distancia en millas acostumbrada para llegar al consumidor	395	300	300	560

Fuente: Propilco, PEMEX, Indelpro, Propilven, varias compañías camioneras, análisis efectuado por Monitor Company.

Nota: la barra de la izquierda representa los costos de entrega en territorio nacional; la barra de la derecha, la entrega en Colombia.

do". Y si "los administras sin medirlos, quizás tengas suerte, pero seguramente estarás equivocado."

2. Los datos relativos a los costos a menudo son incorrectos y se utilizan mal. Debe haber consenso sobre por qué la información sobre costos es importante, qué tipos de información de costos son útiles para el encargado de tomar decisiones de políticas públicas y cómo llevar a cabo el análisis y presentar los resultados en una forma que sea creíble para todos los interesados.
3. Sin embargo, rara vez se conoce bien el comportamiento de los costos. Los gerentes tienden a discrepar respecto a la posición relativa de cos-

tos de su compañía y a las causas de ella. Una razón es que en los estudios los costos suelen centrarse en los costos de producción y dejan de lado el impacto que otros factores tienen sobre la posición relativa.

4. El análisis de la posición relativa de costos es fundamental para formular la estrategia de las empresas, las asociaciones industriales y las naciones. El trabajo que hemos observado en esta área a menudo es inadecuado, impreciso o ambas cosas. El análisis relativo de costos es difícil de realizar y resulta significativo sólo si identifica los determinantes fundamentales del éxito.

COMPETIDORES

El análisis de los competidores completa el aprendizaje de "las tres ces" a nivel de la empresa, un aprendizaje fundamental para el crecimiento sostenible. Contribuye tanto a mejorar las prácticas actuales de la organización en el mundo en desarrollo, como a defender las posiciones de mercado. También desempeña un papel importante dando a conocer a los gerentes del sector privado las amenazas estratégicas inminentes que enfrentan por la competencia. Además, ayuda a los encargados de la toma de decisiones del sector público a entender con mayor claridad las posibles implicaciones de sus decisiones de políticas (por ejemplo, las negociaciones comerciales).

El análisis de los competidores consiste en una recopilación y análisis sistemático de datos relacionados con los competidores de una compañía. En todo momento, una compañía dispone de varias opciones frente a sus competidores: tomar la *ofensiva* contra ellos, *disuadirlos* para que no ataquen, *defenderse* de ellos si ya están atacando, y o bien, *aliarse* con algún competidor para formar un frente común contra otro competidor. Como Sun Tzu escribió hacia el año 550 antes de Cristo en su libro *El arte de la guerra:*

> El resultado más deseable no es ganar todas las batallas luchando... conquistar al enemigo sin recurrir a la guerra es lo más deseable. La mejor táctica de mando consiste en conquistar al enemigo por medio de la estrategia... la segunda mejor ... en conquistarlo por medio de la alianza... y la tercera... en conquistarlo en la batalla... la peor... en conquistarlo sitiando ciudades fortificadas.

Aunque no somos tan belicosos como Sun Tzu, la cita ilustra a la perfección el rango de opciones disponibles para el estratega.

Como se discutió en capítulos precedentes, el mundo en desarrollo a menudo subestima su capacidad para competir en algunos segmentos del mercado. Existe una actitud mental ante la competencia *limitante* en su naturaleza. Para desarrollar una actitud mental que rompa con las limitaciones, es necesario dominar los aspectos básicos de la competencia: "ir a lo micro". Parte del imperativo de "ir a lo micro" consiste en llegar a conocer lo que las compañías necesitan hacer para triunfar sobre la competencia. Como las compañías compiten por clientes, hemos dedicado tiempo al análisis de cómo identificar y satisfacer las necesidades de los clientes. Pero la competencia también se dirige *contra* otras empresas; por lo tanto, es importante adquirir la disciplina de analizar permanentemente las tácticas de los competidores, para así, contrarrestarlas.

En diversos países las industrias competidoras en general poseen varias fuentes de ventaja: algunas heredadas pasivamente, otras creadas por los líderes empresariales y otras creadas por los encargados de tomar decisiones sobre políticas públicas. Resulta indispensable saber de qué manera dichas fuentes afectan hoy a la competencia, pues así los líderes entenderán con más claridad en qué condiciones están compitiendo. Pero aún más importante es entender cómo estas fuentes podrían cambiar a mediano y largo plazo. Cualquier representación estática del ambiente competitivo quedará obsoleta en el momento mismo en que se diseñe. Para pensar acerca de la competencia es preciso reflexionar de modo sistemático y dinámico. Hoy en día, las iniciativas gubernamentales de otros países pueden tardarse cerca de cinco o diez años en originar ambientes competitivos ricos. Lo más conveniente es identificar pronto esas condiciones, a medida que se van dando, para que el futuro no depare sorpresas desagradables. Si se miden las industrias rivales a través de un *benchmarking*, las compañías e industrias se mantendrán a la vanguardia de las dinámicas competitivas cambiantes y conocerán las razones del éxito, o del fracaso, de las iniciativas políticas o estratégicas.

Revisión de la industria colombiana de las flores

Nuestro análisis de costos de esta industria reveló que Colombia es en la actualidad más competitiva que México: puede producir algunas flores a un costo significativamente menor que este país. Y en los costos del transporte, Colombia sigue manteniendo una ligera ventaja en el envío de los productos a su destino final, por lo menos en la costa oeste de Estados Unidos. Aunque se trata de buenas noticias para los productores colombianos de flores, la situación empieza a cambiar rápidamente.

Por consiguiente, el objetivo principal de nuestro trabajo en el sector de las flores era contribuir a identificar los retos futuros y preparar nuevas estrategias para enfrentarlos. La industria necesitaba conocer mejor la cambiante naturaleza de los canales de distribución y también las preferencias mutantes de los clientes. Nuestra hipótesis suponía que, al aumentar las presiones macro como la revaluación de la moneda, los colombianos necesitarían diseñar una estrategia migratoria para modificar su base de competencia, haciendo la transición de la mano de obra barata en los mercados de flores de tipo "comodity", a mercados de flores más especializadas que fueran menos susceptibles a las fluctuaciones macroeconómicas.

Para afrontar los retos anteriores efectuamos varios análisis, entre ellos uno de los costos de las rosas rojas (flor seleccionada como muestra para estimar la posición global de la industria en costos) y un perfil del competidor en la industria mexicana de las flores. En la figura 9-7 se advierte que los colombianos mantuvieron una gran ventaja de costos en la producción de rosas rojas. Sin embargo, los mexicanos han ido acumulando ventajas en su ambiente competitivo que, con el tiempo, podrían convertirlos en un competidor formidable. El desafío de los productores colombianos consiste en identificar dónde estarán las fuentes futuras de ventaja de los mexicanos, a fin de comenzar a planear la manera de disminuir los riesgos de su propio éxito.

El primer paso en el análisis de competidores es realizar una *auditoría estratégica* de la propia compañía con el propósito de hacer explícitas sus estrategias y creencias sobre el mercado. En la industria colombiana de las flores,

Figura 9-7 Posición relativa de costos en la producción de rosas: México vs. Colombia, 1993

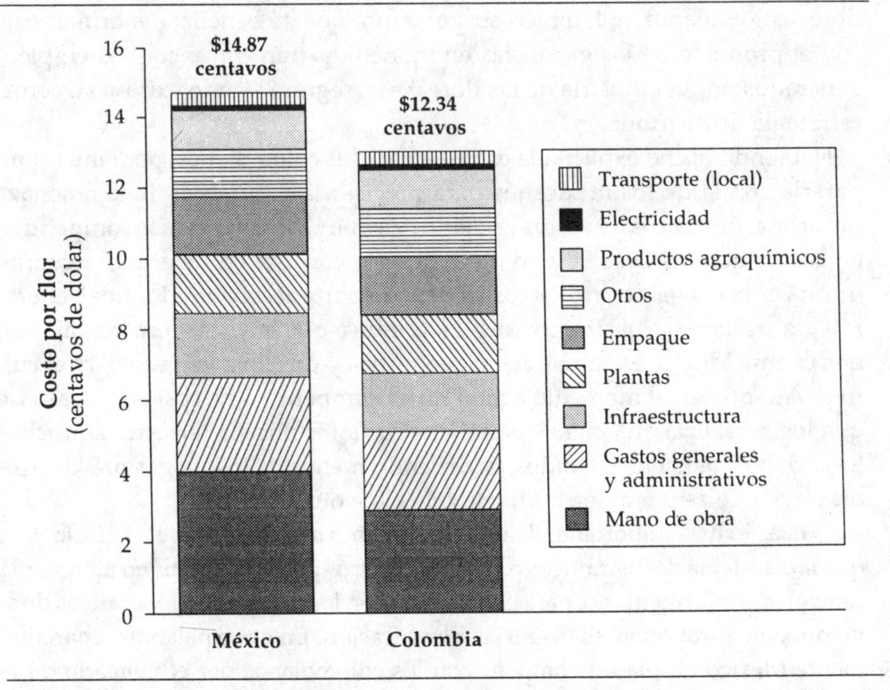

Fuentes: entrevistas con cultivadores mexicanos y colombianos, análisis efectuado por Monitor Company.

hay muchas compañías diferentes que siguen diversas estrategias, pero en términos generales, la industria presenta características comunes en su enfoque estratégico.

El principal mercado de exportación de las flores colombianas es Estados Unidos (90% de sus exportaciones). Las flores que más se exportan son rosas, crisantemos, pompones y claveles. Casi todas ellas se transportan por avión desde Bogotá hasta Miami, donde los intermediarios las adquieren en consignación. La costa este representa aproximadamente el 40% del consumo total de flores en Estados Unidos y, de ese porcentaje, un 10% corresponde a Florida. La actual estrategia colombiana de distribución consiste en enviar las flores directamente a Miami, donde los intermediarios las venden a los mayoristas del país y cobran a los colombianos una tarifa general de 12 dólares por caja, cualquiera que sea el precio de venta de las flores. Éstas se transportan en camión desde Miami a los diversos destinos. Esta estrategia, iniciada en la década de 1960 le ha dado a Colombia una posición de mercado muy fuerte en las zonas de Estados Unidos donde compite.

Los colombianos no imitaron el modelo holandés de crear un sistema de subastas, sino que muchos grandes productores colombianos abrieron compañías intermediarias en Miami. La pregunta que deben hacerse los cultivadores colombianos (y también su gobierno, que se beneficia enormemente con el producto de las ganancias en moneda extranjera y con los empleos generados por la industria de las flores) es: ¿seguirá siendo exitosa su actual estrategia de distribución?

Habiendo hecho explícita la estrategia de los colombianos, podemos compararla con la de los mexicanos para precisar la naturaleza de la amenaza mexicana. El análisis de costos ya demostró que Colombia es más competitivo en costos que México. El verdadero desafío consiste en determinar cuánto durará esa ventaja y cómo los costos de transporte al consumidor final, alterarán esa posición. Nuestra investigación indica que la verdadera ventaja con que cuenta México es su ubicación geográfica y un clima variado para el cultivo. Aunque en el momento actual no es competitivo en costos, en caso de que logre realizar sus planes podrá enviar flores por vía terrestre a muchas localidades de Estados Unidos, invirtiendo menos de lo que gastará Colombia enviándolas por avión a Miami y de allí a otros lugares.

Quizás lo más importante de todo, tal y como se discutió en el capítulo 3, es que la estrategia de distribución de los mexicanos parece consistir en eliminar la función del intermediario, para concentrarse en los segmentos geográficos donde pueden aprovechar sus ventajas de ubicación. En otras palabras, aparentemente México no planea competir con los colombianos por el mercado de la costa este, sino más bien hacerlo en el medio oeste y en el occidente de Estados Unidos. Chicago, por ejemplo, consume 21% de las flores del país y hoy en día no es atendido directamente por Colombia, cuyas flores son sometidas a revisión aduanera en Miami y de allí, son transportadas hasta Chicago.

Conviene señalar que México nunca ha representado una amenaza exportadora para Colombia debido a los muy pequeños volúmenes de sus exportaciones. En 1992, México exportó sólo $30 millones de dólares a Estados Unidos, cifra insignificante comparada con los $350 millones de dólares de Colombia. Sin embargo, México ha logrado crear una demanda interna de flores (o responder a ella) que lo posiciona muy bien. Ahora vende 90% de sus flores en el territorio nacional, a precios algunas veces mayores de los que obtendría en caso de exportarlas. Por el contrario, Colombia vende menos del 1% de su producción en el mercado interno. No obstante, suele reconocerse que los mexicanos producen flores de menor calidad a causa de una deficiente tecnología de producción. Además, los consumidores mexicanos están dispuestos a pagar precios competitivos por las flores, pero no exigen a cambio un nivel tan alto de calidad como los estadounidenses. Por lo tanto, a pesar de que la demanda interna es alta, no es el tipo de demanda que anticipa la demanda internacional y por consiguiente no conduce a un mejoramiento de la industria de las flores en ese país.

A pesar de que con la aprobación del Tratado de Libre Comercio, muchos observadores piensan que los productores mexicanos se concentrarán cada vez más en el mercado estadounidense. También se piensa que muchos productores estadounidenses se instalarán en México para aprovechar los bajos niveles salariales. De ser así, las flores que se cultivan en México podrían atacar, con muchas probabilidades de éxito, la posición tradicionalmente dominada por Colombia.

Con esta breve reseña del análisis de los competidores en la industria de las flores seguramente se habrán aclarado varios puntos. La regla fundamental de este tipo de análisis consiste en comenzar con una auditoría estratégica de nuestra empresa e industria; si queremos interpretar de manera adecuada la información recabada, es preciso disponer de un criterio con el cual compararla. Además, hay que identificar cuáles competidores se deben analizar y por qué se lleva a cabo ese análisis; también hay que determinar qué información se puede obtener de ellos. Al efectuar un análisis de los competidores se busca preparar un "perfil de acción del competidor" que sirva para diseñar y poner en práctica estrategias bien definidas.

Un perfil de competidores deberá incluir las siguientes cuatro preguntas básicas:

1. ¿Está satisfecho el competidor con su posición actual?
2. ¿Qué cambios futuros de tácticas o estrategias realizará el competidor y qué peligro entrañan para nosotros?

3. ¿Dónde es más vulnerable el competidor?
4. ¿Qué medida provocará la mayor y más perjudicial represalia por parte del competidor?

Perfil de acción del competidor: integración de las tres ces

Este perfil debería ser la herramienta que integre las tres "ces" del análisis del competidor, de los costos y del cliente. Dicho de otra manera, al ofrecer una foto instantánea de los principales competidores en segmentos importantes, el perfil de acción del competidor permite a la compañía ver cómo las decisiones estratégicas fundamentales que se están tomando, repercuten en el ambiente competitivo.

Estrategia

Las decisiones de un competidor se manifiestan en su conducta. La estrategia es lo que las compañías *hacen,* no lo que dicen que hacen. La tabla 9-3 es un ejemplo del perfil del competidor en la que se resalta la parte del perfil correspondiente a la estrategia. Es un perfil de Goya Foods, empresa que según comentamos en el capítulo 4 decidió centrarse en atender el mercado estadounidense de alimentos y bebidas para hispánicos. Las compañías colombianas de jugos de fruta que deseen entrar en el mercado de Estados Unidos deben saber cuáles son sus rivales actuales y qué estrategias siguen.

La estrategia de Goya Foods está definida muy claramente y resulta sumamente eficaz. Su éxito histórico limita las opciones disponibles para las empresas colombianas que deseen penetrar en el mercado norteamericano de jugos de fruta. La estrategia de Goya Foods que consiste en desarrollar una amplia línea de productos, controlar los canales de distribución en los mercados hispánicos y mantener un fuerte enfoque geográfico, ha levantado firmes barreras en contra del ingreso de las compañías colombianas. Aunque esto no debería detener a las compañías colombianas que aspiran a ingresar en el mercado estadounidense, es innegable que reducirá sus opciones. Lo más seguro es que Goya no cambie su uniforme y enfocada estrategia, ya que las tendencias del mercado no prevén cambios que modifiquen de manera radical las perspectivas competitivas.

Lo anterior contrasta con la industria de las flores o con la industria editorial, donde la aprobación del Tratado de Libre Comercio ha creado un ambiente más impredecible para las empresas colombianas que para las mexicanas. Resulta difícil medir los beneficios potenciales del tratado y es igualmente difícil prever las estrategias alternativas a que puede dar origen. Un ambiente dinámico y cambiante genera estrategias también cambiantes. En consecuencia, posiblemente las estrategias de antaño revelen menos detalle de las estrategias futuras de lo que uno quisiera. En este caso, el hecho de conocer bien las fortalezas y debilidades relativas del ambiente competitivo interno de una compañía rival, servirá para anticipar las estrategias del futuro.

Tabla 9-3 Perfil del competidor: Goya Foods, 1993

<table>
<tr><th>Estrategia</th><th>Capacidades</th></tr>
<tr><td>• Compañía de productos alimenticios diferenciados que se centra en los consumidores hispánicos de Estados Unidos y Puerto Rico
• Incrementar la línea de productos (840 productos) para consolidar la equidad de marca con el mercadoobjetivo
• Explotar la infraestructura extendida de distribución mediante la entrega directa a tiendas
• Fabricar la mayor parte de los productos en Puerto Rico
• Concentrarse en las áreas metropolitanas que tengan una importante población de hispánicos
• Nuevo enfoque en los supermercados integrales y en los mexicanos, centroamericanos y sudamericanos.</td><td>Fortalezas
• Excelentes capacidades de venta y de distribución
— el más numeroso personal de venta de las compañías hispánicas en Estados Unidos
— centros de distribución en siete ciudades de Estados Unidos
• Amplios recursos financieros
— la compañía hispánica más grande de Estados Unidos
— $453 millones de dólares en ventas (1992)
• Excelente reconocimiento de marca
• Fuerte en el noreste de Estados Unidos (con 80% de participación en el mercado de alimentos hispánicos) y entre los hispánicos de origen caribeño
Debilidades
• Presencia mínima en el oeste de Estados Unidos y entre los mexicanos, centroamericanos y sudamericanos</td></tr>
<tr><th>Metas</th><th>Suposiciones</th></tr>
<tr><td>• Penetrar en los supermercados integrales e incursionar en el oeste de Estados Unidos
• Cambiar la mezcla de productos de 5% de alimentos mexicanos al 20% en los próximos cinco años
• Contratar más distribuidores que atiendan el mercado mexicano
• Comenzar a penetrar en los mercados latinoamericanos por medio de alianzas
• Concentración actual en México y en Venezuela</td><td>• "No existe un mercado hispánico, sino muchos mercados."
— Frank Unanue, Presidente de Goya Foods
• Los principales competidores son las compañías con sede en Estados Unidos y con un fuerte enfoque en los latinos
— Libby's, Hunt's, Campbell Soup</td></tr>
</table>

Figura 9-8 Cobertura competitiva

Cobertura competitiva	Bajo costo	Diferenciación
Amplia	Estrategia general de costos	Diferenciación
Reducida	Enfoque basado en costos	Enfoque basado en diferenciación

Fuente: Michael E. Porter, *Competitive Strategy* (Nueva York: Free Press, 1980).

Al estudiar a los competidores, conviene tener presente que las fuentes de ventaja competitiva tienden a caer en una de las categorías básicas de la ventaja descrita en la matriz de la figura 9-8. Por ejemplo, en la industria de las flores, las compañías colombianas suelen considerarse a sí mismas productores diferenciados con una estrecha línea de productos, mientras que las holandesas tendrían una amplia gama de ellos con productos claramente diferenciados. Como se mencionó en páginas anteriores, aunque los productores colombianos piensan que su producto es diferenciado, su inhabilidad para imponer un mayor margen de utilidad a sus flores significa que en realidad están compitiendo más a partir de costos que de diferenciación. Pero el propósito de la matriz no es indicar la ventaja relativa de cada esquina, sino más bien obligar a las empresas a adoptar decisiones explícitas sobre la esquina donde desean competir.

Entender el concepto de decisión estratégica básica es indispensable para entender a los competidores. Una vez más, lo que importa por encima de todo es lo explícito de la estrategia. Cada opción estratégica tiene sus bondades relativas y discutibles, pero una vez elegida una conviene expresarla de manera explícita. A menudo, las compañías seleccionan estrategias antagónicas o no aplican las que han seleccionado con una determinación bien orientada, por lo cual quedan en una situación vulnerable ante la competencia. En términos generales, no existe una decisión estratégica *adecuada* para todos los casos, pero una buena decisión reúne ciertas características. Por lo tanto, cuando un competidor adopta ciertas decisiones estratégicas, la empresa rival puede probarlas contestando las siguientes preguntas:

1. ¿Son claras las decisiones del competidor?
2. ¿Son sus decisiones compatibles entre sí y con la estrategia declarada de la empresa?
3. ¿Son las decisiones compatibles con el ambiente competitivo donde opera?
4. ¿Tienen prioridades claras las decisiones?
5. ¿Están las decisiones apoyadas por políticas y acciones concretas?

Cuando a lo largo del tiempo se analizan a fondo las decisiones de la competencia, suelen descubrirse tendencias y patrones de conducta persistentes. Además, el hecho de identificar las principales implicaciones *funcionales* de las decisiones estratégicas del competidor, puede ayudar a una empresa o industria a concentrarse en áreas donde pueden mejorar. Si se logra un conocimiento integral de las decisiones del competidor y si se somete a prueba su uniformidad, pueden llegarse a detectar otros patrones de competencia. Por último, al comparar la estrategia de los rivales con la propia, una compañía estará en posibilidades de elaborar un programa estratégico para mejorar su posición competitiva.

Un caso interesante en el análisis de la competencia es la evolución de la industria automotriz en Japón. A principios de la década de 1970, las compañías japonesas tomaron decisiones claras para atender un nicho particular de la industria: el de los consumidores que apreciaban los automóviles seguros y baratos. Así pues, adoptaron la estrategia de fabricar líneas reducidas de ese tipo de vehículos de bajo costo. Esa decisión les permitió, además, innovar en el proceso de producción porque, a diferencia de sus rivales estadounidenses, no cultivaban estrategias de integración vertical sino más bien de desarrollo de un sistema complejo de proveedores para su proceso de producción. Una vez alcanzado el éxito con una pequeña línea de productos, empezaron a ampliarla en la década de 1980. Buscaron formas de consolidar su tecnología y capacidades de producción con el ingreso en otros segmentos del mercado. Lograron este objetivo adoptando una cobertura geográfica más amplia de consumidores y un enfoque de competencia más orientado hacia el cliente, al tiempo que conservaban su enfoque en la fabricación de automóviles baratos. En la década de 1990, empresas como Toyota y Nissan ya se habían apoderado de una porción del mercado de automóviles de lujo con sus modelos Lexus e Infinity. Pudieron desarrollar un producto verdaderamente diferenciado, pero lo hicieron a partir del éxito que habían obtenido en las décadas anteriores.

Capacidades

Las capacidades incluyen los recursos (físicos, financieros, informacionales, humanos) que una empresa rival ha convertido *en ventaja competitiva*. La mayoría de los análisis de competidores se centran en las capacidades; en concreto, en las fortalezas y debilidades funcionales. En general, esos análisis son sólo marginalmente útiles, por centrarse demasiado en pocas funciones tales como el producto o la información financiera. Además tiende a haber pocos datos disponibles, lo cual conduce a confiar excesivamente en el sentido común para hacer las interpretaciones.

Es importante comparar, a través de un *benchmark*, las principales funciones de un competidor para fundamentar el análisis de éste, no en suposiciones sino en su desempeño, y para monitorear este desempeño a través del tiempo. Para este fin, algunos de los datos útiles son las ventas, la participación en el mercado, el ingreso neto, el rendimiento sobre los activos, el rendimiento sobre el capital social, las razones de ventaja apalancamiento, los gastos de capital y el flujo de efectivo. Si un competidor está desarrollando una estrategia diferenciada, también conviene ponerse en contacto con los clientes del competidor y tratar de medir el nivel de satisfacción que obtienen según criterios específicos.

Cuando se analizan las capacidades es recomendable preparar un *perfil de las operaciones* del competidor. Esto suele incluir plantas, equipo, organización de las oficinas en el país de origen y estructura de la fuerza de ventas. También debe incluirse la capacidad organizacional de la firma.

En el análisis de capacidades del competidor no debe faltar una *investigación de productos*, lo cual significa que es necesario establecer un criterio de comparación. Una vez más, recuérdese que antes que nada, la empresa debe conocer sus propias capacidades. Idealmente esto abarcaría un "perfil de producto" constituido por los siguientes tipos de información a lo largo del tiempo: características de desempeño, puntos de precio y precio neto promedio de venta, volumen vendido, canales de distribución, segmentos de usuarios finales, análisis internos de pérdidas y ganancias. En teoría, esa misma información puede recabarse de los competidores en cuestión y puede efectuarse un análisis comparativo. Es difícil conseguir esa información de los competidores, pero siempre hay formas de obtenerla: examinando las listas de precios, hablando con los vendedores, visitando las tiendas de la competencia, conversando con representantes de la compañía y recopilando la mayor cantidad de información pública disponible.

El análisis de capacidad del competidor que realizamos en Colombia sobre R. R. Donnelley, principal rival del sector editorial de ese país, fue de gran utilidad para sus líderes porque aportó información de suma importancia acerca de un nuevo competidor (Tabla 9-4).

Tabla 9-4 Perfil del competidor: R. R. Donnelley

Estrategia	**Capacidades**
• Usar la planta maquiladora de Reynosa para imprimir pequeños tirajes de libros profesionales y juveniles, destinados principalmente al mercado de Estados Unidos — sin embargo, trata de venderlos también en el mercado doméstico • Convertirse en un gran participante dentro del mercado mexicano con las plantas de San Juan del Río, Querétaro, y Ciudad de México — en marzo de 1992 compró las operaciones del laboratorio LitoColor en esas ciudades — para finales de 1993 planea ampliar la planta de San Juan del Río de 9,000 a 14,000 metros cuadrados — nueva prensa de papel continuo y perfecta línea de encuadernación	**Fortalezas** • La amplia base financiera proporciona financiamiento barato y economías de escala en la compra de maquinaria y de materias primas • Acaba de nombrar como presidente de operaciones en México a Jesús Ramos, persona de gran experiencia y muy respetada en el mercado mexicano — ofrece los conocimientos prácticos necesarios sobre el mercado **Debilidades** • Precios de los libros infantiles en Reynosa por encima de la mayor parte de los competidores en México • La productividad de la planta situada en México no se equipara con la de las plantas de Estados Unidos • Subutilización de activos (utilización de la capacidad, 50%)
Metas	**Suposiciones**
• Alcanzar en 1994 los $4 millones de dólares de ventas en territorio nacional, los $50 millones en 1995 y los $100 millones en 1998 • Hacer de Reynosa una planta maquiladora • Comenzar en un futuro cercano a producir directorios telefónicos	• El mercado interno de México crecerá, sobre todo si se ratifica el Tratado de Libre Comercio — se observan magníficas oportunidades en los directorios telefónicos • Los nuevos adelantos tecnológicos le darán una ventaja competitiva sobre el resto de las compañías locales

Fuentes: entrevistas de Infotec, entrevistas realizadas por Monitor Company, *Graphic Arts Monthly*.

Si una compañía quiere conocer las capacidades de sus competidores debe adquirir un sentido claro de la posición relativa de costos de los competidores frente a ella. Y de ser posible, conviene que también conozca la eficacia con que sus competidores están satisfaciendo las necesidades de los consumidores.

Metas y suposiciones

Muchos gerentes se muestran renuentes a analizar cuestiones "cualitativas" tales como las metas y suposiciones que a menudo rigen la decisión estratégica y sirven para determinar la definición de victoria por parte del rival. En ese sentido, es importante precisar todas las metas relevantes: financieras, no financieras, corporativas, de unidad de negocios y de personal.

Las metas organizacionales se determinan con frecuencia a partir de una combinación de las expectativas más importantes, como la historia estratégica y la estructura estratégica. En otras palabras, las metas del competidor pueden estar configuradas principalmente por variables como presión de los accionistas, intervención gubernamental, influencia de los empleados o del sindicato, gerentes o clientes. Al mismo tiempo, las metas pueden estar planteadas por la experiencia previa del competidor en cuanto a la adopción de decisiones estratégicas. De esta manera, el horizonte de opciones dependerá de los éxitos o fracasos anteriores. La estructura estratégica de una organización también interviene de manera decisiva en la formulación y desarrollo de las metas de la compañía. Debido a ciertas restricciones (recursos humanos, liderazgo, estructura, sistemas) las metas pueden verse necesariamente limitadas.

Las suposiciones son las reglas prácticas, tanto individuales como colectivas, que orientan la toma de decisiones. Provienen de las mismas fuentes que las metas del competidor y en ocasiones, se conectan con la compañía. Aunque a veces resultan difíciles de expresar, conocer las suposiciones es imprescindible cuando se trata de entender la forma de pensar de la competencia, ya que éstas influyen en sus decisiones y acciones, sin importar si son correctas o erróneas. De hecho, las suposiciones obsoletas o erróneas tienen gran importancia por lo que nos indican.

El conocimiento de las metas y suposiciones del competidor permite a la empresa evitar luchas innecesarias y aprovechar las debilidades de la competencia. Algunas metas son explícitas y pueden encontrarse en las declaraciones públicas, en los informes anuales o en las entrevistas. Otras se pueden deducir al realizar una investigación más creativa (del desempeño financiero, la estructura organizacional o los antecedentes de los ejecutivos).

En resumen: Puntos de aprendizaje sobre la adquisición de conocimiento sobre el competidor

El análisis del competidor es un aspecto crítico de aprendizaje requerido cuando se trata de desarrollar estrategias sostenibles sobre las *tres "ces"*, y reitera el imperativo de que las empresas deben "ir a lo micro".

1. El análisis de la competencia consiste en una recopilación sistemática de datos y una revisión también sistemática de las diferentes *opciones* que existen en relación con los competidores: asumir la ofensiva, disua-

dir y defenderse de la competencia, o aliarse con un competidor para hacer un frente común contra otro competidor.

2. El análisis de la competencia deberá contribuir a *diseñar* e *implantar* estrategias bien definidas que permitirán a las compañías competir más eficazmente en el mercado global.
3. Una evaluación de las decisiones de la competencia a lo largo del tiempo puede revelar tendencias y *patrones persistentes de conducta*, lo cual permite a las compañías anticiparse a las acciones de la competencia, en vez de limitarse a reaccionar frente a ellas.

RESUMEN

Como bien sabía Cervantes, el aprendizaje no se logra sin "incomodidades". Entre otras incomodidades, menciona "el mareo en la cabeza" y la "debilidad en el estómago". En nuestra opinión es más costoso *no* realizar el aprendizaje.

Los tipos de aprendizaje que hemos presentado en este capítulo, las tres "ces", sirven para moldear las decisiones estratégicas que las empresas deben tomar. Ese aprendizaje puede ser uno de los puntos fundamentales de las iniciativas para atenuar los problemas propios de los siete patrones y para convertirlos en oportunidades de crecimiento.

Por ejemplo, el conocimiento de los clientes les ayudará a las empresas a confiar menos en las *condiciones de los factores*, al enterarse de que a menudo compiten dentro de una estructura deficiente de "cinco fuerzas", con mucha rivalidad y poca capacidad de influir en el comportamiento del cliente. El hecho de conocer los costos y los competidores, influye en el mejoramiento de la *posición relativa* al aclarar las fuentes de ventajas competitivas sostenibles y las debilidades básicas que es preciso superar. La combinación de las tres "ces" permite a las compañías adoptar una decisión sobre su capacidad y sobre la conveniencia de *integrar hacia adelante*, además de sentar las bases de la *cooperación entre empresas*.

Quizás la aplicación más innovadora de este tipo de conocimiento a nivel de la empresa sea el darle nueva forma al diálogo entre los sectores público y privado, respecto de las realidades del ambiente competitivo internacional, lo cual a su vez, brinda la oportunidad de superar la conducta *paternalista*. Esto no significa que el gobierno debería utilizar esa información para asumir un papel intervencionista; sin embargo, una parte importante del diálogo actual está matizado por una información tan deficiente, que el resultado suelen ser las acusaciones mutuas y la consecuente *actitud defensiva*.

Una vez mejorado, el aprendizaje de tipo estratégico permitirá a los líderes de un país concentrarse en la creación de ventajas sostenibles e inimitables que posicionen a las empresas locales más cerca de los usuarios finales. Entre los beneficios, cabe citar la formación de alianzas internacionales y la creación de un alto y creciente valor para clientes cada día más sofisticados y dispuestos a pagar más por un valor especial que perciben. Esta clase de aprendizaje da origen a una decisión basada en la información, que mejora el posicionamiento competitivo y puede contribuir a transformar los siete patrones en fuentes de ventaja.

CAPÍTULO DIEZ

Mecanismos de dirección

Con el tiempo he llegado a creer que es más importante que el gobierno sea consistente, *aun cuando* sea consistentemente estúpido.

—*Gerente textil de Perú*

En capítulos precedentes sugerimos que varios factores han impedido que las compañías de la región andina desarrollen las siete oportunidades de crecimiento sostenido, y en el capítulo anterior explicamos a fondo uno de esos factores: la ausencia de enfoque estratégico. Otro factor que merece un examen detenido es la carencia de pensamiento e inversión de largo plazo, los cuales pueden ser una indeseada consecuencia de las estructuras institucionales y organizacionales.

¿Por qué el estilo del pensamiento y aprendizaje estratégico —expuestos en los capítulos 8 y 9— no han sido adoptados por empresas de los Andes o de Latinoamérica en su conjunto? En parte porque las instituciones gubernamentales e industriales no han logrado crear el ambiente propicio donde éstos puedan florecer. La falta de claridad del gobierno respecto de las políticas e instituciones produce incertidumbre y un pensamiento cortoplacista dentro del sector privado. Por su parte, las asociaciones industriales llegan a creer que para ser eficaces deben esforzarse en ejercer influencia sobre esas políticas, en lugar de enseñarles estrategia y administración a los líderes de la industria. El hecho de no prestar atención a las realidades del mercado, concentrándose en las políticas gubernamentales, contribuye de manera significativa a la aparición de los patrones del comportamiento no competitivo descritos en la parte 1.

Nos referimos a las estructuras y políticas organizacionales como *mecanismos de dirección* y estamos convencidos de que éstas, a menudo contribuyen de manera decisiva a limitar la calidad del aprendizaje que se puede dar en organizaciones complejas, sean compañías, asociaciones industriales o gobiernos. Hay tres tipos de mecanismos de dirección: 1) organizacionales, 2) legales y administrativos y 3) informales. Los mecanismos organizacionales incluyen el diseño de la entidad, los flujos formales de poder, así como la autoridad y comunicación a través de la misma. Los mecanismos informales están relacionados con la cultura de una organización en particular, es decir, los tipos de conducta que no están escritos, pero que sin duda influyen en la forma de hacer las cosas: lo que se puede decir, cómo se debe comportar el personal, cómo aprenden las personas o cómo trabajan en grupo. En una corporación los mecanismos de dirección incluyen los mecanismos legales y administrativos, entre los que se encuentran el establecimiento de directrices para asuntos como vacaciones, incapacidades por enfermedad, utilización de computadores y fotocopiadoras o reembolso por gastos. En el gobierno, abarcan una gran variedad de leyes, normas, decretos y políticas que repercuten profundamente en la economía nacional.

El presente capítulo se concentrará en las implicaciones de los mecanismos legales y administrativos desde la perspectiva gubernamental, examinando en detalle el caso del gobierno boliviano. El análisis muestra cómo los mecanismos de dirección desarrollados en una organización durante años, pueden limitar las opciones estratégicas de que disponen quienes trabajan en o para la organización. Observamos este proceso en el gobierno boliviano durante cuarenta años. No pretendemos extendernos en la historia de ese país, sino entender cómo, a lo largo de los años, las acciones políticas originan mecanismos de dirección que limitan la capacidad de una organización para aprovechar las siete oportunidades del crecimiento sostenido que discutimos en la primera parte del libro.

Estudio de caso del gobierno boliviano

El portafolio de instrumentos de políticas con que cuenta un país, es decir, sus mecanismos de dirección, afecta en las estrategias que adoptan sus empresas de la siguiente forma:

- Influyendo en el balance existente entre competencia y regulación del mercado.
- Estableciendo prioridades entre crecimiento económico y redistribución de la riqueza.

Según las áreas a las que una administración pública dé prioridad, las compañías modificarán su comportamiento para optimizar ganancias dentro de esos sistemas. La gran ironía en los países en vías de desarrollo es que, aunque muchos ejecutivos tienden a ser personas sensatas y predecibles, han diseñado estrategias que a menudo parecen irracionales. Resulta irónico que los directivos hayan resultado ser tan efectivos al crear compañías exitosas en ambientes sumamente difíciles, y que al mismo tiempo, les resulte tan difícil el adaptarse a las realidades de la competencia global. Cuando un gobierno establece una serie de mecanismos complejos para administrar la economía, tales como aranceles, descuentos fiscales y tasas de interés preferenciales, los hombres de negocios desarrollan estrategias que les permiten aprovecharse de esas ventajas artificiales. Entender cómo las acciones del gobierno generan mecanismos organizacionales y administrativos que alteran fundamentalmente el comportamiento de los líderes empresariales, constituye un paso decisivo en la creación de un proceso que les permitirá a los líderes cambiar ese comportamiento.

En todo este capítulo el lector deberá tener presentes dos preguntas:

- ¿Cómo afectan las políticas del gobierno a las condiciones del ambiente competitivo de una nación?
- ¿Cómo influyen las políticas del gobierno en las opciones estratégicas disponibles para una empresa?

Capitalismo de Estado: 1952-1972

Cuando el presidente Paz Estenssoro asumió el poder en 1952, Bolivia era un país predominantemente rural y y en vías de desarrollo; la industria agrícola y sus industrias relacionadas empleaban el 72% de la población, pero apenas contribuían con el 33% del PIB. El vasto sistema de *latifundios* había dado origen a una estructura de propiedad de la tierra en la que el 6% de los terratenientes controlaban el 92% del suelo cultivable; no en vano había un consenso en torno al desequilibrio de poder y riqueza existente entre un pequeño grupo de privilegiados, y la gran mayoría de la población.

Aunque por aquella época la agricultura generaba la mayor parte del empleo, era el sector minero el que producía la mayor parte de los ingresos económicos y las divisas. En la década de 1930, las minas bolivianas eran muy productivas y competitivas a escala global, pero al acercarse los años 50 y ante el progresivo agotamiento de las principales vetas y la escasez de capital de inversión, las operaciones mineras dejaron de ser globalmente competitivas.

A la luz de este entorno, el presidente Paz Estenssoro creó una agenda estratégica en virtud de la cual, el estado se convertiría en el "gran estratega" de la economía, e intervendría para corregir las desviaciones del mercado que habían ocasionado tan enorme concentración de la riqueza y falta de equidad entre la población. Diseñó mecanismos para redistribuir la riqueza entre los grupos campesinos mediante una profunda reforma agraria y aumentó la inversión en servicios y educación rurales. También nacionalizó las tres grandes compañías mineras y puso bajo control estatal la administración de otras empresas del gobierno. El modelo de "capitalismo de estado" que empleó presentaba las siguientes características:

- El sector público asumió la responsabilidad de la mayor parte de las inversiones de capital.
- El gobierno participaba de manera activa en la administración de la microeconomía.
- Se establecieron relaciones especiales entre el gobierno y segmentos favorecidos del sector privado para promover la actividad económica y el empleo.

Parte de la estrategia económica de Paz Estenssoro se centraba en crear un modelo de desarrollo basado en la sustitución de importaciones, recurriendo para ello a aranceles y subsidios tendientes a estimular la industrialización de Bolivia. Esperaba que una mayor inversión del estado, una estrecha colaboración con las empresas y un ambiente protegido, impulsaran definitivamente la industrialización. Para financiar este esfuerzo, también necesitaba solicitar una ayuda considerable a Estados Unidos y promulgar una legislación de inversión extranjera que favoreciera a las empresas de esa nación.

¿Qué tipos de mecanismos institucionales fueron establecidos a raíz de ese tipo de decisión estratégica y de acción emprendidas por el gobierno? Además de una cada vez más compleja estructura organizacional, requerida para llevar a cabo las actividades más amplias del estado, había una intrincada serie de iniciativas de políticas, que tuvieron un profundo impacto sobre la forma de hacer negocios en Bolivia. Una muestra de ellas se incluye en la tabla 10-1.

Paz Estenssoro pensaba que el estado debía desempeñar un papel importante, tanto en el impulso del proceso de industrialización, como en la creación de una red de seguridad social. Esas convicciones lo llevaron a ampliar el rol estatal, con la esperanza de crear así un ambiente que favoreciera la innovación. Pero lo que hizo fue formular una compleja combinación de políticas que originaron un ambiente legal y regulador, que inhibió la innovación y el progreso nacional, precisamente las metas que intentaba alcanzar.

Al fijar muchos tipos de cambio, aranceles elevados, una moneda devaluada y una mayor participación del estado en la extracción de recursos naturales, el gobierno les dio incentivos a los líderes empresariales para que fueran menos competitivos. Había poca competencia que estimulara la innovación y las políticas preferenciales permitían a los negocios obtener ingresos con relativa

Tabla 10-1 Políticas económicas de Bolivia, 1952-1956

Instrumentos de políticas \ Áreas de políticas	Monetaria	Fiscal	Comercio	Inversión extranjera directa	Ingresos	Sectorial
Legales	• Régimen de múltiples tipos de cambio	• Reorientación del gasto: del sector militar a la salud y a la educación	• Promulgación de restricciones selectivas a las importaciones	• Reelaboración del código de inversiones petroleras en favor de los intereses de Estados Unidos	• Decreto de Reforma Agraria • Supresión del servicio de pongo y pongaje para los *campesinos*	• Exportación y venta de todos los minerales monopolizados por el estado
Administrativos	• Crédito subsidiado concedido a EE[1]	• Se permitió que crecieran los déficit presupuestales	• Aumento de aranceles para aumentar los ingresos del gobierno	• Alianzas petroleras con inversionistas privados extranjeros	• Fundación de COB[2] • Alimentos, otros subsidios a los mineros	• CBF[3] extiende grandes subsidios al sector privado
Mercado directo	• Emisión de dinero para financiar los déficit presupuestales	• 33% del presupuesto de 1958 pagado con fondos provenientes de Estados Unidos	• Se permite que el tipo de cambio se devalúe con una inflación creciente	• La ayuda externa se invierte en un moderno sistema de carreteras	• La ley pública 480 permite la importación de alimentos de Estados Unidos	• Nacionalización del 67% de las minas y su incorporación a COMIBOL[4]
Resultados económicos	• Aceleración de la inflación entre 1952 y 1956	• Expansión de los déficit presupuestales	• Incapacidad de los controles comerciales para evitar el aumento de los déficit comerciales	• Aumento de la ayuda externa • Mínima inversión extranjera privada	• Aumentos salariales deteriorados por la creciente inflación	• Aumento de la importancia de exportaciones de recursos naturales en la economía

Fuentes: plantilla adaptada de James Austin: *Managing in Developing Countries* (Nueva York: Free Press, 1990), 89; Hebert S. Klein, *Bolivia: The Evolution of a Multi-Ethnic Society* (Nueva York: Oxford University Press, 1992); Jeffrey Sachs y Juan Antonio Morales, *Bolivia 1952-1986* (California: International Center for Economic Development, 1988), y entrevistas efectuadas por Monitor Company.

Notas: 1. EE = empresas estatales
2. COB = Central Obrera Boliviana
3. CBF = Corporación Boliviana de Fomento
4. COMIBOL = Corporación Minera de Bolivia

facilidad. Más aún, las actividades que emprendió aumentaron veinte veces el costo de la vida entre 1952 y 1956, crearon una disminución real del 13% en el PIB y un incremento de los déficits presupuestales.

El periodo comprendido entre 1956 y 1972 cuenta una historia similar: muchas administraciones presidenciales intentaron asignar al estado un papel que mejorara la productividad de la economía y protegiera a la población de las dificultades económicas. Pero lo que las políticas gubernamentales realmente generaron fueron ambientes cada vez más complejos en los que las empresas debían competir. Los cambios de los enfoques gubernamentales crearon incertidumbre, la cual redujo la inversión del sector privado, mientras que el estado siguió aumentando su participación en la industria. Más aún, a principios de los años 70 hubo un resurgimiento del nacionalismo económico, que tuvo como consecuencia la nacionalización de Gulf Oil Company, la anulación de los contratos de U.S. Steel y la expulsión de los Peace Corps. estadounidenses.

Los años de Banzer: 1972-1976

En 1972 el coronel Banzer asumió la presidencia y se comprometió a desarrollar ventajas más complejas para las compañías bolivianas, manteniendo simultáneamente el enfoque de Paz Estenssoro en las políticas de redistribución. Tuvo la fortuna de encontrarse en el apogeo de su liderazgo cuando las exportaciones bolivianas generaban ingresos sin precedentes para la nación, lo cual creó un ambiente propicio para efectuar importantes inversiones en la economía nacional. Las exportaciones crecieron de $226 millones de dólares en 1970 a $650 millones de dólares en 1974, dándole a Bolivia el más grande excedente en toda su historia. El principal impulsor de este éxito fue la duplicación de los precios del estaño entre 1973 y 1974.

El coronel Banzer utilizó la riqueza proveniente del incremento de los precios de los minerales y el fácil acceso al crédito internacional para financiar inversiones muy ambiciosas en infraestructura, minería y subsidios para promover el desarrollo industrial. Fue un caso clásico en el que un gobierno pone todo su empeño para hacer bien las cosas, e intenta generar los tipos de ventajas necesarias para que las compañías compitan eficazmente. Pero el exceso de fondos vino acompañado por una mayor corrupción y la opulenta administración mostró una gran ineficiencia para terminar los proyectos. De hecho, un ejemplo es la construcción del edificio de veinte pisos que alberga al Ministerio de Desarrollo Económico. Su construcción se inició en 1972, pero sólo se terminó a principios de 1990 debido a cuestiones políticas y a las ineficiencias de las actividades estatales relacionadas con el desarrollo.

El portafolio de las iniciativas de políticas de Banzer, algunos de cuyos aspectos más sobresalientes aparecen en la tabla 10-2, ofreció fuertes incentivos a los integrantes del sector privado, no para posicionarse en los mercados externos, sino para beneficiarse de las compras y programas del gobierno local. Los mecanismos estatales de dirección tienden a distorsionar las señales reales del mercado, limitando así la capacidad de las empresas para posicionarse estratégicamente.

En este ambiente de crecientes ingresos provenientes de las exportaciones, facilidad de crédito, fuertes inversiones y aumento de la corrupción, el gobierno trató de diversificar la economía para incluir otros minerales y petróleo a fin de limitar la dependencia excesiva del estaño. Obtuvo poco éxito con las exportaciones de estos productos, pero desde el punto de vista estructural, éstos no eran mucho más atractivos que el estaño. Ésta es una de las razones por las cuales la dependencia de las ventajas de factores básicos y un deficiente conocimiento de las necesidades de los clientes han sido temas recurrentes en Latinoamérica: cuenta con abundantes recursos naturales y sus gobiernos suelen ser jueces poco certeros del atractivo de estas industrias.

El periodo que siguió al régimen de Banzer presenció el colapso del consenso nacional y un drástico debilitamiento de la economía. Tanto los líderes del gobierno como los del sector privado, empezaron a centrarse una vez más en las fuentes básicas de ventaja, mientras que los dirigentes empresariales aprovecharon el acceso a los políticos relevantes para obtener beneficios personales. Cuando Siles Zuazo asumió el poder en 1982, enfrentó las exigencias populares de aumentar los salarios y los niveles del empleo. Por ello decidió incrementar el gasto social, proteger a la industria contra la competencia internacional y aumentar la nómina del gobierno y de las empresas estatales. También trató de estabilizar la situación mediante programas heterodoxos, cuyo fin era reducir el costo social que suponía la reorganización de una economía debilitada. Como manifestó un líder industrial boliviano: "El negocio ya no se trataba de inversión o estrategia; se centraba en la especulación y en la autoprotección".

Los años de la crisis y los posteriores

En 1985 la economía de Bolivia estaba en ruinas. La inflación llegó a más de 24,000% anual (en agosto de 1985), el extenso sistema minero del Estado se encontraba devastado por el colapso de los precios del estaño y las presiones sociales eran intensas. El presidente Paz Estenssoro había vuelto al poder y encaraba una cruda realidad: ni el Fondo Monetario Internacional (FMI), ni el Banco Mundial estaban dispuestos a apoyar sus esfuerzos por reforzar programas heterodoxos de estabilización. La bizantina estructura económica construida en los decenios anteriores se encontraba fundamentalmente alterada. Los tipos de cambio fueron estabilizados, se liberaron las cuentas comerciales

Tabla 10-2 Políticas económicas de Bolivia, 1972-1978

Instrumentos de políticas / Áreas de políticas	Monetaria	Fiscal	Comercio	Inversión extranjera directa	Ingresos	Sectorial
Legales	• Fijación del tipo de cambio después de la devaluación del 40% en 1972	• Aumento de los gastos militares	• Aumento de los aranceles de productos manufacturados	• Liberalización de la legislación relativa a la inversión extranjera	• Congelación de salarios en los sectores público y privado	• Ley de incentivos industriales para promover las exportaciones no tradicionales
Administrativos	• Políticas monetarias laxas para captar los fondos provenientes del exterior	• Aumento de los impuestos al estaño • Bonificaciones fiscales por exportaciones no tradicionales	• Requisitos de depósito anticipado para las importaciones	• Garantía de préstamos externos para el sector privado	• Subsidio de los precios de alimentos • Asignación importante de tierras por medio de la reforma agraria	• Gasto de YPFB, COMIBOL, ENAF[1] centrado en los incrementos de la capacidad, poca exploración
Mercado directo	• Préstamos de crédito industrial procedentes del Banco Central	• Infraestructura, proyectos de desarrollo absorben el 48% del presupuesto	• Tratado de gas natural con Argentina	• Incremento de préstamos provenientes de fuentes extranjeras, públicas y comerciales	• Impuestos, otros incentivos para estimular a las empresas a instalarse en regiones de las afueras	• Subsidios a las exportaciones no tradicionales
Resultados económicos	• Inflación de dos dígitos	• El financiamiento de la deuda del sector público absorbe el 30% de las exportaciones • Inversión malgastada	• Las exportaciones crecen de $200 millones de dólares a $700 millones de dólares	• La deuda externa crece en un 200%	• Aumento lento y estable del PIB per cápita	• A fines de los años 70, exceso de capacidad de fundición y refinamiento, disminución de la extracción de materias primas

Fuentes: plantilla adaptada de James Austin, *Managing in Developing Countries* (Nueva York: Free Press, 1990), 89; Hebert S. Klein, *Bolivia: the Evolution of a Multi-Ethnic Society* (Nueva York: Oxford University Press, 1992); Jeffrey Sachs y Juan Antonio Morales, *Bolivia 1952-1986* (California: International Center for Economic Development, 1988), y entrevistas efectuadas por Monitor Company.

Notas: 1. YPFB = Yacimientos Petrolíferos Fiscales de Bolivia
2. COMIBOL = Corporación Minera de Bolivia

y de capital, se redujeron los déficits del gobierno y la emisión de dinero y el régimen fiscal fue por completo reestructurado. La tabla 10-3 nos da una idea general del portafolio de políticas implantadas.

Tras la exitosa lucha que Paz Estenssoro libró contra la hiperinflación, sus sucesores tuvieron que hacer frente al doble reto de mantener la estabilidad macroeconómica y de encontrar la manera de aminorar la creciente disparidad de los ingresos. El presidente Paz Zamora (1989-1993) empezó a desmantelar la hegemonía del estado en los sectores clave de la economía y diseñó políticas tendientes a estimular una mayor participación del sector privado en las exportaciones. Asumió este desafío mediante el establecimiento de nuevas leyes de inversión y políticas comerciales, pero insistió en mantener un rígido control en el ámbito fiscal.

Desde su elección en 1992, el presidente Sánchez de Lozada ha tratado de cerrar la brecha entre el crecimiento económico y la equidad social, instaurando un innovador programa de capitalización en virtud del cual se venderían los activos del estado, pero los ingresos de su venta irían directamente a la población mediante la creación de un plan de pensiones. Sus políticas macroeconómicas reflejan la convicción de que el estado no puede ser un estratega económico competente en los asuntos del país, lo cual lo distingue de sus predecesores de los últimos cuarenta años. Sin embargo, comparte con ellos el deseo de redistribuir la riqueza nacional. Y, habiendo sido testigos de las huelgas, las protestas estudiantiles y las marchas de los maestros, podemos entender por qué a los líderes políticos les resulta tan difícil no diseñar políticas que respondan a las demandas populares, relacionadas con las necesidades sociales de la población.

El impacto de los mecanismos de dirección a lo largo del tiempo

Podemos representar gráficamente en una matriz las políticas del gobierno y los mecanismos de dirección; aunque el método de representación no es científico, resulta informativo. En la figura 10-1, el mapa para Bolivia es bastante simple: categoriza las administraciones presidenciales de los últimos 40 años en dos dimensiones: identificación del enfoque de los objetivos y políticas económicas, e identificación del principal estratega económico. Los hallazgos son compatibles con lo que hemos afirmado antes: con el tiempo las políticas inconsistentes y los mecanismos de dirección dan origen a un ambiente impredecible y difícil de administrar, donde el sector privado adquiere mucha habilidad en cabildear, pero no en aprender. Décadas de hegemonía estatal sobre la economía originaron una cultura de expectativas respecto a su función. El estado no sólo desplazó la inversión del sector privado sino también su imaginación, impidiéndole así contribuir a resolver los problemas colecti-

Tabla 10-3 Políticas económicas de Bolivia, 1985-1989

Instrumentos de políticas / Áreas de políticas	Monetaria	Fiscal	Comercio
Legales	• Unificación del tipo de cambio • Eliminación de los techos de las tasas de interés • Legalización de los depósitos bancarios en moneda extranjera • Autorización de los contratos en moneda extranjera	• Perfeccionamiento del régimen fiscal, introducción del impuesto del 3.5% a los activos, impuesto retroactivo al valor agregado, impuesto a la riqueza • Aguda caída en el gasto fiscal	• Sustitución de aranceles múltiples por un arancel uniforme del 20%
Administrativos	• Bancos estatales, supresión del subsidio a los créditos • Canalización de préstamos para el desarrollo a través de bancos privados	• Mejoramiento del sistema recaudatorio de impuestos • Reducción de la burocracia gubernamental	• Eliminación de las cuotas de importación • Privatización de la valuación de importaciones
Mercado directo	• Reducción de la impresión de dinero • Decisión de remonetarizar lentamente • Aumento de las razones capital/deuda en los bancos privados • Supervisión más estricta a la cartera de los bancos por parte del gobierno	• Congelamiento de los salarios del sector público, inversión	• Fuerte devaluación de la moneda en 1985, seguida de una flotación con un número cada vez menor de intervenciones
Resultados económicos	• Inflación controlada en unas cuantas semanas • Problemas de liquidez de los bancos • Altas tasas reales de interés; grandes brechas entre las tasas de préstamos y las tasas de ahorro	• Reducción pero no eliminación de los déficits presupuestales	• Aumento considerable de las importaciones

vos de la nación. Si los hombres de negocios quieren alcanzar el éxito en esta clase de ambiente deben saber vigilar estrechamente al gobierno y administrar muy bien las estructuras, leyes, políticas y organismos cambiantes que éste crea. Los líderes de negocios bolivianos no tuvieron necesidad de volverse peritos en ninguna de las disciplinas fundamentales de la estrategia empresarial. En pocas palabras, el sector privado boliviano desarrolló una acti-

Tabla 10-3 (continúa)

Instrumentos de políticas / Áreas de políticas	Inversión extranjera directa	Ingresos	Sectorial
Legales	• Eliminación de las restricciones de los flujos y salidas de capital	• Eliminación de la indexación de salarios • Simplificación del despido de empleados	• Eliminación de los controles de precios en la mayoría de los mercados • Transferencia de los activos de la Compañía Nacional de Transporte a los municipios
Administrativos	• Amnistía fiscal para los capitales depositados en el extranjero • Autorización de los depósitos en dólares sin necesidad de demostrar su origen	• Aumento de los precios de la gasolina, indexados al tipo de cambio • Subsidios a los servicios sociales	• Reducción de los empleados de COMIBOL1 de 23,000 a 7,000 • Reducción de los empleados de YPFB2 de 6,000 a 4,000
Mercado directo	• Reacercamiento al FMI, al Banco Mundial y al Club de París • Pagos de la deuda externa interrumpidos temporalmente • Recompra de los préstamos en el mercado secundario a 11 centavos por dólar	• Aumento de los precios del sector público • Fondo para urgencias sociales creado para trabajar a corto plazo en proyectos de infraestructura	• Servicios públicos, tarifas del transporte urbano descentralizados hacia los gobiernos locales • Cesión de las propiedades de CBF3 a las corporaciones de desarrollo regional
Resultados económicos	• Reanudación de préstamos del exterior a Bolivia • Repatriación de capitales depositados en el extranjero	• Aumento extraordinario del desempleo con depresión, colapso de la minería	• Aplastamiento de los sindicatos por las reformas a la COMIBOL[1]

Fuentes: plantilla adaptada de James Austin, *Managing in Developing Countries* (Nueva York: Free Press, 1990), 89; Hebert S. Klein, *Bolivia: The Evolution of a Multi-Ethnic Society* (Nueva York: Oxford University Press, 1992); Jeffrey Sachs y Juan Antonio Morales, *Bolivia 1952-1986* (California: International Center for Economic Development, 1988), y entrevistas efectuadas por Monitor Company.

Notas: 1. COMIBOL = Corporación Minera de Bolivia
2. YPFB = Yacimientos Petrolíferos Fiscales de Bolivia
3. CBF = Corporación Boliviana de Fomento

tud paternalista frente al desarrollo y a la competencia. Las acciones estratégicas y los mecanismos de dirección diseñados por los líderes bolivianos aislaron al sector privado de la necesidad de cambiar. Ahora que la estabilidad está al alcance de la mano, el reto más importante que afronta el país es crecer

Figura 10-1 Políticas económicas de Bolivia a través del tiempo

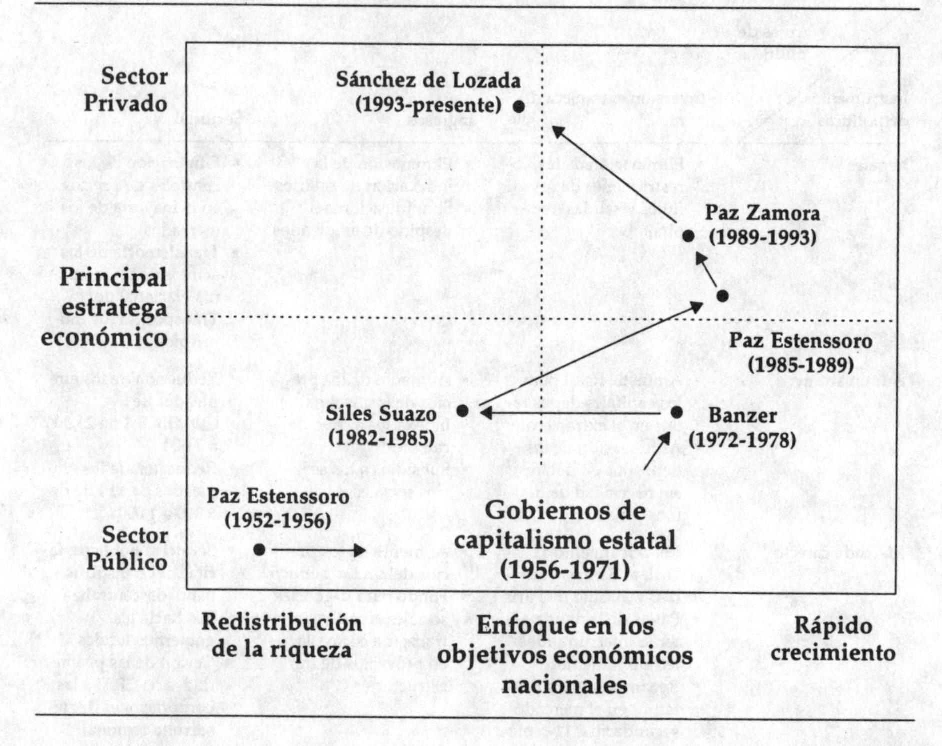

y lograr que el gobierno y el sector privado trabajen juntos de una manera que no restrinja ni la innovación, ni el progreso.

ESTRATEGIAS RELATIVAS AL DESARROLLO NACIONAL

¿Cuáles son las opciones de que dispone un gobierno al tratar de conciliar el crecimiento económico y la equidad social? Como hemos visto en discusiones anteriores, es preciso tomar muchas decisiones específicas y cada una de ellas tiene implicaciones, no sólo por sus consecuencias económicas, sino también por las señales que envía al sector privado. Nos gustaría terminar esta discusión presentando un breve panorama sobre las estrategias económicas generales de nivel nacional con que cuentan los encargados de la toma de decisiones; también explicaremos cómo se relacionan con la exposición sobre la manera de conciliar la equidad social y el crecimiento.

Hemos observado seis estrategias nacionales o arquetipos de estrategias. Rara vez hemos encontrado un país que encaje exactamente en uno de los arquetipos. La mayor parte de las estrategias nacionales se entienden mejor si las dividimos en dos categorías tradicionales: estrategias de *crecimiento*, que abarcan el monetarismo, el libre mercado y la industrialización; estrategias *de justicia social*, que incluyen orientación agrícola, redistribución y socialismo.[1] Durante los últimos años Bolivia ha pasado de una estrategia a otra, lo mismo que Perú en los últimos veinticinco años. Colombia realizó tenazmente la transición de la industrialización al libre comercio en un periodo de apenas catorce meses, bajo la administración del presidente Gaviria. Perú hizo lo mismo en apenas cuatro meses luego de consolidarse Fujimori en el poder en 1991.[2]

Estrategias tradicionales de crecimiento

La estrategia del *monetarismo* da prioridad a la estabilización de los mercados, la liberación de los precios y el desarrollo de mercados para orientar la asignación de los recursos de una economía. El sector privado asume la responsabilidad de generar riqueza basándose en el espíritu emprendedor emergente, en una abundante libertad y en una orientación gubernamental limitada. Se reduce al mínimo la función del estado. Las suposiciones básicas son dos: los recursos los asignan los mercados libres y el gobierno debe concentrarse simplemente en ofrecer un ambiente consistente y estable. Si el gobierno cumple cabalmente con su misión, la nación sólo tendrá que esperar a que la clase empresarial emerja como el motor del crecimiento económico. Chile ejemplificó este modelo entre 1973 y 1983, lo mismo que Perú a principios de la década de 1990. Fue también el modelo de pensamiento durante los años 80 bajo la administración de Ronald Reagan en Estados Unidos y de Margaret Thatcher en Gran Bretaña.

La estrategia de *libre mercado* difiere del monetarismo en la importancia que da a la promoción del comercio internacional y a la inversión. Comparte la adhesión del monetarismo a las fuerzas del mercado para asignar los recursos y fijar los precios y ve en la competencia internacional por el comercio y la inversión, el motor del crecimiento. Las compañías tienen la responsabilidad de desarrollar vínculos de comercio e inversión con la economía internacional. El gobierno, por su parte, tiene un rol activo en el apoyo de esas actividades. En teoría, el sector privado acepta la responsabilidad del crecimiento de las exportaciones, aunque constantemente acusa al gobierno de ser indiferente o incompetente cuando debe dar el soporte necesario. El gobierno a su vez, a menudo califica al sector privado de ambicioso, ineficiente y deseoso de obtener subsidios.

El anterior modelo es el que rige actualmente en Perú y en Colombia; en Japón entró en vigor en el periodo comprendido entre las décadas de 1960 y 1980 y en Alemania entre las de 1970 y 1990. Nuestras observaciones sobre el funcionamiento de ese modelo nos permiten afirmar que el gobierno asume una importante responsabilidad en la reforma administrativa y legal, pero prácticamente ninguna en la creación de las condiciones propicias para realizar la reforma a nivel microeconómico o cuando se trata de dar ayuda a nivel de la empresa.

La *industrialización* es una estrategia que consiste en sustituir las importaciones. Busca lograr el crecimiento económico a través de una rápida expansión del factor manufacturero. Se da prioridad a los bienes de consumo destinados al mercado local, en general protegido por altos aranceles a las importaciones. El gobierno interviene de manera decidida para incrementar la producción y administrar los nexos con la economía internacional; es decir, la orientación del capital de inversión, los subsidios y los fondos de inversión que promueven la expansión de la capacidad.

Las compañías tienden a depender del gobierno para que les brinde apoyo económico y orientación estratégica, la cual se traduce en subsidios a la producción de exportaciones y en la depreciación de la moneda, temas que comentamos en el capítulo dedicado al paternalismo. El gobierno es percibido como la fuente de ventaja, al tiempo que existe una mentalidad orientada a la producción o a la oferta, así como una actitud defensiva frente al cambio por parte del sector privado. Hoy en día los enfoques centrados en la industrialización gozan de menos aceptación que en las últimas décadas. Corea aplicó el modelo en la década de 1950, Brasil en la de 1960 y Colombia lo aplicó hasta finales de los años 80.

Estrategias tradicionales orientadas a la equidad social

Hemos optado por incluir la estrategia genérica *centrada en la agricultura* dentro de la sección dedicada a la equidad social en virtud de su orientación interna o nacional, el que destaca el mejorar el ingreso de la empobrecida población rural y su objetivo (del gobierno) de alcanzar la autosuficiencia. Esta estrategia trata de lograr el crecimiento económico expandiendo rápidamente el sector agrícola, intentando liberar recursos para encauzarlos a otros sectores. Por ejemplo, al sector manufacturero se le ayudaría de tres formas: con los precios bajos de los productos agrícolas se limita la inflación, creándose así un ambiente más estable para los manufactureros; con el mejoramiento de las capacidades agrícolas se libera mano de obra para ocuparla en otros sectores; y finalmente, el propio sector agrícola, una vez ampliado, genera nuevas oportunidades de manufactura.

El gobierno tiene la responsabilidad primaria de apoyar la estrategia orientada a la agricultura, brindándole protección comercial y actuando como comprador principal de los productos agrícolas y del equipo de capital. En esta estrategia; la concentración de la propiedad de la tierra determina la distribución del ingreso. Tanto el sector público como el privado, adoptan un enfoque interno y el gobierno asume la responsabilidad de los efectos del crecimiento y la distribución.

Este modelo estuvo vigente en Estados Unidos y Canadá durante el auge económico de la postguerra, lo mismo que en Filipinas y en India. Sus defensores abrigaban grandes esperanzas de mejorar el estándar de vida del ciudadano promedio de Africa, desde la independencia de esas regiones iniciada a fines de la década de 1950.

La estrategia de *redistribución* trata de conseguir una distribución aún más uniforme de la riqueza económica y de optimizar el empleo. Supone que no es posible conciliar la redistribución del ingreso y la generación de crecimiento, y a menudo se utiliza para complementar una de las cuatro estrategias que acabamos de estudiar. El gobierno desempeña un papel esencial en esta estrategia, y su administración está generalmente descentralizada, con el propósito de mejorar su capacidad de respuesta ante los grupos de bajos ingresos. Con frecuencia, esta estrategia abarca cuatro elementos: una redistribución inicial de los activos que incluyen tierra, activos financieros y activos productivos; la fundación de instituciones locales tendientes a apoyar las iniciativas locales de empleo; una fuerte inversión en capital humano y el soporte gubernamental para las estrategias organizacionales, cuyo fin es promover el empleo. El supuesto básico es que el gobierno asume responsabilidades paternalistas para garantizar un nivel mínimo de vida para la población en general. El modelo redistributivo ha sido incorporado, al menos parcialmente, al pensamiento actual de muchos países; un ejemplo muy claro de él podemos observarlo en Bolivia.

En su forma clásica, el *socialismo* resta importancia al sector privado y pone en manos del gobierno el control de los activos económicos. El estado posee la propiedad a través de las colectividades y la planificación suele estar centralizada. La asignación de recursos se rige típicamente por objetivos cuantitativos y precios administrativos. La distribución del ingreso tiende a ser uniforme, y los mercados planeados de manera formal casi siempre coexisten con un sólido mercado informal para redirigir la escasez y la distribución marginal de los bienes. La idea central es que el trabajador asuma sus responsabilidades laborales y deje que el gobierno se ocupe de todo lo demás. De las veintiséis naciones donde se implantó el socialismo clásico, sólo quedan dos ejemplos: Corea del Norte y Cuba.

Los países cuentan además con estrategias de desarrollo relativas a la creación y a la distribución de la riqueza. A menudo las dos están implícitas y el resultado de la suma total de tantas políticas y herramientas, es que ningún grupo u organización las entiende o las controla de manera eficaz. Como en el caso de la estrategia de una compañía o incluso de un individuo, las buenas estrategias nacionales de desarrollo son las que son explícitas, basadas en información, las que equilibran el pasado y el futuro, las que son un ejercicio de integración, las que producen una amplia gama de opciones y permiten tomar decisiones concretas. Cuando una nación, igual que una compañía, no pasa estas pruebas de buena estrategia, con frecuencia genera confusión y resultados imprevistos.

Resumen

El caso de Bolivia representa lo que hemos observado en toda la región de los Andes y en otros países en vías de desarrollo: un cambio constante de las estrategias de desarrollo y unas políticas públicas variables, que con el tiempo han originado mecanismos organizacionales y administrativos que refuerzan e incluso, contribuyen a crear los siete patrones del comportamiento no competitivo. La competencia que se funda en los factores básicos se consolida cuando no hay confianza en el comportamiento futuro del gobierno, ni tampoco se cuenta con una base de recursos humanos calificados a la cual acudir. Al afrontar este doble problema, las compañías tienden a aminorar el riesgo escogiendo los segmentos de la industria que presenten menores barreras de ingreso y salida. Tienden a maximizar las ganancias de corto plazo, pues no creen que la inversión a largo plazo sea fructífera. Esto viene a generar un patrón reiterativo: las empresas alientan al gobierno para cerciorarse de que, por lo menos, podrán obtener ganancias en el corto plazo, actitud que se refleja en un fuerte cabildeo y a menudo, en antagonismo frente al gobierno cuando éste no responde a sus necesidades. Ello a su vez produce paternalismo y una actitud defensiva. Las políticas de sustitución de importaciones que restringen la competencia hacen menos necesario que las empresas conozcan a sus clientes y competidores. Esto, a su vez dificulta, la selección de buenos segmentos donde competir y reduce la necesidad de conocimiento acerca de la posición competitiva relativa. Finalmente, los mecanismos de dirección orientados a la sustitución de importaciones han venido a inhibir la formación de sólidos "clusters", puesto que las empresas no necesitan cooperar para tener éxito en esos ambientes tan altamente regulados.

Como señalamos en páginas anteriores, varios factores han contribuido a la incapacidad actual de las compañías de la región andina —y en general, de los países en vías de desarrollo— para convertir los siete patrones del comportamiento no competitivo en oportunidades de alcanzar crecimiento económico sostenible y equidad social. Hemos intentado demostrar que una de las razones fundamentales ha sido la existencia de estrategias de desarrollo nacional rápidamente cambiantes y de unos impredecibles mecanismos de dirección que inhiben el pensamiento estratégico de largo plazo y la inversión en innovaciones.

Si los líderes de los países en desarrollo pueden empezar a diseñar estrategias de desarrollo nacional explícitas y bien fundamentadas y si consiguen hacer coherentes y predecibles los mecanismos de dirección, contribuirán a crear ambientes más propicios para el pensamiento y la inversión de largo plazo. Ello a su vez estimulará mejores decisiones y un nivel más alto de aprendizaje a nivel de la empresa, lo cual redundará en el desarrollo de empresas más productivas.

CAPÍTULO ONCE

Modelos mentales

Todo es relaciones humanas.

—Edward Gannon. S.J., profesor de filosofía

Hemos descubierto que hay al menos dos formas de interpretar los resultados: primero, podemos examinar las acciones estratégicas y los mecanismos de dirección *—la parte visible del cambio—* con que se han obtenido dichos resultados. Segundo, podemos tratar de entender el aspecto que subyace a los resultados *—la parte invisible del cambio—* o sea, los "modelos mentales". Éstos constan de *paradigmas del conocimiento* —los cuales constituyen una especie de biblioteca que modela las perspectivas del individuo— y sus *marcos de referencia.* Estos últimos incluyen creencias, inferencias y metas que orientan dicha perspectiva. Existe una relación dinámica entre paradigmas y marcos de referencia que podemos demostrar en un modelo simple pero útil, presentado en la figura 11-1

En el presente capítulo planeamos explorar con el lector cuatro preguntas:"

1. ¿Cuáles son algunas de las creencias básicas que influyen en los marcos de referencia?
2. ¿Cuáles son los grupos que podemos describir de acuerdo con sus marcos de referencia: ¿quién anda ahí realmente?
3. ¿Cuál es el primer paso para lograr que esos grupos compartan una misma visión?
4. ¿Qué relación hay entre los marcos de referencia y los "siete patrones de comportamiento no competitivo?

Figura 11-1 Modelos mentales

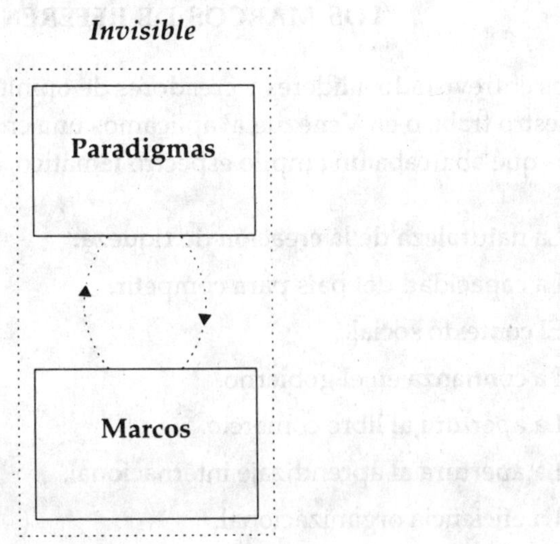

El objetivo final al analizar los marcos de referencia será identificar a los líderes de acuerdo con los sistemas de creencias relacionados con la creación y distribución de riqueza, agruparlos por características comunes y luego debatir formas para que estos grupos aborden una reflexión conjunta que les permita alcanzar una visión compartida sobre las maneras de competir en el futuro. Comenzamos con una amplia perspectiva, basada primordialmente en datos, que ilustra cómo piensan los líderes venezolanos sobre la competitividad. Este ejemplo será de interés para los sociólogos, los economistas y los venezolanos, pero tal vez no sea muy interesante para quienes sienten poco apetito por los números.

Más adelante ofrecemos una visión más integrada sobre cómo nuestra investigación nos ha permitido identificar cinco marcos de referencia arquetípicos. Su conocimiento debe servir para darle forma a la discusión sobre la competitividad y la creación de riqueza. Contamos con evidencia de que los cinco marcos existen en muchas naciones y suponemos que, aunque la distribución en cada país presenta aspectos singulares, todas las naciones tienen líderes que encajan en los cinco grupos.

¿Qué creencias influyen en los marcos de referencia?

Hemos entrevistado a líderes y creadores de opinión durante varios años[1], y en nuestro trabajo en Venezuela[2] aplicamos una encuesta de más de 200 preguntas que abarcaba un amplio espectro temático, incluyendo:

- La naturaleza de la creación de riqueza.
- La capacidad del país para competir.
- El contexto social.
- La confianza en el gobierno.
- La apertura al libre comercio.
- La apertura al aprendizaje internacional.
- La eficiencia organizacional.
- La estrategia a nivel de la empresa.
- La relación entre trabajo y logro.

Basamos nuestro análisis de los resultados de las encuestas en la manera en que respondieron a las preguntas los entrevistados pertenecientes a los grupos demográficos tradicionales: sector público, sector privado, trabajadores, medios de comunicación y del medio universitario. Después aplicamos técnicas más refinadas de análisis de segmentación (que describimos en el capítulo dedicado al conocimiento de los clientes), al campo de los modelos mentales. Estas técnicas nos permiten agrupar a los entrevistados según sus modelos mentales, acerca de cómo competir en el futuro, como un primer paso para establecer una visión compartida entre los grupos. A continuación explicamos con detalle estos resultados.

La naturaleza de la creación de riqueza

Lo más sorprendente de nuestro análisis es el alto grado de coincidencia, no de discrepancia, en las ideas y opiniones de los sectores público y privado de Venezuela. En términos generales, los líderes de ambos sectores están bien informados y tienen una visión positiva frente a los asuntos concernientes a la creación de riqueza. Nueve de cada diez piensan que un ambiente de negocios cambiante es algo que merece aceptación y que debe ser bienvenido. Un número menor de encuestados (59%), aunque sigue siendo mayoría, considera que las compañías exitosas *crean* mercados para los productos y servicios en vez de esperar a que los mercados vayan a ellas. De manera similar, el 57% está de acuerdo en que la riqueza es producto del esfuerzo y de la iniciativa humana y que, por lo tanto, puede ser infinita; el 56% piensa que la competencia irrestricta es una fuerza que promueve la excelencia y enriquece la sociedad. Aunque un grupo pequeño (16%) señala que ese tipo de competencia fomenta la envidia y pone en riesgo la estabilidad y solidaridad de una sociedad, en general los entrevistados en Venezuela —y en la mayor parte de los países donde administramos la encuesta— tienen una actitud optimista ante la competencia, la innovación y la creación de riqueza.

Capacidad de Venezuela para competir

Los entrevistados se muestran optimistas frente a la competencia, la innovación y la creación de riqueza en abstracto; en cambio, no manifiestan el mismo optimismo respecto a la capacidad de Venezuela para competir. La mitad de los líderes piensan que las compañías nacionales no pueden competir sin ayuda del gobierno y la gran mayoría (73% en el gobierno y 82% en el sector privado) opinan que el gobierno debería conceder créditos de exportación a las empresas del país. De manera similar, la mitad de los líderes encuestados consideran que la prosperidad de la nación, cuyo motor primario es actualmente el petróleo, seguirá dependiendo fundamentalmente de él en treinta años. Algo positivo es que una pequeña mayoría de líderes (62% en el gobierno y 57% en el sector privado) coincide en que Venezuela posee el potencial suficiente para alcanzar una calidad de clase mundial en otras industrias diferentes al petróleo.

El contexto social

En Venezuela se observa un consenso casi total en cuanto a que la situación social es terrible y que el gobierno debería desempeñar un papel fuerte para resolver los problemas sociales. Siete de cada diez líderes, tanto en el sector público como el privado, opinan que mucha gente sufre a causa de la reforma económica. Aproximadamente nueve de cada diez dirigentes consideran que el gobierno debería hacer más para ayudar a los pobres y que debería diseñar políticas gubernamentales que garanticen un mínimo estándar de vida para la población.

Aunque hay coincidencia sobre el problema, hay menos acuerdo en lo que respecta a las causas del sufrimiento social y a lo que debería hacerse al respecto. Más de la mitad de los líderes venezolanos encuestados no parecen vincular el sufrimiento social con la prolongada dependencia del petróleo, pues aseguran que hay suficiente petróleo en el país para que nadie padezca. Cerca de la mitad de los líderes de los sectores público y privado están de acuerdo en que el gobierno debería regular los precios en algunas industrias, mientras que la otra mitad rechaza de manera tajante la intervención. De manera parecida, un poco menos de la mitad (38% en el sector privado y 45% en el sector público) opina que los controles de precios son necesarios para proteger a los pobres.

Sin embargo, se observa un alto grado de consenso respecto a algunas cosas que el gobierno *no* debería hacer. Según menos del 20% en los sectores público y privado, las compañías estatales que siguen perdiendo dinero —pero que emplean a muchas personas pobres— deberían seguir operando. Asimismo, menos del 20% de los líderes de ambos sectores están de acuerdo en que las políticas del gobierno deberían subsidiar abiertamente la rentabilidad de las empresas.

Fe en el gobierno

En un país como Venezuela, donde el gobierno históricamente ha desempeñado un poderoso papel intervencionista luchando por competir en una economía mundial cada día más abierta, no fue sorprendente descubrir una gran falta de fe en la competencia y confiabilidad del gobierno. No sólo la gran mayoría (86%) del sector privado niega que los funcionarios de Venezuela sepan lo que es mejor para el país, sino que además, la gran mayoría del mismo sector público (74%) afirma no saberlo. De manera análoga, el 84% del sector público y del 93% del sector privado, opinan que el sector privado puede administrar más eficientemente las empresas que el gobierno. Más aún, el 76% de los entrevistados del sector privado expresó abiertamente que los funcionarios electos no merecen la confianza de la población.

Además de la fe y la confianza en el gobierno, la encuesta también indagó acerca de las ideas generales sobre la corrupción. En este punto descubrimos una de las pocas divergencias importantes entre ambos sectores. El 84% del sector privado considera que la corrupción es la causa principal de la pobreza del país, mientras que apenas el 56% del sector público comparte esa opinión. No obstante, un alto porcentaje de ambos grupos (60% en el sector privado y 45% en el sector público) admite que, a veces, el soborno es la única manera de lograr que las cosas se hagan en Venezuela. Ante el hecho de que tanto el sector público como el privado participan en prácticas corruptas o al menos las presencian, resulta difícil catalogar la corrupción como una cuestión relacionada estrictamente con la confianza en el gobierno. Como declaró un ministro venezolano al ser interrogado sobre sus planes para disminuir la corrupción: "La corrupción no es un problema que radique de manera exclusiva en el gobierno; la corrupción permea toda la sociedad venezolana".

Apertura ante el libre comercio

Aunque los líderes venezolanos encuestados teóricamente aceptan muchas políticas del "libre comercio", se muestran reticentes a renunciar a los apoyos gubernamentales a los que se han acostumbrado a lo largo de los años. Casi todos los entrevistados, 88% en el sector privado y 86% en el sector público, están a favor de un tipo de cambio flotante; casi el mismo porcentaje, 84% y 75% respectivamente, coincide en que el gobierno debería hacer más para promover la inversión extranjera. A pesar de ello, más de la mitad (62% en el sector público y 58% en el sector privado) está de acuerdo en que las industrias necesitan la protección de barreras y aranceles para ser competitivas. Así mismo, el 64% de los líderes del sector privado y el 58% de los del sector público, siguen creyendo que el gobierno debería establecer grandes aranceles para las importaciones.

Apertura al aprendizaje internacional

En términos generales, los líderes venezolanos a quienes entrevistamos están abiertos al aprendizaje y a las influencias internacionales. Piensan que los inmigrantes deberían tener las mismas oportunidades que los venezolanos, que a las empresas extranjeras debería dárseles el mismo trato que a las del país y que los venezolanos deberían mantener el acceso a los programas de la televisión mundial. Más aún, parece haber una amplio consenso (77% en el sector público y 79% en el sector privado) en que las compañías venezolanas tendrán mayores probabilidades de alcanzar el éxito si consolidan alianzas internacionales.

Eficiencia organizacional

Con la notable excepción de PDVSA (empresa estatal productora de petróleo), las organizaciones del sector público venezolano son vistas como entidades ineficientes y por ello, recibieron bajas calificaciones por parte de los líderes de ambos sectores (Fig. 11-2).

Es interesante que las mayores discrepancias entre el sector público y el privado se refieran a sus evaluaciones sobre el jefe de estado, los inversionistas extranjeros y las asociaciones industriales (*gremios*). El sector público parece menos crítico que el privado al evaluar la influencia que esos grupos tienen en el mejoramiento de la competitividad de las industrias. Cuando se trata de evaluar el desempeño del sistema legal, la legislatura nacional, el sistema educativo y los sindicatos, prácticamente todos coinciden en que han sido deficientes.

La estrategia a nivel de la empresa

Aunque casi todos los encuestados parecen adherirse al concepto de la innovación, sus respuestas a preguntas concretas revelan que el concepto de innovación no ha sido internalizado ni aplicado a nivel de la empresa. Por ejemplo, todos coinciden en que la compañía se vuelve más competitiva si tiene trabajadores debidamente capacitados, en que el correr riesgos en forma racional es un buen hábito y en que una economía nacional pobre no excusa el desempeño deficiente de las empresas (78% en ambos sectores). Pero una minoría significativa, 42% en el sector privado y 30% en el sector público, considera que muchas compañías han alcanzado el éxito con sólo imitar a la competencia. En forma semejante, 44% de los líderes del sector privado y 32% de los del sector público opinan que la recompensa por correr riesgos en un negocio, es demasiado baja. Resulta interesante el que los patrones de respuestas y nuestras conversaciones de seguimiento muestran que los líderes están convencidos de que las compañías son responsables de su propio éxito; sin embargo, en nuestra opinión, adoptan estrategias pasivas y poco originales para conseguirlo.

La relación entre el trabajo y el logro

Los líderes venezolanos no parecen apoyar en forma abierta y entusiasta las estrategias innovadoras a nivel de la empresa, pero sí admiten la importancia de los recursos humanos como fuente de innovación. Los entrevistados de los sectores público y privado piensan que la compañía tiene una obligación con sus empleados que trasciende el simple pago de un salario. La mayor parte de los líderes (87% en el sector público y 82% en el sector privado) coinciden en que, cuando una compañía es rentable, los dueños deberían compartir los beneficios con los empleados, concediéndoles mejores sueldos. Además, están convencidos de que la compañía tiene una obligación especial para con aquellos empleados que llevan mucho tiempo en ella. Abrumadoramente coinciden en que la edad importa poco en el momento de elegir a los gerentes y que el éxito de un trabajador no disminuye el de sus compañeros.

Figura 11-2 Clasificación de la eficiencia organizacional de Venezuela

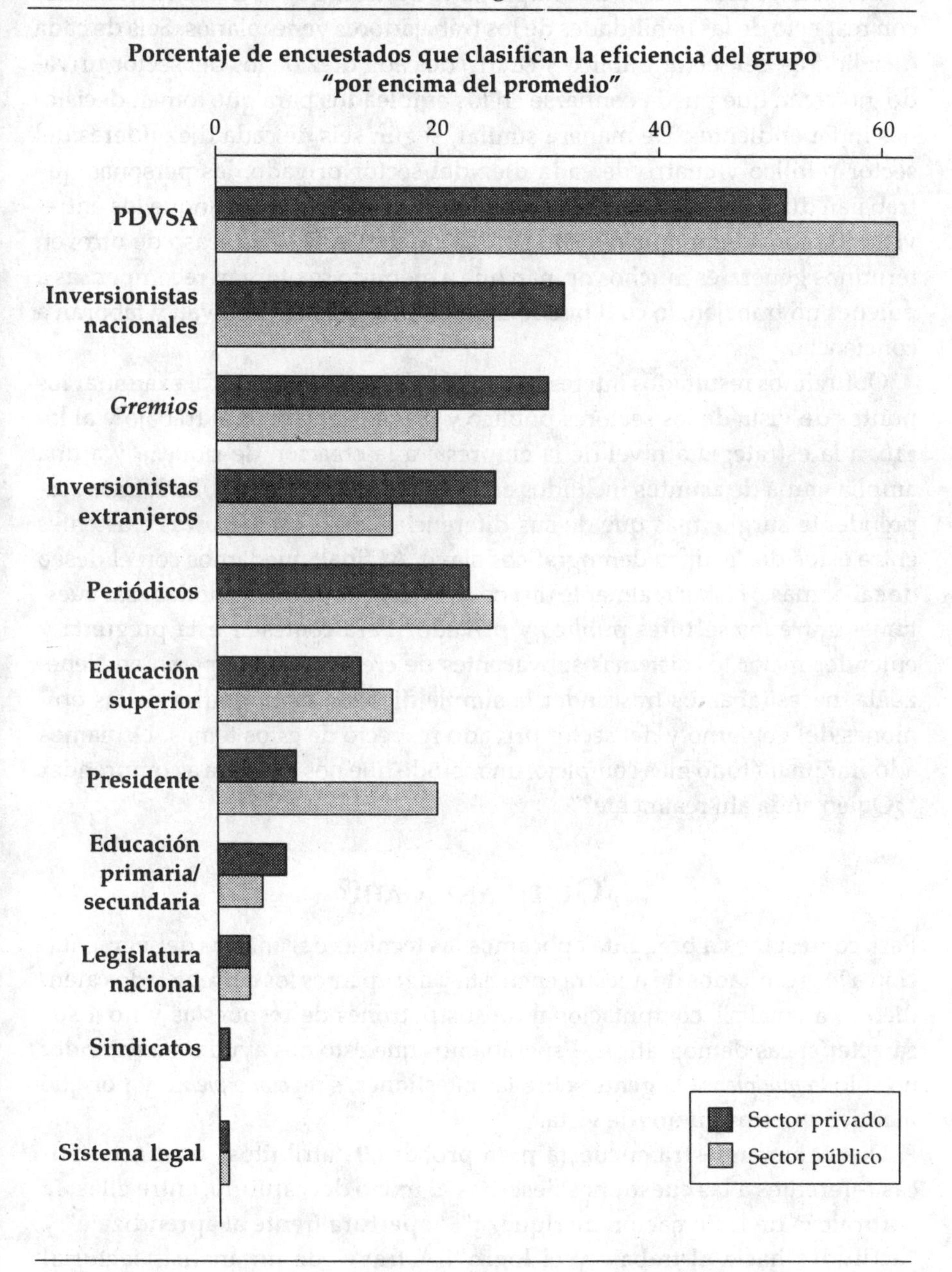

Fuente: Monitor Company, Encuesta Nacional de Competitividad para Venezuela, 1996.

Con todo, parece haber una importante minoría que se muestra pesimista con respecto de las habilidades de los trabajadores venezolanos. Seis de cada diez líderes del sector público y cuatro de cada diez de los del sector privado, no creen que pueda confiarse en los empleados para que tomen decisiones independientes. De manera similar, según seis de cada diez líderes del sector público y cuatro de cada diez del sector privado, las personas que trabajan duro perciben lo mismo que los que no lo hacen. Aunque los entrevistados consideran que el éxito de uno no depende del fracaso de otro, en términos generales muchos opinan que a menudo se otorgan recompensas a quienes no trabajan, lo cual puede desalentar a quienes innovan y laboran a conciencia.

Obtuvimos resultados interesantes y a veces sorprendentes al examinar los puntos de vista de los sectores público y privado relativos al trabajo y al logro, a la estrategia a nivel de la empresa, a la creación de riqueza y a una amplia gama de asuntos incluidos en la encuesta; pero el resultado más sorprendente surgió, más que de sus diferencias, de las semejanzas existentes entre estos dos grupos demográficos clave. Al final, quedamos con el deseo de saber más. ¿Había realmente un consenso tan amplio sobre todas esas cuestiones entre los sectores público y privado? Para contestar esta pregunta y entender mejor los sistemas subyacentes de creencias que operan en Venezuela, necesitábamos trascender la simple división demográfica de las opiniones del gobierno y del sector privado respecto de estos temas. Debíamos adoptar un método más complejo, un método que nos ayudara a comprender "¿Quién anda ahí realmente?"

¿Quién anda ahí?

Para contestar esta pregunta aplicamos las técnicas del análisis de segmentación a los resultados de nuestra encuesta y agrupamos los entrevistados atendiendo al análisis computacional de sus patrones de respuestas y no a sus características demográficas. Esperábamos que esto nos ayudara a entender no sólo *lo que piensa* la gente sobre las cuestiones, sino *cómo piensa* y por qué mantiene ciertos puntos de vista.[3]

Diseñamos nuestra encuesta para probar 60 "atributos" o características referentes a las cuestiones descritas al inicio del capítulo, entre ellas: la naturaleza de la "creación de riqueza", "apertura frente al aprendizaje" y "actitudes hacia el trabajo y el logro". A través de un análisis factorial agrupamos las 60 preguntas en 14 "factores" basados en los patrones de respuesta de los encuestados a lo largo de los 60 atributos. En otras palabras, cuando las preguntas tendían a acercarse a un patrón, agrupábamos los atributos respectivos bajo un "grupo general de factores". Por ejemplo, los entrevistados tendían a mostrar patrones similares de respuesta ante los enunciados: "Las compañías de Venezuela deberían invertir más en investigación y desarrollo" y "Los empleados mejor educados hacen más competitiva una empresa". Con el análisis factorial identificamos la correlación entre esos dos atributos y los agrupamos bajo un grupo general de factores, al que dimos el nombre de "Acoge la innovación". La tabla 11-1 contiene los 14 factores en torno a los cuales fueron finalmente organizados los 60 atributos, lo mismo que algunos de los atributos más descriptivos asociados a los factores.

Una vez reducidas las respuestas a 14 conceptos o factores, pudimos agrupar los entrevistados a partir de sus respuestas a esos conceptos. Esta "segmentación" se parece a la segmentación de clientes que explicamos en el capítulo 9 dedicado a la acción estratégica. Los resultados fueron sorprendentes. Nuestro cliente, en este caso la clase dirigente venezolana, *no* es la entidad monolítica que uno podría suponer si se basara exclusivamente en el análisis demográfico. Emergen cinco segmentos bien diferenciados, cada uno de los cuales incluye representantes del sector público, del sector privado y de otros grupos como el laboral, la prensa y el ámbito universitario. Por tanto, las principales divisiones sociales en Venezuela quizás no se encuentren *entre* los grupos demográficos tradicionales, como el sector público o el privado, sino *al interior* de cada uno de ellos.

En las figuras 11-3 y 11-4 se presentan gráficamente las diferencias que surgen a raíz del análisis de segmentación. Al agrupar conjuntos de respuestas, creamos dos índices que contienen algunas de las cuestiones centrales que estábamos estudiando; después medimos el lugar donde los grupos se ubicaban a lo largo de los índices. El primer índice, situado a lo largo del eje vertical, denota el grado en que cada segmento considera los recursos naturales o la innovación como la "fuente de ventaja". El segundo índice, situado a lo largo del eje horizontal, indica el grado en que cada segmento considera al gobierno o al sector privado como el "líder de la industria". Las figuras 11-3 y 11-4 permiten ver inmediatamente los diferentes puntos de vista de los grupos que emergen como resultado de la segmentación. Estos puntos de vista no se hubieran podido descubrir de haber analizado los resultados sólo con base en los grupos demográficos tradicionales. En la figura 11-3, los grupos demográficos se hallan literalmente "unos encima de otros", en cambio, en la figura 11-4 hay opiniones muy distintas sobre la innovación y la competitividad industrial entre los cinco segmentos.

Ahora podemos concebir a Venezuela no como un país sino como cinco países. A esos cinco "países" o segmentos les asignamos nombres basándo-

Tabla 11-1 Marcos y paradigmas: Catorce temas que dividen a los líderes venezolanos

Factor	Conceptos individuales
Intervención económica del gobierno	• El gobierno debería regular los precios • El gobierno debería subsidiar la rentabilidad de las empresas • El gobierno debería proteger a las industrias a través de aranceles y barreras comerciales • El gobierno no debería permitir la fluctuación del tipo de cambio
El gobierno como proveedor social	• El gobierno debería garantizar un estándar mínimo de vida y mejorar la distribución de la riqueza • Mucha gente sufre a causa de la reforma económica • El gobierno debería poseer/controlar directamente las empresas • Espero que el gobierno me ayude a prosperar • En Venezuela hay suficiente petróleo para que nadie tenga hambre
El gobierno como catalizador del sector privado	• El gobierno debería proporcionarle al sector privado información, ayuda técnica y financiamiento para exportar
El gobierno como protector del sector privado	• El gobierno debería imponer barreras al comercio • Las compañías venezolanas necesitan ayuda gubernamental para poder competir en el mercado mundial • La recompensa por correr riesgos es demasiado baja en Venezuela
Confianza en el gobierno	• Los funcionarios electos merecen confianza • El gobierno administra las empresas mejor que el sector privado • La corrupción no es la causa principal de la pobreza de Venezuela
Acoge la interacción con el exterior	• A pesar de las fluctuaciones de los precios internacionales, Venezuela tiene el poder de controlar su economía • El gobierno debería atraer la inversión extranjera • Venezuela no debería reducir el porcentaje de televisión producida a nivel internacional
Acoge la innovación	• Las compañías venezolanas deberían invertir más en investigación y desarrollo • Los empleados con educación hacen más competitiva la compañía

Factor	Conceptos individuales
Inteligente significa "estable"	• Los ciudadanos comunes saben lo que le conviene a Venezuela e influyen en los asuntos • Las compañías pueden lograr el éxito mediante la innovación o quedándose sólo con un producto ganador • Correr riesgos es un mal hábito • El gobierno puede atender las necesidades del país trabajando desde Caracas
Ideas sobre la burocracia	• Se recompensa a los empleados, trabajen o no trabajen • La gente no recibe lo que merece • No puede confiarse en que los empleados tomen buenas decisiones • La pobreza de la economía nacional es una excusa para justificar el deficiente desempeño de la empresa
No intervenir	• Los pobres son responsables de su lamentable situación • Los inmigrantes legales deben gozar de los mismos derechos que los ciudadanos • El gobierno debe darle el mismo trato a las compañías nacionales y a las extranjeras • Las alianzas internacionales benefician a las empresas
Ciudadanía significa participación	• Es necesario cumplir las reglas de la sociedad • Tengo la obligación de votar y pagar los impuestos • Hago sacrificios por el futuro
Suficiente cooperación	• Hay suficiente cooperación entre las compañías y entre éstas y las universidades
Apertura al cambio	• Venezuela puede diversificar su economía • Los venezolanos pueden cambiar su forma de pensar • Los gerentes no tienen que ser de mayor edad que sus subalternos • No muchas cosas dependen de la suerte • No es suficiente que sólo unos cuantos tengan una buena educación
Punto de vista sobre las relaciones	• Las compañías tienen la obligación de compartir las utilidades con los empleados y de cuidar a los empleados más antiguos • El soborno es a menudo la única forma de lograr que las cosas se han ganado • Hay que anteponer la vida familiar cotidiana al trabajo • Debería gravarse a los ricos con impuestos más altos

Fuente: Monitor Company, Encuesta Nacional de Competitividad para Venezuela, 1996

Figura 11-3 Puntos de vista sobre la innovación y el liderazgo basados en la segmentación demográfica tradicional de los líderes

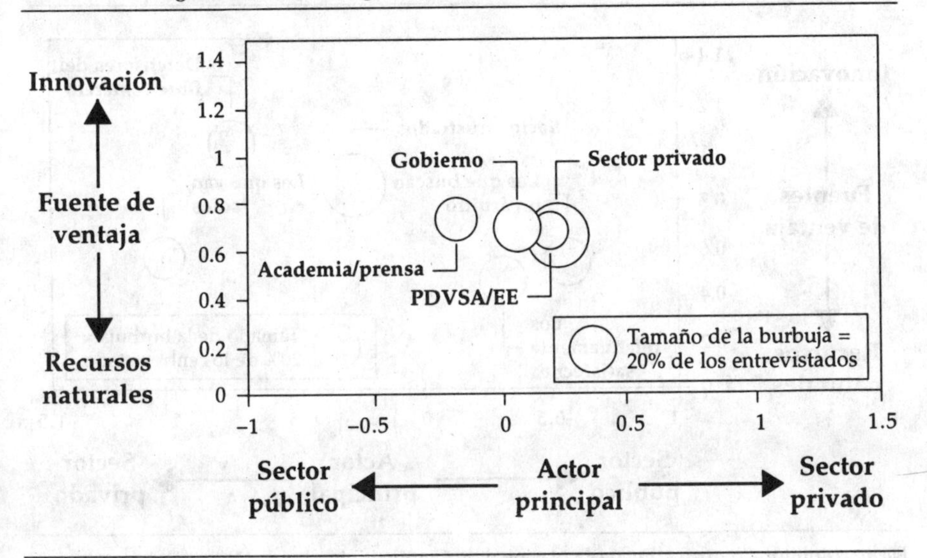

Fuente: Monitor Company, Encuesta Nacional de Competitividad para Venezuela, 1996.

Nota: los resultados representan índices de dos a cinco preguntas relacionadas con la fuente de la ventaja nacional y con el actor principal de la economía.

nos en los perfiles sugeridos por los 14 factores de cada grupo. En los nombres intentamos captar la esencia de las creencias subyacentes a estos conjuntos: Los Socios Frustrados, Los Relativamente Satisfechos, Los que Buscan un Árbitro, Los que Van Solos y Los Defensores del Libre Comercio. En la tabla 11-2 hemos sintetizado sus perfiles basándonos en los factores descriptivos esenciales que "definen" su segmento; describimos con mayor detalle cada segmento en las secciones siguientes.

Socios frustrados

Les pusimos este nombre debido a que simultáneamente creen en una fuerte alianza entre el gobierno y el sector privado, al tiempo que profesan una extrema desconfianza en la capacidad del gobierno para desempeñar su rol. Los miembros de este grupo reconocen el potencial de Venezuela, pero se sienten frustrados porque piensan que el gobierno no cumple con su parte, que consiste en ayudar al sector privado para que desarrolle este potencial.

Figura 11-4 Puntos de vista sobre la innovación y el liderazgo, basados en la segmentación de líderes según modelos mentales

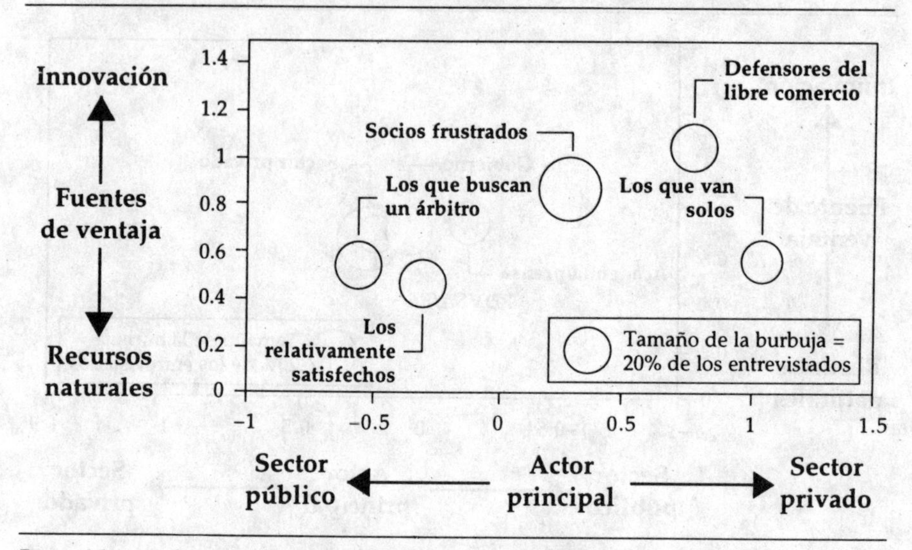

Fuente: Monitor Company, Encuesta Nacional de Competitividad para Venezuela.
Nota: los resultados representan índices de dos a cinco preguntas relacionadas con la fuente de la ventaja nacional y con el actor principal de la economía.

Los Socios Frustrados tienen ideas relativamente progresistas sobre la competitividad y la innovación. Tienden a juzgar como infinita la riqueza, a ver en ella el producto de la iniciativa del hombre y a pensar que la competencia favorece la excelencia. Además, no esperan que el gobierno proteja las industrias ni que intervenga directamente en la economía. Por el contrario, consideran al gobierno como un catalizador cuya función es establecer una plataforma estable desde la cual la industria pueda competir. Para ellos, la diversificación de la base de exportaciones venezolanas es un asunto crítico.

En lo concerniente a la competitividad de las compañías, los *Socios Frustrados* piensan que las compañías exitosas intentan *crear* los mercados para sus productos en vez de *reaccionar* ante ellos. En su opinión, las compañías deberían invertir en sus empleados, compartir con ellos sus utilidades y destinar más dinero a la investigación y desarrollo. Consideran que los gerentes jóvenes pueden ser muy eficientes, lo cual refleja una actitud no jerárquica. Sin embargo, tienden a estar insatisfechos con el nivel actual de competitividad de su organización.

Los socios frustrados están firmemente convencidos de que la reforma política de Venezuela no ha ido lo bastante lejos y se muestran pesimistas respecto

Tabla 11-2 Descripción de los segmentos: las "Cinco Venezuelas"

Segmento	Tamaño (porcentaje)	Factores descriptivos fundamentales
Socios frustrados	29	• Asignan, desde su punto de vista, un rol altamente catalizador al gobierno • No piensan que el gobierno debería intervenir en el aspecto económico • Confían muy poco en el gobierno • No consideran que hay suficiente cooperación entre las empresas • Aprecian mucho las relaciones (abiertos a los sobornos) • Están abiertos al cambio
Relativamente satisfechos	20	• Son los que menos tienden a aceptar la innovación • Son los menos abiertos al cambio • Consideran firmemente al gobierno como protector del sector privado • Están satisfechos con el *statu quo* • Apoyan firmemente la intervención del gobierno en la economía • Están satisfechos con el nivel de cooperación
Los que buscan un árbitro	20	• Consideran con firmeza al gobierno como un proveedor social • Son los que menos tienden a aceptar la interacción con el exterior • Piensan firmemente que el gobierno como protector del sector privado • Son los que aceptan en forma más decidida la intervención del gobierno en la economía
Los que van solos	13	• No ven en el gobierno un catalizador • Tienden muy poco a considerar el gobierno como protector del sector privado
Defensores del libre comercio	18	• Aceptan firmemente la innovación • Son los que menos tienden a ver el gobierno como proveedor social • Son los más abiertos al cambio • Son los que más tienden a aceptar la interacción con el exterior • Tienden poco a considerar el gobierno como protector del sector privado • No apoyan la intervención del gobierno en la economía • Son los que más tienden a confiar en el gobierno

de la competitividad de la industria de su país y frente al desempeño que la economía nacional tendrá durante los próximos cinco años. Más aún, tienden a sostener que, a menudo, el soborno es la única manera de lograr que las cosas se hagan en Venezuela, lo cual revela cierto fatalismo respecto a la capacidad del país para cambiar. Estos líderes quieren una alianza más firme entre gobierno y sector privado en lo que respecta al suministro de información, ayuda técnica y financiación de las exportaciones. Incluso, estarían dispuestos a brindarles más apoyo a las universidades, los institutos técnicos y otras compañías, a condición de que también reciban apoyo del gobierno. Dan la impresión de estar atrapados entre su creencia en el papel del gobierno como catalizador y una falta de fe absoluta en la capacidad del gobierno para desempeñar ese rol.

Los miembros de este grupo están representados fuertemente por el sector privado. Constituyen el 29% del total de entrevistados, 33% del sector privado y 17% del sector público. También representan el 26% de los gerentes de empresas estatales, prensa y el ámbito universitario. La actitud de los socios frustrados podría resumirse en la expresión "No hay salida".

Relativamente satisfechos

Al segundo segmento que surgió del análisis lo llamamos el de los *relativamente satisfechos* porque está integrado por personas que parecen *estar medianamente* a gusto con el *statu quo* de Venezuela. Estos líderes no están satisfechos con la situación actual, pero tienen pocas opiniones firmes sobre lo que se debe cambiar. Las ideas que expresan suelen ser más tradicionales que innovadoras.

Llevando un poco más allá la postura de los socios frustrados, los relativamente satisfechos piensan que el gobierno debería ser el líder y no sólo un socio más en el ámbito económico y también en el ámbito social. Por ejemplo, piensan que el gobierno debería intervenir en la economía para regular los precios y otorgar subsidios, como una manera de resolver los problemas sociales. Tradicionalmente el gobierno venezolano ha participado de manera activa en la economía; de ahí que no deba sorprendernos el descubrir que los relativamente satisfechos se abstengan de buscar algo nuevo o innovador y se muestren relativamente contentos con la combinación convencional de políticas gubernamentales.

El grupo está satisfecho con el nivel actual de cooperación existente entre las compañías y otras instituciones. Por tradición son jerárquicos y piensan que los gerentes deben ser de mayor edad que sus subordinados. Adicionalmente, no creen que los empleados puedan tomar decisiones acertadas ni que se premie el trabajo duro en las grandes instituciones. Es irónico que a pesar de estas ideas negativas sobre la manera en que las empresas operan en la actualidad en Venezuela, los integrantes de este grupo no aceptan la responsabilidad que tienen las empresas para mejorar la situación, considerando en cambio que la pobreza nacional es una buena excusa para el desempeño deficiente de las compañías. De hecho, entre los cinco segmentos, éste es el que está más satisfecho con los esfuerzos de las compañías por mejorar su nivel actual de competitividad.

Sin embargo, los relativamente satisfechos están sólo *relativamente* satisfechos con la situación actual de Venezuela. Dudan que con el tiempo el país realmente logre diversificar su economía y están convencidos de que es difícil cambiar la forma de pensar de la gente. También tienen una actitud ligeramente pesimista frente a la competitividad del país y al mejoramiento de la economía durante los próximos cinco años. Aunque opinan que la reforma económica no llegó lo bastante lejos, parecen menos críticos del gobierno que otros segmentos. Los líderes en este segmento no piensan que la situación actual sea la ideal, pero no tienen ideas muy claras sobre cómo realizar un cambio.

Los relativamente satisfechos constituyen el 20% del total de los encuestados, el 20% del sector privado, el 17% del sector público, el 19% de los directores de empresas estatales y el 16% de los representantes del ámbito universitario y los medios de comunicación. Los miembros de este grupo se muestran más pasivos que fatalistas.

Los que buscan un árbitro

Los entrevistados pertenecientes al segmento de los que buscan un árbitro se asemejan mucho a los "proteccionistas" tradicionales. El nombre del grupo indica que buscan a alguien —en este caso al gobierno— para que establezca y vigile "las reglas del juego" en la economía nacional. Los líderes buscan un "campo de juego uniforme" para los ciudadanos y las empresas. Son partidarios decididos de la protección estatal a través de aranceles y barreras comerciales y no creen que el tipo de cambio deba fluctuar libremente. Tienden a pensar que el gobierno debería garantizar un estándar de vida mínimo para el ciudadano promedio y que está bien que el gobierno controle los negocios y ayude a los industriales a prosperar. Se cuentan entre quienes suponen que, si el gobierno cumple con su misión, debería haber suficiente petróleo en Venezuela para que nadie sufra de hambre.

Los líderes de este segmento son un poco aislacionistas. Sostienen que el gobierno debería dar un trato preferencial a las compañías nacionales y que las alianzas internacionales aportan pocos beneficios o ninguno. Más aún, para ellos las organizaciones extranjeras, como las instituciones multilaterales de financiamiento, poseen demasiado poder en Venezuela.

En este segmento un porcentaje mayor que el de los otros cuatro segmentos, considera que la riqueza es finita y que las naciones, más que las empresas, deben luchar por crearla y redistribuirla. Sus miembros difícilmente aceptan que la competencia es una fuerza que favorece la excelencia y enriquece la sociedad o que las compañías exitosas tratan de *crear* nuevos mercados para sus productos y servicios.

Los que buscan un árbitro no se muestran optimistas con respecto a la economía o a la competitividad de las empresas venezolanas en los mercados internacionales. Más que los otros cuatro segmentos, éste contempla el mundo a través de una lente burocrática y atribuye la falta de competitividad de las compañías venezolanas al deficiente desempeño del país. Aceptan que demasiada gente sufre a causa de la reforma económica y, aunque esperan menos de ella que la mayoría de los otros grupos, sostienen que ésta no ha ido lo bastante lejos. Lo que menos les satisface son los intentos de alcanzar una mayor competitividad y el nivel actual de ésta.

Este grupo de líderes constituye el 20% del total de los entrevistados, 16% del sector privado, 37% del sector público, 11% de las empresas estatales y 29% de los representantes de los medios y el ámbito universitario. Si tuviéramos que resumir todo esto en una frase, diríamos que piensan que el gobierno debería asumir un papel directivo en el desempeño de la industria y que esperan un trato especial para las compañías venezolanas.

Los que van solos

Este cuarto segmento, situado en el extremo opuesto al del segmento de los que buscan un árbitro, rechaza prácticamente cualquier tipo de intervención gubernamental. Estos líderes se oponen con vehemencia a un gobierno que apoye al sector privado regulando los precios, otorgando subsidios, financiando las exportaciones y brindando protección contra la competencia de las importaciones. Rechazan incluso la ayuda técnica del gobierno. No quieren un trato especial por parte del gobierno, ya que están convencidos de que las compañías extranjeras deberían recibir el mismo trato que las del país. Es interesante que incluso este grupo relativamente antigubernamental acepta que el gobierno debe tener un papel importante en las cuestiones sociales, lo cual indica que en Venezuela no existen ni "monetaristas puros" ni "chicos de Chicago".

Los que van solos son un grupo pesimista. El 78% de ellos opina que el gobierno posee un poder excesivo y el 92%, que la reforma política y económica no ha ido lo bastante lejos. La mitad de ellos cree que, en un lapso de cinco años, las compañías locales serán menos competitivas y que la economía nacional no habrá mejorado.

No obstante su tajante rechazo del *statu quo*, los que van solos no parecen tener ideas progresistas respecto a la competencia y la creación de riqueza. Sólo para la mitad de ellos, la riqueza es infinita y es fruto de la iniciativa humana, mientras que para el 42% es finita y una nación debe luchar por redistribuirla entre la población. El 67% piensa que la competencia es una fuerza que favorece la excelencia y enriquece la sociedad, y sólo el 56% piensa que las compañías exitosas tratan de crear mercados para sus productos y servicios. Más que cualquier otro grupo (79%), éste se siente satisfecho con sus esfuerzos por mejorar la competitividad y con su nivel actual de competitividad organizacional.

El grupo de los que van solos, que es el más pequeño de los cinco segmentos con apenas 13%, abarca 15% del sector privado, 10% del sector público, 15% de los directores de empresas estatales y 6% de los representantes de los medios y del ámbito universitario. En resumen, este segmento le está diciendo al gobierno: "Simplemente disminuye mis impuestos y déjame en paz".

Los defensores del libre comercio

Este segmento, que es el quinto y último, está conformado por las personas más abiertas al cambio y dispuestas a aceptar la innovación. Son "abiertos" por su oposición a la regulación de precios, a la concesión de subsidios, a la protección arancelaria y a la manipulación del tipo de cambio. Son decididos partidarios de correr riesgos y de las estrategias innovadoras. Son "comerciantes" por su apoyo a la interacción con extranjeros por medio de alianzas internacionales, programas educativos y medios masivos de comunicación, así como por la importancia que dan a la diversificación de las exportaciones.

El grupo de *los defensores del libre comercio* es el más optimista de los cinco segmentos respecto al gobierno, la competitividad de la industria y el mejoramiento de la economía interna. No confían en el gobierno, pero desconfían menos que tres de los cuatro grupos restantes. A semejanza de los demás segmentos, piensan que la reforma económica no ha ido lo suficientemente lejos, pero muestran mayor optimismo ante la posibilidad de que Venezuela pueda diversificar su economía y cambiar la mentalidad del país. Estos líderes son menos fatalistas que los otros segmentos; pugnan porque se destine un gasto mayor a la investigación y al desarrollo, así como a la inversión en los empleados. Son los únicos entre los cinco segmentos que apoyan la diversificación de la base de exportaciones como un objetivo nacional.

De los cinco segmentos, éste es el que sustenta las ideas más progresivas sobre la creación de riqueza y la competencia. Más que cualquier otro grupo (69%), considera que la riqueza es infinita y resultado de la iniciativa y el esfuerzo del hombre. Más que cualquier otro grupo (77%), también consideran que la competencia es una fuerza para el cambio positivo de la sociedad. A estos líderes les gustaría ver una mayor participación de las empresas y organismos extranjeros en Venezuela. Según el 60%, las compañías del sector privado no tienen suficiente influencia en los asuntos nacionales. Para el 44%, incluso las organizaciones extranjeras deberían ejercer una influencia mayor en los asuntos nacionales.

Es interesante señalar que entre los defensores del libre comercio encontramos un número desproporcionadamente grande de directores de empresas estatales. A este grupo pertenece el 18% del total de los líderes entrevistados, el 16% del sector privado, el 20% del sector público, el 30% de los directores de empresas estatales y el 23% de representantes de los medios de comunicación y del ámbito universitario.

En resumen, los defensores del libre comercio creen en la competencia a través de la inversión en la gente.

Resúmenes demográficos de los cinco marcos de referencia dominantes

Aunque los cinco segmentos se distinguen entre sí por sus puntos de vista y creencias, más que por sus características demográficas, se observan algunas notables tendencias demográficas que ya mencionamos. *Los socios frustrados* están representados de modo abrumador en el sector privado, se centran en la producción de recursos naturales y provienen de la región del medio oeste venezolano. *Los relativamente satisfechos* se distribuyen uniformemente entre las organizaciones, escasean en las compañías que explotan los recursos naturales y abundan sobre todo en la región oriental del país. El grupo de l*os que buscan un árbitro* tiende a trabajar para el gobierno y se encuentra en la región occidental de la nación. *Los que van solos* suelen ser gerentes de empresas estatales y privadas, específicamente en manufacturas y se concentran en las regiones del interior de Venezuela. *Los defensores del libre comercio* también tienden a ser gerentes que residen en Caracas, pertenecientes a las empresas estatales en las industrias de recursos naturales y de manufacturas.

Dada la información existente sobre las ideas y opiniones de estos cinco segmentos, así como las claves demográficas acerca de quiénes son y dónde se encuentran, ¿cómo podemos comenzar a pensar en integrar estos grupos tan heterogéneos?

¿CÓMO PODEMOS INTEGRAR ESTOS GRUPOS?

Aunque existen diferencias fundamentales dentro de este "país de países", también hay algunos importantes puntos de vista comunes que podrían sentar las bases para integrar los grupos. Nos sorprendió descubrir que los cinco segmentos, a pesar de notables diferencias en muchos asuntos de capital importancia, comparten concepciones muy similares acerca de las prioridades del gobierno. Para los cinco segmentos, los siguientes aspectos constituyen prioridades de suma importancia: mejorar la educación primaria y secundaria, reducir la corrupción, atraer la inversión extranjera, mejorar la atención médica, disminuir el gasto público y crear un ambiente estable para los negocios.

Además, se comparten puntos de vista respecto a demasiadas cuestiones individuales. Por ejemplo, todos los entrevistados coinciden en que la concentración permanente de Venezuela en el petróleo crudo no resulta positiva para el país y que es vital para el futuro de la nación diversificarse hacia el turismo, los bienes manufacturados y la agricultura. Todos los segmentos consideran que el gobierno posee un poder excesivo, piensan que no se ha ido lo suficientemente lejos en la reforma económica y política y apoyan cierto grado de innovación, tanto en las prácticas de negocios, como en mejoramientos regulatorios del gobierno. Ninguno de los segmentos confía en el gobierno, sin embargo todos están de acuerdo en que éste tiene un importante papel social que cumplir. Con todo, como lo indican las notables diferencias entre los segmentos, existe mayor variación en las respuestas de lo que conviene a un país que intenta tomar decisiones complejas durante los próximos cinco años.

Cuando pensábamos acerca de cómo integrar los grupos, queríamos entender no sólo lo que ya era compartido por ellos sino también lo que los dividía. Para captar mejor tales diferencias, clasificamos nuestros 14 factores originales basándonos para ello en la "magnitud de las diferencias" o en la variancia dentro de cada factor, como se observa en la figura 11-5. La longitud de las barras equivale a la "magnitud de las diferencias", entre las respuestas de los cinco segmentos en el factor respectivo.

Figura 11-5 Gama de puntuaciones de los factores por orden decreciente de impacto

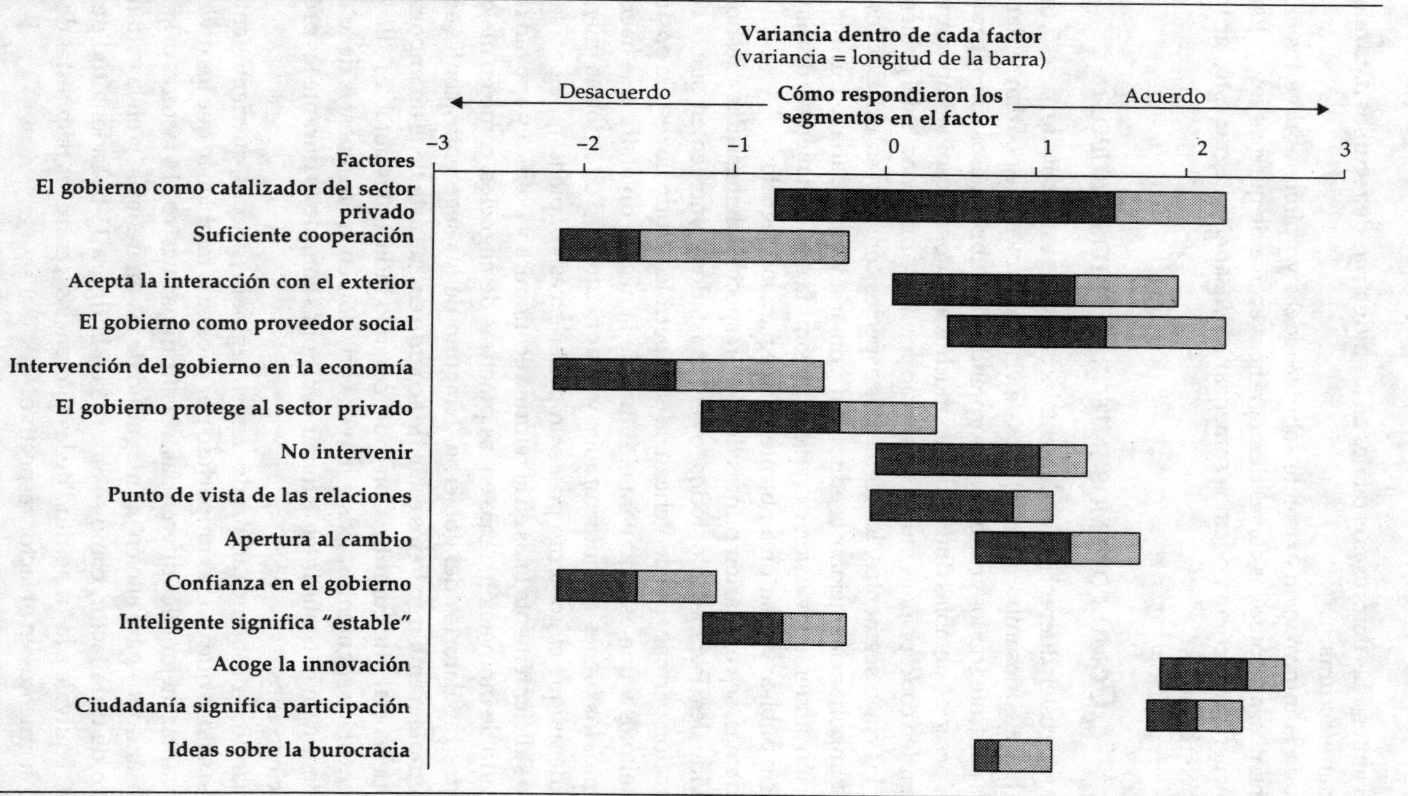

Fuente: Monitor Company, Encuesta Nacional de Competitividad para Venezuela, 1996.

Nota: los promedios, representados por la línea entre las áreas sombreadas, se calcularon entre los cinco segmentos de Venezuela. El límite de la izquierda representa el promedio del segmento que está en mayor desacuerdo con el factor. El de la derecha representa el promedio del segmento que está más de acuerdo.

Descubrimos que el factor más fragmentador de los 14 es el que ve en el gobierno un catalizador del sector privado. No sólo produce la mayor gama de respuestas, sino que es uno de los pocos factores que cruza la "marca cero" en la figura 11-5. La marca cero representa la línea que divide el acuerdo y el desacuerdo en ese factor. Ello significa que algunos segmentos coinciden y otros discrepan ante la posibilidad de que el gobierno sea el catalizador del sector privado. Como se aprecia en la figura, aunque hay una gran variancia en las respuestas de los cinco segmentos en la mayor parte de los factores restantes, todos tienden a alinearse en el mismo lado de la cuestión. Es decir, pocas barras cruzan la "marca cero".

El factor más fragmentador —el gobierno como catalizador del sector privado— se define como la necesidad de que el gobierno suministre al sector privado información, asistencia técnica y financiamiento para las exportaciones. Creemos que, si lográramos un mayor acuerdo en este factor, podríamos obtener más provecho que de cualquier otro factor. Si el país consigue resolver sus diferencias en cuanto a este factor en particular, podría evolucionar drásticamente hacia una visión compartida en torno de la competitividad, la creación y distribución de la riqueza.

Estudiamos los grupos de segmentos en este factor y descubrimos que la respuesta promedio era de 1.47 en una escala de –3 a +3 en dirección del acuerdo; también descubrimos que la mayor diferencia se da entre los socios frustrados, en 2.18 (promedio que indica un fuerte acuerdo en cuanto a que el gobierno debería actuar como catalizador) y los que van solos, que contestaron –0.76 en dirección del desacuerdo (el gobierno no debería asumir el papel de catalizador). Así pues, la brecha entre los dos grupos, o "magnitud de la diferencia" en cuanto a este punto es muy alta, 2.94 puntos en una escala cuya longitud suma apenas seis unidades (2.94 se refiere a la longitud de la barra superior de la figura 11-5). En relación con las "brechas", o longitudes de barra, en el resto de los puntos, esta brecha de 2.94 respecto al gobierno como catalizador es extremadamente amplia para cerrarla.

Por lo que sabemos acerca de los socios frustrados, podríamos hacer unas cuantas inferencias sobre el origen de estas ideas relacionadas con el gobierno como catalizador. Como 29% del total, los socios frustrados constituyen el más grande de los cinco segmentos. Tienden a estar sobrerrepresentados en el sector privado, a estar afiliados a las industrias que explotan los recursos naturales y a ser los menos satisfechos con la competitividad actual de sus industrias. De lo anterior podríamos deducir que sienten la necesidad de exportar contando con ayuda técnica, información sobre el mercado y financiamiento a las exportaciones que les sirva para encontrar mejores mercados o superar el periodo de poca demanda en una industria cíclica.

Por su parte, los que van solos constituyen el grupo más pequeño de los segmentos con apenas 13% del total de los entrevistados. Su número es la mitad de los socios frustrados. Tienden a ser gerentes de empresas estatales y privadas en las industrias manufactureras. Están en el extremo opuesto de los socios frustrados y son los más satisfechos con sus actuales esfuerzos para alcanzar la competitividad.

He aquí cómo podríamos sintetizar la diferencia entre ambos segmentos: los socios frustrados constituyen un grupo numeroso en las industrias que explotan materias primas y que no están compitiendo eficientemente; los que van solos son un grupo pequeño en los segmentos manufactureros que compiten más eficientemente. Son dos grupos que se hallan en situaciones muy distintas y que envían al gobierno mensajes también distintos con respecto a las necesidades económicas del país. El gobierno debe tener un oído muy fino para segmentar los mensajes provenientes de grupos tan diferentes.

Las "Cinco Venezuelas"

Como lo corrobora la exposición anterior acerca de las "brechas", Venezuela no es un solo país. Es un país de países. Y tampoco es una economía. Es una economía de economías. No es fácil atribuir ciertas conductas, intenciones, creencias, metas y aprendizaje a algo que llamamos el sector privado o a algo que llamamos el sector público. La verdad es que en nuestro trabajo en varios países nunca hemos encontrado algo que pudiéramos nombrar el "punto de vista del sector privado" o la "perspectiva del gobierno". Son cosas que simplemente no existen. Tan sólo hay marcos de referencia; pero a menudo se piensa que sí existen esos puntos de vista, lo cual culmina directamente en el patrón de la actitud defensiva expuesto en la parte 1 del libro. Acabamos de presentar los cinco marcos de referencia que hay en el mundo y hemos utilizado el caso de Venezuela para señalar que es la distribución especial de esos marcos en un país, lo que permite o impide llegar a decisiones complejas y necesarias para la existencia de una economía basada en la innovación.

En la siguiente sección discutimos la relación entre los marcos de referencia y los siete patrones originales del comportamiento no competitivo. Nuestra tesis será que ahora podemos entender mejor el razonamiento en que se basan los patrones gracias a un mejor conocimiento de "quién anda realmente ahí".

¿QUÉ CONEXIÓN HAY ENTRE LOS MARCOS DE REFERENCIA Y LOS "SIETE PATRONES"?

Cada día hay más evidencia de que son las actitudes de los líderes de un país, o más específicamente, sus marcos de referencia, los que proveen la base de información para la creación de las estructuras organizacionales y de las acciones estratégicas que rigen los patrones de la creación y distribución de la riqueza observados en ambientes inciertos.

En la presente sección, narrando historias y formulando hipótesis, identificaremos los nexos entre la manera de pensar de los encargados de la toma de decisiones —es decir, sus "modelos mentales"— y las acciones y resultados que observamos.

Dependencia de los factores básicos

El 38% del total de los encuestados y el 52% de los que buscan un árbitro piensan que la riqueza es finita y que las naciones deben luchar por redistribuirla. El segmento de los que buscan un árbitro parece tener menos confianza en el futuro de la economía que el resto de los grupos, y teme que, en términos de su competitividad, el país tienda a debilitarse durante los próximos cinco años. Quizás esa actitud lleva a este segmento a considerar que el gobierno debería ser el actor principal de la economía, y que se requiere su protección en forma de aranceles y subsidios.

Aunque desde el punto de vista técnico no pertenezca a este segmento, un hombre de negocios colombiano que conocemos (y cuya identidad hemos encubierto) lo representa muy bien. Este hombre tuvo mucho éxito en la era de la sustitución de importaciones y construyó enormes plantas de gran capacidad que dominaron los mercados locales por mucho tiempo. Amasó una gran fortuna y por lo menos un líder gubernamental llegó a decir que este hombre se "había anticipado 10 años a su época".

Nuestra opinión al respecto es menos favorable. Este hombre había aprendido a influir en el gobierno y a obtener contratos que nadie más podía conseguir. Una persona de gran encanto personal, sostiene de manera convincente que no "quería subsidios ni protección"; lo único que quería era "un campo de juego uniforme".

Después de todo, protestaba, si los servicios eléctricos y el sistema de transporte del país eran ineficientes, nadie podría competir sobre la base de los precios. Más aún, proseguía su razonamiento, si el gobierno temía el desempleo masivo, lo último que debía haber hecho era permitir importaciones que destruyeran a los productores nacionales. En cierta ocasión este industrial nos dijo que su pasión era "construir fábricas". Y poco después de construir la última, el gobierno de Colombia, bajo el liderazgo del presidente Gaviria, abrió la economía a la competencia de las importaciones y su negocio empezó a perder más de un millón de dólares mensuales, según sus propias palabras.

A lo largo de los años en que este hombre compitió, nunca construyó una planta que realizara algo más que un ligero procesamiento. Pertenecía al segmento de los que buscan un árbitro y con el tiempo, se sintió decepcionado por el gobierno y nunca captó las posibilidades de fabricar productos más complejos. A pesar de su creencia en las ventajas comparativas y su marco de referencia a través del cual veía que influir en el gobierno constituía su verdadera ventaja, decidió emigrar de Colombia e invertir su dinero en el mercado accionario de Estados Unidos, donde afirma obtener mayores rendimientos que cuando "construía plantas".

El tipo de imaginación orientada por los factores posiblemente subsista en el segmento de los que buscan un árbitro y en otros que permanecen en el mundo en vías de desarrollo. Éste es el grupo que corre el mayor peligro, no de haberse adherido a una estrategia equivocada, sino a la estrategia correcta durante demasiado tiempo.

Conocimiento de los clientes

En opinión de aproximadamente dos terceras partes de nuestros encuestados, una buena estrategia de negocios consiste en encontrar un producto ganador y "quedarse con él". Casi un tercio piensa que las compañías exitosas ofrecen productos que, de antemano, saben que se venderán bien. Este punto de vista se advierte sobre todo en el segmento de los que buscan un árbitro, en el cual coincidieron casi la mitad de los entrevistados.

Por desgracia, cuando uno cree en las ventajas comparativas y tiene una orientación de producción como, por ejemplo, "construir fábricas" en un ambiente limitado y protegido, difícilmente llegará a apreciar el valor de conocer a los clientes. Y eso es precisamente lo que observamos en la región andina y en la generalidad de los países en vías de desarrollo. De hecho, el 45% de los encuestados en Venezuela consideran que muchas compañías han alcanzado el éxito con sólo imitar a sus competidores.

Como señalamos en páginas anteriores, cuando las empresas imitan a la competencia adoptando las mismas estrategias, fabricando los mismos productos, y así sucesivamente, se desarrolla una especie de "convergencia estratégica" que ocasiona una rivalidad perjudicial, transfiere ventaja posicional del productor al consumidor y aminora las utilidades.

En muchos de nuestros estudios, comprobamos que los fabricantes venden sus productos sin contar con lo que desea el consumidor. Un ejemplo de ello es la industria peruana del espárrago que año tras año, y durante la estación en que disminuye la competencia, deja de vender a los consumidores norteamericanos, a pesar de que éstos podrían comer espárrago todo el año sin cesar. Otro ejemplo lo constituye el productor colombiano de cuero que intentó vender a los consumidores de Estados Unidos mediante anuncios publicados en revistas, pero que carecía de salas de exhibición en Estados Unidos a pesar de que los segmentos más atractivos de compradores en ese país no suelen comprar a través de revistas, sino en esas salas. Hasta los mejores productos fracasarán si no se conocen bien las necesidades del cliente y sus patrones de compra.

Cooperación entre empresas

Casi el 80% de los entrevistados manifiestan que sus compañías tendrían mayores probabilidades de éxito si formaran alianzas internacionales. En términos generales, también dicen que no existe suficiente cooperación entre las empresas, ni entre ellas y las universidades. Sólo los relativamente satisfechos aseguran que el nivel actual de cooperación es adecuado. Los segmentos que más perciben la necesidad de una mayor cooperación son los socios frustrados, seguidos por el segmento de los que buscan un árbitro y el de los defensores de libre comercio.

Lo anterior puede indicar que en un ambiente pequeño y protegido, donde los clientes no son exigentes y las ganancias provenientes de las exportaciones dependen de qué tan baratas sean, no debe sorprendernos el hecho de que, ni las empresas ni las universidades jamás hayan sentido la presión de aumentar la cooperación. No se percibía la necesidad de crear y estructurar los procesos con mayor eficacia para lograr un aprendizaje compartido, ni de alcanzar un mejoramiento que generara complejidad y capacidad de atender a los clientes más exigentes. Como mencionamos anteriormente, los negocios adquirieron una gran capacidad para "culpar a la vaca". Queda por precisar si la vaca es el jefe de estado, un miembro del gabinete, un proveedor o simplemente eso: una vaca.

En un país introdujimos la idea de crear un banco nacional de datos de empleo que estableciera la relación entre el personal calificado y el empleo idóneo. Con ello se buscaba elevar la calidad global de los aspirantes, al introducir un elemento de competencia. Las compañías competirían por reclutar los mejores candidatos del banco nacional, identificados para que todas ellas los conocieran. De manera análoga, con la esperanza de ser reclutados, los candidatos competirían para perfeccionar sus habilidades con respecto a otros candidatos del banco de empleos. Un líder a quien podríamos clasificar como uno de los relativamente satisfechos no estimó beneficioso este sistema. Nos dijo que la idea no le interesaba porque su ventaja consistía en su capacidad para reclutar a los mejores candidatos; no quería que un día otras compañías, que en futuro podrían ser su competencia, tuvieran acceso a cada vez mejores recursos humanos de alto nivel. "¿Por qué debería ayudarles a otras empresas de este país a obtener excelentes empleados?" fue su concisa respuesta. Su punto de vista resulta sensato si la pregunta se formula en estos términos. Pero si la replanteáramos, quizás cambiaría su forma de pensar: "¿Por qué debería yo contribuir a obtener mejores empleados de los que puedo estar consiguiendo ahora?"

Comprendiendo la posición relativa

La esencia de la posición relativa es la disposición de las empresas andinas a conocer mejor la competencia, no simplemente a imitar unas estrategias eficaces (tendencia muy arraigada en toda la región), sino a entender la dinámica esencial que existe entre los clientes más atractivos, los competidores que intentan satisfacerlos y la empresa en cuestión. Como hemos afirmado antes, la mayor parte de las compañías venezolanas piensa que una manera de alcanzar el éxito consiste en encontrar un producto ganador y "quedarse con él", a menudo observando los competidores e imitándolos.

Los relativamente satisfechos parecen encarnar esta manera de pensar más que los segmentos restantes. Este grupo, que acepta las soluciones tradicionales, muestra poco interés por aprender a mejorar. En Bolivia trabajamos con integrantes de la industria de las flores, quienes insistían en penetrar en el tan competido mercado de Estados Unidos. Insistían, además, en que estaban ganando mucho dinero, especialmente en el Día de la Madre y en el Día de San Valentín. Analizamos su posición relativa de costos y la comparamos con la de los colombianos, descubriendo que sólo los costos de transporte la triplicaban los de los colombianos y que estaban perdiendo dinero durante todo el año y ganando sólo en esas dos fechas. Les recomendamos abandonar el mercado norteamericano salvo en esos dos días. La razón: los intermediarios de Miami, que a propósito son en su mayoría colombianos, recurrían a las flores bolivianas como reserva auxiliar en épocas de máxima demanda. Un importante exportador de la industria de las flores dijo que antes de examinar los datos pensaba que los bolivianos eran buenos exportadores; después de hacerlo, nos aseguró, sentía que "la mayoría de nosotros no somos más que simples jardineros".

Aconsejamos a los productores bolivianos competir por los crecientes mercados de Santiago, Buenos Aires y otras capitales de la región. Así, tendrían algunas ventajas relativas de transporte y podrían comenzar a crear otras más complejas en cuanto a calidad de las flores y cobertura del producto, antes de volver a atacar a los colombianos en Miami.

Así, no debe sorprendernos que la mejor actitud ante la posición relativa sea la de los defensores del libre comercio que acogen la innovación y la apertura al cambio y que, generalmente, son los más orientados hacia el exterior entre los cinco segmentos.

Oportunidades de integrar hacia adelante

Sometimos a prueba el enunciado de que las compañías se benefician de las alianzas internacionales y observamos un patrón cada vez más familiar: por un lado, los socios frustrados, los defensores del libre comercio y los que van solos son partidarios decididos de las alianzas internacionales, mientras que por el otro éstas les interesan menos a los relativamente satisfechos y a los que buscan un árbitro.

En industrias como la de las flores, los jugos de fruta y los productos agrícolas tradicionales, la verdadera riqueza creada ha sido captada en el extranjero. Los intermediarios que la captan, insisten en que simplemente no existen ni la calidad, ni la uniformidad, ni el servicio especializado que requieren los productores para establecer relaciones más complejas con ellos. Quizás esto obedezca a que los principales grupos de segmentos no aceptan la innovación, ni la cooperación entre empresas, no parecen tener una orientación hacia el exterior y consideran que su verdadero potencial de riqueza son un suelo fértil y luz solar, en vez de su capacidad para satisfacer al cliente (en este caso, los intermediarios y el consumidor final).

En la industria de las flores de toda la región andina hemos visto muchos representantes de los que buscan un árbitro quienes consideran que, si el gobierno devaluara la moneda y concediera incentivos a las exportaciones, éstas se incrementarían considerablemente y todo el mundo se enriquecería. El hecho de que suelen ser grandes empleadores de personas marginadas que podrían retirarse a las montañas para cultivar y exportar cultivos menos benignos que las flores, les da un poderosísimo argumento social y político. Así, la elección se convierte en un argumento social y político de corto plazo de los que buscan un árbitro frente al argumento en favor de crecimiento económico a largo plazo, que preconizan los defensores del libre comercio. Mientras tanto, se observa poca actividad en la integración hacia adelante de las compañías de la región.

Actitud defensiva

Nuestra intuición, lo mismo que nuestra investigación basada en encuestas, grupos focales y miles de conversaciones con líderes gubernamentales y empresariales de todo el mundo, nos llevan a creer que el desarrollo económico no gira en torno a la política macroeconómica, sino en torno de las relaciones humanas. El escritor Francis Fukuyama, en su libro reciente *Trust* (Confianza), afirma que "las lecciones más importantes que podemos aprender de un análisis de la vida económica es que el bienestar de un país, lo mismo que su habilidad para competir, están condicionados por una sola característica cultural generalizada: el nivel de confianza inherente a esa sociedad".[4]

El razonamiento defensivo acaba con la confianza. Describimos este tipo de razonamiento en la introducción y en el capítulo 7, al hablar de la dinámica generada entre el miembro del gabinete de Colombia y el presidente de la asociación de floricultores. En la nueva terminología de este capítulo, el miembro del gabinete sería el defensor del libre comercio y el presidente de Asocolflores sería uno de los que buscan un árbitro. Como seguramente recordará el lector, el miembro del gabinete dijo que los floricultores desaparecerían al cabo de cinco años porque competían con base en ventajas básicas como la luz solar y una mano de obra barata y porque no se esforzaban por mejorar la logística del transporte hacia el mercado norteamericano. La asociación de floricultores coincidió en que su industria desaparecería en ese lapso porque tenía un aeropuerto ineficiente, un alto costo de energía eléctrica y una moneda sobrevaluada, siendo todos estos problemas responsabilidad del gobierno.

Tanto el presidente de la asociación como el miembro del gabinete describieron correctamente las desventajas. Lo que les faltaba era una visión compartida: un panorama más amplio y sólido de la competitividad que hubiera podido orientar una discusión más constructiva entre ellos acerca de cómo competir. Y sin esa visión comenzaron a hacer inferencias sobre el comportamiento e intenciones mutuas, lo que desató la conducta agresiva reflejada en las cartas que publicaron en el periódico y que reprodujimos en la introducción del libro. Esa conducta agresiva excluyó la posibilidad de aprendizaje y les impidió adoptar el tipo de decisiones complejas requeridas para mejorar la industria, es decir, cómo arreglar el aeropuerto, mejorar la logística del transporte hacia el usuario final, encontrar segmentos atractivos y competir con las crecientes amenazas de las flores de bajo costo provenientes de México y con la calidad cada vez mejor proveniente de Ecuador.

Desde la época a la que hacemos mención, un nuevo ministro ocupa la cartera de comercio exterior, ha sido elegido un nuevo presidente de Asocolflores, el aeropuerto ha mejorado un poco y ha crecido el valor nominal de las exportaciones. Todo esto es señalado como una victoria por muchos habitantes del país. Pero los márgenes de beneficio de las compañías individuales siguen reduciéndose a causa de una competencia cada vez más intensa. Muchos floricultores han quebrado, abandonando el negocio y muchos *campesinos* han perdido su trabajo.

La ironía de esta historia es que el defensor del libre comercio y el segmento de los que buscan un árbitro son del mismo país, de hecho de la misma ciudad. No son rivales y ambos quieren lo que es mejor para su patria. Pero sus distintos marcos de referencia han generado fuertes altercados y actitudes intransigentes: unos y otros han optado por defender una postura que podemos llamar tradicional, en lugar de tratar de buscar, aprender e intentar llegar a una perspectiva común. Todo esto ha sido exacerbado por la falta de confianza.

Y estos marcos de referencia, según comentamos en el capítulo dedicado al razonamiento defensivo, estructuraron los paradigmas mentales que el ministro del gabinete y el presidente de la asociación eligieron para crear riqueza: la ventaja comparativa. La combinación de sus marcos de referencia y paradigmas (a los que damos el nombre de modelos mentales, o sea la parte invisible del cambio) ha venido a determinar la forma en que estructuraron sus organizaciones: no para aprender, ni buscar, ni construir una visión común, sino para argumentar continuamente y defender su posición. Dichas organizaciones crearon estrategias que empiezan a manifestarse cuando se trata de satisfacer las necesidades de los clientes; los resultados logrados en lo relacionado con la creación y distribución de la riqueza no son positivos. Y los países son más pobres. A la luz de tales consecuencias, la gente tiende a buscar ayuda en cualquier lugar donde pueda conseguirla y esto nos permite hacer la transición al último de los siete patrones.

Paternalismo

El paternalismo generalizado de la región andina tal vez es más evidente en Venezuela. Cuando se trata de la capacidad del país para competir, los líderes de todo tipo piensan que el gobierno debería otorgar créditos a las exportaciones y muchos (44%) piensan que sin la ayuda gubernamental las industrias del país no pueden competir. El 84% de los líderes del sector privado afirma que el gobierno debe esforzarse más por atraer inversionistas, y en opinión del 29%, las industrias necesitan la protección del gobierno.

En el aspecto social, nueve de cada diez líderes opina que el gobierno debe tomar medidas más decisivas para redistribuir la riqueza y proteger el mínimo estándar de vida de los ciudadanos; un número importante (54% en el sector público y 38% en el sector privado) acepta la regulación de los precios en favor de la gente común. El 76% de los líderes del sector privado considera que los funcionarios elegidos no son confiables y el 84%, que la corrupción es la causa principal de la pobreza del país.

Deducimos de nuestra investigación que si le preguntáramos al líder promedio del sector privado venezolano en qué radica la crisis de su país, nos respondería que la falta de confianza: no creen que sus líderes harán lo necesario para mejorar el país. Se puede tratar, en realidad, de una crisis de paternalismo y también de confianza. En términos simples, las expectativas del sector privado respecto al sector público quizás sean demasiado altas. En el nuevo mundo de la competitividad global, ningún gobierno estaría en condiciones de realizar todas las tareas económicas y sociales que tiene el de Venezuela, aunque eso es lo que algunos venezolanos han llegado a esperar.

El grupo de los que buscan un árbitro espera mucho del sector público. Insisten en que el gobierno intervenga en la fijación de precios y en el otorgamiento de subsidios y de protección, con el propósito de garantizar un nivel mínimo de vida a los trabajadores. Después de todo, suponen que Venezuela es un país rico y nadie debería pasar hambre. Los defensores del libre comercio se oponen tan radicalmente a las ideas anteriores que podemos afirmar que se encuentran en el extremo opuesto de los que buscan un árbitro.

También los datos demográficos indican que los dos grupos constituyen dos extremos. Los que buscan un árbitro que constituyen una quinta parte del total de entrevistados, tienden a depender del gobierno y orientarse a los servicios en las regiones del occidente e interior del país. Por su parte, los defensores del libre comercio suelen ser gerentes de empresas estatales de recursos naturales con sede en Caracas.

En Venezuela, el movimiento sindical constituye un ejemplo práctico del paternalismo y de las grandes expectativas que la gente tiene con respecto al gobierno. Los principales documentos de la postura de los sindicatos ofrecen una visión clara de sus objetivos en el área del desarrollo económico, bienestar social y calidad de vida. Sin embargo, los líderes sindicales insisten fuertemente en que la calidad de vida que proponen debe alcanzarse mediante la redistribución de la riqueza por parte del gobierno, y no como el resultado natural de mejores estrategias de negocios y una mayor competitividad de la industria en general. Están plenamente convencidos de que el gobierno debe asumir un papel protagonista en lo que llaman las "industrias esenciales" como son el petróleo y la minería.

Los sindicatos admiten la crisis actual de Venezuela, pero sus dirigentes no parecen aceptar su parte de responsabilidad en ella. Desde su punto de vista, la atribuyen a "políticas macroeconómicas erróneas de corte neoliberal", en especial las que el presidente Andrés Pérez implantó en 1989. También la atribuyen al "desafortunado desplazamiento del poder del estado" y las industrias estatales de la década de 1970 a los "neoliberales elitistas", cuya fuga de capitales hizo que la deuda externa se agigantara y provocara el recorrido por la espiral descendente en que se encuentra hoy el país.

Por desgracia, los trabajadores están convencidos de que el gobierno debería sacar al país de la crisis y que el gobierno actual no está preparado para hacerlo; de ahí que las ideas del grupo sindical posiblemente condenen a Venezuela a adoptar una actitud cada vez más defensiva en vez de atenuarla. Y esto, a su vez, le impediría al país resolver un dilema tan problemático como al que se enfrenta.

Resumen

En el presente capítulo hemos abordado el complejo problema de entender algunas de las ideas predominantes sobre la creación y distribución del ingreso. Primero, expusimos el ejemplo de Venezuela, que siendo un país caracterizado por la incertidumbre, resulta también un ambiente propicio para el aprendizaje. Segundo, explicamos una metodología que permite averiguar un poco mejor "quién anda ahí" gracias a la descripción de cinco segmentos muy diferentes identificados en Venezuela, segmentos que a nuestro juicio existen también en muchas otras naciones. Describimos esos segmentos, así como las actitudes y "modelos mentales" que conllevan, a fin de descubrir qué puede unificarlos en torno a una visión común. Finalmente, retomamos los siete patrones del comportamiento no competitivo descritos en la primera parte del libro y examinamos después los marcos de referencia que pueden impulsar esos patrones, e inhibir la creación y la distribución equitativa de la riqueza.

Hemos visto que la creación de la riqueza ya no se basa exclusivamente en consideraciones macroeconómicas ni en las ventajas innatas de los países. Es algo más complejo que abarca muchas etapas; por ejemplo, construir marcos de referencia integrados que se funden en conceptos claros de la medición de resultados, clasificar el alcance de las opciones estratégicas, entender la dinámica institucional, hacer explícitos los paradigmas y saber cómo y cuando éstos se vuelven obsoletos. Y lo más importante de todo: para crear riqueza en el futuro habrá que combinar los marcos de referencia antes mencionados, con un conocimiento fundamental sobre "quién anda ahí", en qué cree la gente y cómo estructuramos un proceso para avanzar hacia la comprensión común. Como dice la cita con que iniciamos este capítulo, todo (incluida la creación de riqueza) gira en torno a las relaciones humanas.

CAPÍTULO DOCE

Las fuentes ocultas del crecimiento

La gente...difundió las noticias de la buena calidad del suelo y su posición privilegiada con respecto al pantano.

—*Referencia al pueblo mítico de Macondo en* Cien años de Soledad, *de Gabriel García Márquez*

Hemos explicado a fondo los tres temas generales que han impedido a los países en desarrollo aprovechar las siete oportunidades de crecimiento sostenido identificadas en la primera mitad del libro. Ellos son la estrategia de la empresa, los mecanismos gubernamentales de dirección y la excesiva división entre los líderes. Un cuarto tema se refiere a una pregunta mucho más fundamental: ¿cómo ven los dirigentes del mundo en vías de desarrollo la creación y distribución de la riqueza? En el análisis final quedó establecido que las instituciones y las estrategias diseñadas por ellos reflejan sus creencias esenciales acerca de cómo funciona el mundo. En el presente capítulo trataremos de analizar algunas de esas ideas y su relación con los siete patrones de comportamiento no competitivo, así como las oportunidades que encierran.

Comenzamos con una breve reseña acerca de lo que algunos pensadores han establecido sobre la riqueza y la productividad. Después consideraremos, cómo los cambios de la economía global plantean la posibilidad de que en el siglo XXI la creación de la riqueza se centre en la competencia global total y no en la competencia administrada a nivel local o regional. Por último, estudiaremos una "nueva manera" de concebir la riqueza y la productividad.

LA VIEJA FORMA DE PENSAR

Adam Smith, el economista político y filósofo escocés cuya obra *La Riqueza de las Naciones* (1776) sentó las bases de la teoría económica clásica del libre mercado, también habló del comercio internacional y a él se le atribuye el concepto de "ventaja absoluta". Su teoría de la ventaja absoluta establece que el productor mundial de un bien a bajo costo es el país que debería exportarlo. Esta teoría resultaba lógica en mercados nacionales e internacionales que se encontraban relativamente en vías de desarrollo. Sin embargo, no tiene en cuenta el impacto de la integración global del comercio y la inversión. Hoy en día, las suposiciones de Adam Smith son sometidas a prueba por nuevos fenómenos: el predominio del comercio global y la movilidad del capital y de la mano de obra calificada, lo mismo que el influjo de la tecnología en la reducción de costos y en el mejoramiento de la calidad. Las ideas de Smith sentaron las bases de muchos conceptos nuevos, e inspiraron a otros pensadores económicos de la época, entre ellos a David Ricardo.

A medida que los mercados nacionales adquirieron mayor eficiencia, evolucionó una nueva teoría según la cual las naciones debían concentrarse en las áreas en que pueden producir bienes más eficientemente que otros países e importar los que no pueden producir de la misma manera. Esa nueva concepción constituye la teoría de la ventaja comparativa de David Ricardo.

De acuerdo con esta teoría, el comercio está basado en la productividad relativa de los trabajadores y en las diferencias de los ambientes generales de las naciones que al parecer, confieren algunas ventajas a algunos países en determinadas industrias. Otra versión de esta teoría, la de Heckscher-Ohlin, formulada por los economistas suecos Eli Heckscher y Bertil Ohlin[1], se basa en la idea de que todas las naciones difieren en sus dotes productivas tales como el suelo, la mano de obra, los recursos naturales y el capital. Según esta corriente de pensamiento, las naciones ganan ventaja al procesar esos factores más intensiva y eficientemente que otros países. La ventaja comparativa se basa en la productividad con que las compañías y las naciones movilicen y utilicen sus existencias de recursos naturales. Con el tiempo, esta visión ha impulsado a los líderes gubernamentales a centrar muchas de sus estrategias de crecimiento económico en el mejoramiento de la capacidad del país para competir a partir de esos factores básicos, lo cual provoca, entre otras cosas, una excesiva dependencia en los recursos naturales. Esta práctica ha minado la capacidad de las naciones para mejorar sus ambientes competitivos, así como su capacidad, tanto para desarrollar complejas combinaciones de insumos que favorezcan una mayor productividad, como para propiciar la innovación.

Debido a esta forma de pensar, muchos gobiernos han llegado a creer que una de sus funciones centrales consiste en ayudar a mejorar las estructuras de costos de las empresas manipulando el costo de los insumos; en realidad, intentan consolidar y sostener las ventajas "comparativas" de las compañías por medio de la protección y los subsidios. En Venezuela, por ejemplo, observamos que casi la mitad de los líderes del sector público y privado opinan que la riqueza es un recurso finito, que en treinta años la prosperidad del país seguirá dependiendo casi totalmente del petróleo y que sus industrias no podrían competir en el mercado mundial sin el apoyo directo del gobierno. Tales perspectivas reflejan una manera de concebir la creación de la riqueza que limita la capacidad de los líderes para generar fuentes de riqueza más complejas y sostenibles.

El hecho de conocer la "vieja forma" de pensar, o sea, la orientación hacia la ventaja comparativa, nos ayuda a entender por qué existen los siete patrones descritos en la primera parte del libro. Primero, según mencionamos antes, cuando los líderes de una nación creen que la riqueza radica en sus ventajas naturales, se esfuerzan por explotar esos beneficios, los cuales pueden definirse ampliamente para que abarquen la explotación de una mano de obra barata (la degradación del capital humano, dirían algunos). Segundo, el conocimiento de las preferencias particulares de los clientes no se considera una ventaja cuando el producto que se pretende vender es tan básico y posee únicamente características rudimentarias. Tercero, cualquier conocimiento que concierna a la posición relativa tiende a centrarse en lo que debería hacer el gobierno para disminuir la estructura de costos de las empresas (energía eléctrica, transporte, materias primas, tasas de cambio, niveles salariales) y no en lo que las empresas puedan hacer para posicionarse a fin de alcanzar un crecimiento competitivo y sostenible. Cuarto, la integración hacia adelante no se percibe como una fuente de ventaja, porque el conocimiento de la logística de distribución en el exterior y las preferencias de los usuarios finales no repercuten en lo que para los líderes es la "verdadera ventaja": la riqueza natural. Quinto, la cooperación entre empresas tampoco es una fuente de ventaja porque no se requiere un producto complejo si no se aprecian, ni la integración hacia adelante, ni el conocimiento del cliente y, sobre todo, porque la mayoría de las compañías compiten por el acceso a las materias primas de su país. Sexto, se presenta una actitud defensiva entre el gobierno y el sector privado (y también dentro de este último) cuando al gobierno es visto como el distribuidor de beneficios. Y séptimo, el paternalismo se generaliza porque se percibe la riqueza como la capacidad de acceder a las materias primas, las cuales casi siempre están controladas por el gobierno o éste tiene una influencia decisiva sobre ellas.

La vieja forma de pensar que expusimos brevemente, junto con las estrategias a nivel de la empresa y con los mecanismos gubernamentales de dirección que genera, no ha producido tasas más altas de creación y distribución de la riqueza en el mundo en vías de desarrollo. A medida que avanza la tendencia hacia la liberalización de la economía y se intensifican las presiones competitivas globales, esa mentalidad irá resultando cada vez más inadecuada para mejorar la calidad de vida de la mayor parte de la población en los países en desarrollo. En una "era de competencia total"[2] las reglas del juego están cambiando y las compañías de todo el mundo deben prepararse para competir de una manera distinta. Esto plantea una gran amenaza al igual que una extraordinaria oportunidad para las empresas del mundo en desarrollo.

En esta era de competencia total hay dos procesos interconectados que están originando un ciclo virtuoso para el cambio. El primero consiste en que los costos del transporte y de las comunicaciones han ido cayendo con una increíble celeridad.[3] Segundo, los gobiernos se convencen cada vez más de que su función consiste en facilitar el intercambio de productos, servicios y aprendizaje, en vez de valerse de sus "buenos oficios" para obstaculizar el comercio y proteger los intereses de las empresas nacionales.[4] Un resultado de ello es que la competencia total está permitiendo a los consumidores ser más exigentes y está reduciendo el poder de los proveedores, sobre todo de aquellos que ofrecen bienes y servicios básicos y poco complejos.

Por el hecho de que los límites y barreras tradicionales comienzan a desaparecer, o por lo menos se vuelven tan permeables que su integridad tradicional deja de ser algo que separa, para convertirse en algo que facilita el intercambio, el conocimiento jugará un rol cada vez más determinante sobre quién gana o pierde en el comercio global.[5] Los dos procesos antes mencionados obligarán a los líderes gubernamentales y empresariales del siglo XXI a concebir de modo muy distinto las estrategias de desarrollo y la competencia.

Como se comentó en páginas anteriores, nuestra investigación confirma que las naciones exportadoras de manufacturas son más ricas que las que se limitan a exportar materias primas; el mercado paga una compensación por el conocimiento invertido en los bienes manufacturados.[6] Y el mundo sin fronteras del mañana permitirá al conocimiento fluir con creciente rapidez y frecuencia hacia aquellas áreas donde pueda ser explotado al máximo. Ello planteará un reto extraordinario para los líderes de los países en desarrollo, quienes han crecido creyendo que cuentan con una abundante riqueza natural como el petróleo, o el estaño, para no mencionar las muy favorables condiciones agrícolas. El que los países desarrollados busquen formas de acceder a esos recursos naturales, ya no será una fuente de orgullo nacional y personal, sino que se convertirá en un reto a superar: cómo acoger la globalización y convertir las ventajas comparativas en ventajas competitivas sostenibles y basadas en el conocimiento. (En la tabla 12-1 se comparan y contrastan algunos aspectos representativos de la "vieja forma de pensar", heredada de Smith y Ricardo con el pensamiento de nuestra contemporánea "era de la competencia total".)

Tabla 12-1 La vieja y la nueva forma de pensar

	La vieja forma de pensar	**Pensamiento en "La era de la competencia total"**
Contexto	Industrias fragmentadas, intensidad de la mano de obra, habilidades rudimentarias, comercio basado en las condiciones del crecimiento, en los recursos naturales y en el costo del capital	Comunicaciones y computadores baratos, necesidades variables del comprador, los insumos de los factores son un porcentaje menor de los costos de los productos, se facilita el acceso global a las materias primas
Creencias Suposiciones Actitudes	Pensamiento estático y reduccionista respecto a la ventaja que se define como abundancia de materias primas; un aspecto esencial de la ventaja es el acceso barato a los insumos; las naciones compiten; el comportamiento del gobierno es la ventaja	Pensamiento dinámico e integrativo: la competitividad se define como una alta productividad, el país es una plataforma con dinámica entre el comercio y la inversión, las compañías compiten. Capital social: confianza, justicia y recursos humanos especializados son la fuente de la ventaja
Perspectivas públicas y privadas	El gobierno considera su obligación disminuir los costos del comercio para las compañías; el sector privado piensa que debe orientar al gobierno e influir en él	El sector privado se centra en los mercados y en la innovación, el gobierno se centra en su función dentro del proceso de innovación
Herramientas	Políticas monetarias y comerciales: el gobierno se sirve de aranceles, cuotas y subsidios; el sector privado utiliza las licencias para los insumos tecnológicos y el cabildeo.	Las herramientas del gobierno son la educación, el desarrollo de infraestructura especializada y la creación de un ambiente predecible; el sector privado aplica el proceso de la planeación estratégica, en concreto las técnicas de segmentación del mercado
Acciones estratégicas	Las grandes compañías se valen de las economías de escala (eficiencia lineal) para vender mano de obra barata y competir en precio con baja inversión en maquinaria y en aprendizaje; el gobierno reduce las tasas de interés, devalúa la moneda, administra los subsidios y otorga incentivos a las exportaciones	Prioridad a la detección de segmentos industriales atractivos basándose en las preferencias del consumidor, luego en una excelencia operacional, una cooperación de alta calidad entre las empresas y productos diferenciados
Resultados	Inversión extranjera directa insuficiente para realizar el mejoramiento, exportación de productos agrícolas a precios bajos; poca creación de riqueza y deficiente distribución de los ingresos; actitud defensiva entre el gobierno y el sector privado; paternalismo; poca cooperación entre empresas; a lo sumo, un crecimiento lineal	Las compañías de gran calidad son atraídas a los países para que implementen los procesos y productos centrales, las exportaciones son productos sumamente productivos en segmentos atractivos de la industria, se genera riqueza con mucha rapidez y se distribuye entre la mayoría de los trabajadores productivos en los que invierten constantemente los sectores público y privado

Una nueva forma de pensar

Si como hemos venido diciendo, los siete patrones del subdesarrollo persisten a causa de una estrategia deficiente, instituciones débiles, un comportamiento disociador y un pensamiento orientado hacia la ventaja comparativa, ¿qué podemos hacer para revertir la situación? Como ya debe ser claro, a nuestro juicio un énfasis renovado en el aprendizaje microeconómico debería orientar las decisiones adoptadas por los líderes gubernamentales y empresariales. Si queremos mejorar el nivel de vida del ciudadano promedio en los países del mundo en desarrollo, tenemos que lograr un crecimiento económico alto y sostenible. Este crecimiento se dará si se cumple una de estas dos condiciones: se moviliza una mayor cantidad de recursos para impulsar el crecimiento, o se aumenta la productividad. Es importante no confundir las dos. Por ejemplo, de acuerdo con Paul Krugman, el éxito logrado por Singapur, que alcanzó un crecimiento de 8.5% en el periodo comprendido entre 1966 y 1990, y de 6.6% en el ingreso per cápita, no es un fenómeno sostenible.[7] Krugman sostiene que el éxito de Singapur se funda en una única movilización masiva de recursos para estimular el crecimiento y que hubo pocas ganancias correspondientes en términos de productividad.

Según comentamos en el capítulo 8 dedicado a la estrategia, la productividad se define como la cantidad de producción que puede generarse a partir de un determinado nivel de insumos. Los economistas hablan de dos tipos de enfoques para mejorar la productividad: eficiencia "X" y eficiencia de asignación.[8] *La eficiencia "X"* designa los esfuerzos por utilizar más eficientemente cada uno de los componentes individuales de la productividad (por ejemplo, capacitación de los trabajadores para aumentar su productividad y adquisición de maquinaria más eficiente para reducir el consumo de energía eléctrica). La *eficiencia de asignación* busca mejorar la combinación de insumos para escoger de manera adecuada qué recursos específicos desplegar en una tarea determinada. En este tipo de eficiencia, no sólo conviene emplear los recursos con eficacia, sino también determinar la manera de sustituirlos con otros recursos; en otras palabras, cómo reasignar la combinación de recursos usados para mejorar el resultado final. Por ejemplo, las compañías podrían plantearse la siguiente pregunta: ¿cómo podemos utilizar más equipo para reemplazar la mano de obra o los materiales? o ¿cómo podemos sustituir el trabajo duro con el conocimiento? Los líderes regionales o nacionales podrían preguntarse: ¿de qué manera podemos invertir en capital humano complejo los ingresos obtenidos con la exportación de materias primas?

El reto de los líderes del mundo en desarrollo consiste en crear las condiciones para alcanzar productividad operacional y mejorar el acierto en la toma de decisiones respecto de la asignación de recursos. El conocimiento es el elemento clave en el mejoramiento de la eficiencia de asignación. La meta es depender menos de las materias primas y del trabajo de un recurso humano barato, para depender más de formas superiores de capital como por ejemplo, la eficiencia con que la institución aprende y difunde el conocimiento.

¿Por qué el conocimiento? La investigación ha demostrado que para una compañía que posee muchas plantas en un mismo país, la productividad de su planta más eficiente puede triplicar la de la menos eficiente, incluso en plantas que empleen el mismo equipo, fabriquen los mismos productos y vendan a los mismos consumidores.[9] Aún cuando se descuentan las divergencias en la edad de las plantas, la logística del transporte, las técnicas contables, las series de producción, la cobertura de los productos y los productos extraordinarios, las diferencias de la productividad pueden ser del orden de dos a uno. ¿A qué se debe entonces la diferencia productiva entre ambas plantas? Se debe simplemente al conocimiento acerca de cómo hacer las cosas. De hecho, una explicación del crecimiento de la productividad en Japón no incluye cosas como pericia en la manufactura, acceso a capital barato ni el sentido de seguridad y de lealtad que crean el sistema de antigüedad o empleo de por vida. Según esta investigación, las compañías japonesas han crecido gracias a sus habilidades en la "generación de conocimiento organizacional".[10]

A menudo el crecimiento de la productividad no se da en los países en vías de desarrollo debido a su insistencia exagerada en mantener bajos los niveles salariales y el costo de los materiales comprados, y también, debido a la tendencia a pensar que las grandes adquisiciones de bienes de capital bastarán para elevar la productividad.[11] Todo esto es exacerbado por el hecho de que el sistema de incentivos rara vez compensa a los gerentes por la enseñanza mutua; en realidad esos sistemas muchas veces causan el efecto contrario y nocivo de estimularlos para que compitan entre sí. Así, los gerentes a menudo no comparten información sobre la combinación adecuada de energía eléctrica, materiales, capital y mano de obra.[12] Los ejemplos abundan.

He aquí una manera de ver el problema de la industria colombiana del cuero cuyos gerentes "culpan a la vaca": el sector sigue intentando mejorar el rendimiento del cuero de baja calidad, de los productos químicos fuertes y de la mano de obra barata (eficiencia "X") en vez de colaborar para obtener acceso a la orientación de mercadeo y al conocimiento en diseño (eficiencia de asignación). Algo semejante ocurre con la soya boliviana: los gerentes creen que deben concentrarse en cultivar más tierra en lugar de mejorar y coordinar sus plantas con el fin de fabricar productos más complejos como mayonesa y alimentos naturales. En ambas industrias las compañías prefieren esforzarse por movilizar una mayor cantidad de los mismos tipos de recursos en vez de colaborar para adquirir nuevos conocimientos que les permitan incorporar las decisiones originales y las nuevas "combinaciones" en su ecuación de productividad.

Productividad a nivel regional

Otra cuestión que observamos es la manera en que las regiones de una nación contribuyen a la persistencia de los patrones nocivos. Los países en vías de desarrollo deben crear el tipo de ambiente que apoye y estimule a las compañías para que obtengan y sostengan ventajas estratégicas. Michael Porter identificó cuatro atributos generales de una nación o de una región que, en forma individual o como sistema, constituyen el "diamante" de la productividad regional.[13] El diamante proporciona el crítico eslabón perdido cuando se intenta crear un ambiente en el que las empresas de los países en vías de desarrollo puedan tomar mejores decisiones (Fig. 12-1).

Primero: las condiciones de factores se refieren a la presencia de recursos humanos avanzados y especializados, a la infraestructura técnica y a otros factores de la producción necesarios en la industria. La pregunta no es con qué nace un país, sino cómo mejorar esas condiciones. Por ejemplo, conviene contar con una población inteligente que sepa leer y escribir, pero ¿cuenta el país con suficientes ingenieros? Conviene tener puertos naturales de cabotaje, ¿pero los contenedores se movilizan eficientemente en la instalación portuaria?

Las condiciones de factores pueden mejorarse según el sector que mejor atiendan. Así, el sector de las flores en Colombia necesita mejorar algunos

Figura 12-1 El diamante

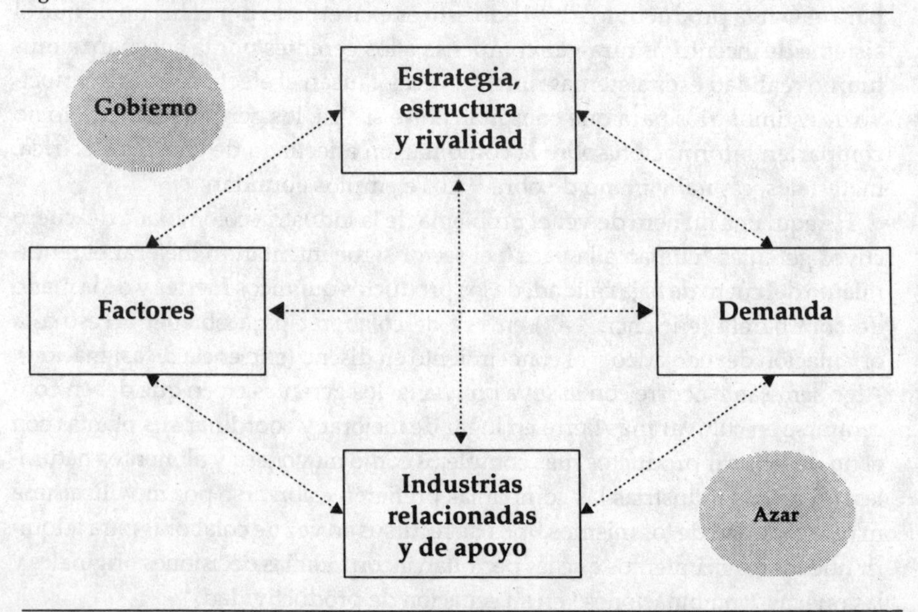

elementos específicos de la infraestructura aeroportuaria como las bodegas refrigeradas, las plataformas de carga, las instalaciones de inspección. En el entorno de la competencia global, la luz solar de que Colombia disfruta no será una ventaja competitiva, cuando Costa Rica cuenta con una avanzada logística aeroportuaria, México tiene el acceso más rápido a Estados Unidos y Ecuador una mano de obra más barata.

Segundo: las condiciones de demanda se refieren a la base local de clientes sofisticados que exigen las innovaciones más recientes y los más altos niveles de calidad. Es importante que la demanda local se anticipe a la solicitud global, pues así las señales que los productores reciben de ésta les ayudarán a aprender, ajustar y finalmente, mejorar para competir por la demanda más refinada del mundo.

En Colombia, por ejemplo, la demanda de flores es más baja y menos compleja que la de México, cuya población tiene una tradición de 2,000 años de comprar flores, o que la de Holanda, que se precia de tener el consumo más alto de flores per cápita del mundo. De manera similar, el consumo de textiles es bajo en Colombia, en parte porque no hay cambio de estaciones y, en consecuencia, no requiere modas de temporada. Además, el consumo de papel en Colombia es bajo y poco sofisticado, porque el país es fundamentalmente una sociedad rural que no compra una gran variedad de materiales impresos.

Tercero: las empresas relacionadas y de apoyo son fuertes proveedores y distribuidores locales que pueden contribuir al proceso de innovación; son negocios relacionados que refuerzan las habilidades en las mismas tecnologías de productos y procesos o en los canales de mercadeo. La confianza entre comprador y proveedor no existe en una economía orientada hacia el interior, donde el pastel que constituye el mercado es pequeño y se acostumbra repartirlo entre unos pocos. Hemos comprobado que en este tipo de situación, las estrategias no se comparten y la información concerniente a los costos se protege con mucho celo, inhibiendo el aprendizaje, el planeamiento, el compartir los objetivos de la reducción de costos y de la diferenciación en el mercado.

Cuarto: la estrategia, estructura y rivalidad de las compañías se centra en la decisión, el posicionamiento y la presencia de competidores locales capaces, comprometidos y feroces. Es asombroso el alto grado de rivalidad que hay en algunas economías orientadas a la innovación. En Japón hay 9 grandes fabricantes automotrices, 19 fabricantes de máquinas de fax, 35 fabricantes de equipo de audio y 113 productores de máquinas-herramientas. La rivalidad ha obligado a estas empresas a mejorar, hasta el punto en que pueden competir exitosamente con cualquiera. En un ambiente orientado por la inversión como Corea hay 3 fabricantes automotrices, 18 fabricantes de equipos de audio para vehículos automotores y 200 compañías que producen tarjetas de circuitos impresos. Una rápida ojeada a las estadísticas comerciales de Japón y Corea confirma que cuando existe una alta rivalidad en la economía local, las empresas compiten de manera favorable en el mercado global.

Sin embargo, en la región andina suele haber poca rivalidad porque se ha mantenido un mercado pequeño, los mercados de capital no son suficientes para alentar la creación de nuevos negocios y los líderes del sector gubernamental y privado consideran que la rivalidad conduce a la duplicación innecesaria de actividades relacionadas con la fabricación de productos similares, orientados al consumo de los mismos consumidores. La rivalidad que existe, a menudo se debe a diferencias de personalidad y lealtades familiares.

La productividad es un sistema constituido por fenómenos muy bien localizados. En las naciones o regiones con industrias competitivas a nivel internacional, los determinantes del "diamante" tienden a funcionar como un sistema en el que cada determinante refuerza a los otros y al hacerlo, favorece un mejoramiento y cambio constante en todo el sistema. Dada la naturaleza interconexa del diamante, las naciones rara vez albergan una sola industria competitiva; por el contrario, se crea un ambiente que conduce a la aparición de "clusters" de industrias que se apoyan mutuamente. Esos "clusters" están conectados como un sistema, por medio de relaciones *verticales* (comprador-vendedor) y *horizontales* (clientes, tecnología, canales comunes).

Ante la naturaleza de apoyo mutuo de las industrias, dentro de un "clusters" tiende a darse una evidente concentración de industrias globalmente competitivas en varios "clusters" de un país. Así pues, no podemos entender ni mejorar la competitividad internacional de una región, si no identificamos los "clusters" fuertes o potencialmente fuertes y si no conocemos la naturaleza y la fortaleza de los vínculos existentes entre ellos.

Colombia cuenta con algunos "clusters" geográficamente concentrados que merecen ser destacados: textiles en Medellín y en Bogotá, turismo y petroquímicos en la costa norte, papel e industria editorial en Cali. Esos "clusters" geográficos se basan en ventajas competitivas incipientes y en el hecho de que Colombia constituye un territorio muy escarpado, con carreteras y sistemas de telecomunicaciones deficientes que tienden a aislar algunas zonas geográficas. Más aún, la creación de nuevas empresas es, en gran medida, de tipo familiar, similar a lo que sucede con los "clusters" italianos de textiles y de ropa ya mencionados en el libro.

Nuestra investigación ha demostrado que gran parte de la variabilidad de la riqueza nacional está determinada por regiones muy específicas e identificables dentro de un país; se ha demostrado que las condiciones que permiten a las compañías competir y ser productivas, son de carácter local.[14] Para lograr un rápido crecimiento de la productividad regional se requiere que los cuatro determinantes del diamante funcionen como un sistema. Por ejemplo, una región conseguirá un incremento mínimo de la productividad si mejora sólo los factores básicos. Esto es lo que sucede en el caso de Perú y el turismo. Los líderes han estabilizado el ambiente y construido parte de la infraestructura básica para impulsar la industria turística, pero no han creado una cultura de confianza, innovación o cooperación. Desde una perspectiva estratégica, el turismo de Perú se asemeja a la industria de la soya o de la harina de pescado que describimos en el capítulo 1: recursos naturales impresionantes (como Machu Picchu), pero escasa inversión en activos intangibles de orden superior, como el conocimiento de los consumidores. De hecho, si Perú alcanza la meta fijada por el presidente Fujimori de atraer 1 millón de turistas en el año 2000, sin realizar cambios importantes en las prácticas estratégicas actuales, posiblemente cause un enorme daño a una de sus industrias potenciales más importantes.

Perú sólo podrá aspirar a atraer más turistas del tipo de los que tradicionalmente lo han visitado, si no mejora sus estrategias para captar el interés de turistas más refinados y exigentes, si no perfecciona el "cluster" de empresas relacionadas y de apoyo, y si no promueve el desarrollo de factores especializados y avanzados. Correrá pues, el riesgo de dañar el ambiente prístino que tiene, con grandes cantidades de turistas poco exigentes, en vez de mejorarlo atrayendo pequeñas cantidades de turistas más sofisticados, tal y como mencionamos en el ejemplo del hotel peruano en el capítulo 2. Por su incapacidad de tomar decisiones más complejas, los peruanos corren el riesgo de disfrutar un crecimiento lineal, hasta que los números lleguen al punto de inflexión que comenzará a destruir el ambiente que ahora venden.

Alta productividad y las fuentes ocultas de crecimiento

Explotar las ventajas comparativas, "la vieja forma de pensar", refleja un estilo de pensamiento reduccionista que busca respuestas fáciles, e impide a los países aprovechar las oportunidades de crecimiento económico sostenible. El pensamiento basado en las ventajas comparativas da origen a mecanismos de dirección rígidos; a acciones estratégicas simples y a menudo, no basadas en la información; y consecuentemente, a resultados pobres en lo que respecta a la generación y distribución de la riqueza.

¿Cómo podemos utilizar la "nueva manera de pensar" con su enfoque en el conocimiento, el crecimiento de la productividad y particularmente, la "eficiencia de asignación" para entender los siete patrones y desarrollar estrategias que los eliminen y liberen las fuentes "ocultas" del crecimiento en el mundo en vías de desarrollo?

Los líderes que en verdad entienden la productividad a nivel corporativo y regional adaptarán los diversos marcos de referencia, organizarán sus instituciones de manera diferente para que sean ingeniosas y se orienten al aprendizaje; además, pondrán en práctica estrategias bien enfocadas y fundamentadas en información, que reporten resultados más positivos y sostenibles en la creación de riqueza. Los siete patrones se convierten en los imperativos de este pensamiento integrador y de "alta productividad" que liberará las fuentes ocultas del crecimiento:

- Exportar productos complejos.
- Invertir en conocimiento acerca de clientes más sofisticados y exigentes.
- Conocer y mejorar la posición competitiva relativa.
- Estudiar las oportunidades de integración hacia adelante.
- Mejorar la cooperación entre empresas.
- Involucrarse en un razonamiento productivo.
- Evitar el paternalismo.

Exportar productos complejos

El desempeño en comercio internacional es un indicador importante de la productividad de una nación. El comercio ofrece una magnífica oportunidad para incrementar la riqueza, porque permite a los países concentrarse en exportar los bienes y servicios que pueden fabricar en forma más productiva, e importar los bienes en los cuales su ventaja es débil.

Investigaciones del Banco Mundial indican que el crecimiento rápido de las exportaciones, junto con el mejoramiento del capital humano constituyen la razón por la cual los países de Asia del Este han alcanzado un éxito económico tan grande.[15] Además, sugiere firmemente que la adquisición de nuevos equipos, el aumento de la inversión extranjera directa (IED), las licencias tecnológicas, la transferencia de tecnología no patentada y conocimiento del cliente, son factores que a su vez pueden elevar la productividad.[16]

Según nuestra propia investigación, la capacidad de una nación para exportar productos y servicios complejos está correlacionada con la capacidad de crear riqueza para el ciudadano promedio. Además, una excesiva dependencia de las exportaciones del capital natural restringe la capacidad de los países que se basan en sus recursos naturales, para lograr altos y crecientes niveles de vida.

En nuestros estudios de más de veinticinco países exportadores de petróleo, comprobamos que el ciudadano promedio de las naciones más pequeñas disfruta de aumentos de riqueza, mientras que el poder adquisitivo de los países más poblados como México, Venezuela e Indonesia sigue siendo bajo.[17] De hecho, entre los exportadores de petróleo sólo hay una pequeña correlación positiva entre el aumento de las exportaciones de crudo y los del nivel de vida.[18]

De otra parte, se observa un incremento en la riqueza per cápita cuando una nación consigue exportar exitosamente en las áreas de su economía que se centran en la innovación.[19] Es claro que la riqueza de las naciones aumenta si se buscan formas de competir exportando productos complejos a clientes sofisticados y exigentes. Esto nos lleva a la segunda fuente oculta del crecimiento.

Invertir en el conocimiento de los clientes más sofisticados y exigentes

El conocimiento de las preferencias de los consumidores es quizás el elemento clave de una alta productividad. Como se señaló con anterioridad, en el sector colombiano del cuero descubrimos cinco segmentos de compradores de bolsos de mano en Estados Unidos y uno en el cual los colombianos tenían posibilidad de ganar. Nos referimos al segmento de los minoristas que querían comprar en las salas de exhibición y no en las revistas, donde los colombianos publicaban sus anuncios. Era un segmento que reclamaba una fabricación de alto nivel, pero que también apreciaba las relaciones con los productores y la posibilidad de devolver los productos sin demasiados problemas, a la hora de obtener el reembolso. Como sucede con los productores que llevan largo tiempo compitiendo en precio apoyados por una moneda devaluada, apenas recientemente los fabricantes colombianos de cuero han empezado a cambiar su manera de pensar acerca de la competencia.

Otro ejemplo lo encontramos en los productores peruanos de harina de pescado. Saben poco o nada de los lucrativos mercados japoneses de pescado comestible; por lo tanto, permiten que los barcos coreanos y japoneses entren a sus aguas territoriales, pagando al gobierno peruano una tarifa que les garantiza la captura de pescados de muy alta calidad en la corriente de Humboldt que pasa frente a la costa. De manera análoga, los operadores turísticos peruanos y venezolanos se niegan a modificar sus programas de transporte, para atender las necesidades de los turistas extranjeros que buscan, ante todo la comodidad, y que están dispuestos a pagar por ella.

Las compañías de los países en vías de desarrollo deben hacer dos cosas muy importantes para poder descubrir la fuente del crecimiento oculta en el conocimiento de los clientes. Primero, deben admitir que los clientes tienen muchas preferencias personales diferentes y que existen segmentos de clientes a los cuales resulta atractivo atender, y otros a los que no. Segundo, deben reconocer que cada día cobra mayor importancia el diseño de mecanismos de obtención de información en el interior de la compañía; estos datos resultarán críticos para mejorar el proceso de toma de decisiones sobre cuáles clientes atender. Tomar decisiones acertadas, entender cómo define el valor el cliente y poner en práctica eficientemente esa visión, contribuye a mejorar la productividad: ésta es la segunda oportunidad oculta de crecimiento.

Entender y mejorar la posición competitiva relativa

El conocimiento es también el factor clave para mejorar la posición relativa. El productor colombiano de polipropileno necesitaba determinar su posición competitiva frente a sus rivales de Venezuela, México y la costa del golfo de Texas y Luisiana. Necesitaba conocer sus costos relativos de energía eléctrica, transporte y en especial, de las materias primas. Y necesitaba saberlo para contar con la información que le permitiera discutir con el gobierno colombiano y tomar decisiones estratégicas adecuadas a nivel de la empresa.

Los productores textiles del norte de Perú necesitaban saber qué otras empresas en el mundo fabricaban telas de algodón que podían sustituir su algodón Pima, un producto de gran calidad. Así, se enteraron acerca de los algodones provenientes de Malta, Egipto y Filipinas, descubriendo al mismo tiempo aspectos como longitud de los hilos de algodón y su capacidad de absorber colorantes.

Aprendieron la distinción fundamental entre lo único y lo sustituible. A pesar de que el algodón Pima se cultiva sólo en el norte del Perú y por ello es único, puede sustituirse fácilmente con otros algodones excelentes que se cultivan en otras partes del mundo y que ofrecen las cualidades por las cuales los consumidores están dispuestos a pagar. Los peruanos creyeron tener un producto altamente diferenciado, pero con la caída de sus márgenes de beneficio, tuvieron que admitir que los sustitutos afectaban su posición competitiva relativa.

En forma parecida, el sector boliviano de las flores intentó competir con los colombianos en el enorme mercado estadounidense, transportando sus flores a través de los intermediarios de Miami. Reconocieron que si los colombianos podían ganar allí, ellos podrían hacer lo mismo pues también contaban con luz solar, suelo fértil y barato y hasta con costos más bajos de mano de obra. Pero pronto descubrieron que sus costos de transporte triplicaban los de los colombianos y que no podían competir en esta zona, salvo en épocas de demanda excesiva como productores de reserva, como por ejemplo, en el día de San Valentín. Ahora están empezando a fijarse en capitales regionales como Santiago y Buenos Aires, donde cuentan con la ventaja del transporte sobre los colombianos.

Las compañías de los países en vías de desarrollo necesitan involucrarse en actividades orientadas al conocimiento, para descubrir las fuentes ocultas del crecimiento en el posicionamiento competitivo relativo. Como hemos señalado, para ello hay que cambiar los valores de la compañía, sus mecanismos de dirección y sus estrategias. El conocimiento del posicionamiento relativo es la tercera oportunidad para una "alta productividad".

Estudiar las oportunidades de integración hacia adelante

El conocimiento de cuándo y cómo integrar hacia adelante constituye una de las oportunidades ocultas más importantes del crecimiento. Las oportunidades de realizar este tipo de integración abundan en los países en vías de desarrollo y deben ser estudiadas detenidamente. En el caso del sector colombiano de los jugos de fruta, hemos comprobado que para avanzar hacia adelante en la "cadena de producción", habría que efectuar un gran gasto comprando espacio en los mercados de comestibles y entregando la calidad y los estándares de uniformidad requeridos. En ese momento recomendamos no efectuar la integración hacia adelante.

Sin embargo, en el caso de la agroindustria de Perú observamos que la oportunidad de vender espárrago al creciente mercado estadounidense podría lograrse con más eficacia acercándose al consumidor estadounidense, quien estaba dispuesto a pagar precios mayores por un espárrago de calidad en la época del año en que ese vegetal está "fuera de temporada". Los intermediarios de Estados Unidos disminuían de manera considerable las compras de espárrago, convencidos como estaban de que los consumidores nunca lo comprarían en esa época del año. Nuestra investigación indicó que los compradores lo adquirirían gustosos durante todo el año y que se sorprendían al enterarse de que podían obtenerlo sin cesar, mes tras mes.

El fabricante colombiano de polipropileno no sabía que en Estados Unidos había, por lo menos, cuarenta segmentos de compradores del plástico hecho con su producto, pero sobre todo, que este espacio aún está por conquistar. Nos enteramos que hay áreas secundarias del polipropileno básico que ofrecen atractivas oportunidades de fabricación de molduras de plástico para objetos como las defensas de los automóviles. De manera similar, en la industria de las flores, en especial en las flores básicas como los claveles y las rosas, gran parte del valor real es captado en los canales de la cadena de distribución por los intermediarios con sede en Miami, por los servicios de entrega en camión y por los minoristas —entre quienes figuran las tiendas tradicionales de flores y los mercados de comestibles— donde se da la mayor parte de la compra de flores por impulso.

Saber en qué parte de la cadena de producción se genera la mayor parte del valor, es indispensable para el crecimiento futuro de los países en vías de desarrollo. Tradicionalmente, las fuerzas económicas y las políticas del gobierno han conspirado para coartar la imaginación de los exportadores que tratan de aprender y mejorar su acceso a los usuarios finales. En consecuencia, la integración hacia adelante es la cuarta fuente oculta del crecimiento.

Mejorar la cooperación entre empresas

La quinta fuente latente del crecimiento radica en mejorar las relaciones de las instituciones relacionadas y de apoyo. Estos vínculos les permiten a las empresas competir, al ayudarles a reducir la estructura de costos o a aumentar su capacidad de agregar un valor único para el cliente que esté dispuesto a pagar por él.

Retomando el ejemplo de "culpar a la vaca", las curtiembres colombianas podrían ofrecer una mejor calidad y pieles más uniformes a los fabricantes; los mataderos podrían esmerarse en no dañar las pieles cuando extraen la carne; y los ganaderos, por su parte, podrían encontrar medios menos agresivos para asegurar su propiedad sobre las vacas, que marcarlas exageradamente. Las vacas (no queremos culpar a todos, *excepto* a la vaca) tendrán que aprender a no acercarse a las cercas de alambre de púas.

A los floricultores de Bolivia, Ecuador y Colombia les serían útiles más investigaciones y desarrollo que pudiesen compartir en su sector (en especial en la lucha contra las enfermedades de las plantas); las diecinueve dependencias gubernamentales que regulan el sector turístico de Perú limitan la capacidad de las compañías para adoptar decisiones complejas; el sector petrolero de Venezuela podría ofrecer algunas de las ventajas de sus eficiencias de escala a los exportadores de productos petroquímicos y la empresa estatal boliviana de algodón podría encontrar medios para mejorar la uniformidad y los precios de los exportadores textiles locales. Las cámaras de comercio y las asociaciones industriales deben dar prioridad a la capacitación de ejecutivos y reorientar amablemente los gobiernos, en lugar de cabildear e influir en los funcionarios.[20] Más aún, conviene señalar que la lección de la cooperación entre empresas, como las otras que se comentan en el presente capítulo, se aplica también a los países que no pertenecen al mundo en vías de desarrollo.[21]

La cooperación entre empresas es la quinta fuente oculta de crecimiento y productividad y se funda principalmente en actitudes culturales ante la confianza y la cooperación, en la orientación hacia el exterior, en horizontes de largo plazo y en el pensamiento integrador. Esto nos lleva a la sexta fuente de la ventaja competitiva.

Involucrarse en un razonamiento productivo

Pocas de las ventajas anteriores pueden obtenerse sin un razonamiento y aprendizaje productivos entre propietarios, socios, miembros de alianzas estratégicas, proveedores, empleados, etc. Como dijimos en páginas anteriores, en el caso del sector colombiano de las flores, el razonamiento defensivo desarrollado entre el gobierno y la asociación industrial en torno al tema de la devaluación del peso, ha impedido el progreso de la industria. Y en el caso de los textiles de Perú, los productores de algodón Pima al principio atribuyeron todos sus problemas al hecho de que el gobierno hubiera abierto la economía a la competencia de las importaciones. Los productores bolivianos de soya de Santa Cruz creen que el gobierno de La Paz es corrupto e incompetente y el gobierno, por su parte, califica de ambiciosos a los productores. El más importante comprador de bienes de maquinaria en Colombia ni siquiera celebra reuniones periódicas con los integrantes de la asociación industrial que representan ese sector. Y en Ecuador un líder nos dijo: "El deporte nacional de Ecuador es tratar de que los sindicatos intenten someter a juicio a los miembros del gabinete".

Si comenzamos con paradigmas obsoletos, y si hacemos inferencias que no están fundamentadas en datos confiables ni en un razonamiento válido, el único resultado posible será provocar una actitud defensiva que impida una discusión y un aprendizaje constructivos. La séptima fuente oculta del crecimiento consiste en encontrar los medios para alcanzar un aprendizaje productivo (esto es, no defensivo).

Evitar el paternalismo

Las encuestas que administramos en Latinoamérica indican que la gente de esa región desconfía de sus gobiernos. En Venezuela, el 76% señala que no puede confiar en los funcionarios públicos elegidos y el 85% piensa que son incompetentes.[22] Pero como hemos demostrado, muchas de las ventajas que el sector empresarial de los países en vías de desarrollo busca, se basan en las funciones que cumple el gobierno: el otorgamiento de subsidios, protección, devaluación, suministro de información confidencial. La paradoja del paternalismo radica en que en la mayoría de esos países, el sector privado ve en el gobierno la fuente de la mayor parte de sus ventajas, pero al mismo tiempo desconfía de él y lo critica.

Ése fue el caso de Bolivia, país donde los productores de soya criticaron sistemáticamente al gobierno y se sorprendieron al descubrir que la fuente *principal* de su ventaja no era un suelo muy fértil, ni la luz solar, ni la productividad agrícola, sino la protección que el gobierno brindaba a sus precios por medio de los tratados comerciales del Pacto Andino.

No hemos medido con métodos científicos cuánto tiempo dedican los más importantes hombres de negocios a intentar influir a los funcionarios del gobierno, pero un sondeo informal de opinión nos indica que para ellos, ésta es una de las actividades en que más tiempo emplean. Como hemos demostrado, la estructura de las asociaciones industriales y de las cámaras de comercio se presta más al cabildeo que al aprendizaje; al estudiar el gobierno y no a los consumidores, desvían su mirada del verdadero premio en la era de la competencia total.

En conclusión, la séptima fuente oculta de la ventaja competitiva consiste en no dedicar tanto tiempo a tratar de influir en el gobierno e invertir ese tiempo en conocer mejor a los clientes, los costos y los competidores.

RESUMEN

En este capítulo hemos estudiado las creencias y puntos de vista que tienen los líderes respecto a la creación y distribución de la riqueza, así como la relación que tiene esta visión con los siete patrones del comportamiento no competitivo. Reseñamos también las formas tradicionales del pensamiento que se relacionan con la creación de la riqueza y que se basan en los modelos de la ventaja comparativa y absoluta. Explicamos después, cómo esta "vieja forma de pensar" puede impedir que los países aprovechen las oportunidades de un crecimiento sostenible.

Por el contrario, la "nueva forma de pensar" que presentamos y que se basa en el conocimiento y la productividad, puede originar niveles exponenciales de crecimiento en las naciones que logran incrementos de la productividad, no sólo mediante un aumento de la productividad operacional, sino mediante mejores eficiencias "de asignación" orientadas a la inversión en el conocimiento y en el capital humano.

Finalmente, retomamos los siete patrones del comportamiento no competitivo expuestos en capítulos anteriores y mostramos cómo "la nueva forma de pensar" puede hacer de ellos oportunidades valiosas para el crecimiento.

Pero existe un reto más: ¿cómo se pueden integrar en un marco general para el cambio positivo, estos componentes del crecimiento exponencial de la productividad? Éste es el tema que trataremos en el último capítulo del libro.

PARTE TRES

INTEGRANDO LAS PIEZAS

En este libro, hemos afirmado que en los países en vías de desarrollo hay patrones familiares de comportamiento económico que se han ido volviendo cada vez menos productivos. Hemos afirmado también que esos patrones están profundamente arraigados en formas de pensar que es preciso modificar si se pretenden cambiar los patrones de comportamiento. En la primera parte del libro los examinamos, en la segunda analizamos sus fundamentos o raíces. En esta tercera parte nos proponemos proporcionar un marco general que aglutine en su totalidad los variados temas discutidos hasta el momento, en una forma más manejable que puede ayudar a los líderes a romper con estos patrones.

CAPÍTULO TRECE

Un modelo para la acción

Dice Paul Krugman que "las ideas generales que no se expresan en *forma de modelo* pueden atraer temporalmente la atención y hasta ganar adeptos, pero no duran mucho tiempo si no se codifican en una forma reproducible e incluso, enseñable". Aclara lo que entiende por "buen modelo" cuando asegura que representa un "conocimiento mejorado sobre la causa por la cual el vasto sistema real, mucho más complejo, se comporta de una manera determinada". Sin embargo, Krugman también dice que "durante el proceso de construcción del modelo, se impone una reducción de la visión por las limitaciones de nuestro marco de referencia y herramientas, situación que sólo puede superarse definitivamente si se mejoran las herramientas, de tal manera que trasciendan esas limitaciones". Sostiene que esta "reducción" resulta difícil de aceptar para las mentes abiertas.[1]

En este capítulo describimos un modelo basado en la integración de las secciones precedentes del libro, pero vistas desde una perspectiva ligeramente distinta. Los siete patrones, las estrategias a nivel de la empresa, las instituciones, los sistemas de creencias son partes de un sistema dinámico creado por los líderes. Si queremos romper con los patrones del comportamiento no competitivo, es indispensable saber dónde están los puntos críticos del sistema (dónde entran en juego los líderes, sus ideas y políticas) para producir el máximo impacto. Damos el nombre de "modelo para la acción" a este modelo que hemos diseñado, partiendo de todos los elementos explicados en este libro. Es un modelo que nos permite acometer problemas en extremo complejos y dividirlos en porciones más manejables. Según Krugman, "todos pensamos de manera constante en modelos simplificados. Lo más conveniente es no fingir que dejamos de hacerlo, sino estar plenamente conscientes de ellos, es decir, reconocer que nuestros modelos son mapas, más que realidades".[2] Teniendo presente lo anterior, comenzamos la tercera y última parte del libro.

RESULTADOS, ESTRATEGIAS Y MECANISMOS DE DIRECCIÓN: LA PARTE VISIBLE DE LA COMPETITIVIDAD

Consideramos que la parte visible de la competitividad es aquella que es fácil de observar y medir: resultados, estrategias y mecanismos de dirección. Iniciamos nuestra discusión acerca de lo "visible" con los resultados.

Resultados

No puede producirse el cambio si no existe consenso acerca de lo que debe cambiarse. Los efectos del intento de transformación se identifican como resultados, ya sea positivos o negativos. Sin importar el criterio con que se mida la prosperidad, Latinoamérica ha tenido resultados pobres en las últimas décadas. Como un todo, América Latina ha venido sosteniendo una lucha desigual si la vemos en términos de los siete patrones de comportamiento no competitivo, el desempeño de las exportaciones, el estándar de vida, la provisión de salud, la distribución del ingreso o el crecimiento económico. Y esto no podemos explicarlo partiendo de una sola variable. No es culpa de los colonizadores españoles, ni del gobierno, ni de la vaca. Existen muchísimas razones que explican por qué los resultados han sido tan malos.

Durante los últimos años los avances en los indicadores macroeconómicos han sido notables en toda Latinoamérica. En cambio, la estructura fundamental de la microeconomía no parece modificarse con la suficiente rapidez. La estabilidad macroeconómica es necesaria, pero no basta para lograr un crecimiento sostenible. Las presiones sociales van intensificándose y a los líderes les cuesta mucho justificar las austeras políticas macroeconómicas, sin que la población perciba los beneficios del crecimiento y del empleo que supuestamente generan. Y, como lo reflejan las elecciones de 1996 en Ecuador, los votantes empiezan a perder la paciencia ante los beneficios largamente prometidos de la estabilidad económica, que rara vez se concretan.[3]

Los países latinoamericanos se han ido marginando de la comunidad global durante los últimos veinticinco años, contando con una participación cada vez menor del mercado mundial en los segmentos donde compiten. Esto no obedece necesariamente a que estén exportando volúmenes menores, sino a que los países están percibiendo menos dinero, no obstante el incremento del volumen de exportaciones (Fig. 13-1).

Desde la perspectiva del atractivo de la industria, la mayor parte de las exportaciones de Latinoamérica tienden a ser realizadas por industrias dependientes de los recursos naturales casi sin excepción, los precios de dichos segmentos han ido disminuyendo. A pesar de la naturaleza poco atractiva de estos segmentos, las compañías continúan aumentado su dependencia de las

Figura 13-1 Análisis de las estadísticas de comercio, participación en las exportaciones mundiales por país, 1970-1992

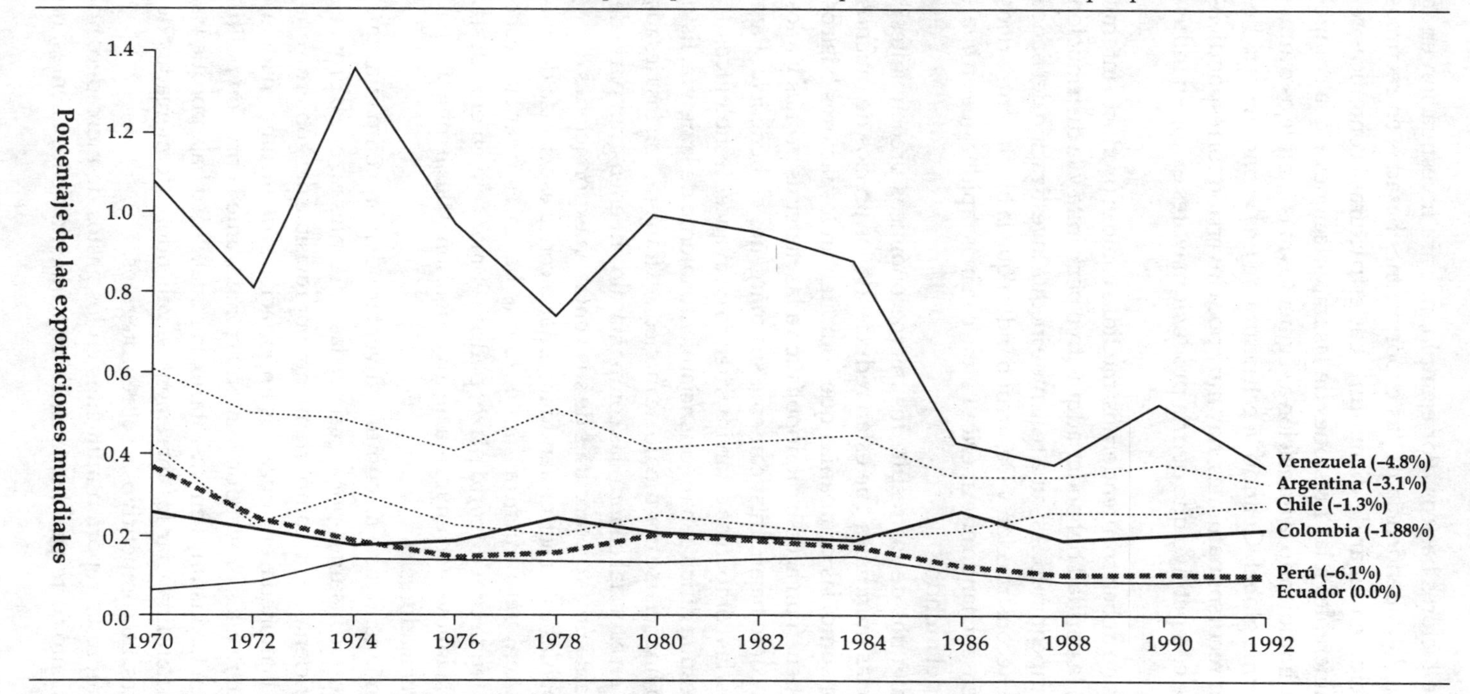

Fuentes: Fondo Monetario Internacional; *International Financial Statistics.*
Nota: No se cuenta con estadísticas de 1992 para Colombia.

exportaciones de factores básicos. Por ejemplo, nuestra investigación en la región revela que la dependencia de las exportaciones basadas en recursos naturales ha crecido en lugar de disminuir.[4] Las estructuras económicas resultantes son vulnerables a las presiones de las importaciones y a la competencia de precios, impidiendo la transición a segmentos más complejos o atractivos de la economía global. Cuando la estructura de una economía está hecha para exportar recursos naturales, hay muy poca inversión correspondiente en el ambiente competitivo que podría producir mayores éxitos en industrias complejas.

Los resultados no deben sorprendernos: medidas como el producto interno bruto per cápita, la paridad del poder adquisitivo per cápita y la distribución del ingreso van empeorando. Así, una reciente e inédita investigación del Banco Internacional de Reconstrucción y Desarrollo indica que la brecha entre ricos y pobres se está ensanchando en América Latina con más rapidez que en cualquier otra parte del mundo.

¿Cuáles son algunos de los resultados microeconómicos preocupantes?[5] Ante las tendencias mundiales que están reduciendo los precios de muchos productos de consumo, las compañías que compiten en los factores básicos —salvo cuando tienen un acceso monopolístico a las materias primas y a los mercados— ven cómo bajan drásticamente sus márgenes de beneficio. Para ser más eficientes, las compañías están invirtiendo en avances tecnológicos, lo cual a menudo resulta difícil con un financiamiento interno de la deuda. Esto a su vez, obliga a financiarse por medio de moneda extranjera, con los riesgos que ello supone, en especial cuando las compañías no obtienen gran parte de las divisas mediante un alto porcentaje de sus ventas en exportaciones.

Muchas compañías están acumulando inventario con la esperanza de que los precios mejoren, pero mientras tanto, lo que hacen es financiar esos inventarios con deuda cara de corto plazo; podría ser más conveniente destinar ese dinero a la innovación en forma de investigación y desarrollo y capacitación de los trabajadores.

Existe también la tendencia a acumular inventarios en las compañías que temen una escasez de insumos por alguna de las siguientes razones: proveedores locales ineficientes o un comportamiento imprevisible del gobierno que podría devaluar la moneda, encarecer las importaciones de insumos o incluso, cerrar la frontera a los proveedores internacionales ante la presión política. Cuando crecen los insumos en inventario, la rentabilidad baja porque las compañías necesitan financiar los incrementos, valiéndose de mercados de capital ineficientes, no competitivos y sobreprotegidos.

Aunque las empresas reportan aumentos en los gastos de mercadeo, no hay un mejoramiento correspondiente en el conocimiento de los clientes, ni en la evolución de los tipos de clientes que se atienden. La posición relativa no está mejorando a nivel de la empresa. Si los productos fueran realmente diferenciados, los ingresos estarían aumentando en relación con el despliegue de activos, empleados o capital. Si una compañía fuera líder en costos, el impacto se reflejaría en las razones entre gastos administrativos y ventas, costos operativos y ventas y en otros elementos del estado de ingresos y gastos, casi con la misma rapidez que se generan las ventajas. Los flujos de efectivo mostrarían la inversión en maquinaria específica y en plantas, y veríamos que la eficiencia general de las compañías mejora con la rotación de ventas y las razones de edad de las plantas. Pero en general, eso no está ocurriendo.

Los expertos en reflexionar sobre los sistemas nos han dicho que *los resultados negativos son los únicos posibles en un sistema diseñado perfectamente para producirlos*. Si en realidad, ése es el caso, convendrá adquirir un conocimiento más profundo de cuál es la naturaleza del resto de ese sistema.

Acciones estratégicas

En los capítulos 8 y 9 explicamos que existen siete patrones en parte, porque las compañías no están tomando las decisiones estratégicas correctas. Los resultados tendrán mayor posibilidad de ser deficientes si elegimos un segmento poco atractivo para competir en él. El problema se agrava cuando la propia industria es poco atractiva y no es posible movilizar los recursos necesarios para competir con eficacia (por ejemplo, mano de obra calificada, infraestructura eficiente, capital barato). Muchas de las decisiones estratégicas que tomaron los líderes empresariales en el pasado eran entonces acertadas, pero ahora es preciso revisarlas a la luz de las presiones de la globalización. En la figura 13-2 se incluye un diagrama de la acción estratégica.

Al desaparecer las economías protegidas, los cambios radicales que experimentaron las compañías han ocasionado tremendas presiones competitivas y en muchas industrias, el desempeño se ha deteriorado a nivel de la empresa. Los resultados han sido desalentadores. A la luz de ellos, los líderes han tenido que tomar decisiones difíciles: aceptar el cambio u oponerse a él. En pocas palabras, aprender o cabildear. Muchos líderes empresariales, en particular los de una mentalidad orientada a "un campo uniforme de juego", optaron por el cabildeo. Se trata de una respuesta comprensible, pues en algunos de estos ambientes es muy difícil aprender y en otras ocasiones, los gobiernos han demostrado que no saben ajustarse a un plan económico sin modificarlo.

Hemos dicho que, para poner fin a los siete patrones descritos en páginas anteriores del libro, el mejoramiento debe darse en dos dimensiones: mejor estrategia e incremento de la productividad. No se trata en absoluto de una

Figura 13-2 Acción estratégica

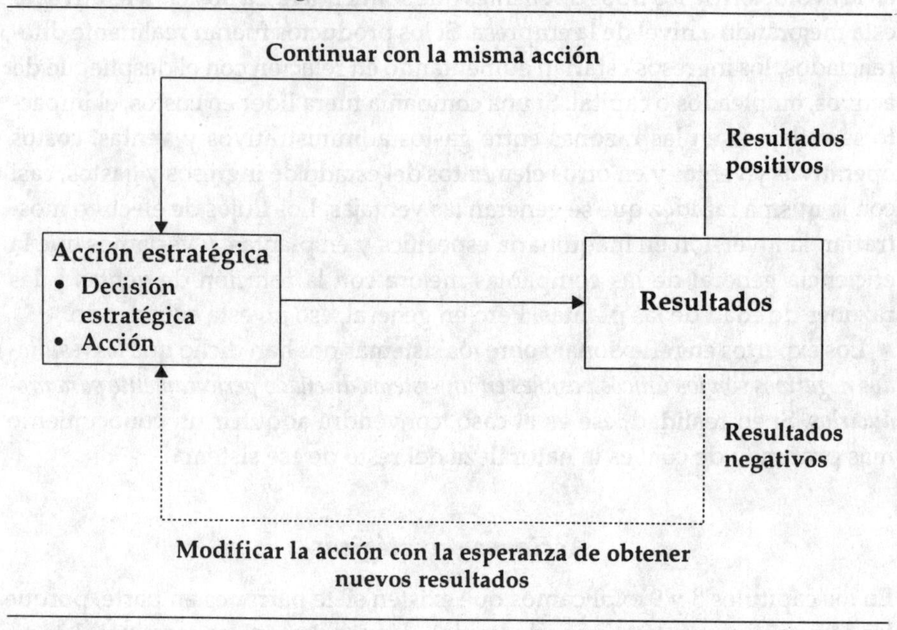

idea revolucionaria, pero sí merece una reflexión más profunda. Las compañías no han aplicado métodos de pensamiento proactivo en cuanto a la estrategia o a la productividad, porque los ambientes donde operan han limitado el rango de opciones posibles. De ahí que la posibilidad de crear productos diferenciados, o de colaborar de manera estrecha con el *clusters* de industrias, haya sido notablemente restringida.

Mecanismos de dirección

Cuando las estrategias o acciones emprendidas por una organización dan resultados positivos, se tiende a consolidarlas e incorporarlas como fórmulas que llevan al éxito. A medida que las organizaciones institucionalizan esas fórmulas de éxito, éstas se convierten en *mecanismos de dirección:* las leyes, las políticas administrativas, los mecanismos de mercado y las costumbres informales, cuyo fin es garantizar que las fórmulas del éxito sigan siendo observadas por todos. Así, las compañías desarrollan mecanismos para garantizar cierta cantidad de ventas o la consecución de objetivos de producción compatibles con los éxitos anteriores. O bien los gobiernos establecen una serie de instituciones administrativas diseñadas para alcanzar determinados resultados.

Los mecanismos de dirección contribuyen de manera decisiva a asegurar el éxito de una organización en particular, en un momento dado. Sin embargo, el riesgo estriba en que esos mismos mecanismos pueden llegar a distorsionar las señales provenientes del mercado, e inhibir la capacidad de las organizaciones para adaptarse a las realidades competitivas cambiantes. Por ejemplo, cuando los fabricantes de textiles de Colombia pidieron al ministro de desarrollo económico establecer niveles de precios para los textiles importados, estaban seguros de que con estas medidas se eliminaría la competencia feroz y probablemente ilegal, proporcionándoles un escenario uniforme donde competir. Quizás con esta medida hayan mejorado los resultados de las compañías en el corto plazo y los niveles de empleo se hayan conservado altos, pero mecanismos como el control de precios pueden aislar a las compañías de las presiones competitivas que es necesario sentir para poder alcanzar la competitividad (Fig. 13-3).

Los mecanismos que distorsionan las señales del mercado impiden desarrollar una economía competitiva. Así, las compañías adquirirán mayor competencia en el manejo de sus relaciones con el gobierno, en lo relacionado con lo que esperan los consumidores, desarrollando mecanismos de dirección en extremo complejos para cerciorarse de tener un acceso continuo y preferencial a los mercados. La meta es eliminar los mecanismos, incluso los que originariamente fueron diseñados para ayudar a las empresas, pero que en la práctica limitan los incentivos para aprender y mejorar.

Figura 13-3 Mecanismos de dirección

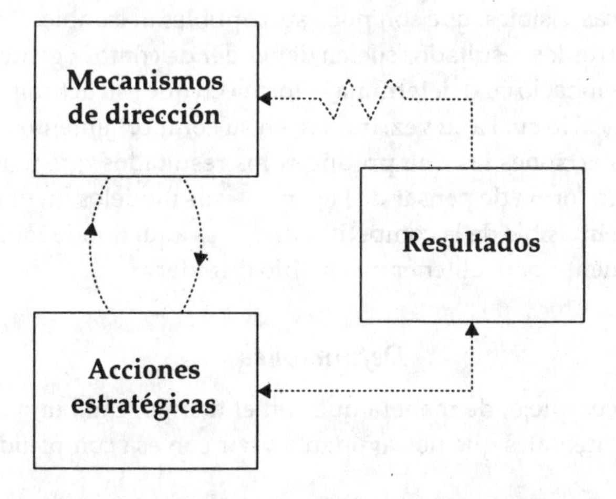

Como lo muestra el caso de estudio de las políticas de Bolivia que se presentó en el capítulo 10, los gobiernos deben tomar decisiones difíciles sobre dónde intervenir en una economía y elegir la combinación apropiada de políticas y mecanismos. Las decisiones que los gobiernos latinoamericanos han tomado en la primera mitad de la década de 1990 para implantar las reformas de una economía abierta, han tenido algo de éxito. Esas decisiones, aunque difíciles de adoptar, han sido relativamente fáciles de poner de práctica. Según el exministro venezolano de finanzas Moisés Naím, son reformas de la "Etapa 1". Por ahora basta señalar que Latinoamérica ha logrado con mucho éxito modificar radicalmente las actividades del estado, no obstante, estas actividades representan lo que el estado debería *dejar* de hacer y no lo que *debería* hacer. Esa observación llevó a Naím a escribir: "El descubrimiento del mercado obligará pronto a las naciones latinoamericanas a redescubrir el estado".[6]

Y ése es precisamente el reto para los líderes gubernamentales de aquí en adelante. Saber lo que el gobierno puede y no puede hacer bien, es una lección esencial que deben aprender, pues sólo así podrán transformar los siete patrones del comportamiento no competitivo en oportunidades de crecimiento.

MODELOS MENTALES: LA PARTE INVISIBLE DE LA COMPETITIVIDAD

Resolver el problema de la parte "invisible" de la competitividad es una tarea extraordinariamente difícil, lenta y atemorizante, a la que se han consagrado miles de personas. Pero hay otra dimensión de la competitividad que aunque rara vez se trata, es la más prometedora en lo que respecta a la creación de un cambio duradero. En Latinoamérica existe la percepción común de que los resultados dependen del contexto en el que la gente vive y trabaja: las estructuras y prácticas visibles, que son poco susceptibles al cambio. Por el contrario, para nosotros los resultados suelen depender de cómo la gente piensa que el mundo funciona, lo cual determina la forma en que estructuran sus problemas y relaciones, lo cual a su vez, influye en su comportamiento. Y son precisamente estas acciones las que producen los resultados que hemos venido discutiendo. La forma de pensar de la gente —sus modelos mentales— constituye la parte invisible de la competitividad, y es aquí donde radica el punto de apalancamiento para obtener un cambio duradero.

Definiciones

El mundo es complejo, de manera que con el tiempo, cada uno de nosotros crea modelos mentales que nos ayudan a vivir con esa complejidad. El concepto de modelo mental fue introducido por Kenneth Craik en 1943 cuando propuso que el pensamiento es la manipulación interna de representaciones sobre cómo funciona el mundo. Sugirió que no somos lo bastante inteligentes para contener la realidad en nuestra imaginación, de manera que recurrimos a modelos simplificados del mundo. Cuando la gente recibe datos nuevos, interpreta o "estructura" los datos de acuerdo con los modelos que tiene en su cabeza. Si cambiamos un modelo mental personal, interpretaremos la realidad en formas distintas aun disponiendo de los mismos datos.

Un aspecto fundamental de los modelos mentales son los paradigmas que entran en juego y que nos permiten tener una perspectiva interna coherente del mundo. Los paradigmas dotan a los modelos mentales de una cualidad unificadora. Thomas Kuhn, filósofo de la ciencia en la Universidad de Princeton fallecido en 1996, fue el primero en difundir el concepto de cambio de paradigma, cuando en 1962 afirmó que una nueva teoría dominante, en general explica cerca del 80% de las cosas nunca antes explicadas.[7] El otro 20% sigue sin explicarse: son las anomalías. Con el tiempo, estas anomalías comienzan a minar la teoría hasta que obligan a los observadores a replantearse y redefinir el problema, lo cual requiere formular una nueva teoría que explique el 80% del restante 20% anterior. Según Kuhn, estas anomalías (este "20%") no debería eliminarse a la ligera, sino más bien conservarse y venerarse como fuente de conocimiento futuro. Al respecto John Maynard Keynes dijo: "El problema no radica en las nuevas ideas, sino en escapar de las viejas, que se ramifican, llegando a todos los rincones de la mente de quienes han recibido una educación como la nuestra".[8] En las situaciones que hemos observado en los países en vías de desarrollo, la anomalía la constituye el hecho de que la riqueza no se crea ni se distribuye con suficiente rapidez, considerando los excelentes recursos naturales y humanos que poseen estos países.

Los marcos son el otro aspecto fundamental de los modelos mentales. Un *marco* es un punto de referencia: las metas, atribuciones, creencias o perspectivas a través de los cuales el individuo percibe el mundo. Los marcos son concretos, de primera persona y específicos. En el capítulo 11 vimos cuán distintos pueden ser los marcos de referencia, incluso dentro de contextos similares. Los marcos reciben información de los paradigmas disponibles para el individuo, y podemos agrupar a los individuos de acuerdo a conjuntos de características comunes o "semejantes". Los marcos indican cómo las personas se ven a sí mismas en relación con su ambiente y otros integrantes de él. En el caso de Latinoamérica, un marco común del "sector privado" considera inconsistente al gobierno, poco digno de confianza e indiferente ante los problemas del sector privado. Por otra parte, un marco cada vez mayor del "sector público" indica que el sector privado se ha acostumbrado al favoritismo y a los privilegios que otorga el estado; indica además, que la única manera de mejorar la competitividad consiste en que los líderes empresariales "se pongan las pilas". Esos marcos constituyen el fundamento de la actitud defensiva y disociadora que impide el desarrollo de relaciones de trabajo más productivas entre las compañías, lo mismo que entre los líderes empresariales y gubernamentales.

Marcos de referencia

En el marco para la acción que proponemos, la parte invisible de la competitividad está representada a la izquierda de la parte visible, como se aprecia en la figura 13-4. Todos los líderes tienen paradigmas y marcos de referencia, pero, la mayoría de unos y otros permanecen implícitos, y pocos los conocen. Sin embargo, la influencia que estos modelos mentales tienen en el desempeño de los líderes empresariales y gubernamentales es profunda. En capítulos precedentes se demostró la existencia de marcos de referencia poco productivos y de paradigmas obsoletos. En la siguiente sección se trata de dar un ejemplo de cómo se podrían cambiar, para estimular el surgimiento de formas más complejas de competencia en el mundo en vías de desarrollo.

Figura 13-4 El marco para la acción: aspectos visibles e invisibles del cambio

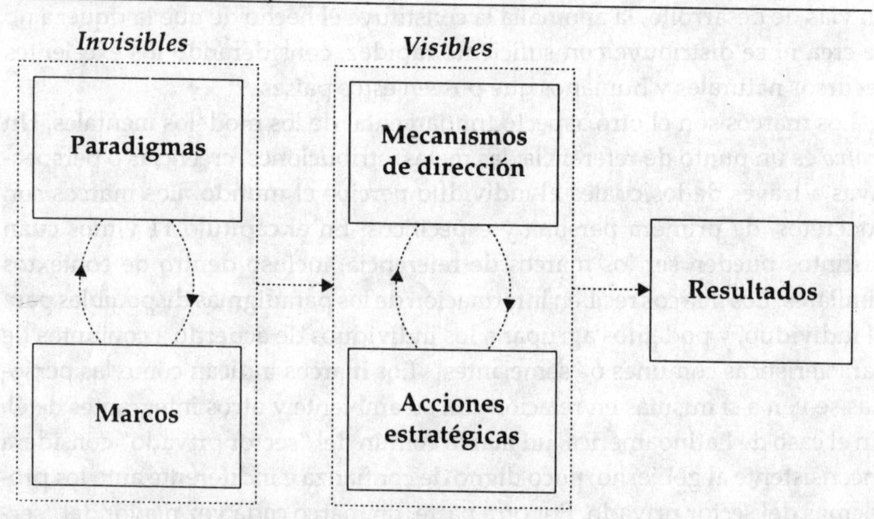

El marco gubernamental

El marco fundamental del gobierno consistirá en hacer todo cuanto esté a su alcance en favor del sector privado, excepto impedir la competencia. Al pensar en términos "micro", el gobierno tiene la oportunidad de desarrollar una infraestructura especializada, ofrecer una educación primaria de clase mundial y crear incentivos para que el sector privado establezca la enseñanza universitaria y tecnológica. Se generará así, un ambiente propicio para el establecimiento de alianzas entre el gobierno y el sector privado y entre este último y las instituciones académicas que favorezcan la capacitación. El gobierno también puede propiciar un ambiente donde se formen alianzas nacionales e internacionales, pero con la única condición de que no impida la competencia. En lo tocante a la demanda, el gobierno puede estimular las oportunidades de conocimiento del mercado y promulgar leyes *antimonopolio* que favorezcan la competencia y las estructuras industriales atractivas. En una palabra, tiene que crear un ambiente que se oriente al aprendizaje, que estimule la formación de *clusters* y que permita la orientación hacia el exterior.

En concreto, los ministros del gobierno deberían tratar de:

- Generar ambientes que estimulen las exportaciones complejas, reconociendo que este tipo de entorno es indispensable para crear y distribuir la riqueza.
- Crear un ambiente propicio para la inversión extranjera directa, que no sólo desaliente la simple explotación de los recursos naturales, sino que además estimule las inversiones estratégicas tendientes a mejorar el ambiente competitivo.
- Favorecer un ambiente donde el gobierno y el sector privado expliquen, corrijan y compartan su visión acerca de las exportaciones complejas y su relación con la inversión extranjera.
- Producir ventajas avanzadas y especializadas en favor del sector privado, basándose en la visión estratégica aprendida y explícita de este sector.
- Generar un ambiente macroeconómico estable y predecible, con gran énfasis en la creación de un tipo de cambio también estable y predecible.
- Fomentar la capacidad del país para ofrecer incentivos al incremento de la productividad por medio de impuestos y del gasto.

Una vez alcanzado el acuerdo respecto a estos objetivos generales, comienza la ardua tarea de diseñar estrategias concretas para cumplirlos.

El marco de referencia del gobierno le permite ver los aspectos integrados del intercambio, de la inversión y de la creación de riqueza; así comienza a percibir que su misión no es simplemente vigilar al "corrupto y ambicioso" sector privado, sino además generar ventajas que los demás países no puedan imitar fácilmente. Trabajando a partir de este marco de referencia, los funcionarios también tratarán de ayudarles a las compañías a competir, al hacer todo lo posible por ellas, menos impedir la competencia interna o protegerlas en contra de la presión del exterior.

El marco del sector privado

Operando desde su marco de referencia, los líderes empresariales mejorarán su capacidad de incorporar un valor especial a sus productos y servicios en favor de clientes sofisticados y exigentes, quienes estarán dispuestos a premiarlos con mayores *márgenes de beneficio*. El sector privado es cada vez más amorfo, de manera que los marcos de referencia variarán entre sus integrantes. A continuación se ofrece una clasificación que representa objetivamente algunas de las instituciones con las que normalmente trabajamos.

INSTITUCIONES "SEMIPRIVADAS"

En el siglo XXI será crítico que las asociaciones industriales, las cámaras de comercio, las instituciones académicas y los sindicatos desarrollen un marco de referencia que les permita visualizar su rol como los "campeones" de los líderes empresariales desde una nueva perspectiva: no para continuar el interminable cabildeo y las críticas contra el gobierno, sino para diseñar procesos y programas tendientes a educar, capacitar e inspirar a los líderes del sector privado, para que éste a su vez, desarrolle estrategias más competitivas. Por medio de sus marcos de referencia deberán estimular el diálogo entre el gobierno y los hombres de negocios, pero sin dejarse paralizar por la ausencia potencial de éste; ante la reducción global de las fronteras, no se puede esperar al gobierno para realizar los cambios.

En concreto, las asociaciones industriales y las cámaras de comercio tienen que diseñar más programas educativos para los ejecutivos, tendientes no sólo a mejorar las eficiencias operacionales de las empresas, sino a enseñarles a los dueños de empresas y a los funcionarios públicos a reorientar esporádicamente su visión acerca del horizonte de posibilidades. Los programas de aprendizaje y comportamiento organizacional pueden ser más importantes que los seminarios de teoría básica de la competencia, reingeniería y calidad total, aunque estos cursos también resulten útiles.

Los académicos deben aprender a ensuciarse las manos: es necesario que desde hoy contribuyan a crear valor para el sector privado. Deben cambiar el modelo mental según el cual, trabajar en el sector privado significa sacrificar la libertad académica, o como dice el poeta irlandés W. B. Yeats: meter las manos en la "grasosa caja" del comercio. Es indispensable que se involucren.

COMPAÑIAS PRIVADAS Y EMPRESARIOS

Unas y otros tienden a pensar a corto plazo; evitan los riesgos y las situaciones embarazosas, e insisten en que tan sólo desean un campo de juego uniforme para enfrentar a sus competidores en otros países. Las compañías privadas y los empresarios a menudo colaboran con las asociaciones y otros grupos para cabildear al gobierno y obtener "ventajas", aunque les convendría más concentrarse en lo que pueden hacer: empezar a conocer mejor a los clientes, formar alianzas y celebrar convenios explícitos entre sí en lo tocante a estrategias complejas. El costo de oportunidad de limitarse a defender los propios puntos de vista, en vez de investigar y entender los de otros, constituye un enorme costo escondido a la hora de hacer negocios en los países en vías de desarrollo, al tiempo que se constituye en una fuerza que se opone al mejoramiento del ambiente competitivo.

¿Cómo debería estructurar su posición el sector privado? Su meta es mejorar el ambiente competitivo y encontrar medios para aprender acerca de consumidores refinados con el fin de ofrecerles un valor único. Al mismo tiempo, el sector privado debe contribuir a crear confianza dentro del país, tanto al interior del sector privado como entre éste y el gobierno; debe colaborar con el gobierno para establecer un sistema eficiente de justicia que proteja las inversiones en innovación, así como la propiedad tangible e intangible. Y finalmente, quizás lo más importante es que debe diseñar mecanismos de aprendizaje que continuamente prueben y enriquezcan los marcos de referencia, de tal manera que el país cuente con reglas de conducta acordes a las tendencias mundiales de los consumidores y competidores.

Paradigmas

Por paradigmas entendemos las formas sistemáticas en que los individuos o instituciones conciben el mundo: teorías económicas, teorías políticas, ideas de justicia o equidad, por citar algunas de ellas. El paradigma predominante en las economías latinoamericanas ha sido una visión de creación de riqueza mediante ventajas *comparativas*, como los recursos naturales con que cuentan. Es evidente que las políticas de sustitución de importaciones (acciones estratégicas y mecanismos de dirección) inspiradas en tales paradigmas ya no son efectivas.

La globalización se acompaña del imperativo de que las empresas y los gobiernos adquieran una *imaginación sin límites*, cosa muy distinta de la imaginación que se ha desarrollado en las economías protegidas que dependen de los recursos naturales. En la tabla 13-1 se resumen algunos de los paradigmas del mundo en desarrollo y se sugiere cómo podrían cambiar en el futuro. La lista no pretende ser exhaustiva ni normativa, sino simplemente ejemplificar lo que significa la necesidad de desarrollar paradigmas diferentes que contribuyan a romper con los patrones y las prácticas administrativas antes mencionadas.

El marco para la acción como un todo integrado

Una vez estudiados a fondo cada uno de los componentes de este marco, ahora tenemos que hablar sobre la forma de integrarlos. Los paradigmas y marcos reciben el nombre conjunto de *modelos mentales* y constituyen la parte invisible del cambio. Los modelos mentales proporcionan información para el desarrollo e implementación de las estrategias y los mecanismos de dirección. Funcionan como un sistema y sus resultados se determinan mucho antes de que se manifiesten para la mayoría de los encargados de la toma de decisiones.

Hemos observado tres formas fundamentales en que los líderes responden ante resultados negativos: reaccionando, rediseñando y reorientando. Los líderes *reactivos* saben que se requieren diversas acciones estratégicas para mejorar los resultados, y desarrollan nuevas aproximaciones para modificar los resultados negativos. A menudo, las nuevas estrategias son una simple continuación de la misma serie de actividades, sólo que se pone más empeño en ellas. De otro lado, el *rediseño* proviene del deseo del líder de lograr que la estructura de una empresa esté mejor alineada con sus metas, para mejorar así la eficiencia operativa. Finalmente, la *reorientación* constituye un cambio radical de los patrones del pensamiento y de la conducta. Significa una transformación absoluta de modelos mentales. En nuestra opinión, éste es el principal tipo de cambio que se necesita en todos los países en vías de desarrollo.

Como se observa en la figura 13-5, todos los componentes de nuestro marco operan de manera conjunta. No creemos que sea posible generar un cambio sostenible sin modificar cada elemento o categoría. Por ejemplo, si queremos mejorar el contexto de un país, tenemos que comenzar por cambiar los paradigmas y los marcos; estas nuevas formas de pensar producirán distintas acciones estratégicas, las cuales a su vez, deberían llevar al desarrollo e implementación de un grupo diferente de mecanismos de dirección que tendrían como consecuencia resultados más satisfactorios. Y estos resultados darán origen a un mejor ambiente económico y social.

Tabla 13-1 Paradigmas representativos: viejos y nuevos

Categoría de paradigma	Paradigma específico	La vieja forma de pensar	Una nueva forma de pensar
Creación de riqueza	Pensamiento orientado hacia la ventaja comparativa versus Pensamiento orientado hacia la ventaja competitiva	• Ventaja comparativa • La riqueza es finita y debe dividirse • La competencia inhibe la creación de la riqueza • Las naciones compiten • Determinada por los recursos naturales • Productos simples elaborados masivamente	• Ventaja competitiva • La riqueza puede ser infinita y debe compartirse • La competencia favorece la creación de riqueza • Las empresas compiten, no las naciones • Determinada por el cliente • Productos complejos
Capital social	Relaciones humanas	Poder y autoridad centralizados • Paternalismo • Organizaciones jerárquicas • El éxito se orienta hacia el individuo	• Orientadas por la confianza • Interdependencia • Meritocracia • Orientación de equipo
	Capital humano	• Los empleados y los gerentes son intercambiables • Se los ve como costos de insumos • Educación general	• Fuente de ventaja competitiva • Fuente de rendimiento infinito sobre la inversión • Educación especializada y cara
	Aprendizaje	• Pensamiento lineal, los *resultados* rigen las decisiones estratégicas y el diseño organizacional (aprendizaje de un solo ciclo) • Estrategias reduccionistas • Técnico y compartamentalizado	• Pensamiento orientado hacia los sistemas, los resultados determinan los modelos mentales (aprendizaje de doble ciclo) • Enfoques integradores, interdisciplinarios • Orientación de equipo
	Justicia y equidad social	• Redistribución de la riqueza finita • Las leyes como restricciones • Marginación de los productores informales	• Creación de riqueza innovando y distribuyendo entre las personas más productivas • Las leyes como medios que permiten invertir en la innovación • Creciente integración de los productores informales
Orientación a la acción	Diseño organizacional	• Centralizado, grande y complejo • El propósito es asignar los recursos	• Estructura descentralizada, horizontal, flexible y transparente • Dedicada al aprendizaje
	Creación del cambio	• La macroeconomía es el motor de las decisiones • El gobierno es el estratega maestro, el primer motor • "Reactivo, rediseño"	• La microeconomía y la estrategia de negocios son el motor de las decisiones • Nivel de empresa, sector privado • Visión cooperativa y compartida, propósito moral explícito • Acciones integradas • "Reorientación"

Figura 13-5 El marco para la acción: ¿Cómo se puede cambiar la mentalidad de una nación?

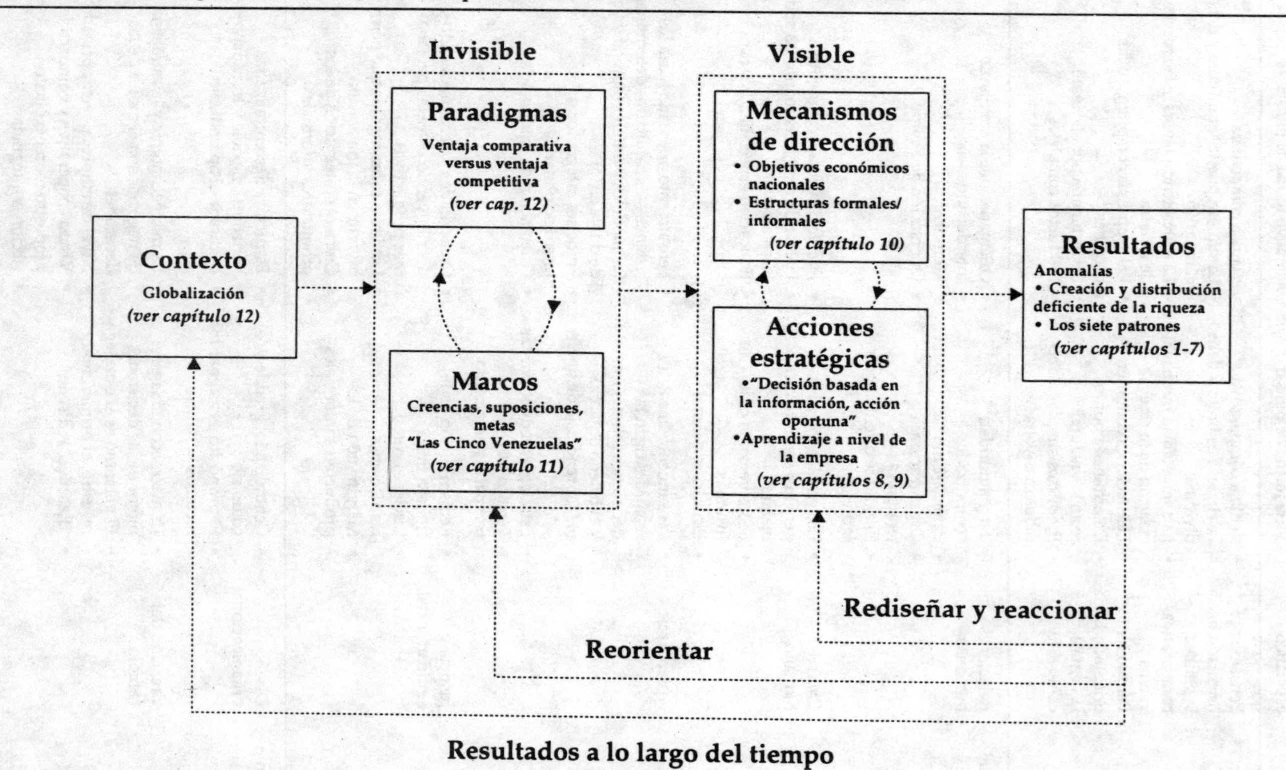

El modelo para la acción es de naturaleza integradora y sistémica. Primero, nace de *observaciones* hechas a nivel sectorial. Cuanto mejor entendíamos lo profundo e intrincado de un problema sectorial —el sector colombiano de las flores, por ejemplo—, con mayor frecuencia encontrábamos los mismos problemas reflejados en otros sectores de otros países. Así pues, podemos considerar los problemas de la industria colombiana de las flores como una maqueta a escala de los problemas y oportunidades de ese país, e incluso, de todo el mundo en vías de desarrollo.

Segundo, el marco de referencia consta de *seis categorías* amplias y mutuamente excluyentes. Nos permiten agrupar problemas y dinámicas sumamente complejas en un conjunto de categorías más fáciles de comprender.

Tercero, el modelo para la acción es *integrado,* en el sentido de que las categorías anteriores repercuten unas en otras en determinado orden; ello denota la existencia de cierto tipo de causalidad, un sentido de movimiento hacia adelante.

Cuarto, el modelo de referencia es un *sistema dinámico* que proporciona cierta retroalimentación. Es un sistema cerrado, porque todo lo que hemos aprendido encaja en alguna parte del modelo y está relacionado con el resto de los elementos.

Quinto, el modelo permite explicar los *puntos útiles dónde intervenir*. Puesto que reúne todas las características que acabamos de mencionar, podemos discutir de qué manera y en qué punto del marco nos gustaría empezar a introducir los cambios. Por ejemplo, ¿comenzamos con las acciones estratégicas o con el diseño de un mecanismo de dirección? ¿O es éste un problema de reorientación?

Sexto, se trata de un ejercicio de *aprendizaje generativo*. Comenzamos estudiando otros modelos de competitividad, de instrumentos gubernamentales y de aprendizaje organizacional. Practicamos los modelos y perfeccionamos el análisis antes de proceder a construir nuestros propios modelos y finalmente, este modelo, que resulta de internalizar tantos trabajos de otras personas y nuestras observaciones personales de campo.

Séptimo, el modelo se basa en el concepto de *aprendizaje de doble ciclo*, donde el punto donde incidir en el modelo se encuentra en la reorientación de los modelos mentales de los líderes del país. Incluye, entre otras cosas, su capacidad de profundizar, cambiar, estructurar y nutrir el aspecto invisible del cambio constituido por sus paradigmas y marcos de referencia. De hecho, la reorientación —o sea el desarrollo de la habilidad de los líderes para reestructurar sus perspectivas— constituye la meta general de nuestro trabajo y de este libro.

Thomas Kuhn describió cómo una anomalía puede revelar la necesidad de un cambio de paradigma. Para nosotros, los siete patrones de comportamiento no competitivo son anomalías, un grupo de resultados negativos. Su existencia misma indica que la forma actual en que los líderes conciben la creación de la riqueza y la distribución del ingreso no funciona, que hace falta una teoría de cambio más sólida para describir lo que está ocurriendo. El paternalismo y la actitud defensiva, la ausencia de orientación al cliente, un deficiente posicionamiento relativo y los otros patrones son anomalías, indicaciones e incluso un conjunto creciente de evidencias que apuntan directamente a la necesidad del cambio.

Hay tres formas de interpretar la evidencia que proveen dichas anomalías. Podemos interpretarlas como estrategias que han fracasado. Podemos interpretarlas como instituciones que es preciso reconstruir. O podemos interpretarlas como modelos mentales sobre la creación de riqueza que ya no resultan suficientes.

Condiciones previas para el cambio

El tema de este libro es el cambio. En él hemos tratado de entender por qué las cosas no han cambiado positivamente para la mayor parte de la población en los países en vías de desarrollo. También hemos hablado del intento de cambiar los paradigmas e ideas económicas predominantes respecto a la creación y distribución de la riqueza. Pero una cosa es identificar lo que debe cambiarse y otra muy distinta, hacer los cambios. Con el tiempo, hemos ido desarrollando una lista de cinco preguntas que nos gusta plantear antes de emprender cualquier esfuerzo de esta naturaleza. Las presentamos al lector para ayudarle a reflexionar sobre la posibilidad de la transformación en los países en vías de desarrollo. Las preguntas son:

1. ¿Hay suficiente *tensión* para motivar a la gente a cambiar?
2. ¿Son las personas *receptivas* a nuevas formas de hacer las cosas?
3. ¿Se dispone del *conocimiento* necesario para lograr el cambio?
4. ¿Tienen los líderes un *propósito moral* claro y convincente?
5. ¿Está el *liderazgo* capacitado para facilitar el cambio?

Las cinco condiciones previas para el cambio son los puntos donde incidir para liberar la capacidad de una nación o de una organización y "desplazarse hacia la izquierda" a través de las casillas del marco para la acción.

El historiador James Rudolph llama "crisis polifacética" a lo que Perú experimentó antes de la administración del presidente Fujimori: crisis económica, social y política. En 1992 escribió:

En lo económico, una década y media de constante recesión había llevado hace poco a la más profunda depresión de Perú del siglo XX: el PIB había caído un 14% tan sólo en 1989; la hiperinflación que alcanzó casi el 3,000% ese mismo año había deteriorado tanto la moneda de Perú, el *inti*, que se proyectaba reemplazarla en 1991, apenas cinco años después de crearla.

...La *crisis social* se evidenciaba en el hecho de que la pobreza alcanzaba niveles que podrían calificarse de obscenos: en 1990 se estimaba que una tercera parte o más de la población peruana no estaba en posibilidades de satisfacer sus necesidades nutricionales básicas. El inmenso poder de las aparentemente ilimitados beneficios provenientes del narcotráfico para corromper, incluso a un segmento más amplio de la población —poder que crecía al profundizarse la crisis económica— impulsó a muchos peruanos a hablar, también, de la crisis moral de la sociedad.

...Una insurgencia que aumentaba rápidamente —encabezada por Sendero Luminoso- era el aspecto más visible de una crisis tan generalizada que ponía en duda la legitimidad misma de las *estructuras políticas y gubernamentales* del país. Las instituciones del estado se habían deteriorado hasta tal punto que no podían ofrecer de manera rutinaria los servicios eléctricos, sanitarios, educativos, judiciales, policiales, de agua y de salud.[9]

Los politólogos Williamson y Haggard señalan que la crisis tiene el "efecto de un choque que hace que los países abandonen los patrones tradicionales de sus políticas, desorganizando los grupos de interés que suelen vetar las reformas y generando presiones para que los políticos modifiquen las políticas que han fracasado".[10]

Como afirma Anders Aslund, consejero económico de la Federación Rusa al principio de su transición a la reforma de mercado: "Desde el punto de vista político, cuando subsiste un profundo sentido de crisis y varios grupos de intereses todavía no pueden evaluar lo que ganarán o perderán, es más fácil lograr que se acepte pronto un gran paquete de medidas radicales ".[11]

La primera parte de este libro, que se centra en los siete patrones predominantes de comportamiento no competitivo en la región andina, fue escrita para provocar un poco de *tensión* en el lector. La historia de los floricultores colombianos es, tanto una alegoría como una historia concreta, de aplicación universal, acerca de una nación, una región o un grupo de encargados de la toma de decisiones que han dependido demasiado de sus ventajas comparativas para generar riqueza. Esas estrategias funcionaron por algún tiempo —treinta años aproximadamente— y de hecho, no funcionaron tan bien. Y como confiamos haber demostrado, nunca volverán a funcionar.

Cuando esa historia llegue a su final, las actitudes, organizaciones y estrategias del sector colombiano de las flores podrán considerarse como un mecanismo a través del cual gran parte de la riqueza de Colombia fue exportada a otros países, principalmente a Estados Unidos. Y esto sucedió porque Colombia dio a Estados

Unidos su tierra, su luz solar y su belleza a precios subsidiados a causa de un tipo de cambio subvaluado y sueldos de manera artificial contenidos; sólo unos cuantos propietarios recibieron un dinero, que se negaron o fueron incapaces de reinvertir en Colombia para impulsar la productividad de sus compatriotas.

Las beneficios se mantenían en el extranjero debido a la inestabilidad económica y política. Los beneficios disminuyeron porque Colombia competía en segmentos extremadamente competitivos que contaban con estrategias fáciles de imitar y porque nadie pensaba en invertir en la gente. El incremento concomitante de los salarios habría destruido la estructura de costos y, por lo tanto, los precios de ese producto. La tensión que el lector debería sentir es que esta exportación neta de riqueza ha venido ocurriendo en casi todos los países *"que no se están desarrollando"*. Y esto no se debe simplemente a que "el mundo ha cambiado"; no se debe a que hayamos tomado decisiones equivocadas o a que los gobiernos no funcionen. Se debe a que la mayoría de los líderes piensan de manera incorrecta sobre la forma de crear un nivel alto y creciente de vida para la persona promedio de sus países.

La base política de los miembros del gabinete, los funcionarios de alto rango y los legisladores, debe estar comprometida con una economía que se inspire en la innovación: la innovación debe ser el aspecto esencial de su estrategia. La única manera de por lo menos acercarse a ese ideal, es a través del proceso de crear una visión compartida tan potente, tan persuasiva, tan hábilmente facilitada como nunca antes se ha visto en el mundo.

El inventario de tecnologías duras y suaves necesarias para lograr, no sólo el compromiso o siquiera el consenso, sino también un modelo sólido de cooperación y visión compartida, no se encuentra en una sola persona y quizás, ni siquiera en un solo grupo. Pero desarrollar esa capacidad de cambio y de aprendizaje será la ventaja de todas las comunidades intelectuales y de los países hacia el futuro.

La reorientación y el cambio del propósito moral de una sociedad se realiza de arriba hacia abajo y el consenso social no se obtendrá sin *líderes* con una orientación abierta, explícita y dinámica. La gente tendrá que comenzar a elegir líderes cuya dirección esté dispuesta a aceptar. Y el electorado debe dejar de ver a los líderes como personas que pueden darles cosas, peligro que Kenichi Ohmae describe como un "mínimo civil" por el cual el liderazgo de una nación es hecho trizas por las restricciones inherentes a lo que se le pide.[12]

El *conocimiento* que necesitan los líderes para mejorar su país incluirá los siguientes aspectos pero sin estar limitado a ellos: el desarrollo de modelos explícitos para la acción, la aclaración de los modelos mentales, las técnicas del razonamiento productivo, el diseño y comportamiento organizacional, la filosofía moral, la microeconomía, el pensamiento orientado a sistemas, la estrategia de negocios y la tecnología de la simulación. Finalmente, se requerirá el conocimiento de lo que Peter Senge denomina "dominio personal", o sea la capacidad de los líderes para "centrarse en los valores supremos intrínsecos".[13]

Como hemos tratado de explicar repetidamente a lo largo del libro, una condición previa fundamental para el cambio consiste en que el crecimiento económico y la equidad social pueden ser conciliadas, si se cumple el resto de las condiciones para el cambio. Simplemente, la inversión en la equidad social llegará a ser vista como indispensable para lograr la ventaja competitiva y esta última no se obtendrá si no se alcanza la equidad social. Y, como hemos señalado, cuando la mayoría de los líderes hablan de equidad social, se refieren a la distribución de un salario suficiente para la mayoría de la población. En nuestro modelo mental cuando nosotros hablamos de una concepción mejorada de la equidad social queremos indicar lo que entendemos por capital social avanzado y especializado: mejoras de la confianza, la justicia, las habilidades humanas y la capacidad de la gente para nutrir y perfeccionar constantemente sus marcos de referencia.

Supusimos que en un mundo de lo que Adam Smith llama "ventajas absolutas" y David Ricardo "ventajas comparativas", donde la riqueza era finita, hemos creado una mentalidad de "suma cero" que ha influido profundamente en nuestras políticas.

Hoy las cosas son diferentes. El Premio Nobel Gary Becker afirma que el capital humano es la única inversión que puede generar rendimientos ilimitados para un crecimiento exponencial. Esto puede significar que la teoría dominante de las "ventajas comparativas" y los paradigmas y marcos de referencia conexos ya no deben impulsar el desarrollo de nuestros mecanismos institucionales, nuestras decisiones y, lo más importante de todo, nuestros resultados. Dicho de otra manera: la ventaja comparativa no tiene que impulsar nuestras políticas, nuestro sentido de justicia, la suma de los conceptos que rigen la relación entre las comunidades y los individuos.

La política puede referirse a la construcción de modelos sólidos de conocimiento que faciliten el aprendizaje para tomar las decisiones de creciente complejidad sin las cuales no puede crearse riqueza en un mundo cada día más competitivo. Los ganadores en la política serán los líderes que construyan y faciliten nuevos modelos de creación de riqueza y justicia social, los cuales serán vistos no como objetivos antitéticos sino como dos objetivos que convergen rápidamente. Este problema desaparecerá.[14]

El naciente *propósito moral* será invertir en la productividad del ciudadano promedio destinando recursos a la educación, la salud e infraestructura especializada, como poner a su alcance el poder de la informática y de las comunicaciones. Los líderes necesitan reflexionar sobre la manera de crear la capacidad de innovar: mejorar a grandes pasos la capacidad de un individuo, empresa o región para generar valor por medio de un producto o servicio, por el cual los consumidores del extranjero estarán dispuestos a pagar un mejor precio. Y ese dinero será distribuido entre los ciudadanos promedio a cambio de su contribución a la nueva proposición de valor.

El riesgo de fracaso será elevado y habrá muchos fracasos en el camino; a los líderes se les debe perdonar por intentar reorientar los modelos mentales aunque a veces no lo consigan. Los dirigentes escogidos tendrán que ser menos frágiles. Harán falta líderes cuya autoestima se base en aprender y en lograr el cambio, más que en ganarse la simpatía del pueblo o en ser considerados invulnerables. Líderes a quienes no les importe ser puestos en evidencia o tener siempre el control de la situación.

Habrá roles para todo tipo de líderes: para los líderes autoritarios como Fujimori, para los técnicos expertos como el expresidente Gaviria de Colombia y para los visionarios (también para ellos hay suficiente espacio). Siempre se necesitará el líder autoritario para que resuelva las crisis, el técnico para que rediseñe los mecanismos administrativos, legales y de mercado, y el visionario —en forma esporádica— para que cambie la mentalidad de la comunidad. Hacen falta líderes capaces de pasar de un papel a otro según vaya cambiando el ambiente, según se mejore el marco explícito para la acción y según evolucione su autoridad moral.

La autoridad moral en un ambiente basado en la innovación, provendrá de la habilidad con que el líder administre las otras condiciones previas para el cambio: exaltando y luego aclarándo al electorado el nuevo propósito moral de una economía basada en la innovación y el mejoramiento impulsada por un alto y creciente estándar de valores creados por el ciudadano promedio. Este líder facilitará el desarrollo y uso de tecnologías duras y suaves para el cambio y el aprendizaje. Propiciará una gran *receptividad* real y sostenida frente al cambio: en la base política, en la oposición y en la cada vez más compleja población.

En este libro hemos afirmado que hay muchas razones para la esperanza en los países en vía de desarrollo: es posible acabar con los patrones del comportamiento que originaron resultados negativos en lo económico y en lo social. También hemos sostenido que existe una forma sistémica de pensar sobre estos patrones que no sólo es compatible con la equidad social, sino que además la favorece. Estamos convencidos de que en este momento existen todas las condiciones previas para el cambio. Ahora nos toca, a quienes estamos interesados en crear prosperidad para el ciudadano promedio, nutrir las fuentes ocultas del crecimiento.

Notas

Con la anuencia de los clientes, todas las gráficas de este libro se tomaron de materiales publicados, y no reflejan su actual posición competitiva.

Prefacio

1. *World Bank Development Report 1995*; investigación con datos de 1993.
2. Paul Krugman, "The Fall and Rise of Development Economics", en *Rethinking the Development Experience*, edición a cargo de Lloyd Rodwin y Donald Schon (Washington, D.C.: Brookings Institution, 1994), p. 50.

Introducción

1. Según *Microsoft Bookshelf: Multimedia Reference Library* (1995), El Dorado es "una región y una ciudad oscuramente definida del Nuevo Mundo, que a menudo se creía que estaba situada en el norte de Sudamérica. Legandaria por su riqueza en oro y piedras preciosas, fue buscada afanosamente por los exploradores de los siglos XVI y XVII, entre ellos Sir Walter Raleigh".
2. Las exportaciones no tradicionales se definieron como el resto de las exportaciones colombianas; por ejemplo, petróleo, minerales y café.
3. Conforme a nuestras estimaciones, aproximadamente 70% de los agricultores de Colombia no están integrados hacia adelante. La mayoría de las flores embarcadas desde Miami se les adquieren a consignación.
4. En numerosas entrevistas con los floricultores colombianos y los miembros de la asociación de flores realizadas en 1993, se descubrió que Asocolflores había tomado la decisión estratégica de no participar en ninguno de los retos de mercado, a fin de concentrar sus esfuerzos en mantener un ambiente propicio a las exportaciones. El propósito del Consejo Colombiano de las Flores, cuya fundación se debe,

en parte, a Asocolflores y gracias a los impuestos especiales cobrados a los productores, era rebatir las acusaciones de *dumping*. Al consejo se le acusó también de comercializar los productos colombianos y de haber escogido una estrategia de publicidad masiva, con el fin de aumentar el consumo global de las flores en el mercado de Estados Unidos.

5. El Consejo Colombiano de las Flores prosiguió activamente sus intentos de refutar las acusaciones de los productores estadounidenses durante ese periodo.
6. El Tratado Andino de Preferencias Comerciales (ATPA, por sus siglas en inglés) es un acuerdo comercial con Estados Unidos que da un trato comercial preferencial a Bolivia, Colombia, Perú y Ecuador, con el propósito de ofrecerles alternativas comerciales legítimas frente al tráfico de cocaína.
7. Discurso del ministro de comercio exterior, junio de 1993.
8. Este texto y la respuesta del ministro aparecieron en *Asocolflores' Magazine*, junio de 1993.
9. Este argumento, que expondremos en capítulos posteriores, ha recibido apoyo en una obra reciente de Jeffrey Sachs y Andrew Warner de la Universidad de Harvard.
10. Para ilustrar con un ejemplo la diferencia entre la ventaja comparativa y la ventaja competitiva, se exponen las características de la industria holandesa de las flores y las de la colombiana. Colombia posee la ventaja comparativa de un suelo fértil, tierra barata y labor de bajo costo; sin embargo, ocupa el segundo lugar mundial entre los exportadores de flores de calidad. El primer lugar corresponde a Holanda, país que posee pocas ventajas comparativas (no cuenta con tierra barata, mano de obra de bajo costo ni condiciones excelentes de cultivo), pero sí tiene técnicas bien diseñadas de investigación y desarrollo, una compleja tecnología de producción y distribución, una fuerte demanda local; en una palabra, cuenta con muchos factores que son difíciles de imitar, y que crean flores de excelente calidad, por las cuales los consumidores están dispuestos a pagar un precio elevado. Esa es una ventaja competitiva.
11. El término fractal, que proviene de un estudio de geometría y fue acuñado por Benoit Mandlebrot, matemático francés de origen polaco, indica que unos patrones irregulares constan de partes parecidas al todo en algún aspecto; por ejemplo, las varas y ramas de un árbol muestran la propiedad fractal de la autosemejanza o autosimetría. El concepto de fractales ha sido incorporado a la química, la economía, el análisis de las acciones del mercado y la meteorología.

Capítulo 1

1. Según la teoría de Porter, las ventajas de los factores básicos son uno de los cuatro determinantes de la ventaja competitiva de las naciones. Cuando en un sistema se integran estas ventajas, combinadas con la demanda, la estrategia, la estructura, la rivalidad y las ventajas de conglomerado, permiten a una nación o región mejorar e innovar, para establecer una plataforma más adecuada al diseño de una estrategia en el nivel corporativo. Consúltese a Michael Porter, *The Competitive Advantage of Nations* (Nueva York: Free Press, 1990), pp. 73-85.

2. La paridad del poder adquisitivo es uniforme en este libro, por constituir una estimación de las alteraciones del tipo de cambio, que se basa en mantener bastante similares los precios de los bienes en varios países, compensando los diferenciales inflacionarios con modificaciones en los tipos de cambio. Cada día, éste tiene mayor acogida entre los economistas en lugar de las razones del PIB per cápita para comparar y distribuir la riqueza entre las naciones.
3. Las investigaciones que confirman la relación inversa existente entre las exportaciones de recursos naturales y la creación de riqueza se encuentran en Jeffrey D. Sachs y Andrew M. Warner, "Natural Resource Abundance and Economic Growth", en *National Bureau of Economic Research,* Cambridge, Mass., diciembre de 1995, documento de trabajo 5398.
4. El ingreso oficial per cápita de Bolivia es de 670 dólares, pero probablemente sea más alto debido a la existencia del mercado informal. Haití es más pobre, con un ingreso oficial per cápita de 340 dólares.
5. Los porcentajes son cifras de 1992 y no incluyen la harina de pescado. Aunque hay que actualizarlas, el segmento de pescado fresco no cambia mucho el panorama. (Casi todo ese producto se consume a nivel local.)

Capítulo 3

1. El polipropileno es un plástico ligero con el cual se hacen productos como el material de empaque, textiles, maletas y cuerdas flotantes. En nuestra investigación dedicada a este proyecto descubrimos al menos cuarenta segmentos industriales derivados.
2. En la encuesta se midió la evaluación de los líderes colombianos sobre el prestigio que tiene Bolivia con respecto a la evaluación que atribuían a otras naciones.
3. Los *bonos Brady* fueron emitidos por gobiernos extranjeros (como México y Venezuela) en un programa ideado en 1989 por Nicholas Brady, secretario del Tesoro, para ayudar a los países en vías de desarrollo a refinanciar su deuda. El capital está garantizado por los bonos de cupón cero emitidos por el Tesoro de Estados Unidos.
4. Kenichi Ohmae, en *The Borderless World: Power and Strategy in the Interlinked Economy* (Nueva York: Harper Perennial, 1990), p. 33.

Capítulo 5

1. Porter, *Competitive Advantage of Nations,* pp. 101-102. A quienes deseen leer más acerca del concepto de conglomerado, les recomendamos las siguientes exposiciones: D. Audretsch y M. Feldman, "Innovative Clusters and Industry Life Cycle", en *Centre for Economic Policy Research,* Londres, 1995, documento de discusión; C. Debresson, "Breeding Innovation Clusters: A Source of Dynamic Development", en *World Development* 17, núm. 1 (1989); Paul Krugman, *Geography and Trade* (Cambridge, Mass.: MIT Press, 1992); Carl Dahlman, "The New Elements of International Competitiveness: Toward More Integrated Policies for Latin America",

OECD, París, 1994; Brian Levy, "Successful Small and Medium Enterprises and Their Support Systems: A Competitive Analysis of Four Country Studies", actas de conferencias, World Bank Policy Research Department, Washington, D.C., 1994; Alfred Marshall, *Industry and Trade*, 3a. ed. (Londres: Macmillan, 1927).

2. Ciudad de Arequipa (población 620,471 h, en 1993). Fundada en 1540 en una localidad Inca, produce artículos de cuero, textiles de lana de alpaca y alimentos.
3. Por el ingreso de inversiones procedentes de Estados Unidos, la compra de privatizaciones, la repatriación de los ahorros para captar las altas tasas de interés que fija una rigurosa política monetaria y, en el caso de Perú, acentuadas por las enormes cantidades provenientes del tráfico de las hojas de cocaína.
4. Según que se mida frente a la paridad del poder adquisitivo o en relación con la inflación permanente (el tipo de cambio se ha mantenido estable a pesar de que la inflación permanece entre 13 y 19%, devaluando el precio del dólar en términos reales del sol).

Capítulo 6

1. Chrys Argyris, *Overcoming Organizational Defenses: Facilitating Organizational Learning* (Boston: Allyn and Bacon, 1990), p. 10. El cursivo es nuestro.
2. Ibídem, p. 88.
3. Ibídem.

Capítulo 7

1. *Microsoft Bookshelf: Multimedia Reference Library*, 1995.
2. Muchas veces hemos discutido esto con Michael Porter y hemos leído lo que Krugman y otros autores dicen sobre el tema. He aquí nuestra conclusión: los macroeconomistas a menudo ven a la devaluación como una "corrección", y los microeconomistas la ven como un subsidio a los exportadores.
3. Entrevista del autor con el presidente Fujimori, abril de 1995.
4. Entrevistas del autor con funcionarios del Banco Mundial y con productores de soya.
5. El comercio complejo se determina analizando una mezcla de aproximadamente 3,000 productos, de acuerdo con UN SITC Trade Statistics (Estadísticas de Comercio de las Naciones Unidas). Luego, esos 3,000 productos son agrupados por industria, productos para consumidores de altos ingresos, industrias conexas y de soporte y productos para consumidores de bajos ingresos. Este análisis lo efectuó el ministro de la industria; La Paz, Bolivia, marzo de 1996.
6. Bill Gates, *The Road Ahead* (Nueva York: Viking, 1995).

Parte 2

1. Consúltese en *Managing in Developing Countries* de James Austin (Nueva York: Free Press, 1990), un tratamiento muy útil de cómo interactúan estas cuatro variables.

Capítulo 8

1. Aunque para la mayoría de los economistas gubernamentales la productividad es igual a la productividad de los trabajadores, consideramos que la productividad se capta mejor empleando las variables de productividad multifactorial: capital, mano de obra, energía y materias primas. En términos generales, el conocimiento forma parte del capital laboral de una compañía, pero cada vez resulta más importante concebirlo como un activo especializado que ha de ser captado, administrado y utilizado de modo discreto, por lo cual lo mencionamos por separado del capital y de la mano de obra.
2. En el momento actual, los principales teóricos de la estrategia discuten si este pensamiento bimodal mantiene su vigencia: orientado al costo bajo o a la diferenciación. Algunos sostienen que a nivel mundial se observan ejemplos de compañías que simultáneamente han alcanzado una posición de costo bajo y muy diferenciado. Opinamos que, de ser así, ello se debe a una sólida plataforma competitiva que ha construido una región o país, plataforma que apoya esa gran innovación.

   Sin embargo, nuestra experiencia es más clara: en los países en vías de desarrollo, la calidad de la plataforma competitiva rara vez apoya la innovación en esas dos dimensiones independientes. De ahí nuestra recomendación a los líderes de que escojan una de las dos dimensiones en la cual centrarse y lograr el éxito antes de intentar introducir innovaciones en la otra. Prevemos que esta cuestión cobrará más importancia al cabo de unos años y confiamos que realizaremos más investigación para los estudiosos.
3. Michael Porter, *Competitive Advantage* (Nueva York: Free Press, 1995), p. 120.
4. Una interesante explicación de la contabilidad de costos se incluye en H. Thomas Johnson y Robert S. Kaplan, *Relevance Lost: The Rise and Fall of Management Accounting* (Boston: Harvard Business School Press, 1987).
5. El Banco Mundial publicó un excelente análisis sobre el éxito económico del sureste de Asia, el cual se recomienda a quienes deseen conocer las estrategias económicas nacionales. Véase *The East Asian Miracle: Economic Growth and Public Policy* (Washington, D.C.: Banco Mundial, 1993). En el capítulo 10 de este libro, el lector encontrará una exposición más completa sobre las estrategias nacionales.
6. Encuestas de Monitor Company con líderes acerca de la creación de la riqueza, la productividad y la innovación.
7. Porter, *Competitive Advantage*, p. 199.

Capítulo 9

1. Michael Porter, *Competitive Strategy* (Nueva York: Free Press, 1980).

Capítulo 10

1. Un tratamiento muy útil de esta cuestión se expone en Keith Griffin, *Alternative Strategies for Economic Development* (Nueva York: St. Martin's Press, 1989).
2. Véase *Monitor National Studies: Colombia 1993*, que puede obtenerse en el Ministe-

rio de Desarrollo y en el IFI en Bogotá; *Perú 1995*, en el Ministerio de Comercio e Industria y PromPerú en Lima, y *Bolivia 1996*, en el Minsiterio de Industria en La Paz.

Capítulo 11

1. Nuestras encuestas se realizaron durante cuatro años en siete países de cuatro continentes; en sesiones de una a tres horas se les formulaban preguntas sistemáticas a líderes (cuyo número fluctuaba entre 250 y 500) de los sectores público y privado sobre temas que abarcaban desde la creación de riqueza, competitividad en el nivel de empresa y capital humano hasta liderazgo y cambio. Se administran en condiciones controladas y mantienen un nivel estándar de precisión y comodidad que mide el equipo de expertos y especialistas en estadística de Monitor Company.
2. Los entrevistados fueron seleccionados de listas que incluían algunas de las personas más influyentes en el sector público y en el privado. Las listas se confeccionaron en colaboración con el gobierno de Venezuela y varios organismos de las cámaras de comercio del sector privado; contienen un amplio espectro de industrias y organizaciones. Las encuestas de Venezuela fueron aplicadas a grupos de 10 a 15 entrevistados; estuvo presente un equipo de empleados capacitados de Monitor Company que instruyeron a los entrevistados, aclararon sus dudas y contestaron sus preguntas. Los alentaron para que fueran honestos, garantizándoles la confidencialidad de sus respuestas. Para reducir al máximo el sesgo de las contestaciones, en el proceso de invitación y administración del cuestionario, el equipo no mencionó que se trataba de un estudio de apertura e innovación; por el contrario, se dijo que la encuesta era simplemente "un sondeo de la opinión económica nacional". Las preguntas eran cerradas, con contadas excepciones; la mayoría de ellas se presentaban como escalas de siete puntos.
3. El proceso de segmentación era doble: primero, 60 preguntas individuales fueron sometidas a análisis factorial, utilizando la metodología de los principales componentes y la rotación/extracción de varimax. Las pocas preguntas que todavía no se encontraban en el formato de 7 puntos fueron transformadas para igualar ese formato antes de agregarlas al análisis. Se seleccionaron a priori 14 factores para obtener la media entre parsimonia y precisión, a fin de evitar confusiones y cargas múltiples. La resultante solución de 14 factores explicó 50% de la variancia total del modelo: un nivel aceptable en ciencias sociales y, sin duda, comprensible teniendo en cuenta el conjunto tan heterogéneo de los temas incluidos en la encuesta. En el análisis final, se asignó cada variable al factor sobre el cual había ejercido mayor peso, y la media de cada variable en el factor se convirtió en la puntuación inicial del factor. En la segunda etapa, por medio de un análisis de conglomerados jerárquicos se agrupó a los entrevistados a partir de sus respuestas (normalizadas) a los 14 factores. Examinamos las soluciones resultantes de 4, 5 y 6 conglomerados y determinamos que la solución de 5 conglomerados era la más explicativa y notable.

4. Francis Fukuyama, *Trust: The Social Virtues and the Creation of Prosperity* (Nueva York: Free Press, 1995).

Capítulo 12

1. Eli Heckscher, profesor sueco de economía de Bertil Ohlin, 1889-1979, economista y líder político. Ohlin enseñó (1924-1929) en la Universidad de Copenhague y, más tarde, en la Escuela de Economía de Estocolmo. También presidió el Partido Liberal de su país (1944-1967) y fue ministro de comercio (1944-1945). En 1977 obtuvo el Premio Nobel por sus estudios innovadores sobre el comercio internacional.
2. Tomamos esta frase de un discurso de Mark Füller, presidente y director ejecutivo de Monitor Company.
3. La ley de Moore, llamada así en honor del cofundador de Intel, quien en 1965 predijo que el poder de la computación por precio unitario se duplicaría cada dos años en un futuro cercano. Y casi acertó. Resultado que se ha duplicado cada 18 meses durante los últimos treinta años.
4. Se han firmado seis tratados comerciales entre el Hemisferio Occidental y Colombia, por ejemplo, forma parte de tres. Al final de su adminsitración, el presidente Bush anunció que pronto veríamos el TLC extenderse desde "Alaska hasta la Tierra del Fuego". Las naciones del Hemisferio Occidental en la Cumbre de Miami, celebrada en 1995, aceptaron suprimir todos los aranceles y las barreras proteccionsitas en América Latina para el año 2007.
5. Ohmae, *Borderless World*.
6. En los últimos cien años el comercio de manufacturas creció de 20 a 80%. Consúltese Jeffrey Sachs y Andrew Warner, "Natural Resource Abundance and Economic Growth", National Bureau of Economic Research Cambridge, Mass., documento de trabajo 5398, diciembre de 1995.
7. Paul Krugman, *"The Myth of Asia's Miracle": Pop Internationalism* (Cambridge, Mass.: MIT Press, 1996), p. 175.
8. Pueden consultarse datos sobre la productividad en Kenneth Button y Thomas Weyman-Jones, "X-efficiency and Technical Efficiency", en *Public Choice 80*, núm. 83-104 (1994) (Kluwer Academic Publishers, Países Bajos); Harvey Liebenstein, "Allocative Efficiency vs. X-efficiency", Universidad de California en Berkeley, y Richard Nelson, "Research on Productivity Growth and Productivity Difference: Deadends and New Departures", en *Journal of Economic Literature 20* (septiembre 1981): 1029-1064.
9. Esta explicación se inspira en las conversaciones con Bruce Chew. Favor de consultar en Bruce Chew, Kim B. Clark y Steven C. Wheelright el documento en que descubrimos esta dinámica: *Dynamic Manufacturing: Creating the Learning Organization* (Nueva York: Free Press, 1988).
10. Ikujiro Nonoaka e Hirotaka Takeuchi, *The Knowledge Creating Company: How Japanese Companies Create the Dynamics of Innovation* (Oxford: Oxford Press, 1995).

11. Las encuestas aplicadas por Monitor Company a los líderes revelan que la tecnología a menudo se considera como una panacea capaz de mejorar todo y que suele subestimarse el conocimiento implícito de cómo realizar las tareas más simples y rutinarias.
12. Fórmula de Cobb-Douglas.
13. Favor de consultar un tratamiento completo del diamante competitivo en Porter, *Competitive Advantage of Nations.*
14. La investigación que Monitor Company efectuó en Europa como parte de nuestros estudios regionales.
15. Véanse *The Asian Miracle* y *Enterprise Training in Developing Countries: Overview of Incidence, Determinants, and Productivity Outcomes* (Washington D.C.: Banco Mundial).
16. Se encontraron buenos datos primarios y una excelente bibliografía en Wilson Peres y Ludovico Alcorta, "Innovation Systems and Technological Specialization in Latin American and the Caribbean", ECLAC/UNDP, Nueva York, United Nations University, 1996.
17. Los países cuyo perfil se obtuvo presentan todo tipo de economías, tamaños y perfiles comerciales: Argentina, Bolivia, Brasil, Canadá, Chile, China, Colombia, Costa Rica, Ecuador, Francia, Alemania, India, Indonesia, Italia, Japón, Corea, Malasia, México, Paquistán, Rusia, Singapur, España, Suecia, Suiza, Turquía, Reino Unido, Estados Unidos y Venezuela.
18. El coeficiente de correlación es de +0.29.
19. Esta correlación es de +0.88 en total y constituye la más alta en los conglomerados de generación de energía eléctrica, multiempresas, transporte y defensa; vienen luego las telecomunicaciones y el equipo de oficina. Una vez más consúltese a Sachs y Warner, "Natural Resoruce Abundance and Economic Growth".
20. Véase a Robert D. Putnam, *Making Democracy Work, Civic Traditions in Italy* (Princeton: Princeton University Press, 1993), obra donde se explican los efectos que la cultura cívica tiene en la generación de riqueza.
21. La industria automotriz de Estados Unidos es famosa por destruir este tipo de confianza, a diferencia del *keiretsu* de Japón, que ha creado una mayor confianza (y también participaciones de capital) en las relaciones con los proveedores. Una interesantísima explicación de los esfuerzos que realiza Chrysler para desarrollar su propio *keiretsu* se encuentra en Jeffrey H. Dyer, "How Chrysler Created and American Keiretsu", en *Harvard Business Review*, junio/julio, 1996, p. 42.
22. La encuesta nacional de Monitor Company a casi 500 líderes venezolanos de empresas, del gobierno y de instituciones de enseñanza, emprendida a mediados de 1996. En ella se basa el desarrollo del capítulo 11.

Capítulo 13

1. Paul Krugman, "The Fall and Rise of Development Economics", en *Rethinking the Development Experience*, obra editada por Lloyd Rodwin y Donald Schon (Washington, D.C.: Brookings Institution, 1994), p. 50.

2. Ibídem, p. 51
3. Véase a Diana Sean Schemo, "Ecuador Vote Narrows Race to Privatizer and Populist", en *New York Times*, 20 de mayo de 1996.
4. Véase Monitor Company, *Creating the Competitive Advantage of Venezuela, Phase I"* Ministerio de Industria y Comercio, Caracas, Venezuela, verano de 1996.
5. Hemos examinado concretamente la ecuación DuPont, modelo pormenorizado del flujo de efectivo, y un diagrama de fuentes y aplicaciones; después, todo esto lo integramos en un modelo del desempeño en el nivel corporativo. Aplicamos nuestro análisis de los estados financieros a un gran número de empresas, aproximadamente en 20 sectores, en media docena de países en vías de desarrollo.
6. Moisés Naim, "Latin America's Journey to the Market: From Macroeconomic Shocks to Institutional Therapy", International Center for Economic Growth, San Francisco, 1995, documento esporádico 62.
7. El paradigma verbal está sujeto a muchas interpretaciones. Los críticos de Thomas S. Kuhn han detectado 22 significados distintos de paradigma en su libro *The Structure of Scientific Revolutions* (Chicago: Chicago University Pres, 1962).
8. John Maynard Keynes, economista británico y autor de *The General Theory of Employment, Interest, and Money* (Munchen: Duncker y Humbolt, 1936); la cita se tomó del prefacio de esta obra.
9. James Rudolph, *Peru: The Evolution of Crisis* (Westport, Conn: Praeger Publishers, 1992), 1-2 (el subrayado es nuestro).
10. John Williamson y Stephen Haggard, "The Political Conditions for Economic Reform", en *The Political Economy of Policy Reform*, edición a cargo de John Williamson (Washington, D.C.: Institute for International Economics, 1994), p. 562.
11. Anders Aslund, *How Russia Became a Market Economy* (Washington, D.C.: Brooking Institution, 1995).
12. Kenichi Ohmae, *The End of the Nation State* (Nueva York: Free Press, 1995).
13. Peter Senge, *Fifth Discipline* (Nueva York; Doubleday Currency, 1994), p. 147.
14. El filósofo Wittgenstein dice que los problemas no se resuelven, sino que se disuelven. Según un amigo estratega, la mejor estrategia es conciliar lo que para otras personas constituyen cosas opuestas.

Índice

Acciones estratégicas,
como parte de un marco para la acción, 245-246
definidas, 121-124
no elegir es elegir, 121-133
Actitud defensiva,
superación de la, 93-102, 113-115, 169
y encuesta realizada en Venezuela, 216, 217
Acuerdo comercial del Grupo de los Tres, 48, 150
Acuerdo comercial y de inversión de Mercosur, 30, 110
Administración de costos, 147-157
necesidad de adoptar un enfoque estratégico en la, 147, 155
AeroPerú, 38
África, xi, xii, xv, 16, 93, 124, 185
Agencia Peruana Para el Fomento del Turismo Nacional (FOPTUR), 39, 42
Agregación de valor, importancia de las pruebas sobre, 67, 68
Alemania, 183
Alianza para el Progreso, xiii
Alta productividad y fuentes ocultas del crecimiento, 231-238
Amenaza de nuevos competidores y el modelo de las "cinco fuerzas", 139-141
Amenaza de productos o servicios sustitutos y el modelo de las "cinco fuerzas", 139-141
Análisis de costos, 154, 160
de rosas rojas, 159
resultados de, 147
Análisis de estadísticas de comercio, participación en las exportaciones mundiales por país, 1970-1992, 243
Análisis de los competidores, 157-168
como una de las tres "ces", 168-169
de la industria de las flores, 158-162
Análisis de segmentación, 139
Análisis del costo relativo, 157
de la competitividad de la compañía, 49, 59-60
Andes, xi, xii, xvii, xviii, xix, 1, 51, 124, 142, 171, 186, 212, 217
como laboratorio de desarrollo, xiii-xvi
industria de las flores en los, 215
Aprendizaje a nivel de la empresa, 134-170
las tres "ces" del, 134, 135-168, 169
Aprendizaje de ciclo doble, 96, 101
Aprendizaje de ciclo único, 94, 95
Aprendizaje de costos, principios del, 147-149
Aprendizaje internacional, apertura al, y encuesta realizada en Venezuela, 193

Aprendizaje microeconómico renovado, énfasis en, 226
Aproximación determinada por los factores, tres problemas de la, 23
Arabia Saudita, 26
Arequipa, Perú, 38, 39, 85, 89
Argentina, 25, 31
pieles de, 76, 138
y producción de soya, 25
Argyris, Chris, x, 93, 97, 98, 101
Asia, xi, xv, 21, 43
y crecimiento de la industria editorial, 59
y exportaciones de cuero a Estados Unidos, 43, 136, 142, 144
Aslund, Anders, 259
Asociación Colombiana de la Industria Petroquímica, 48, 49
Asocolflores, 5, 8, 12-15, 217
y correspondencia con el ministro colombiano de comercio exterior, 13-15, 98, 99, 100, 216
Atractivo de la industria y el modelo de las "cinco fuerzas", 139-142
Austin, James, x
Australia, e industria de la alpaca, 89
Avianca, 5

Banco Internacional de Reconstrucción y Desarrollo, 244
Banco Mundial, x, 4, 25, 109, 117, 177, 232
Banzer, Hugo, expresidente de Bolivia, 109, 110, 176, 177
Barco, expresidente de Colombia, 12, 49
Barcos pesqueros coreanos y Perú, 37, 233
Barcos pesqueros japoneses y Perú, 37, 233
Barranquilla, Colombia, 33, 34
Becker, Gary, 261
Benetton, 62, 63
Bogotá, Colombia, xiv, xv, xix, 4, 5, 11, 12, 43, 44, 98, 160, 230
Cámara de Comercio de, xix
Bolívar, Simón, xviii
Bolivia, x, xii, xv, 84, 85, 89, 93, 111, 112, 115, 117, 185, 186, 214, 236, 247
altiplano de, xix
estudio de caso del gobierno de. *Véase* Gobierno boliviano,
infraestructura de transporte, 81
Santa Cruz, región de, 25, 26, 27
industria de la soya de, 25-31, 34, 35, 113, 128
y costos comparativos con respecto a Brasil, 26-31
y actitud derrotista, 52
y caída de los precios mundiales, 26
y políticas económicas de. *Véase* Políticas económicas de Bolivia
Bolivia, industria de las flores de, 214, 234, 236
Bolivia, operaciones mineras de, 173
Bolivia, sector privado de, 180
Boston, 2
Brasil, 25, 26, 31, 61, 81, 84, 95, 109, 110, 112, 184
y costos comparativos con Bolivia, 26-31
y producción de soya, 25
Buenaventura, Colombia, 29, 33
Buenos Aires, Argentina, 215, 235

Cali, 230
Callao, Perú, 34
Cambio de paradigma, 249, 257
Canadá, 185
Canal de *bodega*, 66
Canal de Panamá, 33
Canales de distribución,
apalancamiento de, 68-71, 74
y la industria de los jugos de fruta, 64-68
Canales, conocimiento de cómo se agrega valor, 67, 68
Capacidades, como parte del análisis de competidores, 165-167
Capital social en la competencia global, importancia del socialismo, xix
Caracas, Venezuela, xiv, 98
Caribe, xviii
Centroamérica, x, xvi, xviii, 62
Certificado de Abono Tributario (CAT), 7
"Cinco fuerzas", modelo de, y atractivo de la industria, 139-142
"Cinco Venezuelas", 196-207, 210
Ciudad de México, 57

Clientes, 135-147
búsqueda de los más atractivos, 46
conocimiento de, y encuesta realizada en Venezuela, 212, 213
diversas necesidades de los, conocimiento de, 46
mejoramiento del conocimiento de los, 38-47
"Clusters" de industrias de apoyo mutuo, 75, 78-80, 82, 84, 90, 230
Cobertura (alcance)
competitiva, 164
del negocio, 127, 131
del segmento o producto, 127, 128-130
elección de, 127-131
geográfica, 127, 130
vertical, 62, 63, 71, 73, 127, 128
Colombia, xii, xiii, xiv, xix, 1-17, 26, 27, 29, 42, 48-59, 61-70, 94, 95, 99, 109, 111, 112, 115, 183, 184, 189, 211, 212, 215, 216, 230, 237
dinámica competitiva en, 116
industria de cuero de, 43-46, 47
industria editorial en, 58, 59
industria petroquímica y manufactura de polipropileno en, 48, 53-56, 150-155
Colombia, salario diario de los trabajadores agrícolas en, 3
Comercio global, determinación de los ganadores y los perdedores en el, 224
Comercio internacional, debates sobre, 24
Competencia,
como dinámica fundamental de la satisfacción del cliente, 57, 60
vulnerabilidad ante la, 50, 56-59
Competencia basada en la ubicación geográfica, 33-37
Competidores,
análisis de capacidades y perfil de productos de los, 166
importancia de las funciones de benchmarking de los, 166
mapeo de las decisiones estratégicas de los, 165
metas y suposiciones de los, 168
perfil operacional de los, 166
Competitividad, xix
y la estrategia, impacto del paternalismo, 111
y relación con la estrategia y la productividad, 123
y tecnología, relación entre, 131
Compradores de jugos de fruta mexicanos, 67, 69
Comunicación ineficaz entre el gobierno y el sector privado, y posición competitiva relativa, 50, 51, 59
Conclusiones, calidad de las, 101
Condiciones previas para el cambio, 258-262
Conflictos entre el gobierno salvadoreño y el FMLN en El Salvador, xviii
Conflictos entre sandinistas y contras en Nicaragua, xviii
Conglomerado boliviano de la soya, 80-82
Conglomerado peruano de la alpaca, 84-91
tres debilidades que impiden el desarrollo del, 87-88
Conglomerado petroquímico colombiano, 150-155
Conocimiento de la posición relativa y la encuesta realizada en Venezuela, 214, 215
Conocimiento de los clientes y encuesta realizada en Venezuela, 212-213
Conocimiento del mercado, 112
Cooperación entre empresas,
mejoramiento de la, 76-92, 169
y encuesta realizada en Venezuela, 213, 214
Cooperación, necesidad de, entre dos compañías peruanas de Alpaca, 91
Corea, 37, 43, 131, 184, 230
Corea del Norte, 185
Corporación Colombia Internacional (CCI), 66, 84
Corriente de Humboldt, 34, 233
Costa Rica, 229
Costos a nivel de la empresa, entendimiento de los, como críticos, 149
Costos, comportamiento de los, 148, 149, 156
CPC International, 128

Craik, Kenneth, 248
Creación de riqueza, 31
naturaleza de, y encuesta realizada en Venezuela, 190, 191
ventajas comparativas como aproximación, 23
y competitividad, impacto en, del paternalismo, 115-117
Crecimiento,
causas del, 226
fuentes ocultas del, 221-238
Crecimiento del Japón en productividad, 227
explicación del, 87
Cuba, 185
Cuerpos de Paz de los Estados Unidos, expulsados de Bolivia, 176
"Culpar a la vaca", 76-78, 213, 227, 236
Culpar, dinámica de, 77, 78
Cuzco, Perú, 85
Chicago, 68, 160
Chile, 31, 34, 36, 37, 74, 84, 90, 183
Chimbote, Perú, 34
China, 43

Datos de costos, 156
uso y mal uso de, 148
De Lozada Sánchez, presidente de Bolivia, 179
Decisión de ventaja, bajo costo o diferenciación, 125-127
Decisión estratégica básica, entendimiento del concepto de, 164
Decisiones estratégicas,
en la industria del cuero, 44
pruebas de, 164, 165
tipos de, 124-133
Decisiones no informadas y posición competitiva relativa, 50-56, 59
Defensores del libre comercio, como segmento de la encuesta realizada en Venezuela, 197, 201, 205, 206, 213, 215-218
Departamento de Agricultura de Estados Unidos, 2
Dependencia de factores básicos y encuesta realizada en Venezuela, 211, 212
Dependencia excesiva de los factores básicos de ventaja, evitar la, 21-37, 106
Devecchi, 44
"Diamante" de productividad regional, 228-230
primero: condiciones de factores, 228, 229
segundo: condiciones de la demanda, 229
tercero: industrias relacionadas y de apoyo, 229
cuarto: estrategia, estructura y rivalidad de las empresas, 229, 230
Diferenciación, 126, 127
Diseño e implementación de estrategias, 169
Distribución de ingresos de la industria colombiana de las flores, 70

Economía a nivel de la empresa, 119
Economía colombiana, apertura de la, 11-13
Economías de la información, 71
Ecopetrol, 55
Ecuador, xii, 10, 12, 34, 105, 113, 217, 229, 236, 237, 242
Eficacia organizacional y la encuesta realizada en Venezuela, 193, 195
Eficiencia de asignación, 226, 227, 232
Eficiencia organizacional de Venezuela, clasificación de, 195
Eficiencia X, 226, 227, 232
mejoramiento en la, 227
Egipto, 141, 234
Ejemplo de apatía ante los clientes en hotel turístico de Perú, 39, 40, 57, 231
El Dorado, hallazgo de, 1-4
El Salvador, xviii
"Empresa madre", como mecanismo de mejoramiento, 82-84
Empresas privadas y hombres de negocios, y marcos de referencia, 253, 254
Empresas textiles de Asia, 132, 133
Empresas, decisiones anteriores de las, 122

Encuesta de líderes y de creadores de opinión realizada en Venezuela,
puntuaciones factoriales en orden decreciente de impacto, 208
resultados referentes a, 190-220
sobre cómo integrar los grupos segmentados, 207-210
sobre el contexto social, 191, 192
sobre la apertura al aprendizaje internacional, 193
sobre la apertura al libre comercio, 193
sobre la capacidad de Venezuela para competir, 191
sobre la eficiencia organizacional, 193, 195
sobre la estrategia a nivel de empresa, 194
sobre la fe en el gobierno, 192
sobre la naturaleza de la creación de riqueza, 190, 191
sobre la relación entre trabajo y logro, 194-196
técnicas de análisis de "clusters" aplicadas a, 196
ENFE (ferrocarril anteriormente administrado por el estado boliviano), 81
Enfoque en el cliente, ausencia de, en hotel turístico de Perú, 39, 40, 57
Era de la competencia total, 224
pensamiento en la, 225
Escala de inferencia, 97, 99, 101
España, xix
Estados Unidos, xi, 25, 43, 66, 105, 126, 160, 162, 174, 183-185, 233, 235, 259
y producción de soya, 25
Estenssoro, Paz, expresidente de Bolivia, 173, 174, 176, 177, 179
Estonia, xv
Estrategia a nivel de empresa y encuesta realizada en Venezuela, 194
Estrategia de industrialización para el desarrollo nacional, 184
Estrategia de libre comercio para el desarrollo nacional, 183
Estrategia del desarrollo nacional orientada a la agricultura, 184
Estrategia del, para el desarrollo nacional, 185
Estrategia monetarista de desarrollo nacional, 183
Estrategias,
de bajo costo, 125, 126
de diferenciación, 126, 127
que se hacen explícitas, 80-82
que se mejoran a través del mejoramiento del conjunto de estrategias disponibles, 124
relación de, con la competitividad y con la productividad, 123
Estrategias competitivas, dejando que las fuerzas externas dicten las, 138
Estrategias de desarrollo nacional, 182-186
estrategias de equidad social,
orientadas a la agricultura, 184, 185
socialismo, 185
y redistribución, 185
estrategias de crecimiento,
industrialización, 184
libre comercio, 183
monetarismo, 183
Estrategias diferenciadas, tendencia de, a ser más sostenibles, 127
Estructura de la industria,
necesidad de remodelar, 117, 118
resumen de los principales factores determinantes, 140
y posición relativa de costos, 53
Estructuras y políticas organizacionales como mecanismos de dirección, 171-187
Europa Oriental, xv, xix, 103
Europa, 21, 43
Exportaciones colombianas no tradicionales, crecimiento de, 7, 8
Exportaciones de bolsos de mano a Estados Unidos, 137, 138
Exportaciones de recursos naturales y riqueza, relación entre, 22

Factores básicos, dependencia de, y encuesta realizada en Venezuela, 211, 212
Faucett Airlines, 38
Fe en el gobierno y encuesta realizada en Venezuela, 192

Federación Rusa, x, xv, xviii, 93, 94, 259
Filipinas, 185, 234
Floramérica, 3, 5
Flores colombianas, la aleccionadora historia de las, 1-17, 37
Floricultores, 2
Floricultores estadounidenses e importaciones colombianas, 9, 10, 12, 50, 64
Floricultores holandeses, 13, 14, 24, 38, 50, 57, 64, 126, 160, 163
  y aumento del tipo de cambio del florín, 105
Fondo Monetario Internacional (FMI), 49, 177
Fondos de la Unión Europea, y líderes irlandeses, 94
Fujimori, presidente de Perú, xvi, 109, 231, 258, 262
Fukuyama, Francis, 216

Ganancias a corto plazo y confianza en el gobierno, 186
García Márquez, Gabriel, 42, 51
García, Alan, expresidente de Perú, xvi, 101, 102, 107, 124
Gates, Bill, 115
Gaviria, César, presidente de Colombia, 49, 51, 56, 113, 212, 262
Gobierno boliviano, estudio de caso del, 172-182
  los años de Banzer: 1972-1976, 176, 177
  los años de la crisis y los posteriores, 177-179
  el capitalismo de estado: 1952-1972, 173-176
Gobierno,
  como principal estratega económico, 106-109, 115
  marco de referencia, 251, 252
  y el sector privado, tres micropatrones de conducta paternalista en el, 104-111
  y necesidad de crear un ambiente orientado al aprendizaje, 251
Goya Foods, 67, 162, 163
Gran Bretaña, 183
Grupos segmentados de Venezuela, que comparten ideas semejantes, 207
Gucci, 44
Gulf Oil Company, 176

Haggard, Stephen, 259
Haití, x
Harina de pescado, de Perú, 34-37
  y soya, 35
Harvard Business School, 93
Heckscher, Eli, 222
Holanda, 12
Hong Kong, 131

Imaginación sin límites, necesidad de que las empresas y el gobierno desarrollen una, 254
Inca Tops, 85, 89
Indelpro, 54, 55, 151-156
India, 185
Indonesia, 233
Industria agrícola de Perú, 71
Industria automotriz japonesa, 165
Industria boliviana de la soya, 227, 237, 238
  acuerdo entre el gobierno y el sector privado, importancia del, 81, 82, 94
  ciclo de inferencia para la, 114
  líderes de la, 112
Industria colombiana de las flores, 1-17, 21, 24, 63, 64, 125-127, 158-164, 234, 236, 237, 257, 259, 260
  ciclo de inferencia en la, 100
  crecimiento de, 8, 113
  devaluación de la moneda en, 104-106, 115
  en comparación con la producción de rosas en México, 159-161
  tasas de utilidad en la, 151
  y Asocolflores, 5, 8, 12-15, 98-100
  y condiciones de factores, 229
  y Consejo de las Flores de Colombia, 9-10
  y cultivadores estadounidenses, 9, 10, 12
  y distribuidores de Miami, 5, 8, 11, 12, 57, 214, 235
  y Edgar Wells, 1-4
  y estrategia de distribución, 68, 69
  y floricultores holandeses, 38
  y gobierno colombiano, 7, 8, 11-13

y márgenes de beneficio de los floricultores, 11
y mercados estadounidenses, 5-7, 14, 15, 58
y sobreoferta, 10, 11
Industria coreana del cuero, 136, 137
Industria curtidora de Colombia, 77, 142, 236, 247
Industria china del cuero, 44, 136, 137, 233
Industria de bolsos de cuero, posicionamiento estratégico en, 45
Industria de cuero de Colombia, 43-47, 52, 76-78, 136-139, 142-146, 213, 227, 233
elección de dónde competir, cinco segmentos de la, 142-145
segmento 1: precio, 142, 143
segmento 2: diseño y calidad, 143, 144
segmento 3: servicio, marca y diseño, 143, 144
segmento 4: precio y marca, 143, 144
segmento 5: calidad, 143-145
y varios tipos de segmentación de clientes, 136-139
Industria de la alpaca de Perú, 84-91
y la competencia con el casimir de China, 86
y las herramientas para crear la ingeniería genética, 89, 90
y la necesidad,
de cooperación, 91
de pericia técnica, 88
de trabajar con una moneda fuerte, 86, 87
Industria de la, opciones de productos potenciales en la, 129
Industria de las flores de Perú, 80
Industria de las flores,
exportaciones de flores desde Colombia, crecimiento de, 8
intermediarios de flores,
poder creciente de los, 8
sistema de "cargo por caja" de los, 8, 11
flores,
aumento de la demanda de, en Estados Unidos, 6
distribución eficiente de las, 4
nuevos mercados para, 5-7
industria de las flores, potencial de Colombia en la, 3
producción de flores, y el oeste de Estados Unidos, 2
tiendas minoristas no tradicionales de flores, 6
Industria de productos de cuero, decisiones estratégicas en la, 137
Industria del cuero, decisiones estratégicas en la, 44
Industria editorial de México, 58, 59
Industria italiana de la moda, 83
Industria italiana del cuero, 44, 136, 137, 141, 233
Industria mexicana de las flores, 57, 58, 126, 159, 217
e intermediarios en Texas, 57
estrategia de distribución de la, 160
frente a Colombia en la producción de rosas, 159-161
Industria peruana de la harina de pescado, 34-37, 126, 233
Industria peruana del algodón, 142
Industria peruana del espárrago, 213, 235
posibilidades de distribución del espárrago para la, 72
y retroalimentación proveniente del mercado, 71-74
Industria pesquera, posicionamiento en la, 36
Industria textil de Perú, 86, 234, 237
Industria textil italiana, 82, 83, 231
y competencia con China, 82
y subcontratación, 82, 83
Industria textil, salarios relativos en la, 32
Industria turística de Irlanda, 60
Industrias peruanas de cerveza y productos lácteos, 85
Industrias petroquímicas, 141
costo para atender el mercado nacional, 153
costo total de servicios públicos por libra de polipropileno, 155
costos de electricidad en, 154
inductores de costo en, 151, 152
logística externa de, 156

Inferencia, ciclos de, 113
en la industria colombiana de las flores, 100
Inferencias, lógica de, 97-101
Infinity (Nissan), 165
Inglaterra, 24
Innovación y liderazgo en Venezuela, ideas sobre,
basadas en el perfil de segmentos, 200
basadas en la demografía tradicional, 199
Instituciones semiprivadas, 252, 253
Integración hacia adelante, 62, 169, 235, 236
evaluación de la oportunidad de, 66-67
oportunidades de, y la encuesta realizada en Venezuela, 215, 216
saber cuándo y cuándo no realizar la, 61-75
Integración vertical, 63
micropatrones de, 63
Italia, 60

Japón, 37, 183, 230
Juliaca, Perú, 87

Kenia, xviii
Kennedy, John F., xiii
Keynes, John Maynard, 249
Krugman, Paul, xviii, 226, 241
Kuhn Thomas, 249, 257

"La competencia nunca se da en el vacío", 60
La Paz, 237
Lago Titicaca, Perú, 85
Las tres "ces" del análisis de la competencia, 162-168, 238
Latinoamérica, xi, xii, xviii, 16, 63, 78, 93, 124, 131, 171, 177, 237, 242, 244, 247-249, 253
y cultura de la *autosuficiencia*, 79
Lexus, 165
Libre comercio, apertura al, y encuesta realizada en Venezuela, 193
Libre comercio, xv
Líderes irlandeses y fondos de la Unión Europea, 94
Líderes textiles de Colombia, y compra de equipo, 132, 133
Líderes, tres formas de responder ante malos resultados, 254
Lima, Perú, xiv, 38
Los que buscan un árbitro, como segmento de la encuesta realizada en Venezuela, 197, 201, 203, 204, 206, 211-213, 215-218
Los que van solos, como segmento de la encuesta realizada en Venezuela, 197, 201, 204-206, 209, 210, 215

Machu Picchu, 40, 231
Malta, 234
Mandela, Nelson, 94
Mano de obra barata, abundancia de, y ventaja comparativa, 24
Maquila, 58, 59
Marco de referencia del sector privado, 252
Marco para la acción. *Véase* Modelo para la acción
Marcos de referencia, 96, 188, 210, 217
como parte de un marco para la acción, 250-253
ideas que influyen en, 190-196
y los siete patrones, conexión con, 211-219
Marcos y paradigmas de la encuesta realizada en Venezuela, 198
Marxistas, xiii
Mataderos colombianos, 77, 236
Materias primas,
abundancia de, y ventaja comparativa, 24
menor dependencia de, 227
y la exportación de productos, la trampa de las, 25-31
Mecanismos de dirección, 171-187, 223
como parte de un marco para la acción, 246-248
impacto de, a través del tiempo, 179-182
tres tipos de, 172
Medellín, 130, 230
Medio Oriente, xii, xviii
"Mejoramiento", xix
Mercado negro, xvi

México, xv, 11, 48, 54, 55, 57-59, 113, 150-156, 158, 229, 233
industria editorial de, 58, 59
tasas de utilidad en, 151
Miami, xiv, 5, 7, 8, 11, 12, 57, 66, 69, 160, 215, 234
centro de distribución de flores en, 5
Microsoft Corporation, 115
Michell & Co., 85, 86, 89
Michell, Derek, 86
Milán, Italia, 82
Ministerio Boliviano de Desarrollo Económico, 176
Ministerio Colombiano de Comercio Exterior, 150, 217
y correspondencia con Asocolflores, 13-15, 98, 99, 100, 216
Ministerio Colombiano de Desarrollo Económico, 48, 247
Modelo del "capitalismo de estado" de Bolivia, 174
Modelo del desarrollo orientado al cliente, 40-42
Modelo para la acción, 241-262
parte invisible de la competitividad, modelos mentales, 248-258
definiciones, 248-250
marco para la acción como un todo integrado, 254-258
marcos de referencia, 250-253
paradigmas, 253-255
parte visible de la competitividad, 242-248
acciones estratégicas, 245, 246
mecanismos de dirección, 246-248
resultados, 242-245
partes visibles e invisibles del, 250, 254-258
Modelos mentales, 188-220
como parte del marco para la acción, 248-258
Mollendo, Perú, 85
Moneda, revaluación de, 104-106, 115, 125
Monetarismo, xv
Mundo en vía de desarrollo,
obtención de la ventaja competitiva en el, 92
y subcontratación, 83
Naciones Unidas, x
Naím, Moisés, 248
Necesidades del cliente en la era de los mercados protegidos, 146
Nicaragua, xviii
Nissan, 165
Nivel de vida,
disminución del, debido a la falta de inversión en activos del conocimiento, 134
y exportaciones petroleras, 233
Niveles salariales relativos, 31-33
"No elegir es elegir", 43-46, 121-133
"No es nuestra culpa", 76-78
Norteamérica, 21, 43
Nueva York, 2

Ocean Spray, 67, 68
Oeste de Estados Unidos y producción de flores, 2
Oeste de Estados Unidos, 160
Oeste medio de Estados Unidos, 160
Ohlin, Bertil, 222
Ohmae, Kenichi, 57, 260
Oportunidades de integración hacia adelante y la encuesta realizada en Venezuela, 215, 216

Pacto Andino, tratados comerciales del, (ATPA), 13, 29, 30, 109, 112, 238
Países andinos, 40, 131, 230
Países Bajos, 229
Países de Asia del Este, 232
Países en desarrollo, necesidad de pasar de ser *respondentes* a ser *buscadores*, 60
Países que "no se están desarrollando", 260
Paradigmas,
como parte de un modelo para la acción, 253-255
de conocimiento, 188
viejos y nuevos representados, 255
Paradigmas representativos, viejos y nuevos, 255
Paraguay, 31, 81
Paridad del poder adquisitivo(PPA), 22
Participación en las exportaciones mundiales por país, análisis de estadísticas de comercio de, 1970-1992, 243

Paternalismo, 103-118, 169
definición de, 103
del gobierno frente al sector privado, 104-111
dos niveles de impacto del, 111-117
y la encuesta realizada en Venezuela, 217-219
y los sindicatos en Venezuela, 218, 219
Patrones prevalentes en el mundo en desarrollo, 16, 17
1. excesiva dependencia de factores básicos de ventaja, 4, 19, 21-37, 106, 211, 212, 223
2. conocimiento deficiente de los clientes, 7, 19, 38-47, 212, 213, 223
3. ignorancia de la posición competitiva relativa, 11, 19, 48-60, 214, 215, 223
4. fracaso para integrar hacia adelante, 9, 19, 61-75, 215, 216, 223
5. deficiente cooperación entre empresas, 4, 19, 76-92, 213, 214, 223
6. actitud defensiva, 16, 20, 93-102, 186, 210, 216, 217, 223
7. paternalismo, 10, 20, 25, 103-118, 186, 217-219, 223
PDVSA, 193, 195
PEMEX, 54, 55, 151-156
Pensamiento orientado a la alta productividad, imperativos del, 232-238
entender y mejorar la posición competitiva relativa, 232, 234, 235
estudiar las oportunidades de integración hacia adelante, 232, 235, 236
evitar el paternalismo, 232, 237, 238
exportar productos complejos, 232, 233
invertir en el conocimiento de los clientes más exigentes y refinados, 232-234
involucrarse en razonamiento productivo, 232, 237
mejorar la cooperación entre empresas, 232, 236
Pensamiento orientado a las ventajas comparativas, 223, 231
principios básicos de, 23-37
Pensamiento
nueva forma de, 225, 226-238
vieja forma de, 221-226
Pequiven, 55
Pérez, Andrés, expresidente de Venezuela, 219
Perfil de acción de los competidores, integración de las tres "ces", 161, 162-168
Perfil de los competidores,
de Goya Foods, 163
de R.R. Donnelley, 167
Perú, x, xii, xvi, 37, 38, 63, 102, 111, 115, 124, 183, 258, 259
e industria de la harina de pescado, 34-37, 126
industria de alpaca de, 84-91
y competencia con el casimir de China, 86, 89
y herramientas para crear la ingeniería genética, 89, 90
y la Convención Turística Anual del Perú, 39
y la necesidad de conocimientos técnicos, 88
y la necesidad de hacer frente a una moneda revaluada, 86, 87
Ministerio de Pesca de, 37
necesidad de cooperación entre dos compañías de la industria de la alpaca, 91
objetivos nacionales que fueron destructivos para la economía, 106, 107
propiedad estatal en el, 106-109
Valle del Colca , 39, 40, 47
y descuido de zonas rurales remotas, 87
PescaPerú, 34
Plan Vallejo, 7
Poder de los proveedores y el modelo de las "cinco fuerzas", 139, 140, 142
Poder del comprador y modelo de "cinco fuerzas", 139-141
Polipropileno, 48, 53-56, 150-155, 234
Políticas del gobierno peruano, herencia de la competitividad de las, 108
Políticas económicas de Bolivia,
1952-1956, 175
1972-1978, 178

1985-1989, 180-181
influencia de, a través del tiempo, 182
Porter, Michael, 22, 56, 71, 78, 126, 228
Portugal, 24
Posición competitiva relativa,
conocimiento de la, 48-60
y comunicación ineficiente, 50, 51, 59
y decisiones desinformadas, 50, 51-56, 59
y vulnerabilidad ante la competencia, 50, 56-59
Posición relativa de costo, análisis de la (PRC), 150
a nivel de la empresa, 149
a nivel de la industria, 149, 150
a nivel del gobierno, 151
beneficios del, 149, 150
Posición relativa de costo,
en la industria del polipropileno, 54
y estructura de la industria, 53
Posición relativa, conocimiento de la, y encuesta realizada en Venezuela, 214, 215
Posicionamiento estratégico, 62
de la empresa, evaluación de, 122
en la industria de bolsos de cuero, 45
Posicionamiento hacia adelante, 71
Posicionamiento relativo, adquisición de un nuevo conocimiento del, 112, 113, 169
Posicionamiento vertical, el reto del, 62-64
Premisas, validez de las, 93-97
Principal estratega económico, gobierno como, 106-109, 115, 173
Principios de Economía Política, 23, 24
Problema de hotel turístico en Perú, 39, 40, 57
Procesadores colombianos de jugos de fruta, 61, 62, 64-68, 82-84, 162, 235
Producción de soya,
costos de la, en Bolivia y en Brasil, 26-31
y Argentina, 25
y Bolivia, 25-31, 34, 35
y Brasil, 25
y Estados Unidos, 25-31
Productividad,
a nivel regional, 228-231
indicador fundamental de la, 232
y relación con la competitividad y la estrategia, 123
Pensamiento orientado a la productividad, aspectos integrativos del, 232
Productor colombiano de polipropileno, 235. *Véase también* Polipropileno *e* industrias petroquímicas
Productores estadounidenses de jugos de fruta, 84
PROEXPO, 7
Programa de apertura, 12, 13, 49
Propilco, 53-55, 151-156
Propilven, 53-55, 151-156
"Puerta del Oro", 33
Puerto Aguirre, Bolivia, 29
Puerto Suárez, Bolivia, 81
Puntos de aprendizaje de conocimiento del cliente, 146, 147
Puntos del aprendizaje del conocimiento de costos, 155-157

R.R. Donnelley & Sons, 58, 59
análisis de la capacidad de los competidores y, 166, 167
Razonamiento defensivo,
definición de, 93, 101
orígenes del, 114
Reagan, Ronald, 183
Redistribución, estrategia de, para el desarrollo nacional, 185
Redistribución, xv
Región andina y riqueza engañosa, 25-31
Región de Santa Cruz Bolivia, 25, 26, 237
tierra de la, 27
Región montañosa de los Andes, 85
Reino Unido, fábricas textiles de, 85
Relaciones con los competidores, varias opciones en las, 157
Relativamente satisfechos, como segmento de la encuesta realizada en Venezuela, 197, 201-203, 206, 213-215
República Checoslovaca, xv
República Dominicana,xviii
Responsabilidades paternalistas, 185
Resultados, como parte de un marco para la acción, 242-248

Retroalimentación proveniente del mercado y cultivadores peruanos de espárragos, 71-74
Ricardo, David, 23, 24, 222, 261
Río Magdalena, 33
Río Paraguay, 26, 29
Riqueza de las naciones, la, 221
Riqueza y productividad, puntos de vista de varios pensadores sobre, 221, 222
Rivalidad entre competidores y el modelo de "cinco fuerzas", 139-141, 169
Rosario, Brasil, 29
Rosas holandesas en competencia con las de Colombia, 127
Rudolph, James, 258

Sabana de Bogotá, 2, 3, 7, 8
Samper, Ernesto, presidente de Colombia, 94
Santa Cruz, Bolivia, 81
Santiago de Chile, 215, 235
Sector boliviano de la soya, proteccionismo en el, 109-111
Sector petrolero de Venezuela, 236
Segmentación basada en necesidades del mercado norteamericano para productos de cuero, 142-145
Segmentación de los clientes basada en necesidades, tres principios de la, 135, 136
Segmentación de los clientes, como paso fundamental, 146
Segmentos atractivos, identificación de, 139-142, 147
Segmentos de clientes,
  decisiones sobre la elección de, 46
  definición, 135, 136
  elección de enfoque hacia, como indispensable para la ventaja competitiva, 135
Sendero Luminoso, movimiento guerrillero, 109, 259
Senge, Peter, 261
Siete patrones de comportamiento no competitivo, 19, 186, 188, 223, 238, 241, 242, 246, 248, 258. *Véase también*, Patrones prevalentes el mundo en desarrollo y
  como oportunidades de crecimiento, 19,20. *Véase también* Patrones prevalentes en el mundo en desarrollo *y* Pensamiento orientado a una alta productividad, imperativos del,
  marcos de referencia, conexión entre, 211-219
Singapur, 131, 226
Sistema boliviano de *latifundios*, 173
Sistema de "cargo por caja", 8, 11
Situación social en Venezuela, y encuesta realizada en Venezuela, 191, 192
Smith, Adam, 221, 222, 261
Sobreoferta y las flores de Colombia, 10, 11
Socialismo, xvi
Socios frustrados, como segmento de la encuesta realizada en Venezuela, 197, 199-202, 206, 209, 210, 213, 215
Soya, como producto, 81
Sudáfrica, x, xv, 94
Sudamérica, xv, 76, 110
  y exportaciones de cuero a Estados Unidos, 76, 136
Supermercados, como distribuidores minoristas de flores, 6
Sustitución de importaciones, xv
  políticas de, 186

Taiwán, 131
Tapices peruanos de piel, 84, 85
Técnicas de análisis de conglomerado, 196
Tecnología y competitividad, relación entre, 131
Tecnología, decisión relativa a la, 131-133
Tecnología, estrategia relativa a la, dos categorías generales de, 132
Teoría de Heckscher-Ohlin, 222
Tercer Mundo, 52, 126
  competidores en el, 41
Ternent, Christine, xix
Texas, 234
Thatcher, Margaret, 183
Tigres Asiáticos, 131

TLC (Tratado de Libre Comercio), 57-59, 161, 162
Toyota, 165
Trabajo y logro, relación entre, y encuesta realizada en Venezuela, 194-196
Transcold, 5
Trust, 216
Turismo peruano, 231, 236
Turquía, xv
Tzu, Sun, 157

U.S. Steel, 176
Ubicación geográfica estratégica y ventaja comparativa, 24
Ubicación geográfica, competencia a partir de la, 33-37
Unión Soviética, xii
United Fruit Company, 62
Uruguay, 31

Valle del Colca, 39, 40, 47
Velasco, expresidente de Perú, xvi, 107
Venezuela, xii, xv, 48, 53-55, 150-156, 223, 233, 234, 237, 248
  capacidad para competir de, y encuesta realizada en Venezuela, 191
  puntos de vista de, sobre la innovación y el liderazgo,
    basados en el perfil del segmento, 200
    basados en la demografía tradicional, 199
  segmentada en cinco "naciones", 196-207
    Defensores del libre comercio, 197, 201, 205, 206, 213, 215-218
    descripción de segmentos, 201
    Los que buscan un árbitro, 197, 201, 203, 204, 206, 211-213, 215-218
    Los que van solos, 197, 201, 204-206, 209, 210, 215
    Relativamente satisfechos, 197, 201, 202, 203, 206, 213-215
    Socios frustrados, 197, 199-202, 206, 209, 210, 213, 215
  tasas de utilidad en, 151
  y dependencia del petróleo, 223
Ventaja absoluta, teoría de la, 222, 261
Ventaja Competitiva de las Naciones, la, ix, 126
Ventaja competitiva, 78, 79, 125, 184, 224
  primer paso en la creación de, 136
Ventaja de factores básicos, dependencia excesiva de la, 106, 125
Ventajas comparativas, 62, 64, 75, 126, 149, 150, 212, 222, 224, 253, 261
  carácter no sostenible de, 21
  mentalidad de, 42
  teoría de, 222
  y niveles de vida, 16
Ventajas de factores, 22
  necesidad de superar la dependencia de las, 111, 112
Ventajas naturales, dependencia excesiva de, xvi
Very Fine, 67
Vínculos de conglomerados y sus beneficios potenciales, 80
Vulnerabilidad ante la competencia, 50, 56-59

Wells, Edgar, 1-4
Williamson, John, 259

Zaire, xv
Zamora, Paz, expresidente de Bolivia, 179
Zuazo, Siles, expresidente de Bolivia, 177

Acerca de los autores

Michael Fairbanks es colíder de práctica en el país competitivo de la Monitor Company. Por más de una década ha asesorado a ejecutivos de los sectores privados y del gobierno a lo largo de toda África, el Este medio y Sudamérica. Entre sus clientes se incluyen jefes de estado, miembros de los gabinetes y ejecutivos en jefe de diversas empresas. Fairbanks también ha asesorado a ejecutivos de los más altos niveles del Banco Mundial, así como de bancos en desarrollo en África y Sudamérica.

Tiene grado en Filosofía de la Scranton University y una especialización en Política Africana de la Columbia University. Antes de unirse a la Monitor Company, trabajó para los Cuerpos de Paz de Estados Unidos como maestro en Kenya, para el Departamento de Estado y para las divisiones internacionales del Chase Manhattan Bank y el Hong Kong Shanghai Bank, especializándose en asesorías financieras para las naciones en desarrollo.

Sus actividades más recientes incluyen asesorías para el Ministerio de Desarrollo de Venezuela y para el Ministerio de Desarrollo Económico y la Cámara Nacional de Comercio de Colombia, así como para el Congreso Nacional Africano en Sudáfrica, para el presidente de la República de Tatarstán en la ex Unión Soviética y para el Alcalde de Bogotá, Colombia, sobre estrategia competitiva, tanto nacional como regional, desarrollo de capital humano y niveles de estrategia en las compañías.

Fairbanks ha dirigido diversos proyectos en más de 20 sectores industriales de 35 países, incluyendo la conversión de defensa para el Estado de California; la industria petroquímica y la de pieles, en Colombia; la agroindustria y los textiles, en Perú; el turismo, en Irlanda; las telecomunicaciones, en Egipto; los bancos y las finanzas, en Nigeria; la conversión de defensa y el ambiente de pequeños negocios, en la ex Unión Soviética; y los productos forestales, en Bolivia.

También ha dictado numerosos seminarios de estrategias de competitividad para audiencias universitarias y de toma de decisiones públicas y privadas en Europa Oriental y Occidental, Sudáfrica y Sudamérica, así como recientes discursos en la Conferencia de las Naciones Unidas contra el Apartheid, la Escuela de Negocios de Londres, el Instituto para las Américas de la Universidad de California, el Programa del Proceso de Paz para Irlanda del Norte de la Escuela Kennedy de la Universidad de Harvard y en el Programa de Oradores Distinguidos de la Escuela de Negocios de Harvard.

Stace Lindsay es colíder de práctica en el país competitivo para América Latina y el Caribe de la Monitor Company. Ha asesorado a ejecutivos de los más altos niveles a lo largo de toda la región, incluyendo jefes de gobierno y ejecutivos en jefe de variadas empresas, sobre temas como el Tratado Internacional de Comercio, el impacto de las políticas de gobierno en una nación con ambiente competitivo, las estrategias para industrias que enfrentan el aumento de la competitividad global y las estrategias de nivel de firme posicionamiento.

Ha vivido y trabajado en América Central como un creador de estrategias de desarrollo; tiene el título en Relaciones Internacionales de la Universidad de Georgetown y de la Universidad de Oxford, en donde tuvo la beca Rhodes para realizar estudios de especialización en Latinoamérica, enfocándose en la ayuda humanitaria y la política.

Sus actividades más recientes incluyen asesorías a los Ministerios de Desarrollo Económico de Colombia y Bolivia; a los Ministerios de Industria, Turismo y Comercio Internacional de Perú y a los Ministerios de Finanzas y Desarrollo Económico de El Salvador. Asimismo, inició un seminario sobre Competitividad Nacional, dirigido a los funcionarios de los más altos niveles del gobierno y a los líderes de negocios de Colombia, Perú y Bolivia, y está activamente inmerso en el entrenamiento de líderes de negocios de primer nivel a lo largo de Latinoamérica y el Caribe. También ha asesorado a líderes de organizaciones microfinancieras que trabajan para proveer capital a sus contratistas.

Lindsay ha dirigido equipos multinacionales complejos de profesionales que analizan, aproximadamente, 20 sectores económicos en muchos países, entre los que se incluyen: turismo, ropa y agroindustria, en Perú; flores, textiles y bienes de capital, en Colombia; así como los pequeños ambientes de negocios y la industria de la soya, en Bolivia.

Su nombre es citado a menudo en la prensa regional e internacional, además de que ha escrito artículos sobre estrategia y competitividad para revistas de comercio. Regularmente es invitado como orador en los encuentros anuales y los eventos especiales de las cámaras de comercio, las asociaciones industriales y las universidades. Su formación como orador la realizó en la Escuela de Negocios de la Universidad de Harvard y en la Conferencia de Desarrollo Económico Internacional de la Escuela de Gobierno Kennedy.

Monitor Company es una firma de consultoría de estrategia internacional fundada en 1983 por el profesor de la Escuela de Negocios Harvard Mark Fuller, su actual presidente y CEO, y por un grupo de colegas. La compañía inició con la misión de aplicar los conceptos desarrollados por miembros del área estratégica de negocios de la Escuela de Negocios Harvard, y con la meta de asegurar que sus clientes emprendieran las acciones necesarias para mantener una competitividad tangible. La Monitor Company tradicionalmente ha trabajado con compañías individuales para contestar sus más urgentes preguntas sobre estrategia de competitividad: cómo introducirse en nuevos mercados, qué negocios hacer, cómo anticipar y aprovechar los cambios en el ambiente competitivo. Desde 1990, la Monitor Company ha extendido su red de clientes hasta incluir naciones y regiones de todo el mundo; ha trabajado con gobiernos y compañías de negocios de todo el orbe para aumentar su competitividad internacional. Actualmente, la firma, con 700 consultores en 14 oficinas en los 5 continentes, se perfila como una amplia cadena de recursos industriales e intelectuales que satisface las necesidades globales de sus clientes.

$26.700=